1744

FRÉDÉRIC MASSON

DE L'ACADÉMIE FRANÇAISE

Napoléon

et

Son Fils

ILLUSTRATIONS
D'APRÈS LES
DOCUMENTS CONTEMPORAINS

EXEMPLAIRE sur PAPIER de RIVES
Planches imprimées en camaïeux
DEUX PLANCHES FAC-SIMILÉ EN COULEURS

FRÉDÉRIC MASSON

DE L'ACADÉMIE FRANÇAISE

NAPOLÉON

ET SON FILS

PARIS
Goupil & Cie
ÉDITEURS-IMPRIMEURS
MANZI, JOYANT & Cie, ÉDITEURS-IMPRIMEURS, SUCCESSEURS
24, BOULEVARD DES CAPUCINES
1904

LJ 44
1689
A

NAPOLÉON

ET SON FILS

IL A ÉTÉ TIRÉ

De cette Édition originale

DE

NAPOLÉON ET SON FILS

CES

HUIT CENTS EXEMPLAIRES

Sur papier à la main des Manufactures Blanchet frères & Kléber,

Numérotés à la presse de 1 à 800

Exemplaire N° **OFFERT**

LE ROI DE ROME
Miniature peinte par J.-B. Isabey
Donnée par l'Impératrice Marie-Louise à Madame Soufflot
Appartenant à Madame la baronne Christian de Launay, née Lefèvre-Pontalis

FRÉDÉRIC MASSON

DE L'ACADÉMIE FRANÇAISE

NAPOLÉON
ET SON FILS

PARIS
Goupil & Cie
ÉDITEURS-IMPRIMEURS
MANZI, JOYANT & Cie, ÉDITEURS-IMPRIMEURS, SUCCESSEURS
24, BOULEVARD DES CAPUCINES
1904

LA SEINE

Dessin par P.-P. Prud'hon pour les bas-reliefs du berceau offert au Roi de Rome
par la Ville de Paris

Appartenant à Madame Jahan, née Marcille

Cliché Braun, Clément & Cⁱᵉ

NAPOLÉON ET SON FILS

I

LE PROBLÈME DE L'HÉRÉDITÉ

1. — L'Héritier adoptif

Tout homme prétend se survivre. En chacun, contre la mort qu'il porte, proteste un rêve d'immortalité. L'instinct de reproduction, garantie de la perpétuation de l'espèce, ouvre l'espoir de la race se poursuivant, montant des degrés de fortune et d'honneur, reproduisant, sous un nom pareil, les traits moraux et physiques, par là, assurant la vie à qui l'a donnée. C'est la forme la plus logique parce que la plus naïve. A travers cette chair, venue de soi, on voit sa vie se continuer, et à cette chaîne des êtres qui se perd si tôt dans les obscurs passés, chacun a l'illusion qu'il apporte un commencement, qu'il fonde une race, alors qu'il n'est qu'un maillon rattachant les êtres qui furent aux êtres qui seront, un dépositaire qui, par une fonction organique irraisonnée, transmet sans le vouloir, le trésor de vie qu'il a reçu sans le demander. De qui procéderont-ils ces inconnus nés de lui? De quel lointain ancêtre reproduiront-ils les traits, le caractère et les vices? De quelle tare physique seront-ils marqués? Les générations à l'infini s'agitent pour revenir au jour, et l'homme qui croit immortaliser les caractères essentiels de son individu, ne se trouve avoir ressuscité que les décevants aspects d'aïeux qu'il ignore. Un afflux de races est en lui, mélangées, douteuses, obscures; un autre afflux de races aboutit à la femme que sa vanité de mâle croit uniquement destinée à recevoir et à porter son image; des milliers et des milliers de faces mortes tressaillent dans leurs flancs; mais, par un phénomène d'égoïsme et d'orgueil, l'homme est assuré qu'il a seul engendré, alors que son atavisme entier engendre par lui, et qu'il ne peut même savoir si c'est de sa propre race ou de la race de sa femme que sortiront les descendants qu'il se promet.

Sur cette illusion reposent les ambitions les meilleures et les plus droites de l'humanité. A défaut de la survie par une postérité, elle cherche vainement des œuvres qui l'immortalisent, et qui, moins longtemps encore, la gardent de l'oubli : de cette commune folie, nul n'est exempt; pas un acte pour qui l'on n'envisage la durée et dont on ne rêve sur soi le témoignage. On se persuade qu'en un poème ou un tableau on aura mis assez de soi pour que, par là, quelque chose demeure de l'être qu'on a été; on imagine qu'une congrégation qu'on institue se perpétuera mieux qu'une famille et continuera son fondateur, qu'une église attestera sa foi, une collection son goût, un hospice ou un prix de vertu sa bienfaisance. On cherche la fissure par où évader du tombeau un peu de ce qu'on a été, de ce qu'on a aimé, fait ou pensé, et c'est à poursuivre un tel rêve qu'on emploie les heures les plus souhaitables de la vie.

S'il est ainsi pour le commun des hommes, dès qu'ils sont hors du labeur quotidien par quoi ils assurent l'existence matérielle, qu'est-ce pour les conducteurs de nations, pour ceux qui, ayant institué un système de gouverner, prétendent qu'il traverse les âges, emportant avec lui leur nom et leur gloire? Pour ceux-là, se survivre est la raison essentielle. Ils bâtissent, non pour le temps présent, mais pour tous les temps. Ils ont trouvé la formule définitive où s'adapteront les générations, par qui elles seront modelées selon l'idéal qu'ils ont porté et qu'à la fin leur fortune leur a permis de réaliser. Et, de ceux-là qui ne se survivent que par leur idée maîtresse, si l'on passe à ceux qui ont groupé des peuples, assemblé des royaumes, formé un empire, n'est-ce pas que tout croule de leur œuvre, s'ils n'ont procréé une race à qui la transmettre ; si, à l'orgueil d'avoir conquis, ils n'ajoutent le prestige de prendre possession des âges par la fondation d'une dynastie ? En elle, à travers les siècles, ils vivront ; d'âge en âge, leur nom, imposé au souverain, attestera leur gloire ; leurs traits physiques, devenus l'attribut essentiel des dynastes, rappelleront sans cesse leur souvenir, et l'édifice qu'ils auront érigé, défiant les colères des souverains adverses, dominant les orages populaires, traversera les temps sous l'œil attentif des descendants, pieusement nourris de leur doctrine, sévèrement élevés dans leurs principes. Un jour viendra où, si solidement qu'il soit construit, si profondément que descendent ses fondements de granit, si intimement que ses assises soient liées par le ciment romain, l'édifice, temple et forteresse tout ensemble, sera délaissé pour quelque autre de style plus neuf et d'aménagement plus commode. L'invasion, la guerre civile, quelque tremblement du sol, quelque évolution de l'humanité en chassera les hôtes. Mais, au-dessus de la plaine morne, dominant les montagnes, les forêts et les villes, l'immense ruine dressera sur le ciel ses frontons mutilés. A la moindre brise agitant le manteau de lierre qui la couvrira, des statues d'airain, des métopes de marbre apparaîtront, racontant la légende de l'ancêtre ; quelque chose de divin tressaillera dans les salles désertes ; ce vide sera empli d'un nom que répétera l'écho des murs délabrés et, sur l'histoire, ce squelette de palais étendra à l'infini l'ombre de son fondateur.

Vision par qui le rêveur déifié s'aperçoit dans le recul des siècles présidant aux destinées de ses descendants : ceux-ci n'ont d'autre nom que le sien et y ajoutent seulement un chiffre ; ce nom grandit à mesure que les âges s'écoulent ; sa gloire s'accroît de toutes les gloires qu'on acquiert ; son génie préside à toutes les victoires qu'on gagne ; comme un légitime tribut, toute renommée remonte et s'attache à lui; tout ce qui est fait de grand lui est compté ; sous son vocable devenu sacré, la postérité enregistre tous les travaux de la race, et, se refusant à croire qu'un homme en ait rempli le cycle prodigieux, elle veut qu'il ait été plus qu'un homme et lui érige des autels.

Telle est la vision qu'a Napoléon. Pour la réaliser, pour que le chiffre *Deux*, début de la numération qui multiplie sa gloire devant ses yeux, soit inscrit après son nom, il a travaillé sans relâche, il a agité dans tous les sens le problème de l'hérédité. Familial comme il est, il n'a pas su, malgré ses efforts et une lutte incessante, écarter ses frères de sa succession. Nominalement, légalement, il les y a admis, parce qu'il a été contraint, mais au moins a-t-il fait des réserves, car ils sont le présent, ils ne sont point l'avenir, et c'est dans l'avenir qu'il veut s'établir. A défaut d'une descendance naturelle qu'il a cessé d'espérer, il en veut une adoptive, mais qu'il ait formée et pétrie à son gré, en qui, s'il ne trouve point sa chair, il reconnaisse au moins les traits essentiels de sa race ; pour qui il éprouve cet instinct de paternité qui ne peut être commandé, qui demeure indéfinissable et qui, indépendant de la réalité des faits, établit, de l'enfant tout petit à son père de convention ou de hasard, un magnétique courant de gaieté, de tendresse, d'inquiétude et d'orgueil.

Au milieu des projets qu'il a remués, Napoléon a pensé à désigner comme successeur son frère Louis qu'il a pour ainsi dire élevé ; presque tout de suite, il y a renoncé : si jeune que fût Louis, il était un contemporain, non un descendant ; mais, dès que Louis, marié à Hortense, a eu un fils, c'est à cet enfant, Napoléon-Charles, que Napoléon s'est attaché. Il a vu en lui l'héritier, il a éprouvé vers lui cette poussée de nature qui le lui a fait regarder comme un successeur et, alors que, en ses frères, se querellant déjà sur l'éventualité de sa mort, il n'est disposé à voir que des ennemis, à ce petit enfant qui ignore sa fortune, il se plairait à la transmettre toute.

Napoléon-Charles est le premier mâle qu'aient engendré les Bonaparte à la génération de Napoléon ; Joseph n'a qu'une fille ; Lucien, deux ; les femmes ne comptent pas : ce n'est pas à Dermide Leclerc ou à Achille Murat que Napoléon peut penser. Napoléon-Charles est le premier né, et c'est là tout de suite une raison majeure de tendresse. Napoléon reconnaît sa race, et c'est à sa race qu'il se fie.

A cette sensation qu'il éprouve, — si profonde chez un Corse tel que lui, — faut-il chercher d'autres mobiles? Dira-t-on, avec les émigrés rentrés, que Napoléon serait mal venu à n'éprouver pas des sentiments paternels pour un enfant dont il est le père? Les dates, les faits, les témoignages, tout confond la calomnie et, par une étrange fortune, elle dessert même ceux qui l'imaginent. Ce bruit répandu et accrédité n'éveille point dans le peuple l'horreur et l'indignation attendues. La nation s'est si bien habituée à trouver en Bonaparte un être d'exception qu'elle lui passerait même une telle paternité. La Révolution a-t-elle aboli la notion des moralités conventionnelles? Le peuple, dans l'indulgence avec laquelle il regarde le Consul, se plaît-il à l'élever au-dessus des lois communes? Souhaite-t-il inconsciemment que quelque mystère enveloppe l'origine de la dynastie nouvelle? Nul ne se soucie des propos des aristocrates, et Bonaparte, s'il se peut, en devient plus populaire.

Au fait, le sentiment qu'il éprouve est double, et, outre qu'il voit en Napoléon-Charles le premier né de sa race, il voit en lui le fils d'Hortense, quelque chose comme un petit-fils. Dès son mariage avec Joséphine, Napoléon s'est attaché aux enfants qu'elle avait eus, et qui, par leur âge, s'approchaient de lui presque plus que leur mère. Il s'est occupé d'eux, les a adoptés, a payé leur pension, leur a donné leurs premières joies. Dès l'Italie, il a appelé Eugène pour lui servir d'aide de camp; au retour, il a pris Hortense rue Chantereine; en revenant d'Égypte, c'est sur les supplications des deux enfants qu'il a pardonné; après Brumaire, Hortense a été si intimement mêlée à sa vie qu'elle est devenue par degrés la troisième personne de la République. Entre sa mère et le Consul, lors des querelles de dettes ou de femmes, elle intervenait, et, confidente de son beau-père, portait les paroles d'apaisement. Son précoce bon sens, sa douceur obstinée, une naturelle disposition à manœuvrer et à concilier que sa vie, agitée depuis son berceau, a développée, la préparait à ces missions où, par une interversion des rôles, elle faisait entendre raison à cette mère qu'elle adorait, sans se dissimuler ses faiblesses. Si le Consul la voulait gaie, vibrante et joyeuse, égrenant les fusées de son rire dans ces Tuileries, « tristes comme la grandeur », elle était encore le plaisir de ses yeux à Malmaison, lorsque, dans de gamines parties de barres, elle entraînait sur les pelouses la maisonnée entière, et, d'une allure de nymphe, passait, blanche vision, sous les couverts de marronniers, suivie par la meute haletante des aides de camp. Et les spectacles, et la musique, et la basquine de Rosine, et les chasses, et toute cette vie en constante ascension de fortune où elle était comme l'unique distraction du travail et la récompense des décadis! Pourtant, père vigilant et, à l'occasion, sévère, il n'admettait point que les jeux tournassent en amourettes, fouillait les tiroirs et dénichait les billets. Il a cédé aux obsessions de Joséphine ; il a laissé faire le mariage avec Louis, et c'est un remords. Presque tout de suite, ce sont des scènes où il n'y a guère de remède, mais dont il ne pénètre pas le secret, et c'est l'abandon. Hortense rentre aux Tuileries, désabusée, l'âme flétrie plus que le corps, le cœur plein de larmes, et, de toute cette ignominie dont il ne sait point l'abîme, mais dont il voit les effets, Napoléon se sent responsable. Tout le temps de sa grossesse, Hortense le passe entre sa mère et son beau-père, une partie avec son beau-père seul, quand Joséphine prend les eaux à Plombières. Louis revient, contraint et forcé, pour les couches : L'enfant naît ; c'est un garçon, le premier de la famille : Il ressemble étrangement à Napoléon : il a sa forme de crâne, sa coupe de visage, ses yeux, son bas de figure — seulement blond comme est la mère. Et à mesure qu'il se développe, que, grâce au bon lait de Madame Rochard, sa nourrice, il grandit, se forme, ouvre son intelligence, apprend à parler, chez l'oncle, une faiblesse de grand-père se révèle. Napoléon admire et se réjouit ; il s'ébahit aux gestes qui s'esquissent, il rit aux mots qui se balbutient ; il se distrait à voir remuer ce petit être aux heures où son esprit est le plus tendu et sa pensée la plus noire. Le jour où, à Vincennes, on fusille le duc d'Enghien, au dîner, à Malmaison, il fait mettre le petit sur la table, s'amuse aux plats qu'il touche, aux bouteilles qu'il renverse, et, ensuite, il s'assoit à terre près de lui pour jouer. Voyage-t-il? Dans chaque lettre, un souvenir à l'enfant; tous les détails de santé, de maladie, de vie pratique. C'est « M. Napoléon » ou « le petit Napoléon »; il se plaît à répéter sur lui son propre nom, le nom qu'il lui a donné, qu'à ce moment, dans le monde, eux seuls portent. Quand il a deux ans, il lui donne son portrait peint en miniature par Isabey, monté en un médaillon que l'enfant aura constamment à son cou. Quand on le sèvre, il envoie à Madame Rochard, la nourrice, un brevet de pension de 2,400 francs, et à lui, tout de suite, il règle un traitement annuel de 120,000 francs qu'il paiera jusqu'à l'avènement de Louis au trône de Hollande.

A cette tendresse qui l'enveloppe, comme un manteau duveté, d'une caresse chaude et douce, l'enfant répond avec une confiance pleine, une liberté entière, sans s'intimider aux titres qu'il ne sait pas, aux dignités qu'il ignore, pourtant avec une confuse sensation que celui qu'il aime est le plus grand, le plus fort, le plus beau des hommes. C'est *Nonon; Nonon Bibiche,* quand il le mène donner du tabac aux gazelles, et qu'il le met à cheval sur l'une d'elles; *Nonon le soldat,* quand il lui fait voir la parade, et le petit alors, cambrant son torse, agitant ses bras, crie aux grenadiers : *Vive Nonon le soldat! Nonon* tout court, lorsque, dans la chambre à coucher, pendant la toilette, il l'appelle, lui fait ses farces, lui conte des balivernes, — et parfois, s'interrompant, le regarde et prononce sur son avenir des paroles graves. L'enfant est courageux et dur au mal; si *Nonon* lui tire les oreilles ou le pince, l'enlève par la tête pour le poser sur une table, il ne se plaint pas et lui sourit; il est secret, et rien ne prévaut contre la promesse qu'il a faite de se taire; il est brave : à Boulogne, où il est venu au camp retrouver l'Empereur avec sa mère, il est pris, dans une manœuvre, entre deux lignes d'infanterie qui font leurs feux, et il n'a pas peur. Il a du tact, il a de l'esprit, il a de la gentillesse; il rend à chacun ce qu'il doit; il n'est pas né prince. Sa mère le veut bien élevé, bien poli, n'admet point que, dans cette intimité dont elle ne le sort guère, on lui fasse sa cour, qu'on lui donne de l'Altesse ou du Monseigneur. Elle le laisse un bon petit enfant tout simple qui se développe en franchise, sans penser qu'il soit d'essence supérieure, qu'il ait des droits natifs et que le monde ait été créé pour lui. Elle ne le gâte ni en joujoux ni en bonbons, le frotte constamment à d'autres enfants qui le traitent à égalité; elle l'habitue même à se sacrifier, à prendre son plaisir à en donner aux autres, dans les petits bals costumés, les représentations de marionnettes, d'ombres chinoises du sieur Séraphin et de lanterne magique. Même, à mesure qu'il grandit et que, par les circonstances, sa fortune s'accroît, tient-elle davantage la main à ce que, autour de lui, il ne trouve ni flatteurs ni complaisants, qu'on le gronde et le reprenne aux occasions, et que les cérémonies, telles que le Sacre, où il paraît, ne lui montent point la tête. Elle-même, selon les règles qu'elle s'est assez arbitrairement tracées sur l'éducation, sur le développement moral et matériel de l'enfance, impose avec une netteté ferme son programme, l'applique sans rémission, entend qu'il soit suivi point par point; en cela, merveilleusement secondée par la gouvernante, Madame de Boubers, point gênée par Louis qu'occupent uniquement sa santé, ses voyages, ses amis, qui ne voit son fils qu'à longs intervalles et disserte alors sur des plans oiseux, mobiles et lointains.

Par tout cela, même cette sévérité voulue de la mère, éducatrice convaincue, — élève accomplie de Madame Campan, — l'enfant est rejeté en tendresse vers la grand'mère qui le gâte à l'heure en caresses, en présents, en chatteries, vers cet oncle-grand-père qui le secoue, le tarabuste, l'enlève, joue avec lui, le conquiert par sa force, par ce rayonnement qui émane de lui, par le prestige de son uniforme, des cortèges qui le suivent, des tambours qui battent aux champs quand il passe, des fusils présentés sur la ligne, à l'infini, d'un seul geste cadencé qui fait martialement sonner les capucines. C'est une sorte d'adoration, ni timide, ni respectueuse, mais confiante et joyeuse. « Ma chère tata et mon cher nonnonque, écrit-il quand il sait écrire, je vous souhaite une bonne année, je vous aime bien de tout mon cœur; je suis bien fâché de ne pas vous voir parce que vous m'auriez donné des joujoux. » Et il signe *Napoléon*.

De l'instruire, on s'est occupé assez vaguement. La mère et la gouvernante lui ont montré à lire et à écrire. On lui apprend des fables de La Fontaine, mais peu, plutôt de Florian et de l'abbé Aubert. L'Empereur n'aime pas La Fontaine pour les enfants qui ne peuvent pas l'entendre. Il y trouve trop d'ironie, de scepticisme, d'immoralité même. De la bibliothèque de son cabinet particulier, il a donné à son neveu les fables de Florian, illustrées de cent estampes grossièrement enluminées, mais qui, comme des images d'Épinal, fixent les traits des histoires. Cela sert pour les leçons; à la suite, on fait copier au petit des fables choisies de La Fontaine : *la Poule aux Œufs d'or, le Loup et l'Agneau, le Gland et la Citrouille, le Lion et le Rat, le Pot de Terre et le Pot de Fer.* L'écriture toute grosse abonde en fautes d'orthographe, mais, malgré le modèle suivi, elle marque l'intelligence; elle a un caractère de volonté rare à cet âge; dans les premières lignes de chaque devoir, l'attention est éveillée et la main ferme; c'est pourtant trop de l'enfance pour qu'on y discerne les dispositions ataviques.

Cela est de 1806; le petit Napoléon va sur ses quatre ans et il faut songer à des instituteurs plus sérieux. C'est à l'héritier de son trône que l'Empereur a pensé d'abord lorsque, dans le Statut de Famille du 30 mars, il s'est réservé l'éducation des princes et des princesses de son sang. Il a peu à faire de Zénaïde et de Charlotte, les filles de Joseph, d'Achille, de Letitia, de Lucien et de Louise, les enfants de Murat, mais sur les fils de Louis, sur l'aîné surtout, il a étendu la main. Pour cela, étant donné le caractère soupçonneux du père, il a dû prendre, — ou avoir l'air de prendre, — tous les autres. « Rien de plus important, a-t-il dit dans son message au Sénat, que d'écarter d'eux de bonne heure les flatteurs qui tenteraient de les corrompre, les ambitieux qui, par des complaisances coupables, pourraient capter leur confiance, et préparer à la nation des souverains faibles sous le nom desquels ils se promettraient un jour de régner. Le choix des personnes chargées de l'éducation des princes et princesses de la Famille impériale doit donc appartenir à l'Empereur. »

En vertu de ce principe, « l'Empereur règle tout ce qui concerne l'éducation des princes et princesses de sa Maison ; il nomme et révoque à volonté ceux qui en sont chargés, et détermine le lieu où elle doit s'effectuer. Tous les princes, nés dans l'ordre de l'hérédité, seront élevés ensemble, et par les mêmes instituteurs et officiers, soit dans le palais qu'habite l'Empereur, soit dans un autre palais, dans le rayon de dix myriamètres de sa résidence habituelle. Leur cours d'éducation commencera à l'âge de sept ans et finira lorsqu'ils auront atteint leur seizième année. Les enfants de ceux qui se seront distingués par leurs services pourront être admis par l'Empereur à en partager les avantages. Le cas arrivant où un prince dans l'ordre de l'hérédité monterait sur un trône étranger, il sera tenu, lorsque ses enfants mâles auront atteint l'âge de sept ans, de les envoyer à ladite maison pour recevoir leur éducation. »

L'Empereur, dans les entretiens de la captivité, a développé les avantages qui eussent résulté pour les princes de sa Maison de l'éducation commune, mais si, en 1806, il s'occupe activement de la réalisation de ce projet, s'il ordonne à son bibliothécaire de préparer le catalogue d'une bibliothèque à l'usage des princes, s'il se fait soumettre par le grand maréchal des projets, des plans et des devis, s'il baptise le pavillon de Marsan pavillon des Enfants de France, s'il désigne le château de Meudon pour l'institut des princes, de 1807 à 1811, il laissera dormir le projet, bien que, en 1811, sept des enfants de sa famille aient atteint l'âge qu'il a fixé. C'est que l'intérêt majeur qu'il y a attaché, qui lui a fait instituer une sorte de conscription dans la Famille a disparu, dès qu'a disparu l'enfant qui devait être l'héritier du trône.

Pauvre petit Napoléon ! Son oncle s'est, s'il est possible, plus encore attaché à lui, depuis que, à la suite de ses parents, il est parti à la Haye. Il l'a voulu à Mayence pour tenir compagnie à la grand'mère qui est si heureuse de le gâter, de lui faire faire salon, de lui donner sa première montre. De chaque étape il écrit, et dans chaque lettre un souvenir, une caresse, un baiser pour le petit. S'il prend des quartiers d'hiver, il appellera près de lui, avec Joséphine, Hortense et ses fils, l'aîné du moins, car Louis a impérieusement réclamé le cadet. Il n'entend pas qu'on le triche; il se défend si la mère revoit les lettres qu'écrit le petit. Il le veut tel qu'il est, avec la spontanéité de son caractère, avec la franchise entière d'une nature où, comme en un miroir, il se retrouve lui-même; car, par un hasard de l'hérédité, cet enfant le reproduit bien plus fidèlement qu'il ne reproduit Louis, et si, par la suite, sous la néfaste influence de la dégénérescence paternelle, il doit s'arrêter dans son développement physique ou mental, pour l'instant, il semble échapper à ces tares, et brillant de santé, joyeux de vivre, plaisant en son humeur qui marque un tempérament équilibré, il donne l'impression pleine d'un être heureusement né, dont les organes sont sains, le sang pur, le cerveau intact, et dont l'existence sera longue.

Après ce long séjour à Mayence de près de quatre mois, du 12 octobre 1806 au 27 janvier 1807, Hortense, sur les ordres réitérés de Louis et, à la fin, sur l'exprès commandement de l'Empereur, a dû rentrer à la Haye. Sous le ciel gris, au milieu du brouillard qui baigne d'humidité le palais glacial, à peine meublé, elle a traîné la mélancolie des jours. Elle est suspecte, presque captive, ne peut recevoir qui lui plaît, ni sortir s'il lui convient. De plus, souffrante, constamment enrhumée et fiévreuse. A son fils, le climat ne convient pas davantage. Sur lui aussi, le roi étend l'inconstant despotisme de ses caprices. Il veut commencer son éducation, il entend changer ses méthodes de vie; il préconise des régimes, et c'est encore une cause de querelles entre lui et Hortense.

L'enfant est pris d'un mal de gorge; la mère, affolée d'abord, se rassure à une rémission; il traîne, paraît se rétablir, retombe, et, cette fois, tout sots qu'ils sont, les médecins ne peuvent s'y tromper, c'est le croup, contre quoi l'on ne sait pas de remède. La maladie est nouvelle, au moins ne l'a-t-on point observée en Europe avant 1760. Le traitement est dirigé par le premier médecin du roi, Latour, qui est un spécialiste pour les paralysies des membres inférieurs; mais on a appelé quiconque a une célébrité en Hollande, et Hortense, à grands cris, demande Corvisart. De fait, nul ne sait rien. Après six jours, le 5 mai, à minuit, l'enfant expire. Il avait quatre ans et sept mois.

La nouvelle en vient frapper l'Empereur à Finckenstein : il n'en tire point des phrases ; il n'en déclame pas : cela n'est pas dans sa façon. Il a la pudeur de ses tristesses et il n'en fait point des confidences à tout venant. Mais ses paroles, ses lettres, ses actes prouvent que le coup lui fut rude. Toutefois, ce qui prime tout, c'est de pourvoir à l'avenir. Cet enfant était le pivot d'une combinaison : se croyant incapable d'avoir des enfants, s'attribuant la stérilité de Joséphine, Napoléon avait porté sur cette tête ses vues d'hérédité, mais Napoléon-Charles est aboli : « c'était son destin ». Avec lui, la combinaison s'écroule. Il faut sur-le-champ en imaginer une autre, car, ce qui importe, c'est d'assurer la durée à une œuvre qui, à chaque conquête, mérite mieux d'être éternelle. Une imagination latine avait pu être séduite par la pensée de renouveler l'adoption d'Octave, et il seyait à Napoléon d'imiter César. Cette paternité extra-humaine avait quelque chose d'antique. Mais, si un tel héritier convenait au Consul, l'Empereur ne s'en est contenté que parce qu'il croyait ne pouvoir mieux faire. Or, à ce pis aller de l'hérédité adoptive et collatérale, il se croit assuré maintenant de substituer à son gré l'hérédité naturelle et directe et, de son neveu qui meurt, il se console par son fils qui va naître.

II. — L'Héritier naturel

D'une passade sans conséquence avec une vague lectrice de sa sœur, Caroline Murat, Napoléon a eu un fils. Il n'en peut douter : cet enfant est de lui ; pour la première fois, le 13 décembre 1806, à l'aube de sa quarantième année, il acquiert cette conviction qu'il peut être père. Dès lors, tout est transformé dans ses desseins, tout revêt un aspect différent, et les idées auxquelles jusque-là il s'était attaché s'estompent et s'effacent. Il a pensé, dans le Grand-Empire tel qu'il le constituait, introduire largement le régime romain de l'adoption ; par elle, agréger à sa maison tous ceux qui, à un mérite personnel, joindraient un semblant de parenté ou d'alliance ; imposer par un nouveau baptême son nom impérial à tous les mâles dont il ferait des souverains, à toutes les filles qu'il établirait dans d'autres États,

L'EMPEREUR NAPOLÉON, SUR LA TERRASSE DE SAINT-CLOUD,
ENTOURÉ DES ENFANTS DE SA FAMILLE

Tableau peint par Ducis

Musée de Versailles

1. LETITIA MURAT
2. NAPOLÉON-LOUIS, grand-duc de Berg
3. LOUIS-NAPOLÉON (plus tard l'Empereur Napoléon III)
4. LOUISE MURAT
5. ACHILLE MURAT
6. LUCIEN MURAT

et, seul Auguste, étendre ainsi sur l'Europe des dynasties de Césars. A l'Empire même, il réservait celui de ces Césars qu'il estimait le plus près de son sang, mais l'enfant Napoléon est mort, et, presque en même temps, l'expérience du petit Léon s'est trouvée probante. Hérédité collatérale, hérédité adoptive, qu'est-ce près de l'hérédité naturelle ? C'est de lui-même, de lui seul, que sa race doit sortir, c'est à elle que l'Empire revient; c'est pour elle qu'il travaille; c'est par elle qu'il assurera à travers l'éternité des temps l'immortalité de son nom.

Dès ce moment, dès les premiers jours de 1807, tout est subordonné à l'idée maîtresse. Napoléon y porte des tempéraments; il ménage des transitions; il remplit ses engagements, mais, au fond de tous ses actes, l'idée persiste et se retrouve. Il mettra près de trois années à la réaliser, car les difficultés abondent, d'ordre intime comme d'ordre politique, et, peut-on dire, d'ordre social.

D'abord, rompre des liens qui, depuis dix ans, lui sont devenus chers, bannir de son lit celle qui, aux heures de sa naissante gloire, lui enseigna la volupté et se fit son institutrice d'amour; qui, depuis, associée à sa fortune croissante, modéra à des jours ses ambitions, adoucit ses colères, ouvrit ses yeux sur le monde, sur la vie française, lui apprit les êtres et les choses, les façons et les paroles, et qui, par tout cela qu'il ignorait et qu'elle savait, lui parut supérieure; chasser des enfants que depuis dix années il s'est habitué à regarder comme les siens, sur le dévouement desquels il compte, au cœur desquels il s'est confié, témoins et acteurs dans l'intimité de sa vie, cette vie qu'il faut à présent recommencer en brisant l'ancienne vie. Chaque fois qu'un homme déplace son existence ou qu'il en change l'ordre intime, quelque chose de lui meurt, et, dans sa mémoire assombrie, ce passé est un cadavre qu'il traîne.

En politique, que de problèmes à résoudre qui, durant cette guerre même, se sont imposés à son attention ! La Russie d'abord, puisqu'elle devient alliée. Sera-t-elle de bonne foi ? Tiendra-t-elle ce qu'il en attend ? Marchera-t-elle franchement dans la voie qu'il lui ouvre, et, dans ce partage du monde où il la convie, saisira-t-elle que son intérêt n'est point de poursuivre en Occident la politique où elle a été engagée par les Allemands qui l'oppriment, mais d'embrasser en Orient une politique nationale qui lui assure, avec un immense empire, un champ d'activité digne de sa force? L'Espagne ensuite, puisqu'elle s'est rendue ennemie; que, à l'heure où la France luttait avec l'ombre de Frédéric, elle a escompté sa défaite et lui a jeté le gant; quel parti prendra-t-il avec ces misérables Bourbons et avec le Godoy qui les mène? Jettera-t-il comme amorce à celui-ci quelque lambeau du Portugal? Laissera-t-il à ceux-là leur royaume écorné, diminué des provinces qui lui conviennent? L'Étrurie, le Portugal, les Algarves, l'Alentejo, autant de matières d'échange. Cela d'ailleurs est simple et ne peut entraîner : au pis aller, il prendra l'Espagne entière. Puis l'Italie, le Royaume d'abord, où il faut remplir les promesses faites à Eugène ; tout ce coin de Toscane et Parme qu'il faut arranger; Rome, où il est impossible de tolérer un pape indépendant et des cardinaux hostiles; un établissement meilleur à fournir à Élisa; la querelle avec Lucien à terminer, de façon que chacun de la Famille ait reçu sa part et soit associé au grand œuvre. En Allemagne, peu de chose; un royaume à créer pour Jérôme, la Confédération du Rhin à étendre jusqu'aux frontières d'Autriche, la Saxe à renforcer d'un grand-duché de Varsovie ; la Prusse à annihiler, puisqu'on n'a pu la supprimer ; les Suédois à renvoyer chez eux ; les alliés fidèles à récompenser de quelques territoires; cela se fera en courant. Une année pour toute cette besogne, n'est-ce pas largement compté ? Mais il se prend à l'engrenage de l'Espagne, et c'est Bailen, après quoi il ne peut lâcher; c'est, à Erfurth, les hypocrites paroles, le terrain fuyant, la Russie qui se dérobe, l'alliance qui craque; il faut courir en Espagne, où Joseph est en perdition, revenir d'une haleine à Paris, où se noue l'intrigue des ministres, se hâter vers l'Autriche, où la guerre éclate, sillonner l'Europe en éclairs, sans trouver les minutes nécessaires pour amorcer la vie nouvelle. Après Wagram, à Schœnbrünn, il s'arrête un temps; il se reprend, il mûrit et forme sa résolution ; mais alors se dresse cette difficulté d'ordre social qui, de près, semble plus ardue que toutes les autres.

Pour que, dans l'Europe telle qu'elle est constituée, l'Europe monarchique et aristocratique, l'édifice que Napoléon a élevé cesse d'être anormal et anarchique ; pour que son œuvre ne soit pas constamment menacée par les coalitions des souverains ; pour que, après lui, sa dynastie n'ait point, comme lui, à soutenir des guerres continuelles où elle pourra, devra périr, quel moyen ? Relier l'édifice impérial aux autres édifices de même structure, combiner l'œuvre napoléonienne à de pareilles œuvres royales, souder la dynastie aux dynasties existantes, — donc épouser une princesse qui apporte, avec le prestige d'une alliance illustre, l'appui d'une parenté puissante, la garantie que Napoléon est désormais agrégé à la famille des souverains. Mais quelle princesse ? A Tilsitt, l'Empereur a pu croire que la Russie s'offrait, mais, à Erfurth, elle s'esquive, et, en grande hâte, tout de suite après l'entrevue, elle marie à un principicule allemand la grande-duchesse dont le Corse eût pu demander la main. C'est peut-être un hasard, mais il donne à penser. Un homme tel que Napoléon ne s'expose pas à un refus, surtout ne reste pas sur un refus. C'est pourquoi, dès 1807, il aurait voulu, comme en-cas, tenir en réserve la fille aînée de Lucien. Sans doute, il n'eût point trouvé dans un tel mariage les sûretés qu'il cherchait ; c'eût été un autre aiguillage pour l'avenir ; au lieu du mariage dynastique, le mariage familial ; le système napoléonien poussé jusqu'à ses conséquences extrêmes ; la dynastie impériale rendue la plus vieille par le détrônement de toutes les familles souveraines encore régnantes, la constitution d'une Europe au profit exclusif des Bonaparte et de leurs alliés ; mais cette alternative n'est qu'un pis aller. On n'a pu procéder encore que par des insinuations qui pouvaient n'être pas comprises ; la situation trop nouvelle pouvait inquiéter ; le terrain n'était pas libre. Le divorce accompli, on n'aura plus de précautions à prendre. Les partis se présenteront d'eux-mêmes ; Russie ou Autriche, ce serait le mieux ; il y a encore la Saxe, la Bavière ou le Danemark : minces alliances, mais des Bourbons s'en sont contentés.

Dans le mariage qu'il fera, Napoléon envisage bien moins la femme, en tant que femme, que la race dont il lui confiera le dépôt. « J'épouserai un ventre », a-t-il dit, et il veut que ce ventre soit illustre. Cette grande-duchesse de Russie, qu'on lui fait tellement attendre, mérite-t-elle qu'il en prenne à ce point souci ? En 1807, quand l'idée toute brillante s'en est présentée à son cerveau et qu'elle s'y est fixée, il ne concevait pas qu'une alliance avec l'Autriche fût possible. Marie-Antoinette était trop près ; les hommes de la Révolution qui, seuls ou presque, formaient son entourage, s'en fussent effrayés ou révoltés. Sauf l'Espagne — mais qu'était l'Espagne de Godoy et de Marie-Louise de Parme ? — nulle puissance ne s'était offerte, surtout dans ce caractère d'intimité, de confidence, d'ingénieuse flatterie qu'affectait Alexandre. Napoléon y avait été sensible, et, si expert qu'il fût « en finesses », il avait trouvé son maître. Le Corse, le Florentin, le Latin qu'il était, avec ses effusions, sa manière de se jeter à qui semblait se donner, sa confiance aux conquêtes qu'il croyait faire, n'était point de force avec « le Grec du Bas-Empire », dont la sincérité momentanée qu'éveillait la curiosité et qu'excitait une sorte d'admiration craintive, était d'autant plus redoutable que, dans ses retours, elle ne manquerait point de tirer des armes des confidences qu'elle aurait provoquées. Si loin qu'allât Alexandre en son apparente confiance, il se gardait bien, soit par une naturelle retenue, soit par une juste appréhension des hommes qui l'entouraient, de livrer quoi que ce fût de ses secrets de politique, de famille ou de gouvernement. Il écoutait, et Napoléon, ayant parlé, croyait avoir convaincu. Les procédés étaient pour lui en donner l'illusion ; le silence paraissait un acquiescement, et ces caresses de langage où se plaît, à l'orientale, la courtoisie russe, lui semblaient des engagements. De fait, Alexandre n'avait rien donné, ou presque, que des phrases de politesse par qui il n'avait rien promis ni rien cédé. Il ne s'était engagé nettement sur aucune question, et, en ce qui touche le mariage, il avait laissé Napoléon faire toute la route.

Cette route, Napoléon l'a faite, si l'on peut dire, dans les deux sens. Il a vu d'abord les avantages d'une alliance avec une maison qui, comme la sienne, est nouvelle, qui n'est point encore dynastiquement établie selon les formes européennes, où nul intérêt politique, dès qu'on admet les lignes générales qu'il a tracées, ne va à l'encontre des siens, et qui, se tournant vers l'Orient, tandis que lui-même restera en Occident, lui prêtera et recevra de lui un appui, sans qu'il ait à craindre une rivalité. Il croit voir dans l'Empire russe un gouvernement analogue au sien, et, de la similitude des appellations, il conclut que les institutions sont semblables. Il croit à l'autocratie, il croit au sénat; il croit à une construction, moins parfaite à coup sûr que celle de son empire, mais du même ordre, sur de pareilles assises, plus neuve seulement, et s'adaptant à un peuple moins avancé, telle, par rapport à la France, que l'embryon à l'homme fait. Il imagine qu'Alexandre est le maître comme il l'est, dans sa famille, à sa cour, dans ses conseils, dans ses États, et il ne voit pas que cette apparence d'absolutisme dissimule mal une oligarchie dont le chef impérial est constamment à la merci d'une conjuration de mécontents, parents, courtisans, ministres ou soldats.

Or, si une alliance avec la France ne va pas contre les intérêts bien entendus de l'Empire russe, elle va contre l'intérêt de particuliers dont le mécontentement fut toujours fatal aux empereurs; elle va contre les principes, les ambitions, les passions que la bureaucratie allemande a inspirés à l'aristocratie moscovite et aux chefs de l'armée; elle va enfin contre les préjugés et les haines de la famille impériale tout entière.

Car Napoléon s'est prodigieusement trompé lorsqu'il a cru trouver un orgueil moins hautain et un accueil plus facile dans la Maison de Russie que dans telle maison souveraine dont l'héritage de puissance et de gloire se transmet de mâle en mâle à travers les siècles depuis une origine fabuleuse. Qu'elle n'ait eu existence à peu près historiquement certaine qu'à dater du xvi° siècle; qu'elle soit parvenue au pouvoir suprême par l'élection, le xvii° siècle commencé; qu'elle ait échoué par femme dans une branche cadette des Holstein-Gottorp; qu'elle ne garde point, après Catherine II, une goutte de sang des Romanov; que, dans cette maison, la dynastie cahotée passe du mari à la femme, du cousin à la cousine, revienne, retourne, des descendants de Pierre aux descendants d'Ivan, au travers d'assassinats, de dépositions, d'adultères, de suppositions d'enfants, c'est là une ancienne histoire, aussi mal connue, aussi profondément oubliée que l'histoire qui date d'hier. L'impératrice mère, l'épouse de Paul I*er*, a apporté en Russie la morgue des princes allemands dont elle est la fille, les préjugés d'une cour minuscule où l'occupation majeure est de s'instruire des généalogies et d'étudier les traités du blason, les formes d'une étiquette d'autant plus stricte qu'elle s'applique à moins de gens. De Montbéliard, où Catherine II la fit chercher en 1776 pour épouser son fils Paul, sur Pétersbourg où, à présent, elle demeure la première, elle a enté la formule de la dynastie à l'allemande, se perdant dans les âges et transmettant de mâle en mâle à l'infini le fief souverain : elle y croit peut-être; en tout cas, elle fait semblant. De plus, la haine de la France nouvelle, l'horreur de ceux qui ont tué le Roi, le mépris de celui qui a pris sa place, et ce mépris, contre Napoléon, accru d'exécration après l'exécution du duc d'Enghien, le petit-fils de ce prince qui, avec une galante magnificence, a fait à la comtesse du Nord les honneurs de Chantilly. Ce qu'elle veut pour ses filles, ce n'est point un despote jacobin, si puissant qu'il soit, mais des princes, des princes vrais, qui aient du sang bleu aux veines et qui descendent de races de dynastes. Elle a marié son fils Alexandre à une princesse de Bade, son fils Constantin à une princesse de Saxe-Cobourg ; elle marie sa fille Alexandrine à l'archiduc Palatin, sa fille Hélène au prince héréditaire de Mecklembourg, sa fille Marie au prince héréditaire de Saxe-Weimar, sa fille Catherine au prince de Holstein-Oldenbourg. De ces maris, certains sont de tournure médiocre, de santé compromise, d'intelligence discutable, de fortune nulle; il n'importe : ils sont Allemands et d'ancienne maison ; cela seul compte. Ce qui compte plus encore, c'est d'échapper au Corse, avec qui toute union est sacrilège. Dans sa propre famille, l'impératrice a vu livrer sa nièce, Catherine de Wurtemberg, à Jérôme Bonaparte. Elle a vu le propre frère de l'impératrice régnante épouser Stéphanie Beauharnais, et, dans une maison alliée, la reine de Bavière, sœur de la même impératrice, ne pouvoir empêcher l'union de sa belle-fille, la princesse Auguste, avec Eugène Beauharnais. De ces défaillances des princes allemands, son orgueil s'est rehaussé et s'est rendu plus intraitable. Toute la superbe de sa maison est en elle, accrue du pouvoir sans contrôle qu'elle exerce depuis la mort de Paul, sur la Cour, sur ses filles, sur ses fils, sur l'empereur, sur certaines parties de l'administration, et, en fait, sur la politique tout entière.

Contre elle, Napoléon se heurte donc; mais à y regarder de plus près qu'il n'a fait jusqu'alors, doit-il tant regretter que pour une alliance dynastique telle qu'il la souhaite à présent, la Russie lui échappe? Il dira plus tard : « C'est la seule cour où les liens de famille dominent la politique »; mais, en ce moment, l'histoire de son temps lui montre Pierre III assassiné de l'ordre de sa femme, et Paul Ier assassiné de l'aveu de son fils. Où qu'il porte ses regards, ce ne sont que meurtres et adultères, et le sang de Catherine la Grande est-il pour le rassurer? Puis, ne faut-il pas que, au type dynastique que lui-même représente, la femme qu'il épousera ajoute l'alternative d'un type dynastique dûment établi, célébré par les poètes, illustré par les artistes, tel qu'on ne puisse le méconnaître et qu'il affirme l'alliance? Or, de type dynastique, la famille de Russie serait jusqu'alors embarrassée d'en présenter un, et elle en a de bonnes raisons. Enfin, il veut que, dans la famille où il prendra sa femme, la réputation soit établie que « les filles soient des moules à enfants ». Or, s'il consulte, on lui dit que les sœurs de la grande-duchesse qu'il pourrait épouser sont médiocrement fécondes : l'aînée est morte sans hoirs, la seconde a deux enfants, la troisième un seul vivant, la quatrième n'en a point encore : c'est de quoi réfléchir.

Et, quand se présente une archiduchesse, quelles lignées, au contraire, chez les Lorrains comme chez les Habsbourg! les quatorze enfants de Léopold de Lorraine, les seize de François Ier, les huit de Joseph II, les treize de François II ; et, chez les filles de Marie-Thérèse, les dix-sept enfants de Marie-Caroline de Naples, les quatre de Marie-Antoinette de France, les six de Marie-Amélie de Parme ! On ne compte pas les morts, et c'est un axiome en Europe que la fécondité des filles d'Autriche.

Par là, Napoléon trouve donc à se satisfaire et combien plus du côté de l'antiquité, de la noblesse et de l'illustration de la race. Cette maison de Lorraine qui, par preuves et titres, remonte à Adalbert, comte de Metz, vivant en 1033, s'étale sur l'Europe et y joue, durant sept cents ans, un des grands rôles jusqu'au jour où, en 1736, elle est absorbée par la maison de Habsbourg. Ces Habsbourg, illustres depuis le xe siècle, ont réalisé l'empire universel ; vainement remonterait-on les âges : nulle souveraineté comparable, nulle étendue pareille de possessions. Les mers s'ouvrent pour eux ; des continents nouveaux surgissent pour recevoir leur loi ; ce n'est point l'Europe seule qu'ils entraînent dans leur orbite, ce sont les deux Amériques, l'Afrique et l'Asie. Si leur puissance a décliné, si les Bourbons l'ont ébranlée, et si, dans la plus grande partie de leurs États, ils se sont même substitués à eux, c'est en se réclamant de leur sang et en se disant de leur race. La France, depuis trois siècles, a reçu d'eux presque toutes ses reines : Éléonore qu'épousa François Ier, Élisabeth qu'épousa Charles IX, Anne qu'épousa Louis XIII, Marie-Thérèse qu'épousa Louis XIV, Marie-Antoinette qu'épousa Louis XVI. C'est donc une tradition de la Maison de France que renouera Napoléon, et, à présent, n'est-ce pas que le prestige de sa gloire a aboli la Révolution, n'est-ce pas que les acclamations qui l'accueillent ont étouffé les invectives contre l'Autrichienne, n'est-ce pas que son autorité est assez fermement établie pour que, en se rattachant aux souvenirs du passé, en les évoquant devant les mémoires oublieuses, il n'ait rien à redouter des colères d'il y a quinze ans? Telle est l'illusion et telle la vanité des choses.

Une archiduchesse n'est point une femme comme toutes les autres ; c'est un être qu'on ne saurait imiter ou contrefaire, qui, à travers le monde, porte des traits où l'on ne saurait méconnaître son origine. Quiconque tient à la maison d'Autriche en reçoit le type distinctif ; c'est la preuve de la naissance illustre et la marque de la race.

Ce type — ce stigmate, diront les physiologistes qui verront dans le prognatisme ainsi transmis une marque certaine de dégénérescence — consiste en un développement anormal des maxillaires et surtout du maxillaire inférieur, et, d'une façon concomitante ou secondaire, en un développement plus ou moins exagéré de la lèvre inférieure. Il est fixé dans la maison d'Autriche avec une telle persistance que très peu d'individus y échappent. Comme il est une tare, ceux qui ne présentent point l'anomalie faciale, paraissent, au moins la plupart, avoir subi d'autres anomalies moins facilement constatables, mais pires. Aussi loin qu'on remonte dans les documents graphiques, le stigmate saute aux yeux : il caractérise Charles-Quint et toute sa lignée espagnole, Maximilien et toute sa lignée autrichienne : donc, il est antérieur. Le voici attesté par les portraits des ducs de Bourgogne, par l'effigie de Marie, leur héritière, et aussi par la statue de bronze de Maximilien Ier. Peut-être l'union de Maximilien et de Marie de Bourgogne, prédisposés l'un et l'autre par une succession atavique qui paraît déjà longue, en a-t-elle déterminé la fixation définitive dans la maison d'Autriche; peut-être les unions consanguines ont-elles contribué à l'y maintenir ; en tout cas, il est un titre de gloire, un motif d'orgueil pour qui le porte, et l'on n'est point d'Autriche si l'on n'a la grosse lèvre.

Dans le pennon généalogique de l'archiduchesse Marie-Louise, sur les trente-deux quartiers, six sont d'Autriche, quatre de France, quatre de Bavière, deux de Lorraine, deux de Neubourg, quatre de Brunswick-Hanovre et Wolfenbuttel, deux d'Œttingen, deux de Parme, deux de Bavière-Palatin, deux de Saxe et deux de Brandebourg-Bareith. L'archiduchesse tient le sang d'Autriche d'Éléonore-Marie, épouse de Charles IV de Lorraine, et des empereurs Léopold Ier et Joseph Ier; le sang de France de Philippe, premier duc d'Orléans, et du Grand dauphin, fils lui-même de Marie-Thérèse d'Autriche; le sang de Bavière de Marie-Anne-Chrétienne-Victoire, qui épousa le Grand dauphin, et dont la grand'mère était Marie-Anne d'Autriche, de la Palatine, épouse de Philippe d'Orléans et de Dorothée-Sophie, épouse d'Odoard Farnèse II de Parme; elle tient le sang de Lorraine de Charles IV, le sang de Neubourg d'Éléonore-Marie, épouse de Léopold Ier d'Autriche, le sang de Brunswick du duc Louis-Rodolphe, le sang d'Œttingen de Christine-Louise, épouse de Louis-Rodolphe de Brunswick, le sang de Saxe d'Auguste II, le sang de Brandebourg-Bareith de Christine-Everhardine, femme d'Auguste II, le sang de Brunswick-Hanovre de Wilhelmine-Amélie, épouse de Joseph Ier d'Autriche. Pour ses trente-deux quartiers, elle n'a, au cinquième degré, que seize ancêtres, car, dans sa ligne paternelle comme dans la maternelle, elle a une double ascendance commune. Ainsi se trouve-t-elle tenir son atavisme dans une proportion écrasante des maisons de Lorraine, d'Autriche et de Bourbon, puisque sur soixante-deux ancêtres depuis la cinquième ascendance elle en a neuf de Lorraine, onze d'Autriche, treize de Bourbon. En montant plus haut, la proportion du sang d'Autriche croîtrait encore.

Dès lors, quoi de surprenant à ce qu'elle présente intégralement ce type que souhaite Napoléon? Il en emplit, il en repaît ses yeux avant même d'avoir vu de l'archiduchesse un portrait qui puisse ressembler. Il a emporté de Compiègne les médailles des empereurs autrichiens, il les regarde, il les manie, il cherche, d'après ces traits augustes, à imaginer les traits de sa fiancée, et quand Lejeune, arrivant de Vienne, lui présente un croquis qu'il a, au théâtre, pris de l'archiduchesse : « Ah ! s'écrie-t-il ravi, voilà bien la lèvre autrichienne ! » et il s'extasie à comparer.

Ce qui pour tous est une laideur devient pour lui la beauté suprême, puisque c'est la marque indélébile de la race — et c'est le stigmate de la dégénérescence.

Avec le sang des Habsbourg, c'est le sang des Bourbons qui coule le plus abondamment dans ses veines : le sang des d'Orléans avant qu'il fût entaché de bâtardise, le sang des Bourbons aînés avant les alliances savoyardes : sang illustre dont Napoléon aimera à se recommander. Volontiers il dira « Mon oncle Louis XVI », et cela sera vrai. Ainsi reliera-t-il, même en France, à la dynastie déchue sa dynastie nouvelle. Jadis, au temps où il affectait la dignité suprême, il a souhaité qu'elle fût consacrée par l'abdication de celui qui représentait l'autorité traditionnelle, et, comme on disait, légitime. Il a tenté d'obtenir, pour l'empire qu'il allait fonder, l'investiture que seul pouvait donner l'héritier des rois très chrétiens, l'homme en qui était incarné le principe monarchique. En ce cas, il ne prenait pas la place des Bourbons, il leur succédait. Il a échoué. Par là, il a été empêché de se rattacher intégralement aux formules royales; même à présent, l'existence d'un prétendant qui est Bourbon ne lui permet pas de montrer en public tout l'orgueil qu'il éprouve de s'allier ainsi, fût-ce d'une façon détournée, aux Bourbons, et de souder la quatrième dynastie à la troisième. Mais cet orgueil qu'il en éprouve ressort de tous ses actes. Non seulement il interdit toute attaque contre la mémoire de Louis XVI et même de Louis XV, mais il accorde des pensions et des emplois à tous les serviteurs de la maison royale qui le sollicitent, aux plus intimes, aux plus familiers; il continue et augmente les traitements qu'il fait aux princesses; il tient qu'il est solidaire des Bourbons comme de tous les souverains qui ont régné en France, et si jadis c'était à Charlemagne qu'il se glorifiait d'avoir succédé, si c'était à lui qu'il dédiait des statues et des colonnes triomphales, s'il abolissait ainsi les Capétiens et les mettait en oubli, substituant l'aigle, qu'on disait carlovingienne, aux fleurs de lis effeuillées à présent, dans la basilique de Saint-Denis, destinée à la sépulture de sa Maison, il érige des monuments expiatoires aux trois premières dynasties; il ne va point troubler une seconde fois le repos des morts; il n'essaie point de rechercher dans le charnier révolutionnaire les ossements royaux et, par une loterie hasardeuse et funèbre, de leur attacher des noms, il laisse les cendres à la terre et glorifie l'esprit; il unit dans un même culte ces morts qui sont le passé, à ses morts à lui qui sont l'avenir; il prépare ici ses tombeaux près des leurs, et il institue pour les garder et prier pour eux un chapitre impérial de prélats mitrés.

S'il s'arrête dans ses mesures de réaction, c'est qu'il ne peut se dissimuler que le courant qu'il a formé lui-même devient très fort et, s'il n'y prenait garde, entraînerait de dangereuses apologies de l'ancien régime, de directes attaques contre la Révolution, l'éveil politique des souvenirs royalistes, l'attendrissement d'une certaine classe sur les malheurs de Louis XVI et de sa famille, et, par là, la pensée qu'il existe encore des rois de France. D'ailleurs, l'inquiétude s'est répandue dans la nation, chez les anciens conventionnels, car le bruit court qu'aucun d'eux ne sera plus employé, chez les acheteurs de biens nationaux, car on annonce que les ventes vont être annulées. Napoléon donne donc un coup de barre à gauche, mais, dans l'intimité de sa pensée, le mariage autrichien, s'il vaut par le sang de Lorraine-Autriche qu'en recevra son fils, vaut plus encore par le sang de Bourbon.

Or, ce sang de Bourbon, Marie-Louise ne le tient pas même directement des Bourbons de France, dont la race est déjà si pauvre et si dégénérée que, sur neuf enfants du Dauphin fils de Louis XV, quatre sont morts en bas âge, qu'un des fils est impuissant et une des filles stérile; que, sur les quatre enfants de Louis XVI, trois sont morts en bas âge et que la fille est et restera stérile; que, sur les quatre enfants du comte d'Artois, deux sont morts en bas âge et qu'un est impuissant ; mais elle le tient des Bourbons d'Espagne par sa grand'mère Marie-Louise, épouse de Léopold II, et des Bourbons de Naples par sa mère Marie-Thérèse; et ces deux races royales, celle-ci issue de celle-là, apportent des tares héréditaires qui condamnent les descendants à la folie, l'imbécillité ou la mort prématurée : Philippe V a eu quatre enfants de son premier mariage avec Marie-Louise-Gabrielle de Savoie, deux sont morts en bas âge, un à dix-sept ans, un, sans hoirs, à quarante-six; de son second mariage avec Élisabeth Farnèse, dernière de sa race, il a eu sept enfants : deux sont morts jeunes, les cinq autres à des âges normaux; mais, sur les treize enfants qu'a eus Charles III, sept sont morts en bas âge; un était si faible d'esprit qu'il a été écarté de la succession, et qu'était-ce, puisque Charles IV est monté au trône d'Espagne et que Ferdinand IV est monté au trône de Sicile? L'Infant Gabriel, mort à trente-six ans, valait ses frères; l'Infant Antoine est mort sans postérité; enfin l'impératrice Marie-Louise, grand'mère de l'archiduchesse, est morte à quarante-sept ans. De Marie-Caroline d'Autriche, Ferdinand IV de Sicile a eu dix-sept enfants : dix sont morts avant leur dixième année, deux avant la trentième, un à trente-cinq ans, quatre ont passé la cinquantaine. Ces derniers étaient-ils les enfants de leur père légal? Il est permis d'en douter. En tout cas, pour les autres, à la deuxième et plus encore à la troisième génération, la folie, la tuberculose, les infirmités congénitales deviennent la règle. Si quelques sujets échappent, c'est un hasard.

Ainsi, l'idée dynastique, telle qu'elle s'est cristallisée dans le cerveau de Napoléon, lui fait accueillir avec transport une dégénérée que désigne le stigmate de son atavisme paternel et qui, de son atavisme maternel, apporte la tuberculose et l'imbécillité.

Cela, qui le voit ? Le préjugé de la grandeur de la race régit toutes les alliances souveraines ; combien plus dominera-t-il les décisions de Napoléon, puisque c'est par cette race à laquelle il s'unit qu'il prétend assurer les destinées de la sienne. Cette race, elle n'existe point encore, le divorce est à peine prononcé, les négociations pour le mariage à peine esquissées, et déjà elle lui monte au cerveau, elle emplit toute sa pensée, elle dicte toutes ses résolutions. Pour elle il travaille, pour elle il rédige des décrets et des sénatus-consultes ; il compte l'héritage qu'il lui laissera, il lui partage ses biens, il lui taille des royaumes dans son empire. Il n'a pas encore d'épouse et il voit ses enfants, ses fils et les fils de ses fils, ses filles et les maris de ses filles. Il règle les dots de celles-ci et les apanages de ceux-là ; il statue quels lots les uns et les autres recevront sur son domaine privé ; il dispose des meubles, des tableaux, des pierres précieuses ; il ordonne ce qu'on fera du Domaine extraordinaire et les dotations qu'il y imputera ; il examine tous les cas et à tous il impose une solution. Ce qui n'est point sa race n'existe plus à ses yeux : « les seuls princes descendant en ligne directe de l'Empereur auront droit aux apanages » ; les seules princesses impériales recevront une dot sur le Domaine extraordinaire, le Domaine privé ou le Trésor de l'État. Les apanages constitués par l'article 15, § 2 du sénatus-consulte du 28 floréal an XII, en faveur de Joseph et de Louis, abolis virtuellement par la vocation de ces princes à une couronne étrangère, le sont expressément par l'article 80, § 2 de ce sénatus-consulte du 30 janvier 1810 ; ils ne peuvent être légalement rétablis, même en faveur de leurs enfants, puisque les apanages sont seulement dus : « 1° aux princes fils puînés de l'Empereur régnant ou de l'Empereur et du Prince Impérial décédés ; 2° aux descendants mâles de ces princes, lorsqu'il n'a pas été accordé d'apanage à leur père ou à leur aïeul. » Une telle disposition, prise à l'heure même où Napoléon veut contraindre Louis à abdiquer, montre en quel oubli il met ses neveux, qui sont pourtant encore ses seuls héritiers. Il n'a plus besoin d'eux, il les supprime. N'a-t-il pas son fils ?

Et c'est de ce fils qu'il s'occupe. — L'Autriche s'est présentée et a offert l'archiduchesse, fille de l'empereur, le contrat est signé, l'ambassadeur chargé de la demande roule sur la route de Vienne ; il est grand temps.

Quel titre portera-t-il ce fils, l'héritier du Grand Empire ? Nul de tradition française ne peut lui convenir, car les provinces sont abolies, ainsi que les apanages territoriaux qu'elles pouvaient constituer. Un nom de ville française ferait un titre de courtoisie sans valeur dynastique, inférieur à des noms de victoire tels qu'en portent les maréchaux. D'ailleurs, il s'agit d'établir l'universalité de l'Empire, et une seule ville est universelle, c'est Rome; mais Rome n'appartient pas à l'Empereur, et Napoléon ne saurait se contenter pour son fils d'un titre *in partibus*. Il prendra donc Rome au pape, en révoquant la donation qu'en fit Charlemagne, « son auguste prédécesseur ». Du même coup, il affirmera la possession qu'il a prise de l'Empire d'Occident et l'abandon qu'en a fait l'empereur d'Autriche après la dissolution du Saint-Empire Romain-Germanique.

Mais si, depuis l'an 966, le titre de roi des Romains a été le titre de l'empereur élu jusqu'à ce qu'il eût été couronné par le pape, puis le titre du successeur de l'empereur élu du vivant de celui-ci, il n'a point impliqué la possession effective de Rome; il n'a été que de courtoisie et de tradition; inusité des Carlovingiens au temps où ils dominaient en Italie, puisqu'ils attribuaient de préférence à leurs héritiers celui de rois d'Italie, il n'est entré dans le protocole qu'au temps où les empereurs n'avaient plus sur Rome une autorité directe. Napoléon ne veut donc point son fils roi des Romains : il le veut roi de Rome. Par l'article 7 du sénatus-consulte du 17 février, « le Prince Impérial porte le titre et reçoit les honneurs de Roi de Rome ».

Qu'est-ce, les honneurs ? Sans doute ceux du roi des Romains ; mais la couronne ouverte à la romaine, l'aigle éployée à une seule tête, et l'appellation de Majesté royale, cela est peu; il donnera à son fils une couronne aquilée comme la sienne, un blason semblable au sien, et pour les autres prérogatives, il saura y pourvoir.

Aux enfants qu'il attend ainsi, outre des dots, des apanages et des titres, Napoléon prépare des empires. Il les veut tels que les eut Charles-Quint pour les distribuer entre sa race; il reprend l'Italie à Eugène, les Pays-Bas à Louis, en attendant qu'il reprenne l'Espagne à Joseph. L'Europe lui semble bien étroite pour sa descendance; mais au moins la veut-il toute, puisque les flottes anglaises lui barrent en ce moment la route des féeriques royaumes que Pizarre et Cortez conquirent jadis à l'ancêtre de Marie-Louise. Un jour viendra où lui aussi, maître des mers, revendiquera pour sa postérité les Indes d'Orient et d'Occident, et, au redoublement d'efforts qu'il impose sur tout le continent aux constructeurs de ses vaisseaux, ne dirait-on pas qu'une ambition nouvelle s'est jointe à ses anciens griefs, et que, dans la lutte suprême qu'il veut engager contre les Anglais, le prix qu'il cherche à présent, c'est, par delà les Océans, l'Eldorado mystérieux dont il accroîtra la toute-puissance de sa race?

III. — La Grossesse de Marie-Louise

Dès que Marie-Louise est arrivée à Compiègne, il s'empare d'elle, sans attendre le prêtre et l'officier civil, tant il a hâte de posséder sa fortune. En cette fille des Césars, ce qu'il étreint, c'est, dans le passé, toute sa race à elle; c'est dans l'avenir, toute sa race à lui. Il est tellement empli de l'orgueil d'avoir réalisé son rêve, que cette femme, point belle, mal construite, à poitrine de nourrice, par ailleurs maigre et comme étique, piquetée de points rouges de petite vérole, lui paraît belle. Elle se sauve par la peau blanche, les yeux bleus à fleur de tête, les jolis cheveux blonds, les pieds et les mains trop petits, mais ce n'est point là ce qu'il admire, c'est ce nez, cette bouche, cette mâchoire, cette lèvre : l'Autriche! Il en rêve, il s'hypnotise à les regarder; il ne voit que cela. Il est amoureux et de quelle curieuse façon : ce fut d'abord d'un rêve d'ambition, et, ce rêve ayant revêtu la forme tangible d'une femme, c'est à présent de la femme même.

Toutefois, si amoureux qu'il soit, si désireux d'avoir un fils, si heureux des espérances qu'il peut former, par un défaut de réflexion qui étonne chez un homme de quarante et un ans, il entraîne sa jeune femme dans une de ces courses à travers l'Empire, où, par les étapes en voiture, il se repose des réceptions, des bals, des audiences et des inspections. Il croit avoir assuré à sa jeune femme toutes ses aises en la laissant parfois, dans le cas de mauvais air, un jour ou deux en arrière, parfois en retardant les départs jusqu'à des huit heures du matin. Mais combien de fois l'on part à cinq heures, et, si tôt qu'on arrive au gîte, la corvée commence pour durer jusqu'à des minuit et, le lendemain, elle recommence. Malgré les huit chevaux et le train doré glacé de vert, la berline impériale n'en cahote pas moins sur les routes de la Belgique, et surtout du Brabant et de la Zélande; et l'on ne saurait ni abréger le voyage, ni changer l'itinéraire, ni modifier les programmes. Les peuples attendent, les fêtes sont préparées et la popularité des souverains dépend pour une part de l'exactitude qu'ils montrent. Malgré la fatigue, malgré une entorse qu'elle a prise à Anvers, Marie-Louise, habituée à obéir, suit sans se plaindre, et elle est grosse. Peut-être n'a-t-elle pas osé l'avouer à l'Empereur, car sa timidité est maladive, mais elle l'a annoncé en Autriche. « J'ai déjà des espérances, a-t-elle écrit, mais trop peu fondées pour que j'en puisse parler. » Elle écrit cela le 11 mai, de Middelburg, où elle se repose deux jours; le 13, elle regagne Anvers, le 14 Laeken et, le 15, quand, au théâtre de la Monnaie, à des vers débités en son honneur, elle veut se lever pour remercier les claqueurs, elle tombe raide. On ne quitte pourtant qu'après *les Prétendus* de Lemoyne, et, ensuite, à Laeken, il y a audience et présentations, et, le lendemain, la visite aux manufactures et le bal de la ville, et de même les jours d'après, à Gand, à Bruges, à Ostende, à Dunkerque, à Lille, à Dieppe, à Rouen!

A peine rentrés à Paris, on a, le 10 juin, la fête à l'Hôtel de Ville avec le quadrille d'honneur, où l'Impératrice figure, avec le roi de Westphalie, en face de la reine de Naples et du vice-roi, et où la princesse Pauline et le prince Esterhazy font vis-à-vis à Mademoiselle Péan de Saint-Gilles et à M. de Nicolaï; le 14, la fête à Neuilly chez la princesse Pauline, le 21, la fête chez le ministre de la Guerre, le 24, la fête à l'École Militaire, le 2 juillet, la fête à l'hôtel Schwarzenberg, et quand on ne danse pas en grand gala, petit bal ou spectacle; dans le jour, chasses, revues, parades, audiences, présentations; par-dessus, l'Empereur apprend à

BAL DONNÉ PAR LA VILLE DE PARIS A L'OCCASION DU MARIAGE DE
MARIE-LOUISE
Gouache par Moreau le jeune.
Appartenant à M. Paulme

l'Impératrice à monter à cheval, joue aux barres avec elle, la poursuit dans les parterres, gamin, parfois brutal, car c'est sa façon de se croire aimable.

Malgré tout, elle est enceinte, — ou elle le croit. « Je suis doublement heureuse maintenant, écrit-elle à son père le 2 juillet, puisque le médecin m'a assuré que j'ai des espérances depuis le mois dernier. Dieu veuille que cela soit vrai, car l'Empereur en a une joie infinie. » Fini à présent pour elle de la danse et du cheval, mais fini pour l'Empereur des voyages et des déplacements. Il ne prend plus que des plaisirs que sa femme peut partager. Dès le 13 juillet, il a fait part de la nouvelle à Jérôme. C'est le bruit général : « la grossesse de l'Impératrice est indubitable et sera déclarée sous peu, » écrit, le 22, le roi de Wurtemberg à sa fille. Au reste, le 26, Napoléon en fait l'annonce formelle à son beau-père : « Je ne sais, lui écrit-il, si l'Impératrice vous a fait connaître que l'espérance que nous avions de sa grossesse acquiert tous les jours de nouvelles probabilités et que nous avons toutes les sûretés qu'on peut avoir *à deux mois et demi*. »

Ainsi, la grossesse remonterait au 11 avril; elle devrait avoir son terme au début de janvier. Les symptômes éprouvés antérieurement au mois de juillet étaient-ils à ce point trompeurs, ou bien un accident s'est-il produit qui ait passé inaperçu, et une grossesse nouvelle s'est-elle greffée sur la première? *Les deux mois et demi* ne font pas honneur à la science : pourtant l'Empereur a choisi ce qui est le plus réputé, la gloire de l'obstétrique. Antoine Dubois, qu'il a chargé de suivre, de concert avec Corvisart, la grossesse de l'Impératrice est, depuis la mort de Baudelocque, survenue le 1er mai, l'accoucheur en renom. Il a été de l'expédition d'Égypte et a fait partie de l'Institut; il a dirigé, depuis 1802, la Maison de Santé municipale qui plus tard recevra son nom, et il vient de succéder à Baudelocque à la Maternité. Mais Baudelocque, malgré sa notoriété, en savait-il plus que Dubois, et n'avait-il pas endossé la terrible affaire Tardieu? Ce n'est qu'à la fin de juillet que Dubois et Corvisart reconnaissent qu'ils se sont trompés et que l'Impératrice est entrée seulement en août dans le deuxième mois de sa grossesse.

C'est là désormais l'unique affaire. L'Impératrice gardera-t-elle ou non son déjeuner? Aura-t-elle des faiblesses et des évanouissements? Sera-t-elle gaie ou triste? Tout cela importe à la grossesse, et la grossesse c'est la dynastie. L'Impératrice d'abord n'admet point que son mari la quitte, et Napoléon se soumet à prendre les heures qui lui plaisent, à déjeuner longuement avec elle, à faire avec elle la belle promenade, à dîner avec elle, à passer ses soirées près d'elle. Il ne bouge point de la résidence qu'elle adopte et, pour elle, il laisse en suspens les difficultés majeures qui résultent des idées qu'a inspirées le mariage autrichien, et dont la grossesse même a amené la réalisation.

La famille ancienne a disparu en effet devant la famille nouvelle : celle-là est dépouillée pour celle-ci. L'Empire qui ne sera jamais assez vaste pour les héritiers attendus s'étend comme une tache d'huile. Ce n'est pas assez que Napoléon ait dépouillé Eugène de l'Italie, il prend la Hollande à Louis et au fils de Louis; il prend à Jérôme un huitième de la Westphalie, à Joseph un quart de l'Espagne. En cette année 1810, il incorpore à l'Empire les départements du Tibre et du Trasimène qui furent les États du Pape; les départements des Bouches-de-l'Escaut, des Bouches-du-Rhin, des Bouches-de-la-Meuse, du Zuyderzée, de l'Yssel supérieur, des Bouches-de-l'Yssel, de la Frise et de l'Ems occidental qui faisaient les États de Louis; les départements de l'Ems oriental, de l'Ems supérieur et de la Lippe qui appartenaient à Jérôme; les départements des Bouches-du-Weser et des Bouches-de-l'Elbe qui étaient les Villes hanséatiques; enfin le département du Simplon qui fut la République du Valais : seize départements, un cinquième de l'ancienne France, combien plus comme étendue, comme population, comme renommée : Rome, Amsterdam, Hambourg ! Encore, sans demander de sénatus-consulte, a-t-il effectivement réuni les Provinces en deçà de l'Èbre qu'il a divisées entre six gouvernements généraux et les Provinces illyriennes qui, dotées d'un gouverneur général le 14 octobre 1809, ne seront organisées en sept provinces que le 15 avril 1811.

Chaque jour disparaît une des royautés feudataires créées depuis six années à peine. Napoléon dispose à son gré des couronnes qu'il a distribuées. Rien n'est plus stable dans le Grand-Empire, tout y dépend d'un geste du maître, et le maître ne paraît pas; à peine s'il écrit des ordres brefs, impérieux et courroucés. Il reste auprès de sa femme et lui tient société. Que répondre lorsqu'elle lui dit qu'elle ne veut pas qu'il la quitte, et que s'il part, elle le suivra? Ce serait la dynastie en péril; il s'incline donc et il reste. Fini du voyage en Italie par qui se trouveraient réglées, avant que la querelle ne devienne aiguë, les affaires de Murat; fini du voyage en Hollande, si nécessaire après l'annexion, pour examiner sur place les intérêts des populations avant de leur imposer l'organisation française; fini surtout de la campagne dans la Péninsule où seul le maître pourrait imposer une solution; pour ranger Joseph à ses desseins, pour contraindre les maréchaux à obéir, pour relever le moral des soldats, il faut sa présence, mais l'Impératrice est enceinte et il reste. Même un déplacement d'une semaine ne lui est pas permis : il doit aller inaugurer à Cherbourg les travaux du port Napoléon : Cherbourg attendra; l'Impératrice est enceinte.

Il tourne donc autour de Paris, et de Saint-Cloud à Rambouillet, à Paris, à Trianon, à Fontainebleau, il va, vient, passe, pour user en petits voyages cette activité qu'il ne peut employer aux grands desseins. Il perd aux cérémonies et aux fêtes des heures précieuses pour les affaires. Il assiste aux petits jeux, aux parties de pêche, aux farces où Borghèse est le plastron. Il s'ingénie en amant heureux à préparer des divertissements; il s'évertue en époux attentif à ouater la vie de sa compagne, à deviner ses goûts, à satisfaire ses fantaisies, surtout à n'éveiller en elle aucune contrariété qui puisse nuire à l'enfant qu'elle porte.

Pourtant, à des jours, il n'y tient pas : il lui faut de l'air, de l'espace, des temps de galop; il oublie que l'Impératrice le suit, il oublie quels ménagements elle mérite, et il va, il court, comme emporté par son corps. Le 24 août, à cinq heures du matin, il part de Saint-Cloud à cheval, l'Impératrice en calèche. Il attaque dans le bois de Meudon un cerf qui, en moins de deux heures, mène les veneurs aux tailles de Rambouillet; à sept heures et demie, le cerf est pris; à neuf heures et demie, l'Empereur est à Jouy-en-Josas, où il fait visiter à l'Impératrice la manufacture d'Oberkampf; il y déjeune, et après midi il rentre à Saint-Cloud. Il est ravi de sa petite promenade, et, devant les dames du Palais fourbues, tombant de sommeil dans le salon de service, il n'a pas l'idée qu'une telle course peut compromettre ses espérances.

Ce qu'il veut d'abord, c'est ne point contrarier Marie-Louise : ainsi, ne manque-t-elle pas un des trois laisser-courre de la semaine; ainsi, assiste-t-elle à toutes les chasses à tir dans les bois avoisinant Versailles; ainsi, parce qu'elle aime rester au spectacle jusqu'au rideau tombé, faut-il qu'il soit près d'elle. Napoléon est le prisonnier de sa dynastie. L'orgueil qu'il en éprouve est aussi grand que sa joie; mais bien que nul n'en ignore, bien que, à chaque voyage qu'il fait à Paris, il se plaise, en menant l'Impératrice à la Comédie-Française ou à l'Opéra, à faire constater les progrès aux Parisiens, il n'a pas encore rendu la nouvelle officielle. Il attend, pour déclarer la grossesse, « qu'elle soit à la moitié du terme ». Peut-être surtout veut-il en faire coïncider la déclaration avec l'arrivée d'un hôte dont il souhaite ardemment la venue, l'empereur d'Autriche, qui rendrait ainsi, avec une suite moins nombreuse et moins bruyante, les deux visites que fit son gendre à Schœnbrünn. C'est à Fontainebleau qu'il l'espère, et la Cour va y partir.

Il serait hors du caractère de Napoléon qu'un tel événement qui remue toutes ses fibres ne provoquât en lui aucun retour sur les besoins de la Nation, ne lui suggérât point des mesures d'utilité générale dont bénéficiât le peuple entier. Napoléon est ainsi fait que toute joie et toute douleur qui surviennent dans sa vie privée ont leur répercussion nécessaire sur ses actes publics, s'érigent en institutions durables, s'attestent par des lois ou des décrets dont, après un siècle, le bienfait est toujours sensible.

La grossesse, par un rapprochement d'idées presque inévitable, a attiré l'attention de l'Empereur à la fois sur la situation des femmes enceintes et sur la condition des nouveau-nés. Que des aumônes soient largement répandues, cela est de règle et comme de style, mais cela est passager et sans avenir. Il y a mieux; et d'abord c'est l'établissement, comme institution d'État, de la Société de Charité Maternelle.

Sans doute cette société existait depuis 1784, où elle fut fondée par Madame de Fougeret, née d'Outremont, fille d'un administrateur des hôpitaux de Paris et femme d'un receveur général. Madame de Fougeret s'était proposé « d'empêcher l'exposition des enfants légitimes à l'Hospice des Enfants trouvés, d'assister à domicile les pauvres femmes en couches, et de les assister dans les premiers soins à donner aux enfants ». Grâce en partie à la duchesse de Cossé qui s'honorait du titre de « Supérieure des Enfants trouvés », elle parvint à grouper un certain nombre de femmes de la Cour et de la Ville qui lui fournirent, outre une cotisation annuelle, une collaboration active. La société, qui avait obtenu sa consécration officielle le 1er mai 1788, lorsque la Reine en eut accepté la présidence, reçut ainsi, de 1788 à 1790, 147,000 livres et assista 991 enfants. Protégée par la Constituante, persécutée par la Convention, elle fut dissoute de fait, sous la Terreur, par l'emprisonnement de sa fondatrice. Lorsque Madame de Fougeret sortit de prison, son mari avait été guillotiné le 23 floréal an II, sa fortune était confisquée; d'ailleurs où trouver des collaboratrices et des souscripteurs?

Dès l'an IX, tant la charité est active, la société se reforma sous la présidence de Madame Châtillon de Béthune, ci-devant princesse souveraine d'Henrichemont et Boisbelle, avec Madame Eugène de Montmorency-Laval, née Béthune-Sully, et Madame Dupont de Nemours pour vice-présidentes; la secrétaire fut Madame Pastoret, née Rouillé de l'Étang, dont le mari, rallié d'apparence, n'était qu'un royaliste de la nuance de Dupont. A de tels noms, le Gouvernement consulaire eût pu prendre l'éveil; il applaudit. Le *Moniteur* du 8 germinal an IX enregistra officiellement le rétablissement de la société. Le ministère de l'Intérieur lui alloua tout de suite 4,000 francs de subvention et, en l'an X, 11,000. Tous les membres de la famille Bonaparte s'inscrivirent pour des sommes importantes : Joséphine cent louis par an, Hortense vingt-cinq, et chacun en proportion. Des vingt-huit dames administrantes, deux seulement tenaient par leurs maris au nouveau régime, et pourtant c'était le Gouvernement qui fournissait la majeure portion des ressources : ainsi, de 1801 à 1810, la moyenne des recettes, — qui, en 1806, grâce à une subvention spéciale de 24,000 francs donnée par l'Empereur, atteignent l'apogée de 65,659 francs, — est de 48,111 francs, dont plus de la moitié — 29,000 francs environ, — est fournie par l'Impératrice, la Famille impériale, le ministre de l'Intérieur, la Banque de France, l'administration des Hospices, celle des Octrois, etc. Avec ces faibles moyens, la société secourait en moyenne 400 mères de famille, protégeait jusqu'à l'âge de quinze mois, 410 enfants, sur lesquels il n'en mourait que 91, — proportion alors très satisfaisante puisque, selon les recherches de Dupré de Saint-Maur, très peu antérieures à la Révolution, la proportion de la mortalité infantile était, à Paris, de 4 sur 13, et que, pour les enfants protégés, elle se trouvait réduite à 2.5 sur 13.

L'institution avait démontré son utilité ; elle avait porté des fruits, mais non pas tous ceux que Napoléon en attendait ; lors du Mariage, il pensa à la réorganiser, demanda les statuts au ministre de l'Intérieur, constata que, n'étant pas autorisée, la société n'avait qu'une existence précaire et conclut : « Le bien qu'elle fait est peu de chose. » Il manifesta donc l'intention de lui attribuer une dotation sur son domaine extraordinaire, à condition qu'il approuvât le règlement et fît lui-même les nominations. De là, le décret du 5 mai 1810 par lequel, « voulant honorer et encourager la bienfaisance publique envers les mères indigentes, les placer sous une protection auguste et spéciale, et donner à l'impératrice Marie-Louise une preuve particulière de son affection », l'Empereur renouvelle la *Société Maternelle,* l'établit, non seulement à Paris, mais dans les quarante-quatre Bonnes-villes, et lui assigne pour but « de secourir les pauvres femmes en couche, de pourvoir à leurs besoins et d'aider à l'allaitement de leurs enfants ». La Société sera administrée par un grand conseil directeur, avec des conseils d'administration dans chaque ville. Le nombre des dames devant composer les Sociétés maternelles est fixé à mille, payant annuellement mille francs chacune, et la dotation

L'IMPÉRATRICE MARIE-LOUISE PRÉSIDANT LE CONSEIL DE LA
SOCIÉTÉ MATERNELLE
Dessin lavé de Monnet
Bibliothèque Nationale. — Collection Hennin

sur les fonds généraux du Domaine extraordinaire est de 500,000 francs.
Cette décision, prise le 5 mai à Anvers, coïncide exactement avec les premiers symptômes de la grossesse prétendue; ensuite, l'Empereur laisse dormir l'affaire jusqu'au moment où il n'a plus de doute sur sa paternité prochaine. De Rambouillet, en juillet, il écrit à Bigot de Préameneu d'envoyer des instructions aux préfets pour qu'ils préparent d'urgence les listes des dames. Le choix qu'il fait ainsi du département du ministre des Cultes, aussi bien que la nomination de Fesch comme secrétaire général, indique assez que, de fait et de droit, la Société sera placée sous les auspices de la religion, promotrice unique de la charité.

Dès le 27 août, la première liste, comprenant cinq cents noms de dames, est remise au grand aumônier qui, le 29, la présente en audience solennelle à l'Impératrice : sur cette liste, trois princesses, trente-six dames du Palais, femmes de grands officiers, duchesses, etc., puis quantité de femmes de généraux, de sénateurs, de préfets et de fonctionnaires. Au milieu, quelques ouvrières de la première heure, mais combien peu. La cotisation annuelle, quoique réduite de mille à cinq cents francs, est hors de leurs moyens. Fesch, en annonçant que les souscriptions montent à plus de 600,000 francs, ajoute qu'il mettra sous les yeux de l'Impératrice, au mois de décembre seulement, la liste complémentaire; cela montre le peu d'empressement des souscripteurs.

Le 19 décembre, l'Empereur organise le Conseil général, mais il ne donne à remplir que cinquante places sur cent, afin d'en laisser moitié aux cinq cents dames qui ne sauraient manquer de s'inscrire. Il étend en même temps la Société aux villes chefs-lieux de préfecture. Dans chacune, un conseil d'administration sera mis en activité dès qu'on aura pu grouper, à Paris, deux cents dames, ailleurs, vingt, dix ou même cinq. Le 20, l'Impératrice nomme aux places du Conseil général : la comtesse de Ségur, femme du grand maître, et la comtesse Pastoret sont vice-présidentes, le grand trésorier de la Légion, comte Dejean, est trésorier, le prince archichancelier, le chancelier du Sénat, M. Laplace et M. de la Rochefoucauld-Liancourt, sont conseillers. La Cour a pris la plupart des places;

l'ancienne noblesse a fourni Mesdames de Brienne, de Choiseul-Gouffier et de Gontaut-Biron; mais le ministre a fait une part à l'élément bourgeois dont on recherche les souscriptions et, après de sérieuses enquêtes, où les polices ne se sont pas ménagées, il a choisi bon nombre de femmes de maires de Paris, de censeurs et de régents de la Banque, de notaires, de grands industriels, même de gros commerçants.

Cela fait bien des noms et beaucoup d'argent; cela fait-il à proportion du dévouement et de la charité? Pour se faire bien venir du souverain on a crû sa souscription la première année, mais on se tient quitte des devoirs avec le certificat qu'a délivré sur parchemin l'Impératrice et Reine « suffisamment informée des principes de religion et de charité comme généralement de la conduite exemplaire de Madame X*** ». On aspire à être du Grand conseil parce que c'est une occasion de s'avancer et une dignité dont on reçoit le brevet des mains de l'Impératrice, « bien informée que Madame X*** réunit les vertus, les lumières et les talents nécessaires pour remplir les devoirs que lui impose le titre »; mais, hors des séances solennelles, on se tient quitte.

Aussi, pour recruter la Société, l'Empereur, dès le 25 juillet 1811, devra statuer par décret que l'on recevra désormais toutes les souscriptions inférieures à 500 francs; pour la faire fonctionner, il devra admettre dans le Comité central six dames élues par le conseil d'administration de Paris, introduire dans ce conseil les dames qui ont composé le bureau de l'ancienne société, et, de cette façon, atténuer, sinon le caractère officiel, au moins le caractère gouvernemental de l'institution.

Grâce à quoi, sans donner tous les résultats qu'il en attendait, sans étendre, comme il y comptait, les bienfaits de l'assistance à l'Empire entier, — car, dans les départements, quinze conseils d'administration paraissent seulement avoir été mis en activité, — la Société, à Paris du moins, peut admettre, par année, aux secours, de mille à onze cents femmes, à chacune desquelles elle verse, pour frais de couches, layette, mois de nourrice, etc., une somme de 120 francs, portée en 1812 à 138 francs. L'Empereur charge en outre les dames de la Société de distribuer certains secours extraordinaires (10,000 francs en 1811, 272,000 francs en 1812, etc.).

Le gouvernement de Louis XVIII confisqua la dotation octroyée par l'Empereur; il la remplaça par une allocation annuelle sur qui les gouvernements postérieurs ont réalisé successivement des économies jusqu'au jour où, sous quelque prétexte, ils l'ont abolie. Grâce pourtant à la loi fondamentale que Napoléon lui a imposée, grâce au prodigieux essor qu'il lui a donné, l'institution, réduite aux seules ressources que lui fournit la charité privée, subsiste après un siècle écoulé, et rend encore d'éminents services.

Par là, un des buts a été atteint : prévenir les effets de la misère chez les mères indigentes, les déterminer à conserver leurs enfants, les encourager à les soigner, propager la vaccine et diminuer la mortalité; mais il ne s'est agi là que des enfants légitimes, il faut faire la part des autres, des enfants trouvés, abandonnés ou orphelins. C'est l'objet d'un décret rendu le 19 janvier 1811, par lequel sont réglés tous les détails concernant les enfants dont l'éducation est confiée à la charité publique. L'Empereur en fait une dépense d'État à laquelle il est pourvu par une somme annuelle de quatre millions; en cas d'insuffisance, les hospices et les communes sont appelés à contribuer. Le tour établi dans chaque hospice, la mise en nourrice, la fourniture de la layette, l'envoi en pension, de six ans à douze ans, chez des cultivateurs ou des artisans, le droit attribué au ministre de la Marine de prélever les mousses, de l'âge de douze ans, nécessaires au service de mer, l'apprentissage des autres sujets jusqu'à vingt-cinq ans, les formes dans lesquelles la pension est payée, celles par qui s'opèrent la reconnaissance et la réclamation, celles par qui est établie la tutelle des enfants trouvés et abandonnés, tout presque de ce décret mémorable subsiste, après un siècle, tel que Napoléon l'a institué.

N'est-ce pas à la même suggestion qu'il faut attribuer la série des décrets rendus, de juillet 1810 à février 1811, pour créer et organiser six maisons d'éducation destinées aux orphelines des légionnaires morts pour le service de l'État? Sans doute, par un décret du 24 frimaire an XIV, des maisons analogues ont déjà été instituées, mais, aussi bien par l'instruction qu'on y donne que par la pension de mille francs qu'on exige des élèves payantes, par le droit d'entrée et le versement annuel de quatre cents francs qu'on demande aux gratuites, les Maisons Napoléon d'Écouen et de Saint-Denis ont pour objet de former des femmes destinées à figurer dans le monde, et à posséder quelque fortune. Tout autre est l'objet que l'Empereur se propose par le décret du 15 juillet 1810 : c'est de pourvoir à l'éducation des filles de légionnaires laissées sans assistance par la mort de leurs pères ou de celles dont les pères veufs sont appelés par leur service dans des contrées étrangères. Leur éducation sera donc fort différente : on leur apprendra, d'abord à connaître leur religion, puis à lire, à écrire, à compter et à travailler de manière qu'elles gagnent leur vie. La pension sera calculée sur le pied de quatre cents francs, et moitié des élèves sera à bourse pleine et moitié à demi-bourse. Leur nombre total sera de six cents, reçues depuis l'âge de quatre ans jusqu'à celui de douze, et elles seront nourries et entretenues jusqu'à vingt et un. Elles seront réparties en six maisons ou couvents, à clôture stricte, placées sous la protection de la princesse protectrice des Maisons Napoléon et sous la direction de Madame de Lezeau, supérieure des « Dames de la Congrégation des Orphelines ». Des décrets successifs des 21 septembre, 15 octobre 1810 et 15 février 1811 organisent les trois premières maisons, l'une dans la maison dite de Corberon, rue Barbette, au Marais, achetée 215,000 francs le 23 novembre 1810, la deuxième à l'Abbaye des Barbeaux, près Fontainebleau, achetée 110,000 francs le 26 novembre 1810, la troisième à l'Abbaye des Loges, près Saint-Germain-en-Laye, achetée 110,000 francs à la même époque. Bien que, à travers un siècle, cette institution ait été sensiblement modifiée et qu'elle ait perdu en dignité, en importance et en caractère, elle n'en subsiste pas moins, et, comme les deux autres, celle de la Charité maternelle et celle des Enfants trouvés, elle atteste par ses effets l'émotion que la paternité prochaine a apportée à Napoléon, et que, par un naturel effet de son caractère, il a appliquée au bien de son empire.

Est-ce assez ? N'est-il pas d'autres enfants, et, après les orphelins et les abandonnés, Napoléon ne doit-il pas penser à tresser, entre son fils qui va naître et les fils des grands de son empire, des liens que la religion et la reconnaissance rendront indissolubles? Depuis longtemps il a ajourné le baptême de quantité d'enfants qu'il a promis de nommer. L'occasion est bonne d'attacher la déclaration de la grossesse à une telle manifestation, et, à défaut de la visite vainement attendue de l'empereur d'Autriche, c'est là une cérémonie opportune et qui peut être grandiose. Tous ces enfants que l'Empereur adopte en leur imposant son nom précèdent et annoncent le Roi de Rome. Ils s'appellent Berthier, Daru, Dejean, Lacuée, Maret, Champagny, Larrey, Mortier, Victor, Caffarelli, Becker, Colbert, Curial, Defrance, Gobert, Gros, Junot, Lagrange, Lauriston, Lemarois, Rampon, Beauharnais, Duchâtel, Turenne, et à leur tête est le fils de Louis, Louis-Napoléon. Parmi eux, le Roi de Rome trouvera des compagnons pour son enfance, des émules pour ses premières armes, des ministres et des conseillers pour son gouvernement, des généraux pour ses armées. Cette élite de l'Empire lui fera cortège à travers la vie et chacun de ceux qui la forment, marqué au front du nom indélébile qu'imprima l'onction sacrée, devra à Napoléon II un dévouement plus intime, une plus entière abnégation, une fidélité plus ferme et qui ne reculera point devant l'entier sacrifice...

C'est une belle cérémonie, celle du 4 novembre. Les mères, parant de leurs plus belles dentelles leurs enfants, tous, quel que soit l'âge, vêtus de chemises de batiste brodée, rivalisent de toilettes somptueuses et découvertes dans le froid de la chapelle de Fontainebleau. A travers les galeries, le cortège impérial se déroule comme aux jours dynastiques, toute la Cour, tous les officiers en grand costume, manteau compris. Malgré Fesch, l'Empereur a, par pitié pour les enfants, abrégé les formes, mais, bien qu'il ait lui-même conçu et réglé cette pompe, il la trouve longue et voudrait qu'on dépêchât. Avant le spectacle, il offre en présent, à chacune des mères, son portrait avec celui de l'Impératrice monté en un médaillon qu'enrichissent 5,000 francs de diamants. On gardera les diamants, mais les portraits?

C'est là l'affirmation de la grossesse, pas encore pourtant la déclaration. Sans doute, le ministre de l'Intérieur, Montalivet, a, le 25 octobre, annoncé aux préfets que l'Impératrice est enceinte : « C'est, a-t-il dit, ce qu'a pu voir la nombreuse cour admise à lui présenter ses hommages, mais, a-t-il ajouté, l'usage étant de ne faire des prières que lorsque la grossesse est à la moitié du terme, la nouvelle officielle doit être différée d'un mois. » L'Empereur n'attend pas jusque-là. Dès le 11 novembre, ses lettres aux évêques sont préparées : « Mon cousin, écrit-il au cardinal archevêque de Paris, c'est avec une satisfaction infinie que je puis vous annoncer l'heureuse grossesse de l'Impératrice, ma très chère épouse et compagne. Cette preuve de la bénédiction que Dieu répand sur ma famille et qui importe tant au bonheur de mes peuples, m'engage à vous faire cette lettre pour vous dire qu'il me sera très agréable que vous ordonniez des prières particulières pour la conservation de sa personne. » Sauf la demande de prières, lettre presque semblable au président du Sénat. Deux jours après, lettre à l'empereur d'Autriche écrite en style de chancellerie, moins sans doute à cause de la déconvenue que pour suivre exactement le protocole et la tradition ; car on l'a calquée sur celle qu'écrivit Louis XVI pour annoncer la grossesse de Marie-Antoinette et on l'envoie par un écuyer, le baron de Mesgrigny, dont la femme va être nommée sous-gouvernante ; Marie-Louise, bien autrement déçue par l'abstention de son père, ne lui garde point rancune ; elle espère qu'à présent le cher papa ne la refusera point et, que « pour rendre sa joie absolument parfaite, il ne manquera pas de venir à Paris après la naissance de son petit enfant pour faire sa connaissance ».

L'enthousiasme officiel n'attendait que ce signal : la chaire sacrée retentit des mêmes accents que la tribune du Sénat, et une telle rivalité s'établit dans l'adulation que l'on ne sait ce qu'il faut admirer davantage, de la fécondité des orateurs ou de l'énormité de leurs louanges. Ils ne laissent plus d'hyperboles aux poètes, et Esménard, qui est de la police, reste dans son *Ode à Napoléon le Grand*, au-dessous de Mgr de Boulogne, qui est évêque de Troyes. N.-E. Lemaire, *apud Imperatoriam studiorum Universitatem in Parisina litterarum humaniorum*

Facultate poeseos latinæ professor, essaie du latin, mais quand son latin est mis en vers français par M. Legouvé, membre de l'Institut et de la Légion d'honneur, c'est un bel éclat de rire à ces vers :

> Fort du génie actif qu'il obtint en partage
> Ton père à chaque instant t'en fonde l'héritage

et les gens de goût notent sur la brochure : *Tif tint en tage. Ton tant t'en tage.* Les chanteurs de la rue — chanteurs du Gouvernement, un degré au-dessous d'Esménard, — n'ont pas meilleure fortune, quand, sur l'air *de Romainville,* ils chantent *l'Heureuse nouvelle* ou *les Français au comble de leurs vœux* :

> Grâce à l'hymen, grâce à l'amour
> Louise sera mère
> Son sein, sa taille en leur contour
> L'annoncent en ce jour.

ou bien :

> Louise débonnaire
> Par sa fécondité
> Fera jouir la terre
> De la tranquillité.

La foule rit, et nul ne reprend au refrain. De même pour la romance que L.-J. Bailly a cédée à Hugoulin, dit Aimable, et qu'on vend ailleurs au bas d'une gravure, *l'Heureux pressentiment,* où Marie-Louise chante, assise à son clavecin entre le portrait de l'Empereur et la bercelonnette de son enfant :

> Un fils !!! Je le dois à la France
> Et Dieu que mon cœur implore
> Dans sa bonté, dans sa clémence
> A mon époux l'accordera !

Même, à l'Opéra, le 30 novembre, quand, en présence de Leurs Majestés revenues de Fontainebleau, l'on donne l'*Alceste* de Gluck, que, à un moment le grand prêtre s'avançant vers la statue d'Apollon, prononce, sur de la musique de Méhul, ces vers d'Esménard :

> Apollon, ta faveur céleste
> De l'obscur avenir m'a dévoilé le sein
> Et la fécondité d'Alceste
> D'un siècle de bonheur est un gage certain...

les spectateurs auxquels, « par un soin ingénieux et délicat », l'administration a distribué des bouquets de laurier rose et de myrte qu'ils doivent agiter dans l'enthousiasme vers la loge impériale, s'étonnent au métier qu'on leur donne à faire et en laissent le soin aux gens de police.

Malgré l'effort tenté pour susciter l'allégresse publique, elle demeure officielle. Autant le mariage a remué les esprits, autant la grossesse les laisse indifférents. La masse de la nation n'en semble pas atteinte. Cet événement qui seul, dans l'esprit de Napoléon, peut consolider son pouvoir, dissiper les inquiétudes, assurer l'avenir; en vue duquel il a sacrifié la femme qu'il aimait, ses frères et sa famille; par qui il voit s'ouvrir des perspectives à l'infini de puissance et de gloire, n'émeut point, en ce peuple, l'idée de la stabilité, la confiance du définitif, la conviction que quelque chose est fondé à quoi son avenir soit lié. L'a-t-il trop attendu et trop escompté? Est-il las à la fin d'espérances et, à force d'avoir été déçu, a-t-il perdu la foi? Est-ce l'attente d'une guerre toute proche et qui semble inévitable? Est-ce le mécontentement de la disette récente, de la conscription continue? Est-ce, dans ce pays assoiffé d'égalité, l'éveil des inquiétudes sur les faveurs accordées aux ci-devant, faveurs de cour qui en font craindre bien d'autres? Tant que Napoléon sera là, il tiendra la balance, mais que sera-ce d'un régime où les nobles occupent toutes les avenues du pouvoir, forment seuls la Cour, se sont emparés de toutes les grandes places et maîtres de l'Impératrice autrichienne, le seront de l'Empereur et de l'Empire?

IV. — La Maison des Enfants de France

« Monsieur le comte, écrit, le 5 octobre, le grand maréchal au grand maître des Cérémonies, je vous engage, quand vous viendrez à Fontainebleau, à apporter ce que vous pouvez avoir sur l'annonce de la grossesse des reines, les baptêmes, la nomination et les fonctions des gouvernantes, parce qu'il est probable qu'on fera ce travail ici. J'ai déjà beaucoup de renseignements, que je vous donnerai sur les deux premiers articles, et même tout ce que l'on peut avoir ; mais je n'ai rien sur le troisième. »

C'est le plus important sans doute et le plus difficile, car là, tout est de tradition et rien n'est écrit. Ségur se hâte de s'enquérir. On lui dit que, sous l'ancienne monarchie, la charge de gouvernante des Enfants de France, la seule grande charge de la Couronne pour les femmes, était inamovible, et que le Parlement en enregistrait le brevet. La gouvernante avait le pas sur toutes les dames ; Louis XV étant mineur, Madame de Ventadour tenait la Cour ; pendant les voyages, les Enfants de France restant à Versailles, la princesse de Marsan donnait l'ordre. Si la princesse de Lamballe eut le pas sur la gouvernante, ce ne fut pas comme surintendante de la Maison de la Reine, mais comme princesse du sang. La gouvernante nommait à toutes les places du service, sauf pour les sous-gouvernantes qu'elle présentait seulement à la nomination du Roi, mais jamais sa présentation ne fut refusée, et les sous-gouvernantes étaient entièrement à ses ordres. Elle nommait même les médecins. Son grand office la mettait bien au-dessus de la dame d'honneur : elle avait en effet un travail direct avec le Roi pour les nominations et pour les dépenses qu'elle seule ordonnançait. Elle était présente à la naissance et recevait l'Enfant, les sous-gouvernantes tenant les coins du drap. Elle couchait dans la chambre de l'Enfant, où deux lits semblables étaient dressés : l'un pour elle, l'autre sur lequel était placé le berceau. Dans les environs, elle se faisait arranger un cabinet de toilette. Mesdames de Marsan, de Guéméné et de Polignac avaient en outre un appartement communiquant à celui des Princes. La gouvernante répondait aux harangues faites aux Enfants ; à toute heure de jour ou de nuit, elle pouvait se présenter chez le Roi ou chez la Reine ; elle avait une clef de l'appartement du Roi ; elle recevait le mot. Quand l'Enfant sortait en chaise à porteurs, elle le tenait sur ses genoux ; un huissier et des valets de pied précédaient ; une sous-gouvernante, la nourrice et une surveillante suivaient. Si c'était en voiture, elle donnait ses ordres à l'écuyer cavalcadour et à l'officier des Gardes du corps commandant le piquet de service ; une sous-gouvernante montait avec elle ; la nourrice et deux femmes de chambre suivaient dans une autre voiture. Son couvert était mis à la table de l'Enfant ; elle lui faisait l'essai des mets ; quand il était sevré, elle était assise près de lui pendant qu'il dînait, lui coupait et préparait ses aliments. Elle était chargée du renouvellement de la garde-robe, qui avait lieu tous les trois ans, et tout ce qui venait de l'Enfant lui appartenait. Elle seule passait la chemise aux Enfants; enfin, la messe était célébrée tous les jours dans l'appartement des Enfants.

Ainsi parle Ségur, un peu au hasard de ses souvenirs, des souvenirs de quelques personnes de la cour de Louis XV et de Louis XVI, mais subalternes, car, bien sûr, on n'a rien à apprendre des Polignac ni des Tourzel; il n'y a rien aux Cérémonies, et presque rien n'a été écrit sur cette charge. L'Empereur n'est point satisfait. « Il manque de données sur la gouvernante, son rang, ses fonctions, la même chose sur les sous-gouvernantes et ce qui est inférieur. » Pourquoi donnait-on le mot à la gouvernante? Les princesses avaient-elles, ainsi que le Dauphin, un lieutenant des Gardes du corps? Surtout, comme Ségur a dit que la gouvernante avait le premier rang à la Cour, faut-il entendre qu'elle passait avant la dame d'honneur et avant les grands officiers? Sa place était-elle à vie? Le Dauphin allait-il à six ou à huit chevaux? Le Roi de Rome devrait-il recevoir de la Majesté? Quel était, en Allemagne, le traitement du roi des Romains?

Ségur n'est pas embarrassé de répondre que l'on doit donner de la Majesté au Roi de Rome; le roi des Romains l'avait, et la *Sacrée Majesté* après son couronnement; que le Dauphin et toute la Famille royale allaient à huit chevaux, les princes du sang à six; que la charge de gouvernante était à vie, témoin la démission de Madame de Guéméné; mais, sur la question du rang, qu'il sent brûlante, il ne se soucie point d'affronter Madame de Montebello et l'Impératrice, et il se réserve. « Il a dit que la gouvernante était la première de toutes les femmes de la Cour parce qu'il l'a toujours entendu dire ainsi; mais, anciennement, à la Cour, il n'y avait aucune distinction de rang, sauf le tabouret pour les duchesses. »

L'Empereur s'arrête alors à cette formule : « Lorsque la gouvernante est avec les Enfants de France, rien ne peut la séparer d'eux. Ils marchent immédiatement après l'Empereur, et la gouvernante ne cède alors le pas à personne, pas même aux princesses. Sans les Enfants, elle a le pas sur

RANG ET SERMENT DE LA GOUVERNANTE

toutes les dames de la Cour, mais elle ne prend pas la place assignée à la dame d'honneur par son service. Ainsi, si elle accompagne le cortège de Leurs Majestés à la chapelle, elle marche immédiatement après les princesses. Au spectacle de la Cour, elle se place dans la loge des grands officiers ; à la table de l'Empereur, à la droite de Sa Majesté ; aux grands Cercles, sur le premier pliant du rang placé à la droite de l'Empereur. »

Cette question réglée — et elle est majeure, étant données les influences et les brigues, surtout l'attention que porte alors l'Empereur à tout ce qui est étiquette, rangs et préséances, — on passe à la formule du serment. Il le faut conforme aux précédents monarchiques, mais avec une nuance impériale discrète et la suppression des mots vieillis qui sentiraient trop l'ancien régime. Après bien des corrections et des retouches, on adopte cette rédaction : « Je jure obéissance aux Constitutions et fidélité à l'Empereur. Je promets de servir, avec assiduité et dévouement et dans toutes les fonctions de la charge que Sa Majesté m'a conférée, les Enfants qu'il plaira à Sa Majesté de me confier ; d'observer exactement les ordres qu'elle me donnera et de veiller à ce que chacune des dames et autres personnages placés sous mes ordres remplissent bien leur devoir ; de pourvoir avec économie et pour les intérêts de Sa Majesté, aux dépenses qui me sont attribuées ; de n'entretenir aucune correspondance étrangère ; de n'avoir aucun rapport avec les princes étrangers et de n'en point recevoir de présents, et, s'il vient à ma connaissance quelque chose de préjudiciable à la sûreté ou au service de Sa Majesté ou des Enfants de France, de l'en avertir sur-le-champ. »

Ces préliminaires remplis très en hâte, car le grand maître, malade à Paris, n'a pu envoyer les premiers renseignements que le 15 octobre, et, pour établir le rang et la formule de serment, il a fallu des correspondances qui ont mené jusqu'au 21, l'Empereur ne s'arrête pas davantage. Sans attendre le mémoire qu'il a fait demander à d'Hauterive sur les prérogatives du roi des Romains, sans régler le service de la gouvernante et des sous-gouvernantes, il passe à la nomination, comme s'il prétendait ainsi déjouer les intrigues, éviter les compétitions et surprendre la Cour. Par un décret en date du 22 octobre, la comtesse de Montesquiou est nommée gouvernante des Enfants de France.

Elle est la femme du grand chambellan qui, le 29 janvier 1809, a remplacé le prince de Bénévent. Née Le Tellier de Louvois, dernière représentante, avec sa sœur la duchesse de Doudeauville, de la branche aînée d'une famille rendue glorieuse par ses services, elle tient, par son arrière-grand'mère, aux Noailles, par sa grand'mère aux Gontaut, par sa mère aux Le Ragois de Bretonvilliers et aux Sainte-Aulaire. A quinze ans, par contrat du 3 janvier 1780, elle a été mariée à Élisabeth-Pierre baron de Montesquiou, d'une des maisons les plus anciennes et les plus illustres de la vieille France, car, par les comtes de Fézensac, issus des ducs de Gascogne, rois de Navarre, elle remonte à Charibert, roi de Toulouse, descendant de Clovis. Présentée le 14 janvier 1781, elle a été de la Cour, surtout chez Monsieur, dont son mari était premier écuyer en survivance. Sa conduite a été intacte, sa réputation parfaite. Elle s'est occupée à merveille de ses enfants, dont elle a eu trois de 1782 à 1789. A la Révolution, bien que son beau-père, le marquis, eût pris parti pour le Tiers et fût des principaux de la Constituante, elle a été épargnée par les pamphlétaires royalistes, ce qui vaut tous les certificats. Par l'influence de Mirabeau et de l'abbé de Montesquiou, son mari a été nommé, le 4 avril 1791, ministre du Roi près de l'Électeur de Saxe. Elle l'a accompagné à Dresde, où elle est restée, lorsque, en septembre 1792, dans un accès de zèle royaliste, M. de Montesquiou eut quitté son poste et s'en fut venu à Londres. Vers la fin de 1792, elle est rentrée en France, où son mari l'a retrouvée, et ils semblent l'un et l'autre avoir échappé à la Terreur. Sans doute a-t-elle vécu en quelque coin ignoré de la Sarthe, où elle est accouchée d'un quatrième et d'un cinquième enfant. Au Couronnement, son mari a reparu avec une fonction officielle, mais combien mince ! celle de président de Canton — les Chinois, comme on se plaisait à dire, qui, dans la foule des habits brodés, faisaient un peu l'effet des députés du Tiers à la procession des États Généraux. On lui a compté sa bonne volonté : en l'an XIV, il a été élu par le Sénat député au Corps législatif pour le département du

LOUISE-FRANÇOISE LE TELLIER DE MONTMIRAIL,
COMTESSE DE MONTESQUIOU,
GOUVERNANTE DES ENFANTS DE FRANCE

Portrait peint par Madame Vigée-Le Brun

Appartenant à Madame la comtesse de Reinach-Cessac

Nord. Il s'est fait une place dans cette assemblée qui, pour muette qu'elle est, n'en travaille que mieux ; en 1808, il a été président de la commission des finances et s'est trouvé dès lors approché de l'Empereur qui l'a apprécié. D'ailleurs, son fils aîné, Rodrigue-Charles-Eugène, a été, dès 1806, désigné pour officier d'ordonnance de l'Empereur, et, depuis 1807, sans quitter le service actif, il est chambellan de l'Impératrice : cela fait un pont. Au début de 1809, l'Empereur, spontanément, nomme M. de Montesquiou grand chambellan, et, en 1810, il le désigne comme président du Corps législatif, avec un traitement spécial de 6,000 francs par mois. De la sorte, Madame de Montesquiou se trouve de la Cour, on lui fait politesse, et elle est mise parfois sur les listes des voyages : ainsi elle est venue, le 2 août 1810, à Trianon. Là, comme on sait, l'Empereur n'invitait à sa table que sept ou huit personnes, les autres mangeaient avec le grand maréchal. Un soir, Madame de Montesquiou, ne s'attendant pas à être appelée, avait prié le préfet de service de ne pas oublier ses deux plats de maigre, car elle était fort pieuse et c'était un vendredi. L'Empereur lui fait dire qu'elle dînera avec lui, et il la place à sa droite. Plus occupée de sa conscience que de l'honneur qui lui est fait, elle voit avec embarras qu'il n'y a rien de maigre, et commence tranquillement à dîner avec du pain et du beurre. L'Empereur la regarde et ne dit mot. Soudain, on pose sur la table impériale les plats qu'elle a demandés pour la table de service ; son embarras est au comble ; elle pense que l'Empereur se formalisera d'une telle inconvenance, mais elle n'en mange pas moins toute seule le maigre qu'on a apporté pour elle. Napoléon regarde toujours sans mot dire. Chacun est persuadé que cet acte de dévotion — et dévotion est bigoterie — la perd à jamais dans l'esprit du maître. C'est tout le contraire : l'anecdote est restée gravée dans l'esprit de Napoléon qui y a vu un trait de caractère. En recevant le serment de Madame de Montesquiou, il lui dit : « Madame, je vous confie les destinées de la France. Faites de mon fils un bon Français et un bon chrétien, l'un ne saurait aller sans l'autre », et, comme quelques courtisans sourient : « Oui, Messieurs, affirme-t-il, la religion est, à mes yeux, l'appui de la morale et des bonnes mœurs. »

Y eut-il d'autres noms prononcés ? On a dit Madame de Ségur, la femme du grand maître; mais n'était-elle pas bien âgée à cinquante-cinq ans? Certes, elle était née Daguesseau, et on la citait pour modèle, mais elle était de petite santé et l'on pouvait craindre qu'elle ne menât point l'Enfant jusqu'à l'âge où il passerait dans les mains des hommes. L'Empereur, en la nommant vice-présidente de la Société maternelle, lui marqua le cas qu'il faisait de ses vertus, mais n'alla pas plus loin.

Pour la considération et la convenance, Madame de Montesquiou était ce qu'il fallait : « C'était, a-t-on dit avec un désir de malignité, une personne à qui les devoirs étaient nécessaires. » Heureuses, celles-là ! Toutefois, de sa naissance et de ses alliances n'avait-elle point reçu, pris et gardé quelque hauteur? Son mari, ses fils, ses beaux-frères étaient ralliés à l'Empire, mais sa sœur et tous ses entours restaient intransigeants : l'oncle de son mari, l'abbé de Montesquiou, était, à Paris, le correspondant attitré du comte de Lille; son beau-frère, La Rochefoucauld, se tenait dans une opposition marquée. Par une pente naturelle, elle fut tournée à se rendre, ainsi que son mari, l'appui et l'intermédiaire de l'ancienne noblesse, et elle s'y employa d'autant mieux qu'elle trouvait ainsi à justifier devant sa conscience la place qu'elle occupait. Elle le fit d'ailleurs de bonne foi, pour rendre service aussi bien à l'Empereur, qui y gagnait des courtisans, qu'à ses protégés, qui en recevaient des grâces : Napoléon ne comptait-il pas qu'il en serait ainsi? Cette nomination marque, en effet, une étape nouvelle vers la reconstitution autour du trône d'une cour telle qu'eût été celle du Roi. Ayant à choisir la dame d'honneur de l'Impératrice, l'Empereur a pris la duchesse de Montebello, femme d'un maréchal d'Empire mort à l'ennemi, parce qu'elle représentait quelque chose de la société nouvelle et de la Révolution; moins d'un an plus tard, ayant à désigner une gouvernante des Enfants de France, il ne pense même pas qu'il puisse investir d'une telle charge la femme d'un de ses compagnons d'armes, la duchesse d'Istrie, par exemple : il va de lui-même à ce qui est le mieux né, le mieux allié, à ce qui, en même temps, est le plus religieux, par suite, le plus éloigné des doctrines modernes, et c'est à la vieille France qu'il confie l'éducation de l'empereur futur.

Aussitôt nommée, Madame de Montesquiou s'occupe de la formation de la Maison et du règlement à y donner, et elle y travaille avec le grand maréchal. L'on a pour modèle la Maison des Enfants telle qu'elle était constituée en 1789 : mis à part le Dauphin, qui avait alors reçu sa maison particulière, les Enfants de France — le duc de Normandie et Madame — avaient une gouvernante, la duchesse de Polignac (la marquise de Tourzel ne fut nommée qu'après le 21 juillet), et quatre sous-gouvernantes : Madame de Mackau, née Fitte de Soucy, Madame de Soucy, née Lenoir, Madame Fitte de Soucy, née Mackau, et Madame de Villefort ; pour la chambre, un secrétaire des commandements et un secrétaire de la chambre ; pour la santé, un médecin et un chirurgien ; puis, réserve faite de l'instruction, dont il ne s'agit pas encore, quatre premières-femmes, quatorze femmes de chambre, compris les survivancières, quatre valets de chambre, quatre garçons, quatre portefaix et une femme de garde-robe.

C'est sur ces bases qu'on établit la maison nouvelle : elle comprend une gouvernante à 40,000 francs, deux sous-gouvernantes à 12,000, un secrétaire des commandements à 12,000, un secrétaire de la gouvernante à 9,000, un médecin à 15,000, un chirurgien à 12,000, deux premières-femmes à 3,000, deux berceuses à 2,400, deux femmes de la garde-robe à 1,500, deux filles de la garde-robe à 1,000, deux huissiers à 3,800, quatre valets de chambre à 3,400, deux garçons de garde-robe à 1,080 ; de plus, pendant la nourriture, une nourrice à 2,400, avec deux nourrices retenues à 1,200, et une bonne pour elles, et, pour la table de la gouvernante, un maître d'hôtel à 3,000 et un tranchant à 1,800.

Au budget de la Maison des Enfants, on rattache, pour l'exercice 1811, « un chirurgien accoucheur, pour l'accouchement seulement, à 15,000 francs »; on y comprend une layette de 100,000 francs « pour ce qui concerne les Enfants ». On a prévu d'ailleurs pour garde-robe, toilette et atours des Enfants, 30,000 francs, que l'Empereur réduit à 20,000; pour habillement et entretien des nourrices, 10,000 francs, que l'Empereur réduit à 5,000. Avec 30,000 francs pour l'imprévu, le chiffre total qu'il admet est 357,260 francs.

Ce chiffre doit être singulièrement majoré et ne représente pas la dépense effective. La plupart des articles que l'intendant général avait d'abord proposés au compte de la Maison des Enfants ont en effet été reportés au compte général de la Maison impériale. Ainsi avait-on prévu une bouche complète, comportant vingt employés, garçons de fourneau, de cuisine, d'office, de cave, d'argenterie, de porcelaine, lingères, frotteurs, hommes de peine et allumeur, avec 17,648 francs de gages et d'habillement; on avait passé 9,000 francs pour le blanchissage, 36,000 pour l'éclairage, 50,000 pour le chauffage, 101,835 pour la bouche et 13,000 pour l'entretien de l'argenterie, de la lingerie et de la batterie de cuisine, les frais de transport et d'emballage. A la bouche, on avait, pour la gouvernante, une table de cinq couverts, chacun à 24 francs par jour; pour les sous-gouvernantes, une table de deux couverts au même tarif; on avait compté la nourriture des premières-femmes, de la nourrice et des berceuses à 6 francs, et celle des vingt et un autres employés de 5 à 3 francs. Tout cela subsiste : seulement, au lieu d'être portée au budget de la Maison des Enfants, la somme totale, 227,483 francs, est admise en augmentation au service du grand maréchal. De même, la cassette — 100,000 francs — est portée au chapitre de la Maison de l'Impératrice, et la dépense, selon un ordre bientôt révoqué, en sera ordonnancée par la dame d'honneur; de même, au service de l'intendant général, — article du mobilier des palais, — les 300,000 francs pour l'ameublement de l'appartement des Enfants, à raison de 50,000 dans chaque palais, Tuileries, Saint-Cloud, Trianon, Fontainebleau, Rambouillet et Compiègne; de même, au service du grand aumônier, les appointements du chapelain qui célébrera la messe, chaque jour, dans l'appartement des Enfants.

La seule diminution effective est sur le service d'écurie, que le grand écuyer évaluait, pour dépenses de premier établissement, à 203,048 francs, et pour dépenses ordinaires, à 274,369 francs. Encore avait-il fait état, pour le premier établissement d'une écurie de cent chevaux, de soixante-deux chevaux venant des écuries du roi de Hollande, ce qui avait permis de restreindre les achats à trente-huit chevaux de 1,500 francs l'un, et, défalcation faite des voitures et des harnais restant à Amsterdam, de n'en commander de neufs que pour 96,574 francs ; il n'en restait pas moins, année commune, une dépense d'environ 300,000 francs. Aussi, en marge de la proposition, l'Empereur écrit : « Les Enfants n'auront pas d'écurie. On leur fera servir vingt-quatre chevaux des écuries de l'Empereur. » Plus tard, ce nombre de vingt-quatre semblera au-dessous des besoins; il sera porté à trente et « pourra même être augmenté dans le cas où la gouvernante le demanderait, et lorsque cela ne gênera pas le service de Leurs Majestés. » En tout cas, on devra atteler trois voitures de ville à deux chevaux, une voiture de promenade à huit, deux berlines de campagne ou deux calèches de promenade à six, et réserver les chevaux de selle nécessaires pour les écuyers et les piqueurs.

Le budget réel passe ainsi 900,000 francs ; au compte définitif, il montera au delà du million, et pourtant il n'est point d'article, si mince soit-il, de chacun des chapitres, que l'Empereur n'ait revu avec une attention scrupuleuse pour combiner la tradition et la magnificence avec l'économie et la régularité, bases inébranlables de l'administration impériale.

Le budget arrêté, l'Empereur, par un décret en date du 25 novembre, donne à la Maison des Enfants son règlement et son organisation définitifs : « La Maison des Enfants de France, dit-il, est commune à tous les princes, fils ou petits-fils de France, jusqu'à ce qu'ils aient atteint l'âge de sept ans, époque à laquelle ils passent aux mains des hommes, et pour les princesses, filles ou petites-filles de France, jusqu'à l'époque où l'Empereur juge à propos de leur composer une maison particulière. La gouvernante des Enfants de France est le chef de toute leur maison. » Pour les appartements réservés dans chaque palais, pour le mobilier à y fournir, pour la bouche, l'écurie et l'aumônerie, la Maison des Enfants est servie par les services correspondants de la Maison de l'Empereur. Toutefois, dans les palais qui seront particulièrement consacrés à l'habitation des Enfants, « la gouvernante commande aux officiers civils et militaires de la Maison de l'Empereur ». Ailleurs, elle donne ses ordres à tout ce qui fait le service près des Enfants. Ainsi reçoit-elle le mot et peut-elle passer des consignes particulières, aussi bien aux factionnaires posés pour la garde des appartements des Enfants et fournis par les postes ordinaires du palais, qu'à l'officier commandant le piquet d'honneur, lequel est composé d'un sous-officier, un brigadier, un trompette et douze hommes.

Nulle différence presque, au point de vue de la grandeur de l'office, entre l'ancien et le nouveau régime. La gouvernante est nommée à vie ; elle prête serment aux mains de l'Empereur ; « elle a, dans l'État et dans les palais, le rang, les honneurs et les prérogatives dont jouissent les grands officiers de la Couronne. Elle a le pas sur toutes les dames de la Cour dans les appartements de Leurs Majestés, dans leurs palais et dans le monde. Cependant, la dame d'honneur, étant de service, conserve la place qui lui est assignée, et, dans aucun cas, la gouvernante ne prend son service. » Elle a le droit de faire annoncer partout, en toute occasion, à toute heure de jour et de nuit, chez Leurs Majestés, qu'elles soient dans l'Appartement de représentation, l'Appartement ordinaire ou l'Appartement intérieur, même pendant que l'Empereur est au Conseil. Toutefois, elle n'a plus la clef de la chambre du souverain. Elle est présente à toutes les cérémonies qui ont lieu chez les Enfants, aux audiences qu'ils accordent, et elle répond en leur nom aux harangues qui leur sont adressées. Lorsque Leurs Majestés ou les princes de leur famille viennent voir les Enfants de France dans leur appartement, tout ce qui doit leur être présenté l'est par la gouvernante.

Voilà les honneurs ; voici les fonctions : Dès le moment de leur naissance, à laquelle elle assiste, la gouvernante est maîtresse des Enfants : elle les reçoit, les porte dans leur appartement, accompagnée, si c'est un prince, par le colonel général de la Garde, de service. Le factionnaire à la porte reçoit sa consigne. Désormais, pour tous les soins qu'exige l'éducation des princes et princesses, elle ne dépend que de l'Empereur. « Elle en est spécialement chargée sous les ordres immédiats de l'Empereur. » Dans la Maison, où elle ordonnance les dépenses sur les fonds accordés par le budget, elle est chargée de tous les détails attribués à la dame d'honneur et à la dame d'Atours dans la Maison de l'Impératrice. Ainsi a-t-elle la disposition de la cassette des Enfants. Ainsi commande-t-elle la layette à leur usage et le trousseau de la nourrice. Elle ne peut s'absenter du lieu où sont les Enfants sans la permission de l'Empereur; elle couche dans leur chambre même. Lorsqu'ils sortent en voiture, elle monte dans leur voiture avec une sous-gouvernante. Elle a son couvert mis à leur table; elle est assise sur une chaise pendant leur repas; elle fait l'essai des mets qui leur sont servis, coupe et prépare ce qu'ils doivent manger. Elle fait les honneurs de leur appartement, prend les ordres de l'Empereur pour déterminer les personnes qui doivent y être admises, et, quel que soit leur rang, elles ne peuvent approcher des Enfants sans son autorisation. Elle a un appartement particulier placé le plus près possible de celui occupé par les Enfants. Dans cet appartement, meublé, chauffé et éclairé par l'Empereur, il lui est servi une table de cinq couverts. Elle a de plus, dans l'appartement même des Enfants, un cabinet qui lui est absolument réservé. Enfin, elle a le droit de faire coucher une de ses femmes dans la pièce où couche le service des Enfants.

Telle est la charge; elle est dotée d'honneurs si grands que la gouvernante devient presque la seconde femme dans l'État et que, à des égards, elle prime l'Impératrice même. Nommée à vie, ne devant de comptes qu'à l'Empereur, obligée de ne point quitter l'Enfant, même une seconde, elle devient la mère officielle; elle s'interpose sans cesse entre l'Enfant et la mère naturelle, à qui échappe toute direction, même tout contrôle. L'Impératrice n'a pas le droit de lui donner ses ordres, elle n'a pas le droit de l'écarter pour jouir seule de son enfant. Certes, devant l'État et au regard de la dynastie, il faut qu'il en soit ainsi. La tradition l'exige et l'étiquette. La souveraine, dont la fonction spéciale est la maternité, n'en aura que les souffrances et n'en connaîtra jamais les joies. La monarchie, sous l'espèce de la gouvernante, s'empare de son fruit et l'élève selon ses modes. Faudra-t-il dès lors s'étonner si l'Impératrice, à laquelle on a interdit d'être une mère à la façon des autres femmes, n'ait, des autres femmes, ni les habitudes, ni les sentiments, et qu'elle adopte vis-à-vis de son enfant une forme de penser qu'on peut dire royale?

Pour la gouvernante, certes, les honneurs parent la fonction, mais combien elle est lourde! Du jour qu'elle a accepté cette mission d'élever l'Enfant de France, il n'y a plus pour elle d'autre devoir : famille, amitiés, société, tout disparaît. Une sujétion de tous les instants, une abnégation de tout ce qui, jusque-là, fit sa vie; plus d'intérieur à soi, plus de liberté, plus d'affections, plus d'échange d'idées, de sentiments ou même de paroles; la prison, dorée à tous les barreaux, mais qui n'en est pas moins une prison. Et puis, quelles responsabilités et quelles craintes ! quelle obligation de les cacher, de paraître imperturbable et sereine ! Ce n'est pas un enfant à elle qu'elle élève, c'est l'Enfant de France ! Quel tact et quel à-propos pour éviter de se rendre importune par des alarmes inconsidérées sur la santé, la sûreté, les moindres détails qui regardent l'Enfant ! Dans une place qui se trouve la première de l'Empire, comment ménager les vanités féminines et défendre un rang qui est d'exception? Se tenir hors de toute cabale, mépriser les propos, défier la calomnie, repousser les ingérences, ne donner prise ni par soi ni par aucun des siens ; ne paraître ni familière, malgré l'intimité forcée avec les souverains, ni contrainte et guindée, malgré la stricte observance de l'étiquette, quelle étude, quel métier et quelle vie ! On a trouvé la femme qu'il faut, parce que Madame de Montesquiou, avec l'idée qu'elle s'est faite du devoir, est, peut-on dire, impeccable, mais quelles épreuves et quels déboires on lui réserve !

Au moins peut-elle compter et se reposer sur les sous-gouvernantes ? Selon Ségur, « leur nomination était jadis toujours proposée par la gouvernante. Il y en avait quatre choisies parmi les personnes qui pouvaient être présentées, monter dans les carrosses et manger à la table du Roi ; elles étaient absolument sous la dépendance de la gouvernante, la remplaçaient dans tous ses privilèges, mais ne donnaient aucun ordre, elle présente ; elles servaient par semaine. » Tout autre est le règlement impérial : il n'y a que deux sous-gouvernantes ; il y en aura trois seulement au second enfant et quatre au troisième — comme des premières-femmes et des femmes de garde-robe. Elles ne sont plus proposées par la gouvernante, et elles prêtent seulement le serment entre ses mains. Elles sont présentées à l'Empereur, mais ne jouissent à la Cour que des prérogatives accordées aux dames des princesses. En l'absence de la gouvernante, elles la remplacent dans toutes ses attributions ; mais elles sont constamment de service, et une est particulièrement de jour. « Celle-ci doit se rendre dans l'appartement de l'Enfant au moment de son lever ; elle doit assister à tous ses repas, à toutes ses leçons, le surveiller dans ses récréations, l'accompagner dans toutes ses sorties et ne le quitter, pendant le jour, dans son appartement, qu'avec la permission de la gouvernante, et, le soir, lorsque la gouvernante est rentrée pour se coucher. »

La sujétion est pire encore que pour la gouvernante qui, du moins, commande et que soutient l'orgueil ; l'esclavage est ici sans compensation, et pourtant il ne manque pas de sujets qui l'acceptent ou le sollicitent. Madame de Montesquiou, destinée à vivre constamment avec les sous-gouvernantes, et d'une vie qui exigerait une confiance réciproque, n'influe pas sur leur nomination, quoique sa sécurité en dépende. C'est l'Empereur qui les choisit et les désigne.

La première, Agnès-Cunégonde de Folard, mariée à François-Jérôme, comte de Boubers-Bernatre, a été, depuis le Consulat, employée dans la maison d'Hortense, d'abord comme dame pour accompagner, puis comme gouvernante des enfants. Elle est fille d'un Folard, neveu et légataire universel du chevalier de Folard, traducteur de Polybe, qui, après une carrière des plus honorables dans les Affaires étrangères, où il a été, de 1749 à 1779, employé presque uniquement en Allemagne, est venu se retirer à Saint-Germain : sa pension supprimée, sa petite fortune perdue, il s'y trouvait, en l'an VIII, dans l'extrême misère, et il a, l'un des premiers, bénéficié des actes réparateurs du Premier consul. Est-ce à Saint-Germain et dans le milieu Beauharnais qu'Hortense connut Madame de Boubers ? M. de Boubers étant d'une famille fixée à la Guadeloupe depuis 1672, connue, peut-être même alliée des Tascher, la liaison vint-elle par Joséphine ? En tout cas, le nom de Boubers n'était pas ignoré de Napoléon, qui, au régiment de la Fère, avait rencontré un capitaine de ce nom, lequel n'émigra point, fut général de brigade après Wattignies et prit sa retraite en 1804, commandant d'armes à Valenciennes. Il a apprécié singulièrement Madame de Boubers, qui, veuve et chargée de cinq enfants, s'était consacrée à l'éducation des fils d'Hortense, et, dès l'an XIII, il le lui a authentiquement marqué en dotant de 30,000 francs d'argent et de la recette générale de Nantes une de ses filles qui épousait M. de Lauriston, frère de son aide de camp ; plus tard, il a doté de la recette générale de Cahors une autre des filles qui épousait M. Baudon ; il a accordé à un des fils une place d'auditeur et aux deux autres des lieutenances. Ce sont d'ailleurs de bons sujets, et un a été tué au service. Madame de Boubers, dont la sœur est Madame Fontaine de Cramayel, la femme du maître des Cérémonies, est une maîtresse femme : si, comme gouvernante, elle a fait ses preuves durant les séjours que les princes ont faits au Pavillon d'Italie, par son attitude au moment de l'abdication de Louis, par la façon dont elle a ramené le grand-duc de Berg à Saint-Cloud et dont ensuite elle a refusé, à moins d'une autorisation expresse, d'entrer en correspondance avec le roi de Hollande, elle a conquis l'entière confiance de l'Empereur. Elle réunit tout à la fois l'expérience qu'il faut pour élever un enfant et l'usage qu'il faut pour élever un prince, car, dès ses jeunes années, elle a fréquenté les cours d'Allemagne où, malgré sa laideur et son nez démesuré, elle a laissé les meilleurs souvenirs. — La princesse Cunégonde de Bavière, sa marraine, ne proteste-t-elle pas qu'elle « a conservé pour elle le plus grand attachement » ? — Hortense, à qui l'Empereur la demande, a grand'peine à se séparer d'une telle compagne et à priver ses enfants d'une amie d'autant de vertu et de mérite, mais comment résister ?

Tout autre est la seconde sous-gouvernante, et, sans la chronique, on expliquerait difficilement sa nomination. En allant au couronnement de Milan, l'Empereur passa à Troyes. Une jeune fille, Mademoiselle Barthelot de Rambuteau, qui allait épouser un M. de Mesgrigny, lui présenta une pétition où elle demandait la restitution de biens confisqués. Les Mesgrigny étant, comme les Rambuteau, des meilleures familles de la province, et l'Empereur « ayant le désir de faire avec éclat quelque chose qui fût agréable au pays », la faveur fut accordée ; mais la jeune solliciteuse était si jolie qu'on prétendit que la grâce qu'elle avait reçue n'avait point été désintéressée. Rien de moins vrai alors, mais, par la suite, M. de Mesgrigny ayant été nommé écuyer, en même temps que son beau-frère Rambuteau — mari de Mademoiselle de Narbonne — devenait chambellan, Madame de Mesgrigny se trouva naturellement de la Cour, et Napoléon, dit-on, fut tenté de mettre à l'épreuve la vertu de la pétitionnaire de Troyes. Il fut repoussé. A des bals costumés, il s'amusa — car son intrigue n'était pas toujours de bon goût — à raconter à Madame de Mesgrigny ce qu'on avait dit d'elle, et elle s'en offensa grandement. Ce fut donc une sorte de revanche qu'il lui offrit avec le meilleur certificat de vertu, mais il dut éclairer les scrupules de Madame de Montesquiou, « qui craignait de n'y voir qu'un arrangement ».

Madame de Mesgrigny n'était point dans le cas de Madame de Boubers, grand'mère depuis longtemps et libérée de ses devoirs de famille ; elle avait un fils de six ans et pouvait avoir d'autres enfants. On lui permit de ne faire qu'un service d'honneur, et jamais on ne la voit partageant les responsabilités avec sa compagne.

A côté des sous-gouvernantes, l'Empereur place un de ses écuyers qui, outre qu'il est chef du service des écuries de la Maison des Enfants et qu'il y commande sous les ordres de la gouvernante, remplit des fonctions analogues à celles de premier écuyer de l'Impératrice. C'est le baron de Carbonel de Canisy, qui, nommé écuyer ordinaire le 12 pluviôse an XIII, puis écuyer du premier rang à 12,000 francs de traitement, a suivi l'Empereur dans toutes les campagnes depuis Austerlitz, et qui, passant à juste titre pour l'un des plus habiles et des plus gracieux cavaliers de France, est d'abord « un homme d'extrême confiance ». M. de Canisy est un gentilhomme de race chevaleresque, dont le père a été exempt des Gardes du corps et dont la mère était Vassy. Inscrit avant seize ans à la compagnie de Luxembourg, capitaine de remplacement dans Quercy-cavalerie en 1788, il a émigré et a servi dans le corps de Condé, mais, presque tout de suite, il est rentré en France et s'est engagé au 14ᵉ Chasseurs. Revenu dans ses foyers après la Terreur, il a, en 1798, malgré la différence d'âge, épousé sa nièce orpheline, fille de son frère et d'une Brienne. Pour les Brienne, Napoléon eût tout fait. Il nomma Madame de Canisy dame de l'Impératrice et M. de Canisy écuyer. Mais le ménage alla mal ; on disait le mari brutal; la femme fut sûrement coquette et devint la maîtresse de M. de Caulaincourt, grand écuyer, qui prétendit qu'elle divorçât pour qu'il pût l'épouser. Il résulta de cette situation des drames dans tous les genres, et, pour mettre en meilleure posture Canisy, auquel il était attaché, l'Empereur lui donne cette mission, qui le place hors de la main du duc de Vicence.

Pour le service, l'écuyer commandant des Écuries de l'Empereur désigne, chaque trimestre, quatre écuyers, deux de service ordinaire et deux d'extraordinaire, qui sont sous les ordres de M. de Canisy; des deux d'ordinaire, un, de jour, devra se tenir dans l'appartement des Enfants et les accompagner à leurs promenades; si c'est en voiture, il montera à cheval et se tiendra à la portière droite, l'officier de piquet prenant la gauche. « Il prendra toutes les précautions nécessaires que la prudence pourra lui suggérer. »

Quant aux fonctions particulières de Canisy, elles ne sont point définies par un règlement, mais elles comprennent tout ce qui importe à la sûreté des Enfants.

Le secrétaire des Commandements, chargé de tenir le procès-verbal de toutes les cérémonies qui se font chez les Enfants, d'établir, en qualité de secrétaire de la Chambre, les projets de budget, les états et ordonnances de paiement, n'est point nommé alors, et, pour le moment, on se contente avec un secrétaire de la gouvernante, qui devra remplir les mêmes fonctions pour 3,000 francs de traitement et 6,000 francs de frais de bureau. Ce secrétaire, M. Saint-Martin, a un bel uniforme de 928 francs, l'habit de drap bleu brodé en argent, le gilet de casimir brodé, le chapeau à trois cornes avec plumet noir frisé, torsade perlée et bouton d'argent; au côté, le clavier en argent, modèle à Minerve et trophée, à poignée de nacre. Ce costume est à retenir, étant le seul masculin qui paraisse avoir été réglé pour la Maison des Enfants, car les médecins portent celui du service de santé de l'Empereur.

Pour le choix de ces médecins, il y eut contestation entre Corvisart, qui tenait à rester le maître unique, et la gouvernante, qui avait souci de ses privilèges. Le droit de les proposer ne lui appartenait-il pas à elle seule? « Dans tous les temps, a-t-elle écrit à l'intendant général, la proposition de la nomination du médecin et du chirurgien des Enfants de France a fait partie des attributions de ma place; mais, a-t-elle ajouté, la responsabilité attachée à un semblable choix m'a empêchée de l'indiquer et j'ai rendu compte à Sa Majesté de mes motifs. » Elle a consenti à se désintéresser des personnes, mais elle ne fait pas de même du règlement. En protestant avec vivacité contre les empiétements de Corvisart, elle déclare qu'elle n'admet pas que le premier médecin la dessaisisse du droit essentiel de décider seule ce qui convient et qu'il absorbe le service des Enfants dans le service de santé de l'Empereur. Elle tient essentiellement à rédiger elle-même un règlement particulier qui corrige, et surtout qui complète, le règlement général de la Maison des Enfants. Aux termes de celui-ci, le médecin et le chirurgien « doivent visiter l'Enfant tous les jours et rendre compte de leur visite à la gouvernante, ne jamais s'écarter du lieu qu'il habite, le suivre dans toutes ses résidences, et, en cas de maladie, prévenir le premier médecin de l'Empereur ». A présent, sauf le cas de maladie, Madame de Montesquiou fait admettre l'alternat entre le médecin et le chirurgien; même que le médecin puisse s'absenter avec le consentement exprès de l'Empereur. Elle fait décider que, dans les résidences hors Paris, comme dans les voyages, le médecin et le chirurgien auront droit à un logement, à la table et à une voiture. Tous ces détails sont soigneusement prévus, une fois pour toutes.

Où Corvisart l'emporte, c'est sur l'emploi d'un médecin vaccinateur. La gouvernante a eu beau dire « qu'elle ne sait pas jusqu'à quel point il est nécessaire d'avoir un médecin particulier pour une opération aussi simple et qui lui semblerait entrer entièrement dans les attributions du médecin et du chirurgien déjà nommés », Corvisart, qui voit là un revenant-bon pour un de ses protégés, s'obstine. La place est créée, on y pourvoira plus tard.

Quant au médecin ordinaire, le nom qui a été proposé par Corvisart évoque chez l'Empereur bien des souvenirs, et l'on peut même se demander si cette nomination n'a point été de son initiative personnelle. Edme-Joachim Bourdois de la Motte était, avant la Révolution, médecin de l'hôpital de la Charité, médecin ordinaire de Monsieur et médecin de Mesdames; pendant la Terreur, pour quitter Paris, il s'est fait employer aux armées et s'est trouvé ainsi, en 1793, médecin en chef de l'aile droite de l'Armée d'Italie. Il y a connu intimement et fréquenté assidûment le général d'artillerie Bonaparte. Après Vendémiaire, il l'a retrouvé à Paris et a été nommé par lui médecin en chef de l'Armée de l'Intérieur : mais il a refusé obstinément celle d'Italie. « C'est bien, je vous remplacerai », lui a dit Bonaparte, qui lui a tenu rigueur jusqu'en 1807; mais alors il l'a nommé médecin en chef des épidémies du département de la Seine, et, en 1810, inspecteur général et conseiller de l'Université. Enfin, la grossesse approchant du terme, il le fait venir et lui annonce qu'il l'a nommé médecin des Enfants de France, au traitement de 15,000 francs; il ajoute qu'il ne peut lui donner une plus grande preuve de sa confiance. « Tout est oublié, lui dit-il, commencez votre service. Je veux fonder à Meudon un collège de princes, vous en serez aussi le médecin. »

Quant à Jean-Abraham Auvity, nommé chirurgien à 12,000 francs de traitement, il était alors tout désigné par ses publications sur les nouveaunés et par son expérience comme médecin de l'hôpital des Enfants trouvés.

Entre la maison d'honneur et la domesticité, le pont est fait par les *premières-femmes,* qui viennent après les sous-gouvernantes : elles ont des fonctions de surveillance et de garde analogues à celles des premières-femmes près de l'Impératrice. Comme elles, elles sont uniformément vêtues de robes de mérinos amarante doublé de florence de même ton et fourré en hiver de petit-gris, sur quoi elles jettent des cachemires français amarante à bordure de palmettes. Elles sont nommées par la gouvernante et prêtent serment entre ses mains. L'Empereur n'en a passé que deux : l'une est particulièrement chargée de la surveillance de la nourrice pendant le temps de la nourriture; elle est toujours avec elle, l'accompagne partout, soit dans l'intérieur de la maison, soit au dehors lorsqu'elle sort pour sa santé; elle assure sa nourriture et ses vêtements, surveille sa tenue et sa propreté. L'autre est de service près de l'Enfant, couche dans la chambre voisine de la sienne, entre la première dans son appartement, fait allumer le feu et ouvrir les volets par les filles de garde-robe, assiste

MADAME MARCHAND,
BERCEUSE DU ROI DE ROME
Miniature
Appartenant à Madame Corvalès

MADAME AUCHARD
NOURRICE DU ROI DE ROME
Dessin
Appartenant à M. Frédéric Masson

MADAME SOUFFLOT
PREMIÈRE-FEMME DU ROI DE ROME
Miniature
Appartenant à Madame Amédée Lefèvre-Pontalis

à la toilette, voit faire les lits et approprier la chambre. Elle sert l'Enfant pendant ses repas, assiste à son coucher, sort la dernière de l'appartement où elle a éteint le feu et les lumières, couche aux environs et est toujours prête à recevoir un ordre de la gouvernante. Elle annonce chez les Enfants Leurs Majestés et les princes et princesses de la Famille, avertit la gouvernante dans le cas où elle se serait retirée dans son cabinet, et, en général, toutes les fois que sa présence est nécessaire dans la chambre de l'Enfant.

De telles fonctions, si multipliées et qui exigent une continuelle présence, ne sauraient être remplies par deux sujets seulement. Si l'une des premières-femmes tombe malade ou s'absente pour un motif grave, le service périclite. Aussi, dès le mois de mai 1811, la gouvernante déclarera que les deux ne peuvent suffire et en demandera deux de plus. L'Empereur n'en accordera qu'une (10 juin).

Les premières-femmes sont Madame Darnaud, Madame Soufflot et Madame Froment. Madame Darnaud est peut-être la veuve du général de ce nom; mais les renseignements manquent. Madame Soufflot, née Boyard de Forterre d'Égriselle, est veuve, depuis le 10 octobre 1808, d'un neveu du célèbre architecte de Sainte-Geneviève. Son mari, M. Soufflot, l'un des fondateurs des Messageries nationales, a été membre du Conseil général de l'Yonne et député au Corps législatif. M. de Montesquiou l'a connu et apprécié, et s'est rendu le protecteur de sa veuve, qu'il a présentée lui-même à la gouvernante. Madame Froment qui, en juin 1811, est préférée, comme troisième première-femme, à Mademoiselle de Lavallée, fille du secrétaire général du département de Jemmapes, est la femme d'un agent de change de Paris et s'est proposée comme nourrice. Son fils aîné sera plus tard admis comme compagnon des jeux du Roi de Rome et vivra près d'elle dans la maison.

Outre les gages de 3,000 francs, la place rapporte plus du double en gratifications aux étrennes et aux occasions, et c'est l'avenir assuré pour la famille entière des premières-femmes.

Les secondes-femmes ou femmes de garde-robe, Mademoiselle Petit-Jean et Mademoiselle Renault, sont chargées des Atours et n'ont pour ainsi dire pas de rapports avec l'Enfant : une a le département du linge, des dentelles et de tout ce qui regarde la toilette ; l'autre remplit les mêmes fonctions près de la nourrice. Elles suivent le même règlement que les femmes-noires de l'Impératrice, sauf qu'une couche dans une chambre voisine de celle de l'Enfant.

Les berceuses, deux d'abord, puis trois, sont constamment de service. Une est particulièrement désignée par la gouvernante pour emmailloter l'Enfant, le faire manger et veiller, la nuit, assise auprès de son lit. La première nommée de ces berceuses, et celle qui eut toute la confiance de Madame de Montesquiou, fut Marie-Marguerite Broquet, femme Marchand. Une de ses filles lui fut plus tard adjointe; son fils entra en 1811 dans la Maison comme garçon d'Appartement, et, sur la demande de la gouvernante, reçut de l'Empereur, en 1812, 4,300 francs pour acheter un remplaçant. Cette famille est de bon sang et de vieille race française, et a su le montrer. Les deux autres places sont remplies par Madame Legrand et Madame Petit, femmes de valets de chambre d'Appartement, employés depuis longtemps dans la Maison de l'Empereur et passés, eux aussi, au service des Enfants.

Les berceuses sont vêtues comme les femmes-noires ; les filles de garde-robe comme les femmes-blanches ; elles ont pour fonctions de nettoyer les porcelaines et les petits meubles, d'arranger le feu et les bougies, d'ouvrir les volets, etc. Elles sont aux ordres des premières-femmes pour les ouvrages de l'appartement et des femmes de garde-robe pour tout le reste. Une couche, tout habillée, dans une des dernières pièces de l'appartement. Aux filles de garde-robe, Julie Chaudé, Franchet et Henriette Marchand, celle-ci fille de la berceuse, la gouvernante obtiendra par la suite qu'on adjoigne, aux mêmes gages de 1,000 francs, la femme Colaud, chargée de faire les potages de l'Enfant, et sa fille Virginie Colaud.

Les hommes, les deux huissiers — Douville et Henry, — les quatre valets de chambre — Boucquillon, Legrand, Petit et Gobereau — remplissent, près des Enfants et dans leur appartement, les mêmes fonctions que dans l'appartement de Sa Majesté; un maître d'hôtel, Léonard, et un tranchant,

Paris, sont aux ordres de la gouvernante ; deux garçons de garde-robe, Fourier et Goujet, sous la direction de la femme de garde-robe chargée de la garde-robe et du linge, font les commissions, emballent et déballent, chargent et déchargent les voitures, font tous les gros ouvrages du service intérieur et se tiennent dans les dernières pièces de l'appartement. La plupart de ces hommes ont été choisis par le grand maréchal parmi les meilleurs et les plus anciens serviteurs de la Maison, à laquelle ils appartiennent depuis l'an XII ou l'an XIII. Ils portent la même tenue que la Maison : pour le maître d'hôtel, habit de drap vert, culotte noire et veste de casimir ; aux grands jours, habit frac vert brodé d'argent, écussons et baguettes, gilet blanc brodé d'argent ; culotte de casimir blanc et chapeau français avec torsade en or ; pour le tranchant, même tenue, moins brodée ; pour les huissiers et valets de chambre, habit vert avec veste écarlate, culotte noire, boutons à l'aigle numérotés, broderie au collet et aux parements, et galons sur toutes les coutures ; en grande tenue, avec le frac de drap vert, où les broderies remplacent le galon, culotte et gilet de casimir blanc. Les garçons de garde-robe ont l'habit vert avec deux galons d'or au collet, galons aux parements et en écussons, le gilet de drap rouge et le chapeau gansé en or. Les valets de pied sont fournis par la Maison, et, du moins dans les premiers temps, ne semblent point spécialement attachés aux Enfants.

Pour le moment, le grand rôle est à la nourrice. L'on ne peut la choisir autant d'avance, mais il faut s'inquiéter d'elle. D'abord on a pris l'avis du grand maître et interrogé la tradition : « Six semaines, répond-elle, avant l'accouchement de la Reine, le premier médecin, celui des Enfants, l'accoucheur, etc., se réunissaient, et, parmi les nourrices qui s'étaient inscrites chez la gouvernante des Enfants de France, qui avaient subi victorieusement l'enquête par les intendants, fourni les certificats de bonne vie et mœurs, et prouvé qu'elles n'étaient pas à leur premier enfant, ils en choisissaient quatre ou six qu'on plaçait dans une maison de retenue, sous l'inspection d'une gouvernante qui ne les quittait pas. Quand la Reine était accouchée, les médecins élisaient celle qui devait être nourrice en titre. La nourrice, dans le jour, n'était jamais avec l'Enfant que pour lui donner à téter. Elle se tenait dans une chambre voisine avec une personne de confiance, et, la nuit, couchait dans la chambre de l'Enfant. »

Sur les détails du service de la nourrice, on a tous les éclaircissements qu'on peut désirer, par Madame Mallard, nourrice de Louis XVI, et Madame veuve Laurent, nourrice de Madame, auxquelles l'Empereur a, le 2 septembre, accordé des pensions de 1,200 francs; par Madame Poitrine, nourrice des enfants de Louis XVI, qui, outre une pension égale, touche 300 francs de secours sur la cassette de l'Impératrice; par d'autres nourrices encore, car Napoléon a pensionné toutes celles des princes et des princesses.

On combine ces renseignements et on en tire ce règlement : « Six semaines avant l'accouchement de l'Impératrice, le premier médecin, celui de l'Impératrice, celui des Enfants et l'accoucheur, la Faculté de la Cour, s'assemblent pour procéder au choix des nourrices qui se proposent ; on en choisit trois ; on les place dans une maison disposée à cet effet et appelée maison de retenue. Elles y restent sous la surveillance d'une gouvernante. Les médecins les visitent de temps en temps. Quand l'Impératrice est accouchée, ils en choisissent une. Personne n'exerce la moindre influence sur ce choix. La nourrice choisie couche dans la chambre de l'Enfant et se tient, pendant le jour, dans son appartement ou dans une pièce voisine, avec la surveillante. Les autres nourrices restent dans la maison de retenue avec leur gouvernante, chargée de tenir leur ménage. »

Pour exécuter ce programme, il faut d'abord, à proximité des Tuileries, une maison de retenue. L'intendant général loue d'un M. Boivin, avoué de première instance, moyennant un loyer annuel de 2,400 francs, un appartement au troisième étage d'une maison rue de Rivoli, numéro 14. La gouvernante y installe, aux gages de 1,500 francs par an, en qualité de surveillante des nourrices, une femme Brulon qui, moyennant 1,000 francs par mois, s'engage à nourrir, chauffer et éclairer les nourrices, leurs enfants et la femme attachée à leur service : et l'on attend les propositions.

Il y en a d'inattendues : de Gênes, Faustina Poli, petite-fille de Camilla

Ilari, la nourrice de l'Empereur, réclame la place comme un héritage de famille, et, avec l'âpreté corse, invoque à la fois le souvenir de sa grand'-mère et son titre personnel de filleule de Sa Majesté. Au milieu de femmes du peuple, des femmes de la bourgeoisie riche, telles que Madame Froment, se font inscrire. Après chaque inscription, enquête minutieuse par le préfet de Police, puis inspection des postulantes par la sage-femme, Madame Lachapelle, qui reçoit 500 francs pour sa peine. Le 2 janvier 1811, la Faculté de la Cour se réunit chez Madame de Montesquiou et procède à un premier examen des candidates. Dans une deuxième séance, elle s'arrête à trois femmes du peuple, vigoureuses et bien constituées, les femmes Auchard, Corville et Mortier : elles sont tout de suite enfermées dans la maison de retenue, sous un règlement de prison; mais la vie opulente, les gages de 1,200 francs, la perspective du gros lot que tirera celle qui sera définitivement choisie, les font passer sur tout.

Telles ont été les formes adoptées par Napoléon pour la constitution de la Maison des Enfants de France : chacun de ces règlements a fait l'objet de consultations, de méditations, de décisions expresses. Lui-même est constamment intervenu, et rien de ce qui a été fait ici ne l'a été par des subalternes : toutes les résolutions émanent de l'Empereur même. Or, comme on l'a vu, il a religieusement repris toutes les traditions de la monarchie bourbonienne, celles même qui paraissent le plus surannées. Il s'est instruit de tous les détails et il les a adoptés dans toute leur rigueur. Entre son fils et les *Légitimes,* il n'a voulu aucune différence, et, tandis qu'en 1804 il faisait deux parts dans sa vie et dans celle de l'Impératrice, l'une extérieure pour la représentation, l'autre intime pour les besoins, qu'il gardait une existence privée, la réservait et la défendait, refusait de la soumettre au joug de l'étiquette monarchique et y laissait subsister quelque chose encore du soldat, du général et du consul, à présent il veut pour les Enfants de France — et c'est d'abord son fils — le rétablissement intégral du culte dynastique. L'enfance y prête à coup sûr, et l'on ne comprendrait guère vis-à-vis d'elle un service d'honneur sans aucune fonction domestique, mais n'est-il pas visible que c'est là le prétexte? L'Empereur, de son aveu, pense à rétablir le Grand couvert — on le verra bientôt — et, comme là il se heurtera au sentiment national, il se résignera à réserver cette cérémonie à son fils. Il lui semble que la dynastie ne sera établie, fondée, constituée, que lorsqu'elle sera entourée de tous les rites dynastiques : il prend ainsi l'effet pour la cause ; ces rites, survivant à travers les âges, attestaient une religion que son origine sacrée et son antiquité rendaient vénérable aux peuples ; à présent, devant les autels abolis, le culte est oiseux, démodé et presque risible.

V. — FILLE OU GARÇON ?

La grossesse a suivi son cours normal, et Marie-Louise a fait preuve d'une endurance remarquable. Elle a assisté à tout : le 2 décembre, à la grande audience, — à dessein confondue avec la célébration des anniversaires du Couronnement et de la victoire d'Austerlitz, — où le Sénat a remis son adresse de félicitations à l'Empereur, assis sur le trône et entouré de toute la Cour ; puis à la messe et au *Te Deum,* au spectacle de la Cour, et au cercle dans les Grands appartements ; le 3, elle est allée aux Français, où l'on donne *les Trois Sultanes* et *l'Avare;* le 8, à l'Opéra, pour *Psyché;* le 18, à l'Opéra-Comique, pour *Raoul Barbe-Bleue;* le 28, encore à l'Opéra pour le ballet de *Pâris.* Deux fois, trois fois la semaine, elle a eu spectacle dans les Petits appartements, généralement par la troupe de Feydeau, et, au moins une fois, représentation d'opéra au Théâtre du Palais. Si l'Empereur chasse à courre, elle déjeune avec lui au pavillon de Bagatelle et suit en calèche ; mais les beaux jours sont rares : « On a un temps tout à fait affreux, humide et pluvieux, de sorte qu'on doit rester presque constamment à la chambre. » Pour qu'elle fît de l'exercice, on lui a ordonné de jouer au billard ; elle y a pris goût, et y provoque l'Empereur ou sa dame d'Atours, car Madame de Montebello se refuse, et, les hommes ne pénétrant pas dans l'Appartement intérieur, il faut se suffire avec les habitants du harem. Napoléon est donc appelé plus souvent qu'il ne voudrait, mais il n'en témoigne rien, trop heureux de voir la belle santé de sa femme. Elle s'écoute si peu que, à son sixième mois, elle n'a pas encore de chaise longue. Le 4 décembre, Desmazis, conservateur du Garde-Meuble, présente cinq dessins différents, entre lesquels Sa Majesté choisira. Au temps que prennent les ébénistes et les tapissiers, la chaise longue sera prête pour les relevailles.

Aux cérémonies du premier de l'An, l'Impératrice, vêtue d'une superbe robe des manufactures de Lyon, que lui a présentée, le 30 décembre, une députation du Commerce lyonnais, est debout depuis dix heures du matin, où elle reçoit les princes et princesses, jusqu'au Cercle et au jeu du soir. Pour les étrennes, l'Empereur lui a offert son portrait, par Isabey, monté en médaillon, entouré de douze brillants de 2,000 francs pièce et de treize roses de Hollande, avec un brillant de 10,000 francs pour belière; cela fait un présent de 40,219 francs. Puis, les spectacles comme en décembre; les chasses à Vincennes, au bois de Boulogne et dans la plaine de Fréminville; les audiences, les serments, les cercles, les bals parés et costumés, la santé toujours aussi belle, mais Marie-Louise n'approche pas des couches sans un secret mouvement de crainte : « Vous connaissez mon peu de courage », écrit-elle à une amie d'Autriche. Elle sait combien l'Empereur souhaite un fils et le cas n'est pas rare, chez les rois, où l'on préfère l'enfant à la mère.

Le 24 février, *le Moniteur* annonce que « l'Impératrice, qui a encore entendu la messe dans la chapelle, ne sortira plus désormais de ses appartements, quoiqu'elle n'ait pas été un seul instant incommodée ». Elle n'en a pas moins bal masqué le mardi 24, et, jusqu'au 4 mars, elle sort en voiture pour aller, le plus souvent, prendre l'air à Mouceau. A dater du 5, la voiture lui est interdite, et, chaque jour, elle se promène à pied sur la terrasse du Bord de l'Eau; mais, pour y accéder du palais, il faut qu'elle traverse la foule qui s'amasse pour la voir et cela l'importune. Le 4, à la vérité, l'Empereur a ordonné que, sans interrompre la circulation, on construisît un souterrain du palais à la terrasse, de façon aussi que le public ne pût approcher des fenêtres du côté du parterre. Mais, « à cause de la circonstance, l'architecte a dû consulter tout le monde, et, sur l'avis des médecins, mettre dans le souterrain jusqu'à des poêles qui ne serviront jamais ». La construction n'est donc terminée que le 8 avril, et l'Impératrice, avec son cortège et sa suite, n'en a pas moins continué à fendre la foule.

Ainsi est-elle arrivée sans encombre au 19 mars. Tout est prêt pour recevoir l'enfant tant souhaité, la layette, le trousseau de couches, l'appartement aux Tuileries : celui-ci, en attendant le palais déjà dénommé Palais du Roi de Rome, que l'Empereur rêve de faire construire sur la montagne de Chaillot, et pour lequel Fontaine a dressé ses plans. D'habitations d'ailleurs, le Roi de Rome ne chômera point, pour peu que Napoléon donne suite à quelques-uns de ses projets : Meudon d'abord ; car Meudon passe pour le lieu le plus sain des environs de Paris et devra faire la résidence d'été — c'était celle des Enfants de France sous le dernier règne, et l'on y établira l'Institut des Princes ; plus près, pour les promenades, peut-être pour la résidence de printemps, Mouceau, repris à Cambacérès et au public, et le pavillon de Bagatelle, mais il faudra du temps pour y bâtir, tandis qu'aux Tuileries tout est prêt.

L'appartement du Roi de Rome est situé au rez-de-chaussée, au centre du palais, avec la plupart des vues sur le Carrousel, et il double, dans la profondeur, l'appartement de l'Impératrice. Il a, jusque-là, été habité par le grand maréchal et était, depuis 1809, destiné aux Atours de l'Impératrice ; au budget de 1810, 120,000 francs avaient même été prévus pour cette installation ; mais Duroc ne pouvait en sortir tant que son appartement au Pavillon des Enfants de France (Pavillon de Marsan) n'était pas prêt à le recevoir, et, pour achever le pavillon, les architectes prévoyaient une dépense de 500,000 francs, qui alla à bien plus. Au mois de février 1810, rien n'était commencé, car, malgré les indignations de l'architecte, l'intendant avait formellement déclaré qu'on ne toucherait à rien tant qu'il n'aurait pas en main les devis circonstanciés, détaillés et raisonnés, et les soumissions des entrepreneurs. Cela traîna jusqu'en novembre ; alors, la grossesse étant déclarée, l'Empereur ordonna que les travaux fussent exécutés sans délai et que l'appartement du grand maréchal, évacué sur l'heure, fût destiné, non plus aux Atours de l'Impératrice, mais au logement provisoire des Enfants. Fontaine, fort de cet ordre sans réplique, demanda 180,000 francs, en plus des 120,000 déjà accordés, pour refaire la décoration intérieure, les parquets

VUE DU PALAIS DU ROI DE ROME,
SUR LA MONTAGNE DE CHAILLOT, PRISE DU COTÉ DE LA GRANDE ROUTE
Aquarelle par Fontaine
Appartenant à M. Alfred Foulon

et les plafonds, et pour changer les distributions, ce qui porta à 300,000 francs la seule dépense d'architecture. Il y eut mieux.

La chambre de l'Enfant, telle que l'ont préparée Poussin et Lejeune, tapissiers rue de Cléry, est tendue de gros de Florence vert, encadré de crêtes, palmettes et lézardes en or fin, les portières de même en gros de Florence vert, relevées de passementeries vertes et de grandes embrasses dorées. Le lit, sur lequel, d'après la tradition, doit être placé le berceau, est aussi drapé en gros de Florence vert avec embrasses et cordelières d'or fin et de soie verte ; la housse et la draperie sont semées d'étoiles d'or fin ; les rideaux tombent d'une couronne dorée surmontée de panaches de plumes blanches. Le berceau qui doit d'abord être mis en usage a été fourni par Jacob-Demalter : il est en bois de racine d'orme, en forme de nacelle, les extrémités droites et le haut, découpé en trèfle, encadrés d'une moulure en bronze doré; le parement est orné d'une couronne de feuilles de laurier entourant des étoiles ; sur chaque face, en bas-relief, deux Génies se disputent une couronne. La nacelle, fixée et portée par deux axes en fer doré, est ajustée sur des termes en racine d'orme, surmontés d'une tête en bronze couronnée de lauriers ; ces termes, ornés de bronzes sur trois faces, sont ajustés dans le patin par une console que garnit une feuille d'acanthe en bronze. Ce berceau, chef-d'œuvre d'ébénisterie, a coûté 3,000 francs ; il est drapé de rideaux et d'un couvre-pied de levantine verte ; au bord, en broderie d'or, courent des branches de myrte, et, aux angles, s'épanouissent des impériales entourées de myrtes ; pareils bouquets sur les deux dossiers, qu'encadre une lézarde avec mollet en or : cette garniture coûte 2,000 francs. Le coucher se compose d'oreillers en duvet fin, de matelas en laine de Ségovie, de couvre-pieds piqués et d'un rouillis en taffetas blanc.

Deux paravents de quatre pieds et demi, à six feuilles, garnis en soie verte avec légère passementerie d'or, abritent le lit. A côté, séparé par un autre paravent à six feuilles, est, pour la gouvernante, un lit de fer, à housse et à courtepointe de soie verte, une chaise longue et une chaise ronde, également garnies de soie verte ; lit presque semblable pour la nourrice, et, pour la berceuse, couchette brisée à housse en toile de Jouy.

Pour changer l'Enfant, le *remuer,* comme disent les nourrices, on a une remuette en bois et coutil, avec vingt gros élastiques de gros de Florence vert, garnie de laine, de toile de lin, et, par-dessus, de soie verte avec passementerie d'or ; pour enfermer les changes, des corbeilles à pied de noyer, couvertes en taffetas vert avec agréments de soie et d'or ; deux somnos complètent l'ameublement. Les chaises d'affaires et les divers meubles de nécessité sont relégués, avec les armoires, dans une chambre proche. Ce vert qui tend les murs et tous les meubles est pour ménager les yeux de l'Enfant, et c'est ainsi que ses appartements seront préparés dans les divers palais.

Le berceau, commandé d'abord, n'est point unique. Un autre, plus riche et moins original, est exécuté, pour 6,000 francs, par Théomire Duterme et Cie, fabricants de bronze, rue Taitbout : il est en bois d'if, en forme de nacelle à bouts arrondis et repose sur des pieds en X ornés de chapiteaux. Les côtés, largement décorés de bronzes, présentent, au milieu, des bas-reliefs, la Seine et le Tibre ; aux deux extrémités, sont posées deux cornes d'abondance entre lesquelles se dressent la figure de la Force et celle de la Justice. La tête du berceau est surmontée d'une calotte en bois, très chargée de bronzes, que domine un aigle tenant une couronne d'étoiles dans laquelle passent les rideaux. Ce berceau est bien plus richement garni : soies vertes brodées en or d'étoiles, de palmes, d'N rayonnantes, de cornes d'abondance, de feuilles de laurier, pour 3,763 francs (1).

Et qu'est-ce pourtant près du berceau que, le 3 mars, la Ville de Paris a présenté à l'Empereur pour son héritier ? Prud'hon en a donné les dessins, Roland en a modelé les figures, Thomire et Odiot en ont exécuté l'orfèvrerie. Il repose sur quatre cornes d'abondance près desquelles se dressent le Génie de la Justice tenant les balances de Thémis, et le Génie de la Force appuyé sur la massue d'Hercule. La nacelle est formée de

---

(1) Il est impossible de se méprendre à la description de ce meuble telle que la donne la facture, mais une figure de Victoire a été substituée à l'Aigle, j'ignore à quelle date. Un troisième berceau, dont je n'ai pas retrouvé les factures, est encore conservé au Garde-Meuble national. Il est de la fabrication de Jacob-Demalter. Entre deux montants qui supportent des lyres en bronze doré, la nacelle du berceau est suspendue. Elle est de bois clair à incrustations d'argent figurant des poissons : le dessin en étonne et semble de date postérieure, mais il n'y a, paraît-il, aucun doute à garder sur son origine.

BERCEAU OFFERT PAR LA VILLE DE PARIS AU ROI DE ROME
Dessiné par P.-P. Prud'hon, exécuté par Roland, Thomire et Odiot
Appartenant à S. M. l'empereur d'Autriche

balustres de nacre qui ressortent sur un fond de velours nacarat et qui sont semées d'abeilles en burgau et en vermeil ; aux faces, des bas-reliefs représentent la Seine et le Tibre ; à la tête, un bouclier porte le chiffre de l'Empereur, entouré de palmes, de feuilles de lierre et de laurier ; au-dessus, la Gloire, planant sur le Monde, soutient la couronne du Triomphe et celle de l'Immortalité, au milieu de laquelle brille l'Étoile napoléonienne. Au pied, un aiglon fixe l'astre du Héros, il entr'ouvre ses ailes et semble essayer de s'élever jusqu'à lui ; un rideau de dentelles, semé d'étoiles et terminé par une riche broderie d'or, est fixé à la couronne et retombe sur les bords.

Pour les dessins qu'il a faits et la surveillance qu'il a donnée à l'exécution, Prud'hon osait croire que ses honoraires ne pouvaient être moindres de 12,000 francs ; il dut se contenter avec 6,000. Les orfèvres, de leur côté, réclamaient 172,031 francs et furent réglés à 152,289 francs.

Près de ce berceau de la Ville, il faut citer le berceau en paille dont un sieur Chevrié a fait hommage à l'Impératrice, et pour quoi elle lui a fait envoyer 1,250 francs ; ce n'est point un berceau, c'est une aumônière.

Pour l'usage de l'enfant impérial, tous les ustensiles sont de vermeil : grande jatte aux anses ornées de têtes de chérubins ciselées en ronde bosse ; pot à eau à frise de camées ; cuvette à bord orné d'une moulure à feuilles ; écuelle à deux anses, tasse, timbale, paire de flambeaux, réchaud, bouilloire, petite cafetière, bassinoire, pot de nuit, tout est de Biennais, qui réclame 8,316 francs. Madame de Montesquiou n'eût point été si ambitieuse : « Pour l'économie, dit-elle, on eût pu ne faire exécuter en vermeil que les pièces les plus apparentes et laisser le reste en argent » ; car tout ce luxe coûte, et il faut encore monter la maison de la gouvernante ; mais, pour les deux tables du service d'honneur et les quatre autres tables des domestiques, le grand maréchal fournira le nécessaire, de même que, pour les chambres, sauf les meubles portatifs, quelques bureaux et bibliothèques pour la gouvernante, on se suffira avec le Garde-Meuble. Il faut que le fonds de 64,000 francs, fait par l'Empereur pour l'ameublement, ne soit pas dépassé.

On a préparé tout de même le trousseau de couches et la layette. Le trousseau de couches de l'Impératrice, pour lequel l'Empereur a ouvert à la dame d'Atours un crédit de 100,000 francs, a été calqué sur celui qui fut fourni à la reine Marie-Antoinette lors de la naissance de Madame-Première, le 28 novembre 1778, par Vanot, linger, rue Saint-Denis, n° 97 : il allait à 100,000 livres, plus le lit de dentelles ; c'était le moins cher des trousseaux de couches qu'eut la Reine, les autres montant, le lit non compris, de 145 à 170,000 livres.

Le trousseau de couches qu'a commandé Madame de Luçay comporte donc deux camisoles d'angleterre et deux de point à l'aiguille à 1,500 francs pièce ; deux bonnets d'angleterre et deux de point à 600, plus quelques aunages de réseau ; c'est la fourniture de Lesueur : 10,890 francs 62 centimes. Les lingères Lolive, de Beuvry et Cie fournissent vingt-quatre jupes ouvertes, trois douzaines de serviettes cousues, douze douzaines de petites serviettes, vingt-quatre chemises de couches, trente-six linges de sein, vingt-quatre fichus de nuit, douze camisoles de nuit, vingt-quatre serre-tête, vingt-quatre bonnets, douze camisoles de jour, vingt-quatre petits draps, douze couvre-pieds ou draps de dessus, douze couvre-pieds de jour, douze taies d'oreiller, vingt-quatre couvre-table, douze peignoirs, vingt-quatre tabliers de garde, trois corbeilles en satin, vingt-quatre compresses ou bandes et douze bandes à saigner. Le total, 89,264 francs 84 centimes, ne dit rien ; mais il faut manier cette lingerie de miracle, cette lingerie où excelle l'ouvrière de Paris, où les hautes valenciennes en garniture mettent comme une finition de rêve, où les dessous des couvre-pieds et des taies d'oreiller s'assortissent aux dessous des couvre-table et des peignoirs, où l'on voit un couvre-pied de 5,826 francs, un peignoir de 3,669, une camisole de 2,906, où tout est de goût, de rareté, d'élégance, sans nulle brutalité de luxe criard, tel qu'on doit l'attendre d'une époque où la perfection du métier manuel est encouragée par la grande dépense que font les dames du régime. Cela fait les 100,000 francs, à peine 154 francs de plus ; mais il y a le lit de 120,000 francs, le lit complet en alençon qu'a fourni Lesueur, ce lit merveilleux qu'on cite encore pour la somme de main-d'œuvre prodigieuse qu'il a exigée, car, à cause de la complication du travail, le point d'Alençon ne se fait jamais pour des objets d'une telle dimension. Il y a quatre rideaux, deux grands dossiers, le couvre-pied, la taie d'oreiller, le traversin, le volant ou soubassement, et les garnitures des rideaux; autour de chacune des pièces règne une guirlande de lis; le feston est semé d'abeilles très près; aux quatre coins et aux deux têtes, chiffre et couronne. Il ne semble pas pourtant que Marie-Louise ait voulu se servir de ce lit; au moins a-t-elle, le 20 février, décidé qu'elle emploierait le lit de dentelles du mariage qu'elle avait à Saint-Cloud, et l'a-t-elle fait porter aux Tuileries.

La gouvernante a eu de même la disposition de cent mille francs « pour commander, faire confectionner et ordonnancer les objets de la partie de la layette à l'usage des Enfants, ainsi que le trousseau de la nourrice », somme bien inférieure à celle employée au temps de la Reine, où la layette de Madame-Première a coûté 168,666 livres, celle du Dauphin 284,795 livres, celle du duc de Normandie 246,786 livres, celle de Madame Sophie 203,953. Ici, on ne dépassera pas de vingt mille les cent mille francs alloués, et ce trousseau d'enfant impérial n'en sera pas moins riche. Il y aura, de la fourniture de Madame Minette, rue de Miromesnil, promue lingère des Enfants de France, cinquante douzaines de couches en toile demi-Hollande, trente-six douzaines de langes en piqué, en basin, en percale ouatée et doublée, vingt-six douzaines de chemises à brassières, en batiste, garnies de valenciennes, de malines, de bruxelles ou de point à l'aiguille; vingt-cinq douzaines de brassières en basin, en percale unie ou brodée à la gorge, en piqué ou en tricot; douze douzaines de fichus de nuit, autant de mouchoirs; neuf douzaines de béguins, quatre de bonnets de nuit en percale brodée, six de bonnets en batiste ou en mousseline brodée; deux douzaines de souliers en piqué ou en percale brodée; une demi-douzaine de brodequins brodés; six douzaines de langes de jour en percale, en mousseline brodée, en marceline blanche, en satin blanc; trois robes de dessous; quinze de batiste, de percale, de mousseline, de tulle, de satin, avec les dessous en marceline et en satin; quatorze douzaines de taies d'oreiller, quatre douzaines de draps de berceau. — Est-ce trop demander que 40,000 francs? D'autant qu'on a dû se hâter et mettre les points doubles; la gouvernante a voulu que tout fût livré à la fin de février, et, comme la lingère a fait ce tour de force, les ouvrières reçoivent une gratification de 600 francs.

Les dentelles vont à 61,187 francs, et c'est Lesueur qui fournit la plupart : d'abord deux robes de maillot en point à l'aiguille et en point d'Angleterre, avec pèlerine et bonnet assortis dans les 4,000 francs; deux petites robes de même à 2,300, une garniture de lit en point à l'aiguille de 10,000, une en angleterre de 9,000, deux garnitures de berceIonnette de 1,600, et encore deux cent trente aunes d'angleterre et cent de point à l'aiguille pour les garnitures; chez Bonnaire, le mémoire est de 18,796 francs pour des pièces de dentelles, des robes courtes et longues et un lit complet de 3,700 francs.

Le trousseau de la nourrice a été fourni par Minette et, là encore, on a fort diminué sur les exemples du passé, car, pour les trois derniers enfants de Marie-Antoinette, on avait payé 10,632, 12,674 et 13,209 livres. On rabat tout excédent, ce n'est d'ailleurs qu'un trousseau de linge et par la suite la nourrice aura mieux.

Celle qui a été élue entre les trois qu'on a retenues, Marie-Victorine-Joséphine Molliex-Gozé, a vingt-quatre ans, étant née à Chaillot le 1er décembre 1787. Son père, marchand de vins, a été établi d'abord à Soissons, puis à Belleu, dans l'Aisne. En 1808, elle a épousé Pierre-Vincent Auchard, avec qui elle est venue tenir à Paris un commerce de vin au détail. C'est une grosse mère, fraîche, ronde, très saine, dont la figure, sous le bonnet parisien ruché qui l'encadre, prend un air de bonne humeur riante. Elle a de beaux gages, 2,400 francs par an, mais qu'est-ce près des revenants-bons et de l'avenir? Point de costume obligatoire pour elle; elle garde son bonnet à la Parisienne, mais il est garni de valenciennes et, pour les grands jours, elle en a deux en angleterre et quatre en malines brodée; ses robes sont taillées à la paysanne, mais elles sont de levantine ou de florence gros-bleu, vert, olive, parfois de taffetas blanc; et, par-dessus, elle porte une douillette de marceline gros-bleu ou de levantine vert d'eau, de cette forme qui est traditionnelle. Par mesure de propreté, ses cheveux sont coupés court : le coiffeur Hippolyte le jeune, fort en vogue au *Journal des Dames,* viendra tout exprès au palais, à douze francs la séance, mais, aux grands jours, il demandera un louis pour faire à Madame Auchard une frisure en milliers de petites boucles qui, sous son bonnet rond, donne à son visage poupin, un air très drôle.

C'est bien ; pour le matériel des choses on est prêt, mais il reste à régler le cérémonial qu'on observera lors de l'accouchement, tant à l'intérieur du palais qu'à l'extérieur, et il serait beau que l'Empereur, amoureux comme il est d'étiquette, oubliât quelque usage de l'ancien régime. Pourtant il se récrie lorsqu'on lui dit que, à l'accouchement des reines, durant le travail, toutes les portes étaient ouvertes, que chacun des sujets avait le droit d'entrer ; qu'aux couches de Marie-Antoinette, la foule envahit la chambre si tumultueusement que les paravents entourant le lit de la Reine eussent été renversés s'ils n'avaient été attachés avec des cordes, et que des Savoyards grimpèrent sur les meubles pour mieux voir. Il ne veut rien de cela qui est pourtant d'un symbolisme grandiose ; les portes ne s'ouvriront même pas aux courtisans et à la garde du palais ; des témoins de famille attesteront seuls la légitimité : cela est peu, et cette pudeur que Napoléon éprouve, cette jalousie dont il entoure Marie-Louise, l'empêchent de saisir la signification de cette publicité que la Monarchie donnait à la venue des héritiers de la Couronne. De même se récrie-t-il lorsqu'il lit dans la note qu'a remise le grand maître : « Sitôt que la Reine est accouchée, on présente l'Enfant au Roi qui, le tenant, lui donne sa bénédiction. Si c'est un mâle, lui met son épée à la main et, lors, tous les princes applaudissent au Roi en saluant le nouveau-né » ; bon pour les lettres au Corps de ville portées par les pages, bon pour les salves de terre et de mer, mais « il désire le moins possible de cérémonies religieuses et qu'elles soient toutes réunies. Si c'est un prince, il sera baptisé à Notre-Dame et on devra faire beaucoup plus. »

C'est là le premier doute qu'il laisse paraître, — et, encore dans un document tout intime. En public, il a montré jusque-là la plus admirable assurance ; il n'a point mis en question qu'il eût un fils ; il a réglé que le Roi de Rome recevrait dans les palais impériaux des honneurs particuliers, supérieurs à ceux attribués aux princes et princesses; qu'il aurait le titre de Majesté, qu'il attellerait seul à huit chevaux, les autres Enfants n'attelant qu'à six ; mais à présent l'alternative est si étroite qu'il doit bien admettre la déception. Il semble même l'avoir prévue et vouloir la couvrir. Ségur a rédigé un projet de cérémonial où les deux espèces sont un peu confondues : l'Empereur veut « une nouvelle rédaction, bien détaillée, bien expliquée et distinguant pour chaque circonstance le cas où ce serait un prince ou une princesse ». Lui-même remarque que, « pour Madame, en 1778, il n'y eut pas de *Te Deum,* mais que le Roi et la Reine ont été rendre grâces à Notre-Dame ».

Le Cérémonial pour la Naissance des Princes et Princesses, Enfants de Sa Majesté, est donc établi sur deux colonnes : d'un côté le Roi de Rome ; de l'autre, la Princesse, fille de S. M. l'Empereur et Roi. Au dernier moment, le 17 mars, l'Empereur fait encore des corrections et il demande un cérémonial à part pour l'ondoiement, où l'Enfant ne doit plus être porté par un prince ou une princesse, mais par la gouvernante, où l'on a omis le dénombrement du cortège, etc.

A la fin, voici ce qui est arrêté et décrété : « Lorsque l'Impératrice sentira quelques douleurs qui annonceront qu'elle ne tardera pas à accoucher, la dame d'honneur se rendra auprès de Sa Majesté. Dès que la dame d'honneur sera arrivée, elle prendra les ordres de S. M. l'Empereur, et elle enverra avertir les princes et les princesses de la Famille, les princes grands dignitaires, les grands officiers de la Couronne, les ministres, les grands officiers de l'Empire, les dames et officiers de la Maison. Toutes ces personnes devront se rendre dans l'appartement de Sa Majesté en costume, comme le dimanche à la messe. Les dames seront en robe de cour. Les princes et princesses seront avertis par des pages. Le Sénat et le Corps municipal de Paris seront également avertis par un page, afin qu'ils soient assemblés au moment où Sa Majesté leur enverra annoncer la naissance de l'Enfant. »

On a réglé ensuite dans quelle pièce de l'appartement toutes ces personnes se tiendront : dans la chambre de l'Impératrice, pendant le travail, seulement Madame mère, la gouvernante, la dame d'honneur et la dame d'Atours ; dans le Salon des Grâces qui précède, les princes et princesses de la Famille ; dans le Salon du Billard, les princes grands dignitaires ; dans le Salon de l'Impératrice, les ministres, les grands officiers, le secrétaire de l'état de la Famille, les dames du Palais et les dames d'honneur des princesses ; dans le troisième salon et dans la Salle des Gardes, les officiers de la Maison, ceux des princes et princesses et les personnes qui jouissent des grandes entrées — la Cour et rien que la Cour !

On a prévu les deux témoins qui entreront dans la chambre au moment des dernières douleurs ; on a dit où et comment l'acte de naissance sera rédigé ; on a réglé le cortège qui accompagnera l'Enfant ; on a décidé de quelles personnes l'Empereur recevra les félicitations et, dès le 19 février, le grand chambellan a fait préparer les lettres qui leur seront adressées ; puis, on a réglé, pour le jour même ou le lendemain de la naissance, l'ondoiement du Roi de Rome ou le baptême de la princesse, le *Te Deum* qui suivra ou non, et le reste des cérémonies.

A chaque article il y a, en cas de princesse, une diminution dans les honneurs : on tirera le canon, mais cent un coups pour le Roi de Rome, vingt et un pour la princesse ; le Sénat et le Corps municipal témoigneront leur allégresse par des présents faits aux pages qui leur annonceront la naissance, mais la quotité différera d'une pension viagère de 10,000 francs à une bague de 3,000 ; seul le vin sera pareil ; on en aura des tonneaux préparés en assez grande quantité pour le faire couler à la fontaine du Châtelet. « Cette mesure paraîtra spontanée », c'est le ministre de l'Intérieur qui l'écrit. Il faudra, quand même, affecter la joie et l'on sera joyeux dans les couplets que les théâtres ont commandés à deux fins pour être chantés le soir même ; on sera joyeux en estampes : Denon n'a-t-il pas ordonné à Zix un dessin qu'a gravé Primavesi : l'Empereur, entouré de sa cour, debout sur le perron d'un palais, — peut-être les Tuileries, — montrant à une foule enthousiaste un enfant ; et, au bas, tantôt on lit en légende : *Napoléon montrant le Roi de Rome au peuple,* tantôt ces vers :

> Du plus auguste hymen, du lien le plus doux,
> Voyez le fruit qui vient d'éclore.
> Voilà notre princesse ! — Ah ! réjouissons-nous,
> Le Soleil est toujours précédé par l'Aurore !

On n'a pas même inséré au *Moniteur* la mention du berceau qu'a offert la Ville de Paris : si c'est une fille, on le réservera pour une occasion meilleure; si c'est un garçon, le berceau, placé dans la Salle du Trône, servira de *Lit* au moment du départ du cortège pour l'ondoiement.

Pourtant, on a pris toutes les précautions : le 14 mars, le curé et les marguilliers de Notre-Dame de Chartres ont été admis à l'audience de l'Impératrice et, présentés par l'évêque de Versailles, ils ont, selon l'antique usage, offert une chemise en satin brodé, taillée sur le modèle de la Sainte Chemise de la Vierge qui est conservée dans leur église depuis le ixe siècle. Ainsi faisait-on aux reines qui revêtaient pour les couches cette chemise préservatrice des douleurs. L'Empereur a encouragé le présent et bien que, tout à l'heure, il voulût le moins possible de cérémonies religieuses, il a ordonné que, dès que la délivrance de l'Impératrice serait annoncée par le canon et le bourdon de Notre-Dame, le peuple se rendît dans toutes les églises de la ville pour y faire des prières en actions de grâces. Puis, ce n'est pas assez de Paris, et il doit en être ainsi dans chaque ville épiscopale.

Enfin, le sort est jeté : « Mon cousin, écrit l'Empereur à l'archichancelier, l'Impératrice approchant du terme de sa grossesse, nous avons ordonné que dès qu'elle sentira les premières douleurs, vous soyez averti par un de nos pages de vous rendre au palais des Tuileries dans le salon qui vous sera désigné, afin que vous soyez introduit dans la chambre de l'Impératrice au moment de son accouchement. Mon intention est, qu'assisté du secrétaire de l'état de notre famille, vous dressiez, en même temps et par un seul procès-verbal, l'acte prescrit par le titre V, article 40, paragraphe 6 de l'Acte des Constitutions du 18 mai 1804, et l'acte de naissance conformé-

LE ROI DE ROME

Médaillon en cire par Corriguer

Ayant appartenu au cardinal Fesch et à M. Sainsbury, fondateur du « Napoleon's Museum »

Appartenant à M. Frédéric Masson

ment au titre II, article 14 du Statut du 30 mars 1806. Nous avons désigné comme témoins, le grand-duc de Wurtzbourg et le prince Eugène. »

Cambacérès, l'homme de la Forme, voudrait quelques explications : l'Impératrice signera-t-elle? Les princes et princesses autres que les témoins seront-ils admis à signer? Et les prénoms? « Nous avons pensé, écrit-il, que Votre Majesté nous les indiquerait dans le moment même et selon le sexe de l'Enfant. » La niaiserie solennelle ne perd pas ses droits, et pourtant qu'a-t-on de mieux à faire à présent qu'attendre et se taire?

LE TIBRE

Dessin par P.-P. Prud'hon pour les bas-reliefs du berceau offert au Roi de Rome
par la Ville de Paris

Appartenant à Madame Jahan, née Marcille

Cliché Braun, Clément & Cⁱᵉ

II

LE ROI DE ROME

I. — La Naissance du Roi de Rome

Le 19 mars, dans la soirée, il doit y avoir spectacle dans les Petits appartements, et les invitations sont lancées. Au moment où les premiers invités pénètrent dans les salons, « ils voient la duchesse de Montebello sortant, sans être encore habillée, de la chambre de l'Impératrice ». Cela dit tout. Peu à peu, la société devient nombreuse. On vient annoncer que l'Impératrice commence à sentir les douleurs, que le spectacle n'aura pas lieu, mais que l'Empereur demande aux dames de rester, parce qu'on espère que l'accouchement ne tardera pas. Un peu après, on vient dire que les hommes, qui ont été nommés pour être de service aux cérémonies de la naissance et qui sont là en habit de cour, doivent aller revêtir leur uniforme ou leur costume. Des pages sont expédiés aux princes et aux princesses pour les avertir de se rendre aux Tuileries; au président du Sénat et au préfet de la Seine pour leur ordonner de réunir en séance le Sénat et le Corps municipal.

Dans la chambre où, depuis sept heures du soir, Dubois, l'accoucheur, se trouve avec la gouvernante, la dame d'honneur, la dame d'Atours, la garde et quelques femmes de service, l'Empereur, câlinement, promène à son bras Marie-Louise, que la marche soulage. Dans les moments où les douleurs se calment, il va dans le Salon des Grâces retrouver sa mère, qui attend, avec le grand-duc de Wurtzbourg, le vice-roi, Borghèse, Julie, Hortense et Pauline. La faculté est là — Corvisart, Yvan, Bourdier, Bourdois et Auvity. — De minute en minute, un des médecins se lève, pénètre à pas étouffés dans la chambre et rapporte des nouvelles.

Pendant ce temps, dans l'enfilade des salons, où tous les lustres, les candélabres et les grandioses torchères flamboient de toutes leurs bougies, la foule des gens de cour, accourue de tous les points de la ville, s'est peu à peu entassée. Les femmes dans la plus grande toilette, les hommes dans leurs uniformes ou les costumes de leurs charges, gardent, les premières heures, la tenue d'étiquette. « L'enthousiasme de plusieurs n'est pas moins plaisant que l'indifférence de la plupart. » Peu à peu, hors de l'œil du maître, on se laisse aller, on s'assoit, quelques-uns s'endorment. Des étrangers, haussant le ton par degré, offrent des paris. Le comte Krasinski, des Chevau-légers de la Garde, signe des billets à mille ducats contre cent qu'on aura un garçon. Minuit sonne : quoique ce soit contre l'usage, l'Empereur ordonne qu'on serve à souper; on ne passe pas au buffet ni à la salle à manger de stuc, c'est dans les salons, sur les tables, qu'on apporte du vin, du punch, du chocolat, des viandes froides. Et puis, on attend. La nuit avance; les femmes oublient d'être coquettes, les hommes d'être aimables; la fatigue et l'ennui s'abattent sur cette cohue somnolente qui ne s'inquiète même plus. Vers cinq heures, on apprend que les douleurs diminuent et que l'Impératrice s'assoupit. A six, l'Empereur fait communiquer le bulletin qu'ont signé Corvisart, Dubois et Bourdier : « S. M. l'Impératrice a commencé à éprouver hier au soir, vers les huit heures, les douleurs pour l'accouchement. Elles se sont ralenties dans la nuit et ont presque cessé vers le jour. Sa Majesté se trouve dans le meilleur état. » Là-dessus, l'Empereur permet que chacun se retire;

lui-même remonte dans son appartement, demande son bain et s'y fait servir à déjeuner. A sept heures, Dubois, éperdu, se fait annoncer. Il entre pâle comme la mort. « Eh bien! lui crie l'Empereur, est-ce qu'elle est morte? Car, a-t-il raconté plus tard, comme je suis habitué aux grands événements, ce n'est pas dans le moment où on me les annonce qu'ils me font de l'effet; on viendrait me dire je ne sais quoi que je n'éprouverais rien, ce n'est qu'une heure après que je ressens le mal. » Dubois répond que l'Impératrice n'est pas morte, mais que les eaux ont crevé, ce qui n'arrive pas dans mille cas, que c'est affreux pour lui que ce soit justement ici. « Eh bien! lui dit l'Empereur, traitez-la comme une boutiquière de la rue Saint-Denis; oubliez qu'elle est l'Impératrice. » Mais Dubois ajoute que l'enfant se présente mal; l'Empereur se fait expliquer. « Eh! comment allez-vous faire? — Mais, Sire, je serai obligé de me servir de ferrements. — Ah! mon Dieu! est-ce qu'il y aurait du danger? — Mais, Sire, il faut ménager l'un ou l'autre. — La mère, c'est son droit », répond l'Empereur, et, pendant que Dubois descend en hâte par le petit escalier, il sort précipitamment de son bain. Deux valets de chambre lui passent ses vêtements, et il arrive à son tour chez Marie-Louise. On doit la changer de lit pour lui mettre les fers; elle refuse et pousse des cris, elle se lamente, elle a peur, elle croit qu'on veut la sacrifier. Napoléon essaie de la calmer, elle ne l'écoute pas; Madame de Montesquiou, qui seule est calme dans ce désarroi, lui dit que cela n'est rien, que cela arrive constamment, qu'elle-même, dans ses couches, a eu deux fois les fers, mais l'Impératrice crie sans arrêter, sanglote et refuse. Dubois a perdu la tête et ne veut rien faire sans Corvisart, qu'on est allé chercher. Le voici enfin, avec Bourdier et Yvan. Ils tiennent l'Impératrice pendant que Dubois opère. L'Empereur, chassé par ces cris qui le déchirent, s'est retiré dans le cabinet de toilette; à chaque instant, il envoie une des femmes aux nouvelles. A la fin, l'Impératrice est délivrée; aussitôt, l'Empereur se précipite dans la chambre pour l'embrasser. « Il jette les yeux sur l'enfant qui gît sur le tapis, le croit mort, ne dit pas un mot à son sujet, ne s'occupe que de sa femme. » Pourtant, Madame de Montesquiou a ramassé l'enfant; elle le frotte, lui souffle dans la bouche des gouttes d'eau-de-vie, le couvre de serviettes chaudes ; après sept minutes, il pousse un premier cri. On le regarde plus soigneusement alors : c'est un enfant mâle, né à terme, qui pèse neuf livres et est long de vingt pouces. L'Empereur, se détachant du lit de sa femme, vient embrasser son fils, le prend dans ses bras, le présente à l'Impératrice. Il est neuf heures un quart du matin et c'est le 20 mars.

Aussitôt, à un signal parti du pavillon central des Tuileries, les salves éclatent : la Batterie triomphale commence, puis une batterie de la Garde, puis Vincennes. La foule amassée dans le jardin, contenue par un simple ruban tendu au-devant des appartements de l'Impératrice, la foule éparse à travers la Ville, la foule répandue au loin autour de Paris, s'arrête, écoute, compte les coups. Au vingt-deuxième, l'enthousiasme éclate, cris, applaudissements, chapeaux en l'air, farandoles.

De tous les points, les princes, les princesses, qu'on a avertis seulement vers les huit heures et demie, les ministres, les dames, les officiers du Palais, se hâtent vers les Tuileries. Eugène et le grand-duc de Wurtzbourg, qui sont logés au Pavillon de Flore, sont à leur poste de témoins ; l'archichancelier arrive à temps pour la délivrance, et le prince de Neuchâtel, quoique sans droit, force l'entrée. L'Empereur passe cet excès de dévouement, mais ensuite l'étiquette recouvre ses droits : la gouvernante, qui a pris possession du Roi de Rome, le présente à l'archichancelier, qui, après avoir vérifié le sexe, se rend dans le salon de l'Impératrice et fait rédiger l'acte de naissance par le secrétaire de l'état de la Famille. L'Empereur déclare que son intention est que le Roi de Rome reçoive les prénoms de Napoléon-François-Joseph-Charles : François, de son grand-père et parrain l'empereur d'Autriche ; Joseph, à la fois du roi d'Espagne, second parrain, et du grand-duc de Wurtzbourg, représentant du premier parrain ; Charles, de son grand-père paternel, en souvenir duquel la reine de Naples, qui se nommait Annunziata, s'est appelée Caroline. Sur l'acte les témoins signent, puis l'Empereur, Borghèse et les grands dignitaires, Berthier et Talleyrand.

NAISSANCE DU ROI DE ROME
L'EMPEREUR PRÉSENTE SON FILS A L'IMPÉRATRICE
Aquarelle par J.-B. Isabey
Appartenant au prince Alfred de Montemart

L'acte signé, l'huissier, ouvrant à deux battants les portes du salon, annonce « le Roi de Rome ! » et Madame de Montesquiou paraît avec l'enfant; les deux sous-gouvernantes la suivent; le colonel général de la Garde et l'écuyer de service l'accompagnent; elle traverse les salons, où la foule des gens de Cour est revenue à flots pressés et, par la salle à manger et la galerie, elle gagne l'appartement des Enfants.

L'Empereur remonte dans les Grands appartements et, dans la Salle du Trône, il reçoit les félicitations des princes et des grands officiers. A ce moment, dans l'accomplissement définitif de sa fortune, dans la réalisation du rêve tel qu'il a pu le former, il ne peut plus avoir de doute sur l'avenir. Tout lui succédera ainsi, et il n'a qu'à former un vœu pour que les fées ou la Providence l'accomplissent. Cet enfant lui manquait, et il l'a fait venir, par la femme qu'il a souhaitée, au jour qu'il a marqué; nulle inquiétude; sa conscience est calme; il n'a point hésité, point balancé à sacrifier en pensée l'enfant à la mère; il a fait son choix au premier coup, spontanément. Cela lui semble de bon augure. A présent l'avenir lui appartient, puisque sa dynastie est fondée, et à sa race il saura partager le monde.

Comme si la nouvelle dût lui paraître plus certaine à proportion qu'elle sera plus répandue, c'est avec un fébrile empressement qu'il la communique : le premier page court au Luxembourg, le second à l'Hôtel de Ville; d'autres s'envolent vers Navarre, Milan ou Rome. M. de Prié, maître des Cérémonies, va, de la part de Ségur, chez les ambassadeurs accrédités à Paris; M. Dargainaratz, aide, chez les ministres. Des Relations extérieures, courriers spéciaux à tous les ambassadeurs de l'Empereur; de l'Intérieur, courriers à tous les préfets; de la Guerre, de la Marine, de l'État-major général, aux commandants de divisions territoriales, aux préfets maritimes, aux commandants dans tous les pays et places occupés par les troupes françaises; l'Empereur lui-même est à l'ouvrage; il doit écrire de sa main aux princes et princesses, ses parents ou alliés, et ses lettres partiront le soir même, portées par des chambellans et des écuyers. Mais, bien plus vite que les pages et les courriers, les écuyers et les chambellans, par ce beau matin clair de printemps débutant, où les feuilles nouvelles se déploient au marronnier des Tuileries, les bras du télégraphe de Chappe annoncent la nouvelle. Remise à dix heures et demie à l'administration des Télégraphes, elle est reçue avant midi à Metz et à Strasbourg, à Saint-Malo et à Brest, à Boulogne, Lille, Bruxelles et Anvers, à Lyon, Turin et Milan, d'où tout de suite elle arrive à Venise.

A neuf heures du soir, pendant que, aux Variétés, on joue *la Bonne Nouvelle ou le Premier arrivé,* qu'on chante au Vaudeville *les Cent Coups* et aux Français *Je l'irai dire à Rome,* la Cour, de nouveau réunie en grand costume, s'apprête à la cérémonie de l'Ondoiement. Jusqu'à la dernière heure, l'Empereur en a revu le programme, grossissant le cortège du Roi de Rome, critiquant l'itinéraire adopté, réclamant plus de précision sur tous les détails. C'est de son Grand cabinet qu'il part, précédé des hérauts d'armes et de toute la théorie des gens de cour, éclairé par des flambeaux de poing que tiennent les pages. Dans la Salle du Trône, le Roi de Rome a été déposé sur le berceau de la Ville. La gouvernante le prend et le porte sur un manteau doublé d'hermine, dont le doyen des maréchaux, le duc de Conegliano, soutient la traîne. Elle est précédée des officiers du Roi, suivie par les sous-gouvernantes et accompagnée par le colonel général.

A la porte de la nef de la chapelle, l'Empereur est reçu par le grand aumônier, qui lui présente l'eau bénite. Au milieu de cette nef, au-devant d'un prie-Dieu, est disposé un fauteuil surmonté d'un dais ; plus loin, entre la nef et l'autel, sur un tapis de velours blanc, un grand vase de vermeil sur un socle de granit : ce sont les fonts ; à droite de l'autel, sont rangés les cardinaux ; à gauche, les évêques, en camail et rochet. Les tribunes, tendues d'étoffes de soie, sont remplies par les dames de la Cour. Tous les assistants sont en grand costume complet.

Après le *Veni Creator,* l'Empereur, averti par le grand maître, s'approche des fonts, ainsi que l'enfant, que porte la gouvernante, et les témoins — les mêmes qu'à la naissance. Lui-même présente son fils à l'ondoiement, que célèbre le grand aumônier, assisté de M. de Rohan, pre-

L'an Mil huit cent onze et le
vingtième jour du mois de Mars, nous
Jean Jacques Régis Cambacérès, Prince
Archi-chancelier de l'Empire Duc de Parme,
exerçant les fonctions qui nous sont attribuées
par le titre cinq, article quarante, paragraphe
six de l'acte des constitutions de l'Empire
du dix huit Mai Mil huit cent quatre
(vingt huit floréal an Douze) et titre deux,
article quatorze du statut de la famille
Impériale, assisté de Michel Louis Étienne
Regnaud de S.t Jean d'Angely, Comte de
l'Empire, Ministre d'État, Secrétaire de l'État
de la famille Impériale, nous sommes
rendus au palais des Tuileries, en vertu des
ordres de Sa Majesté l'Empereur et Roi, contenus
dans sa lettre close en date du dix neuf du
présent mois, dont la teneur suit

« Mon Cousin, L'Impératrice notre très chère
« épouse, approchant du terme de sa grossesse,
« nous avons ordonné que dès qu'elle sentira
« les premières douleurs vous soyez averti par
« un de nos pages, de vous rendre au
« palais des Tuileries dans le salon qui vous
« sera désigné afin que vous soyez introduit
« dans la chambre de l'Impératrice au
« moment de son accouchement. Notre intention
« est qu'assisté du Secrétaire de l'État de la
« famille, vous dressiez en même temps, et par
« un seul procès verbal l'acte prescrit par
« le titre cinq, article quarante, paragraphe

« six de l'acte des constitutions du dix huit
« mai mil huit cent quatre et l'acte de
« naissance, conformément au titre deux,
« article quatorze, du statut du trente Mars
« mil huit cent six. Nous avons désigné pour
« témoins, son Altesse Impériale Monseigneur
« Ferdinand Joseph Archiduc d'Autriche,
« Prince Royal de Hongrie et de Bohème, Grand
« Duc de Wurtzbourg, Duc de Franconie, et
« son Altesse Impériale Monseigneur Eugène
« Napoléon Vice Roi d'Italie, prince de Venise,
« Grand Duc héréditaire de Francfort.
« Et sur ce je prie Dieu, Mon Cousin, qu'il
« vous ait en sa sainte et digne garde. fait au
« palais des Tuileries le dix neuf Mars mil
« huit cent onze Signé; Napoléon »

Et étant audit palais à l'heure de neuf
heures et demie du Matin, Nous prince
Archi-chancelier de l'Empire avons été introduit
par ordre de sa Majesté l'Empereur et
Roi, dans la chambre à coucher de sa
Majesté l'Impératrice au moment des
douleurs qui annonçaient sa prochaine
délivrance, laquelle ayant eu lieu
heureusement, Madame la Comtesse de
Montesquiou, Gouvernante des Enfants
de France, nous a présenté par ordre
de sa Majesté l'Empereur et Roi, l'Enfant
dont sa Majesté l'Impératrice venait
d'être délivrée, lequel avons reconnu être
du sexe masculin.
Et à l'instant nous sommes passés dans

le salon de l'Impératrice, ou étoit sa Majesté l'Empereur et roi nous a déclaré que son intention était que le roi de Rome reçut les prénoms de Napoléon, François, Joseph, Charles.

De tout quoi nous avons dressé le présent procès verbal sur le registre de l'État de la famille Impériale, en présence de son Altesse Impériale Monseigneur Ferdinand Joseph, Archiduc d'Autriche, prince Royal de Hongrie et de Bohème, Grand Duc de Wurtzbourg, Duc de Franconie,

et de son Altesse Impériale Monseigneur Eugène Napoléon, Vice roi d'Italie, Prince de Venise, Grand Duc héréditaire de Francfort.

Témoins désignés par sa Majesté l'Empereur et Roi.

et ont signé au dit acte, sa Majesté l'Empereur et Roi, les princes témoins désignés et les princes et princesses de la famille présents ainsi que les princes grands dignitaires

Lequel acte a été signé par nous Archi-chancelier de l'Empire et contre-signé par le secrétaire de l'État de la famille Impériale qui l'a dressé.

Napoléon

Madame

Ferdinand

Eugène Napoléon

Camille
Julie

Hortense
Pauline

Alexandre
Ch. red., meurice

Cambacérès
Le C.te R. dep. jean d'Angely

mier aumônier de l'Impératrice. Aussitôt après, on entonne le *Te Deum*, pendant que, aux bras de la Gouvernante, l'enfant, précédé de quatre pages, accompagné de ses officiers de service, d'un aide de camp de l'Empereur, de quatre chambellans, de deux écuyers et d'un maître des Cérémonies, regagne ses appartements, où Lacépède et Marescalchi, grands chanceliers, lui portent les cordons de la Légion d'honneur et de la Couronne de fer. Et les trois batteries répètent les salves de cent un coups ; sur la place de la Concorde, feu d'artifice de la Ville ; loteries de victuailles et fontaines de vin ; tous les édifices publics illuminés, sauf aux Tuileries, où l'on a éclairé seulement les jardins et la cour, point les façades, à cause de la puanteur que les lampions répandent dans les appartements.

L'Empereur est heureux, et sa générosité pour qui a contribué à son bonheur n'a point de bornes. Sur le lit de l'Impératrice, il apporte un esclavage d'un seul rang de perles qui coûte 500,000 francs. A Dubois, inscrit au budget de 1811 pour 15,000 francs, il octroie en outre, par décision du 23, 100,000 francs « comme marque de satisfaction » ; il lui donnera l'étoile de la Légion le 8 avril, une dotation de 4,000 francs le 1ᵉʳ janvier 1812, le titre de baron le 28 avril, avec ces armoiries parlantes : *Coupé au un, parti de sinople à une fleur de lotus et des barons officiers de la Maison ; au deux, d'or à la louve au naturel allaitant un enfant de carnation, le tout soutenu d'une terrasse de sinople ;* à Madame de Montebello, 30,000 francs de porcelaines ; à Madame de Luçay, médaillon de l'Impératrice entouré de 30,000 francs de brillants ; à Bourdier, 12,000 francs en or ; à Yvan, 6,000 ; à la garde, Madame Blaise, 6,000 — et elle est maintenue sur les états à un traitement de 6,000 ; à Bourdois, 6,000 ; à Auvity, 6,000 ; à chacune des six premières-femmes de l'Impératrice, un schall ou un bijou de 1,200 francs et 2,000 francs espèces ; aux vingt et une personnes du service, 17,500 francs que Madame de Montebello répartira, en y joignant 20,000 francs que l'Impératrice prend sur sa cassette.

Les pauvres ne sont pas oubliés : par un décret du 22 mars, l'Empereur, « voulant assurer par un acte de sa munificence l'époque des couches de sa chère et bien-aimée épouse, donner une preuve de sa bienveillance aux habitants nécessiteux de sa bonne ville de Paris et les faire participer à la satisfaction qu'il éprouve d'un événement qui intéresse aussi essentiellement le bonheur de l'Empire », destine une somme de 250,000 francs à secourir les habitants indigents ; de ces 250,000 francs, 50,000 sont distribués à domicile entre 2,798 mères les plus nécessiteuses, par les soins d'une commission composée de MM. de Gabriac, de Laborde et Allent, et présidée par M. de Rohan ; 100,000 sont employés à dégager du Mont-de-Piété 12,716 articles, outils et instruments de travail, puis effets de première nécessité, enfin couchers et couvertures sur qui le prêt ne dépasse pas dix francs ; 100,000 sont affectés, sur un état nominatif fourni par le directeur général du Bureau des Nourrices, au paiement, entre les mains des soixante meneurs de Paris, des mois de nourrice arriérés du fait de 2,526 débiteurs.

Il n'y a rien pour les prisonniers de Sainte-Pélagie, qui n'ont point manqué de faire des pétitions, mais Ouvrard, Séguin et Desprès doivent douze millions, d'autres 50,000 francs, beaucoup 30,000 ; rien pour les condamnés de droit commun, sauf cent six contraventions levées par la Préfecture de police ; rien pour les réfractaires et les déserteurs. L'espoir néanmoins est si tenace, et le bruit en a été si bien répandu que le ministre de l'Intérieur doit le démentir par une circulaire comminatoire.

Dans toutes les villes de l'Empire, des réjouissances spontanées — comme la fontaine de vin du Châtelet — ont prouvé à l'Empereur la fidélité des peuples et attesté leur enthousiasme ; cela est de commande. L'événement prévu ne frappe point. Sans doute, l'anxiété de l'attente, l'ébranlement des sonneries de cloches et des décharges d'artillerie émeuvent ; au vingt-deuxième coup, il y a des acclamations et des cris ; mais cela est nerveux et la joie est en surface. C'est la fortune de Napoléon qu'on acclame bien plus que cette stabilité de l'avenir à laquelle il est seul à croire. Une nation ne prend assurance à une dynastie que par l'accoutumance des générations. Plus Napoléon paraît un être d'exception, plus la France lui est soumise, moins elle se fie à la perpétuité d'un gouvernement par sa race.

1   2   4   5   6   7   8

   3

L'EMPEREUR NAPOLÉON PRÉSENTE LE ROI DE ROME AUX
DIGNITAIRES DE L'EMPIRE

Tableau peint par Rouget

Musée de Versailles

1. La baronne de Bouvers
2. La baronne de Mesgrigny
3. La comtesse de Montesquiou
4. L'Impératrice
5. L'Empereur
6. Le prince Vice-Connétable
7. Le prince Archichancelier
8. Le cardinal Fesch

Elle regarde un peu cet événement comme le tirage d'une loterie où elle n'aurait pas pris de billets, mais où, tant le lot est gros, elle porte quand même intérêt au gagnant. Elle ne réalise point que ce petit enfant puisse former le deuxième maillon d'une chaîne à laquelle ses destinées se trouveront rivées à travers les âges ; elle voit, dans sa naissance, une faveur suprême qu'a reçue de la destinée cet être, dont elle ne sait plus bien s'il est un homme, tant, depuis quatorze ans, il a réussi dans tout ce qu'il a entrepris, tant la fortune semble, sous ses pas, avoir aplani les degrés inaccessibles pour tout autre. Cette vie passe tellement les existences communes qu'elle en devient surnaturelle. Elle confond plus qu'elle n'émeut. On se demande quels bonheurs l'attendent encore ; on la suit avec curiosité, avec étonnement, avec admiration, mais on s'en détache.

Telle l'impression se fait jour dans les correspondances et les mémoires : nul compte à tenir des liesses populaires que, à Paris, la police enregistre avec complaisance. Il se trouve toujours de ces gens qui dansent aux violons qu'ils ne paient pas, après avoir bu le vin de la Préfecture ; mais les images ou les médailles populaires, ces objets que crée à l'infini l'ingéniosité du camelot parisien et qui, par leur multiplicité, attestent la popularité d'un homme ou l'impression forte d'un événement, ne paraissent point ici. Nulle trace d'un mouvement profond, national, qui ait ému la foule et qui l'ait induite à garder un souvenir de cette naissance. L'imagerie fournit à peine douze pièces contemporaines de l'événement : trois sont officielles, les autres probablement officieuses. Point de médailles populaires en plomb ou en étain ; les médailles en or, en argent, en bronze, ont été frappées à la Monnaie de Paris ; il n'y en a point eu de distribuées dans les rues comme au Sacre et au Mariage ; ces médailles — certaines des bijoux véritables — ont été offertes aux princes, aux princesses, aux gens de cour et aux fonctionnaires ; c'est l'Empereur qui les a payées et il y a dépensé 49,500 francs ; des villes en ont frappé : Rome, Osimo, Vienne, Prague, Bayonne ; quelques loges maçonniques, mais rien ne vient du peuple et rien ne va à lui. Pas un objet d'usage, pas un bibelot populaire, pas un médaillon, pas une faïence, alors que, pour les autres époques, le Consulat, la Paix générale, Tilsitt, le Mariage, ils abondent, affirmant eux seuls l'intensité des émotions populaires. Les chansons même sont rares et pauvres, et la verve fait défaut aussi bien à Neveu fils pour le *Te Deum des Français* qu'à Hugolin dit l'Aimable pour ses *Poésies* et à Cadot pour *la Berceuse du Roi de Rome*.

Jamais, par contre et pour aucune occasion, la joie officielle n'a été si marquée : d'eux-mêmes, pour se faire bien noter ou sur un avertissement discret, les théâtres s'empressent à produire des à-propos : le 21, *la Nouvelle Télégraphique* au Vaudeville et *l'Espoir réalisé* à l'Ambigu ; le 23, *le Berceau* à l'Opéra-Comique et *la Ruche céleste ou le Secret de l'Hymen* à la Gaîté ; le 25, *l'Heureuse Gageure* aux Français ; le 26, *l'Olympe, Vienne, Paris et Rome* au Théâtre de l'Impératrice et *l'Enfant de Mars ou le Camp de Cythère* au Cirque Olympique ; le 27, *le Triomphe du mois de Mars ou le Berceau d'Achille* à l'Opéra. Certains redoublent : l'Opéra-Comique avec *la Fête du Village ou l'Heureux Militaire,* le Vaudeville avec *l'Officier de Quinze Ans;* le Théâtre de l'Impératrice avec *Corneille au Capitole :* les auteurs? tous les fournisseurs ordinaires, Barré, Radet, Desfontaines, Armand Desprès, Guilbert de Pixérécourt, J.-B. Dubois, Désaugiers, Rougemont, Hapdé, Dupaty, Étienne, Aude, Alissan de Chazet. Certains diront plus tard qu'ils ont été contraints, et ces rimes plates, ces adulations vulgaires, ils les feront bientôt servir pour d'autres naissances de princes.

En est-il de même de la poésie officielle encouragée et récompensée par le ministre de l'Intérieur ? Treize cents morceaux en toutes les langues, mortes ou vivantes; çà et là, des signatures illustres : la plupart des poètes en titre d'office, ceux qui sont de la deuxième classe de l'Institut ou qui en seront, Aignan, Baour-Lormian, Parseval-Grandmaison, Soumet, Arnault, Dupaty, Millevoye, Tissot, Brifaut, Esmenard, Viennet, Casimir Delavigne; beaucoup d'inepties, un grand nombre de drôleries : il y a *la Réjouissance des Arbres de la forêt de Saint-Palais et des Animaux qui l'habitent, en l'honneur de la naissance de Napoléon II, roi de Rome,* par Pajot, garde général, où un chêne adresse un discours à *ses concitoyens,* où l'on ouït les paroles du Loup, du Cerf et du Chevreuil

Qui fut complimenté par le vif Écureuil

et un concert des chantres des Bois

Où pour le nouveau-né la timide Fauvette
S'empresse de chanter aussi la chansonnette.

Il y a le *Cantique à Napoléon le Grand, allégorie sur le bonheur futur de la France,* composé en arabe par Michel Sabbach, où l'on apprend que, le 20 mars, « le retour du printemps a ramené la nuit qui fixe les destinées du monde », attendu que « c'est la nuit du 25 de Ramazan, nommée par les musulmans nuit du décret divin, et dans laquelle l'Alcoran commença à être révélé à Mahomet ; » il y a le *Poème à l'accouchement glorieuse de l'Impératrice de France et reine d'Italie — en différents vers, composé d'un Allemand nommé J. M. H.,* avec cette épigraphe :

Que de pensionnaires
Proverbes ordinaires.

et des strophes de ce genre :

Dites donc de quel pays ou de quel circuit
Est celui qui ne va, ayant appris bruit —
Demander : Dites en vrai — — — ou bien s'en réjouit
Dites, goûte-t-il des parfums ou même du biscuit !

Cela est l'exception. Les vers, la plupart honorables, prouvent, chez les lettrés, à défaut de génie, la forte discipline, la robuste instruction, les bonnes méthodes et le respect de la langue. A part, il faut mettre une ode signée d'un nom oublié des générations indifférentes : Barjaud, de Montluçon, un jeune homme, qui, en récompense, sollicitera d'être admis dans l'armée et sera tué au champ d'honneur. C'était un poète, et, dans l'anthologie napoléonienne, son ode prendra justement une des premières pages. Cet enthousiasme d'un héros ne fait point l'enthousiasme de l'Empire : mais, sans doute, Napoléon trouve que c'est mieux aussi, qu'il est plus digne et plus majestueux de s'en tenir aux réjouissances officielles et aux allégresses des courtisans.

Le 21, à deux heures de l'après-midi, il remonte sur son trône, qu'entourent les grands dignitaires et les grands officiers, et il admet, selon les usages de l'ancienne monarchie, toutes les personnes de la Cour et toutes les personnes présentées à lui faire leurs révérences. Le 22, c'est le tour des grands Corps de l'État, Sénat, Conseil d'État, Cour de cassation, Cour des Comptes, Université, Cour impériale, Chapitre métropolitain, Corps municipal, Consistoires et Institut. Deux harangues seulement, du Sénat et du Conseil d'État. « Sénateurs, répond-il aux uns, tout ce que la France me témoigne dans cette circonstance va droit à mon cœur. Les grandes destinées de mon fils s'accompliront ; avec l'amour des Français tout lui deviendra facile » ; au Conseil d'État, il dit : « J'ai ardemment désiré ce que la Providence vient de m'accorder. Mon fils vivra pour le bonheur et la gloire de la France. Nos enfants se dévoueront pour son bonheur et sa gloire. » Les autres corps défilent en silence et, après avoir traversé la Salle du Trône, ils sortent par la Galerie de Diane, descendent l'escalier du Pavillon de Flore, gagnent à pied, par la cour, le Pavillon central et se réunissent dans la Salle du Conseil d'État où un aide des Cérémonies vient les prendre les uns après les autres, pour les introduire dans l'appartement du Roi de Rome.

Dans son salon, Sa Majesté est couchée dans le berceau de la Ville de Paris ; la gouvernante à droite, les sous-gouvernantes, les chambellans, quatre écuyers et l'officier de piquet en arrière. Le Sénat et le Conseil d'État haranguent, la gouvernante répond ; les autres corps font leurs révérences et sortent par la salle à manger et le couloir qui conduit à la Galerie couverte. « Sa Majesté, qui a pris avec avidité et plusieurs fois dans la journée le sein de sa nourrice et dont la santé ne laisse rien à désirer ; » qu'on est « tout étonné de ne pas trouver jaune comme les enfants qui viennent de naître, » garde un silence imposant. Déjà on lui a adressé des pétitions. « Qu'a dit Sa Majesté, a demandé l'Empereur ? — Rien, Sire. — Qui ne dit mot, consent. »

L'importance que l'Empereur attache à ces présentations au Roi de Roi est telle que le grand maître ayant, dans la note destinée au *Moni-*

LE ROI DE ROME A L'AGE DE DOUZE JOURS

Aquarelle peinte par J.-B. Isabey, datée du 2 avril 1811, envoyée par Marie-Louise
à l'empereur d'Autriche

Appartenant à la Famille impériale d'Autriche

teur, omis les détails sur l'étiquette observée, il la lui fait retourner par le secrétaire d'Etat. « L'Empereur désire, écrit Daru, que le cérémonial soit indiqué dans la note des cérémonies de cette journée qui doit paraître demain dans le *Moniteur.* Envoyer cet article supplémentaire le plus tôt possible. »

Désormais, presque chaque jour, c'est, chez l'Empereur, une cérémonie : ambassadeurs extraordinaires qui apportent les félicitations de leurs maîtres et qui sont reçus en grande audience ; le prince Clari pour l'Autriche, le prince de Hesse-Philipstadt pour la Westphalie, le baron de Gohren pour la Bavière, le comte de Gœrlitz pour le Wurtemberg, le comte de Hochberg pour Bade, le prince de Hatzfeld pour la Prusse, le duc de Santa-Fe pour l'Espagne, le comte Czernicheff pour la Russie, et puis les députés de la Confédération suisse, les députés des Collèges électoraux, les députés des Bonnes-villes...

Vétilleux comme il est devenu sur tout ce qui est des formes, il s'occupe à présent des relevailles : d'abord, le 13 avril, l'Impératrice, étant sur sa chaise longue dans sa chambre à coucher, recevra les félicitations du service ; le 15, viendront les princes, les princesses, les dames du Palais, les grands dignitaires, les grands officiers de la Couronne et les chambellans ; le 16, les femmes des grands officiers, les ministres, les cardinaux et les grands aigles ; le 17, la Maison et les maisons des Princes et des Princesses ; le 18, le Corps diplomatique en grand apparat, avec le service ordinaire et extraordinaire entourant la chaise longue ; enfin, le 19, on fera les relevailles ; mais là, par une suite du sentiment qu'on a déjà remarqué, des trois projets que présente le grand maître, Napoléon adopte le plus simple, celui qui mettra le moins sa femme en public, celui qui se passera le plus à l'intérieur. Il ne veut, ni de la solennelle visite à Notre-Dame qu'il avait annoncée et qui est dans les traditions de la monarchie ; ni des grandes cérémonies à la chapelle des Tuileries, ni même de cette chapelle : tout s'accomplira dans l'appartement de l'Impératrice et, la Galerie, qui est la pièce la plus grande, étant écartée parce qu'on y joue la comédie, dans la Salle à manger de stuc ; Fesch ne paraîtra pas, mais Rohan ; ni ministres, ni grands officiers, la Maison de l'Impératrice seule. Le cierge de 63 francs, que fournit le cirier Trudon et sur lequel on incruste les treize pièces d'or de l'offrande, sera la seule dépense, et tout de suite après on partira pour Saint-Cloud où le Roi de Rome viendra aussitôt s'installer.

Depuis le jour de sa naissance jusqu'au 25 mars, un chambellan de service s'est tenu, de huit heures du matin jusqu'à huit heures du soir, dans le premier salon du Grand appartement pour recevoir toutes les personnes qui venaient s'informer de sa santé ; deux pages, de service dans la Salle des Maréchaux, introduisaient ; le secrétaire de la Chambre inscrivait les noms ; les Parisiens affluaient pour recevoir communication des bulletins insérés ensuite dans tous les journaux. Au reste, sauf le 22, où « Sa Majesté avait passagèrement éprouvé quelques tranchées qu'on sait être inévitables à l'époque de sa vie, » son état a été « le plus satisfaisant », « le plus désirable », « le meilleur possible », « le plus parfait », et, le 25, faute d'adjectifs sans doute, on a déclaré qu'il n'y aurait plus de bulletins.

Cette distraction même manque aux Parisiens ; à peine, un jour, ont-ils pu apercevoir d'en bas l'enfant impérial qu'on promenait sur la terrasse du Bord de l'Eau. L'Empereur, enfermant sa femme, son fils et lui-même dans ce sérail dont l'étiquette garde toutes avenues, semble répugner à présenter l'enfant de sa chair aux acclamations du populaire, et le réserve aux révérences des courtisans et des fonctionnaires. L'armée même est exclue ; dans cette cérémonie du 22 mars, la seule où il ait montré le Roi de Rome à ses sujets futurs, l'état-major de Paris a défilé confondu avec le Corps municipal dont il est censé faire partie ; aucune députation de la Garde n'a été admise, aucune députation des officiers de troupe ; même pas les généraux qui se trouvent à Paris. Entre les quatre murs du palais, Napoléon a préservé l'Impératrice et l'Enfant de France des contacts importuns et vulgaires des citoyens et des soldats ; c'est assez des salves, des sonneries et des fontaines de vin pour leur apprendre que la dynastie est fondée, reliant la monarchie du passé à celle de l'avenir, et, par une discipline plus stricte que sous *les légitimes,* décrétant la vénération.

II. — Le Baptême du Roi de Rome

Le cérémonial ordonné pour la Naissance fournit des notions sur l'état d'esprit de l'Empereur ; mais la Naissance a été une loterie ; quelque confiance qu'il eût en sa fortune, Napoléon ne pouvait être certain que l'enfant qui lui naîtrait serait un fils ; à présent le sexe est acquis, et le Baptême affirmera bien mieux le point où l'Empereur a été porté par la confiance en l'établissement définitif de sa dynastie.

Ici donc pas de fait indifférent. Seul Napoléon a tout décidé ; sur les objets et les personnes, sur les prétentions, les rangs et les cortèges, sur les détails les moindres des cérémonies et des fêtes, il a porté son attention et sa critique ; deux ou trois fois, il a revu les programmes et les a modifiés. Le Baptême est pour lui bien moins une cérémonie religieuse qu'une intronisation dynastique, et c'est pour cet objet qu'il calcule le formalisme dont il l'entoure, l'éclat qu'il lui prête et le cérémonial qu'il y inaugure. Même les contradictions qu'il donne ou qu'il éprouve ont leur intérêt ; les modifications qu'il fait subir à ses projets marquent des actions diverses et se rattachent à des évolutions successives de sa politique générale. Chaque série de décisions exigerait ainsi un commentaire où les variations ne seraient pas moins utiles à constater que les résolutions définitives, car chacune servirait à noter des courants d'idées fugitives dont parfois elle demeure l'unique trace.

Dès avant la naissance, il y a la question des parrains : le 5 février, l'Empereur a, par Duroc, ordonné au ministre des Relations extérieures, d'établir le projet des lettres qu'il écrira à l'empereur d'Autriche et au roi d'Espagne pour leur demander d'être parrains de son fils. Champagny objecte que de telles lettres n'ont jamais été du ressort de ses prédécesseurs. « L'usage constant en France, observé par les souverains comme par les particuliers, dit-il ensuite, est de ne donner qu'un seul parrain à leurs enfants ; l'usage contraire existe seulement dans quelques cours d'Allemagne. » L'Empereur passe outre ; il suivra l'étiquette de Vienne. Néanmoins, si c'est une princesse, il n'y aura qu'un parrain et une marraine : l'empereur d'Autriche et Madame mère.

Les lettres sont préparées ; mais l'Empereur trouve trop cérémonieuse celle qu'on destine à Joseph ; il la veut plus amicale et fraternelle. La minute qu'il adopte excède alors la mesure, et se trouve avoir sur la marche des événements en Europe des conséquences inattendues (1).

A ce moment, il n'est pas question d'une seconde marraine : seule Madame a été désignée, et seule, au moment de la naissance, elle a reçu une lettre dont le style fleuri n'est point pour faire honneur aux rédacteurs des Relations extérieures. Ce ne sera que le 20 avril que l'Empereur écrira à la reine de Naples pour la prier d'être marraine avec Madame ; mais sa lettre, singulièrement affectueuse et tendre, ne produit point l'effet qu'il en attend : soit que Caroline soit réellement malade, ou que son mari la tienne dans une demi-prison, soit qu'elle ne veuille point se risquer à Paris où son frère pourrait bien la retenir, elle s'excuse, ne vient pas, envoie sa procuration à l'ambassadeur de Naples, le duc de Montechiaro, qui la remettra au ministre des Relations extérieures, dès que celui-ci aura fait connaître de quel nom il convient de la remplir. Le 7 juin, l'Empereur, irrité, décide : « Les marraines sont Madame et la reine de Naples. La reine étant absente, Madame remplira seule les fonctions de marraine et on ne fera pas usage de la procuration. » Le lendemain 8, il se ravise, et, sans que la procuration soit remplie, il accorde à la reine Hortense les honneurs de seconde marraine.

Quant à Joseph, il est à Paris, il assiste à la cérémonie, mais il ne

---

(1) « Mon frère, vous connaissez mon amitié dont je me suis plu dans tous les temps à vous donner des preuves. J'espère que vous serez sensible à celle que je vous offre aujourd'hui dans une circonstance qui est d'un si grand intérêt pour ma famille comme pour mon peuple, en vous engageant à être le parrain du Roi de Rome. L'Impératrice, ma très chère épouse, désire comme moi ce témoignage de votre amitié fraternelle. Un lien de plus vous attachera au prince votre neveu. Ce lien resserra ceux qui nous unissent, et ajoutera encore à mes sentiments pour vous dont j'aime, surtout en ce moment, à vous renouveler les sincères assurances. »

paraît pas aux fonts. Il est second parrain ; donc le premier parrain ou le représentant de celui-ci a droit à la préséance : or, ce représentant est le grand-duc de Wurtzbourg ; Joseph ne saurait lui céder le pas. De plus, Joseph est roi ; aux termes de l'étiquette de 1804, les frères de l'Empereur, héritiers appelés à l'Empire, ont, dans l'Empire, le pas sur tous les souverains, quels qu'ils soient ; telle a été la loi ancienne, mais une nouvelle a été décrétée depuis le mariage autrichien en vue d'une visite espérée de l'empereur d'Autriche : le 22 août 1810, l'Empereur a fait inscrire au registre des Cérémonies cette décision qu'il n'a point notifiée aux intéressés : « Un empereur, un roi ou un électeur prend place à la Cour avant les beaux-frères de Sa Majesté et même avant ses frères. » Joseph ne peut sauver sa dignité de roi catholique qu'en s'abstenant. Par là se trouve manqué le double effet, politique et dynastique, que cherchait l'Empereur, de même que par l'absence de Caroline avorte la combinaison sur Naples ; ces incidents semblent médiocres ; ils tiennent à des causes profondes ; ils témoignent de dissentiments dont on ne doit négliger aucun indice, car, par là, l'Empire périra.

L'enfant né, le 13 avril, l'Empereur arrête le programme des cérémonies. Le 2 juin, — on devra remettre d'une semaine et ce sera pour le 9, — le baptême sera célébré dans l'église métropolitaine de Paris. « L'Empereur et l'Impératrice se rendront solennellement pour y assister et pour rendre grâces à Dieu sur la naissance du Roi de Rome. Après la cérémonie de Notre-Dame, l'Empereur ira dîner à l'hôtel de ville de sa bonne-ville de Paris et verra tirer un feu d'artifice. Le même jour, il sera chanté un *Te Deum* dans tout l'Empire. » Les peuples, en même temps, seront conviés aux fêtes et aux réjouissances que les autorités avaient projetées à l'occasion de la Naissance, et qui auront lieu selon le mode arrêté sur la proposition du ministre de l'Intérieur : celui-ci, par une circulaire, fixe aux maires de toutes les communes de l'Empire la somme que chacune devra dépenser tant pour les divertissements ordinaires, que pour des dots à des filles pauvres ou orphelines qui seront mariées à d'anciens militaires. Les Bonnes-villes paieront par surcroît le voyage et le séjour à Paris de leurs maires. « Ceux-ci devront y faire porter à leurs gens la livrée de la ville qu'ils représentent. » Cela ne s'est point encore vu et n'a pas été exigé pour le Mariage. Si, par les lettres portant concession d'armoiries, les Bonnes-villes ont reçu, comme les particuliers, le privilège d'une livrée, cette livrée n'est-elle pas, selon l'ancien usage, destinée plutôt aux valets de ville qu'aux domestiques du maire? il n'importe : les livrées des quarante-neuf Bonnes-villes de l'Empire et des six Bonnes-villes du Royaume, s'ajoutant à celles de tous les nouveaux nobles, feront un spectacle qui réjouit l'Empereur. Cela coûtera bien de l'argent ; ces maires, personnages d'importance, ne manqueront pas de représenter, et l'on a pris le soin de leur indiquer comme ils doivent se vêtir : sur une question qu'ils ont eu la naïveté de poser, on leur a signifié, qu'outre leur costume pour les cérémonies, il leur fallait, pour les cercles, l'habit paré.

Avec les maires, les grands Corps de l'État, mais ce n'est pas assez du ministre de l'Intérieur pour convoquer ceux-ci, et Daru, nouveau secrétaire d'État, s'embarrasse fort à chercher des précédents et à rédiger des formules. L'Empereur tranche en déclarant qu'il appellera, par lettres closes, le Sénat, le Conseil d'État et le Corps législatif. Avec le Sénat et le Conseil d'État dont la session est permanente, nulle difficulté, mais comment inviter officiellement le Corps législatif, si sa session n'est point ouverte et si l'assemblée n'est point constituée ?

En vertu d'un décret du 17 avril, le Corps législatif « doit ouvrir ses séances, pour la session de 1811, le deuxième jour du mois de juin prochain » : c'est la date même qui a été fixée pour le Baptême, et cette cérémonie doit précéder l'autre ; mais, comme, pour diverses causes, le Baptême est remis d'une semaine et que l'Empereur, en voyage à Cherbourg, ne sera pas de retour le 2 juin, l'ouverture du Corps législatif est renvoyée au 16 juin, par un décret rendu à Rambouillet, le 5 mai ; le Baptême étant fixé au 9, le Corps législatif n'y peut donc figurer comme grand corps de l'État ; tout au plus les députés pourront s'y

LE ROI DE ROME EN 1811
Dessin par P.-P. Prud'hon
Appartenant à Madame Jahan, née Marcille

rendre individuellement. L'Empereur pourtant veut le Corps législatif et, pour concilier cette volonté avec « la métaphysique de la législation politique », lui, le secrétaire d'État et l'archichancelier échangent quantité de lettres ; le Conseil d'État est saisi de projets sur lesquels il délibère ; chacun imagine des formules et des cérémonies : huit décrets, pour le moins, sont rédigés et soumis à l'Empereur qui décide, en dernier ressort, qu'il appellera le Corps législatif par lettres closes adressées au président comme il appelle le Sénat et le Conseil d'État : solution peu régulière et dangereuse, mais la seule qu'on ait trouvée. Seulement, le baptême, qui n'est pas dans la tradition de l'étiquette monarchique, est primé par le *Te Deum*. « Entre toutes les grâces qu'il a plu à la divine Providence de répandre sur nous depuis notre avènement au Trône, écrit l'Empereur, celle qu'elle vient de nous accorder par la naissance d'un fils est une des marques les plus signalées que nous puissions recevoir de sa protection. En conséquence, nous avons résolu d'en rendre de solennelles actions de grâces. Nous nous transporterons à cet effet, avec notre très chère épouse et compagne, l'Impératrice et Reine, le 9 de juin, présent mois, dans l'église métropolitaine de Paris, pour assister au *Te Deum* qui sera chanté dans cette circonstance solennelle, et au baptême de notre cher fils, le Roi de Rome, qui sera célébré en même temps. » Une telle lettre n'est adressée qu'aux présidents des trois corps politiques ; d'après la nouvelle étiquette, la Cour de cassation devrait aussi être convoquée par lettres closes, mais ce cérémonial n'est pas encore officiel : comme les corps inférieurs, la Cour de cassation sera donc simplement appelée par lettres du grand maître.

Voilà qui jouera le populaire ; au premier plan l'on aura en suffisance des rois et des princes, sans foule : l'oncle de l'Impératrice, le grand-duc de Wurtzbourg, ci-devant de Toscane, qui représentera l'empereur d'Autriche ; le roi d'Espagne, le roi de Westphalie, le vice-roi, le grand-duc de Francfort, le prince Borghèse, la reine Hortense, la princesse Pauline, peut-être la reine de Naples. Cela fera gagner de l'argent aux Parisiens.

A cette fois, et pour le moment, l'Empereur s'efforce de leur faire politesse, comme s'il sentait sur la grand'ville planer une sorte de désaffection : le Baptême à Notre-Dame est sans précédent sous l'ancien régime ; des fils et des petits-fils de France, pas un, depuis le Grand dauphin, qui n'ait été baptisé à la chapelle de Versailles ; antérieurement, ç'a été à la chapelle de Saint-Germain, aux Tuileries, au Louvre, à Fontainebleau, au Palais Cardinal, selon la résidence de la Cour ; jamais à Notre-Dame. Le banquet à l'Hôtel de Ville, après le Baptême, est moins inusité, mais il n'a jamais été d'étiquette pour la naissance d'un dauphin. Cela n'est rien : l'Empereur, qui décidément alors veut bonneter Paris, fait annoncer par les journaux que, le dimanche qui suivra le Baptême, « il y aura une grande fête au palais des Tuileries : grande parade, dîner au Grand couvert, concert sur la terrasse, bal dans les Appartements, où seront admis, non seulement les personnes de la Cour, mais un très grand nombre des habitants de cette ville ». C'est là un miracle qui ne se sera pas vu depuis le 20 avril 1806 et le bal pour les noces de Stéphanie de Bade ! Qui sera des deux mille élus ? qui dansera dans la Salle de spectacle ou dans la Salle des Maréchaux ? qui soupera dans la Galerie de Diane ou dans la Galerie du Musée ? Tout Paris, et les Parisiennes surtout, s'en agite, et celles qui se croient certaines de recevoir le bienheureux carton commandent leurs toilettes. Et encore, pour le dimanche d'après, les journaux parlent d'une grande fête à Saint-Cloud, jeux dans le parc, illumination du château et des jardins, feu d'artifice dans la plaine de Boulogne. Autre toilette que préparent les bourgeoises, autre aliment pour les ambitions.

Mais l'Empereur se ravise ; n'est-ce pas bien peuple, une telle cohue ? Quel besoin d'ouvrir le Palais impérial à des gens de la Ville ? Puisque Leurs Majestés vont dîner à l'Hôtel de Ville, n'est-ce pas assez qu'on les ait vues manger au Grand couvert ? Plus tard, on aura quelques bourgeois à la fête populaire de Saint-Cloud, pour voir le feu d'artifice tiré par la Garde dans la plaine de Boulogne — encore est-ce bien sûr ? De ce feu d'artifice, le préfet de Police s'inquiète ; au mois de septembre précédent, par suite d'un rassemblement de troupes, les cultivateurs ont perdu plus de 1,200 francs ; en juin, ce sera la récolte entièrement gâtée ; mais l'Empereur ne veut rien entendre; il lui faut un grand spectacle à donner aux courtisans, aux députés, aux maires des Bonnes-villes : quant aux récoltes, le grand maréchal s'en arrangera.

Plus difficile est la question des cérémonies religieuses. Quelles décorations dans l'église ? Qui officiera ? Qui sera invité ? En quelle forme les invitations ? Il en est une d'abord qu'il convient d'adresser à tous les évêques de l'Empire pour qu'ils chantent le *Te Deum*. Devant cette rédaction, on recule depuis la Naissance, et ce n'est pas faute de minutes qu'on ait rédigées. Le 21 mars, Bigot de Préameneu, ministre des Cultes, a, sur une dictée de Napoléon, préparé une circulaire dont les termes étaient singulièrement vifs : L'Empereur y eût dit : « Nous comptons comme l'acte le plus utile aux hommes, parmi ceux qui ont distingué notre règne, le rétablissement de la religion en France, en Italie, en Pologne, et dans tous les pays où la Providence a conduit mes aigles ; le Roi de Rome, lorsqu'il montera sur le trône, consolidera cette grande œuvre ; il saura que la religion est la base de la morale, le fondement de la société, et le plus ferme appui de la monarchie ; il saura que la doctrine des Grégoire VII et des Boniface, doctrine destructive de la religion de Jésus-Christ, doit être proscrite » ; il n'oubliera pas que le fils de Charlemagne fut, à l'instigation des papes, privé de son trône, de son honneur et de sa liberté. Ne tenant sa couronne que de Dieu et soutenu par l'amour de ses peuples, il contiendra, il repoussera « des hommes impies qui, abusant des choses les plus sacrées, voudraient fonder un empire temporel sur une influence spirituelle » ; il demeurera le défenseur « de la doctrine et des privilèges de l'Église gallicane, conformes aux vrais dogmes et à la vraie religion de Jésus-Christ ». Dans ce brouillon il est difficile de discerner la part du ministre et celle de l'Empereur : celle-ci, d'ailleurs, ne saurait être relevée, puisque, en écartant « cette formule », Napoléon l'a réduite à néant. Le 15 avril, Bigot a présenté une nouvelle rédaction, fort adoucie, où l'Empereur eût dit seulement que « Dieu a jugé que ses desseins sont dans l'ordre de sa Providence, et qu'il le manifeste en lui accordant avec persévérance son aide pour leur entière exécution » ; mais l'Empereur n'a pas accepté ce projet plus que celui du 21 mars ; il a laissé dormir l'un et l'autre. Le 4 mai, le ministre est revenu à la charge et il a insisté pour que l'Empereur adoptât l'un ou l'autre : « Les motifs qui en rendent l'envoi pressant, a-t-il écrit, sont que les évêques doivent, pour ordonner des prières, faire un mandement, que leur usage est d'attendre la lettre d'avis pour y travailler, que, mandés pour le concile, ils n'auraient plus assez de temps et que, peut-être même, ceux qui sont plus éloignés seraient en route pour se rendre au concile. » L'Empereur tarde encore ; à la fin, le 18 mai seulement, lui-même, dans la forme appropriée, toute différente de celle qui lui a été proposée, écrit aux évêques : « La naissance du Roi de Rome est une occasion solennelle de prières et de remerciements envers l'auteur de tous biens. Le 9 juin, jour de la Trinité, nous irons nous-même le présenter au baptême dans l'église de Notre-Dame de Paris. Notre intention est que, le même jour, nos peuples se réunissent dans leurs églises pour assister au *Te Deum* et joindre leurs prières et leurs vœux aux nôtres. »

A comparer les trois textes, il résulte de l'adoption du dernier, qui seul est valide, un ménagement évident pour le Saint-Siège, une préoccupation de ne pas envenimer les querelles, et chacune des minutes répercute en quelque sorte les négociations engagées à Savone.

On en a une preuve plus marquée encore dans le choix des officiants. L'église Notre-Dame étant désignée, Maury n'a pas douté qu'il ne dût être élu, et tout était combiné pour qu'il le crût. Il en a été si bien convaincu qu'il a pris toutes ses mesures, qu'il a visité l'église avec le grand maître des Cérémonies et les architectes, et qu'il a préparé, de concert avec eux, un premier devis montant à 200,000 francs. Naturellement, à son compte, l'Empereur, l'Impératrice et la Cour ne peuvent manquer, comme le jour du Sacre, de partir du palais archiépiscopal, et c'est là une occasion sans pareille pour y proposer des embellissements ; du même coup, l'archevêque ne doit-il pas songer à son église et exposer les réparations qu'il y rêve ? Dans ses appartements, il n'a ni tableaux, ni tapisseries, pas même les portraits de Leurs Majestés : sans nul doute, on les lui donnera. Sur le chevet de l'église, la grande croix en fer doré a été abattue par la Révolution : on la rétablira assurément ; sur la boiserie du chœur sont sculptés des bonnets de la Liberté : des aigles et des N couronnés y feront bien mieux ; deux candélabres à vingt-cinq branches en cuivre doré sont indispensables aux cérémonies ; de même la restauration du grand autel et du pavé du sanctuaire ; au fond du chœur, devant le maître-autel, à l'endroit où l'on voyait jadis les statues de Louis XIII et de Louis XIV présentant leurs couronnes à la protection de la Sainte Vierge, ne faut-il pas qu'on érige la statue de l'Empereur « qui a reconnu la Sainte Vierge pour patronne de la France », et qu'on lui donne pour pendant la statue de Charlemagne ; et puis, un second bourdon, une sacristie, divers accessoires, surtout l'établissement en permanence du trône de l'Empereur ? « C'est ainsi que les empereurs romains avaient toujours leur trône placé, à Constantinople, dans l'église Sainte-Sophie et, à Rome, dans l'église de Saint-Jean-de-Latran. » L'archevêque donnera l'exemple du profond respect qui est dû au trône de l'Empereur en le saluant et en le faisant saluer par son clergé toutes les fois qu'on traversera le chœur.

Cela eût tenté Napoléon en d'autres jours ; mais il n'agrée cette fois, ni le devis dressé par le grand maître auquel il déclare brusquement qu'il ne veut dépenser que 5,000 francs, ni les demandes présentées par Maury, quoiqu'elles aient été la plupart appuyées par le grand maréchal et le ministre des Cultes : celui-ci n'a proposé un amendement que pour les statues : Maury avait dit Charlemagne ; Duroc avait parlé de Marie-Louise ; Bigot accepte bien l'Impératrice, mais il ne veut pas qu'on dispose les statues « comme étaient celles de Louis XIII et de Louis XIV : on pourrait construire en marbre, à l'occasion du Baptême, un monument qui présente Leurs Majestés rendant au culte catholique cet hommage éclatant ».

Rien de tout cela, rien même de Maury qui, n'ayant point ses bulles, mettrait en fâcheuse posture vis-à-vis du Saint-Siège. Pas de sermon ; Fesch a été chargé de choisir un prédicateur, l'ordre est révoqué. L'Empereur décide que la fonction du Baptême appartient en entier à sa chapelle, et que c'est au grand aumônier à faire la cérémonie religieuse et à régler tous les détails. Maury restreint ses demandes à présenter l'eau bénite à Sa Majesté à l'entrée à Notre-Dame ; cela même lui est refusé, comme de désigner les ecclésiastiques, chanoines de sa cathédrale, qui porteront le dais. Seul enfin, le grand aumônier adressera les invitations aux cardinaux et aux évêques qui se trouvent à Paris, — ce qui permettra d'éviter que l'aventure du Mariage se renouvelle.

Dans ces conditions, le 14 mai, Fesch, assisté du grand maître, de l'abbé Sambucy, maître des cérémonies de la Chapelle, et de l'architecte Fontaine, arrête les dispositions de l'église : simplement l'élargissement du sanctuaire, la construction de tribunes au pourtour du chœur, une décoration générale au moyen des tapisseries de la Couronne et le placement d'un grand nombre de banquettes ; le 20, l'Empereur ouvre au grand maître un crédit de 30,000 francs, et le 25, sauf les tapisseries, les préparatifs sont presque achevés.

Reste le cortège auquel l'Empereur fait bien des changements. D'abord, selon le programme primitif, le grand écuyer devait monter dans une voiture avec deux autres grands officiers, mais il réclame ; devant diriger le cortège, il prétend que, selon l'ancien usage, il doit être seul dans sa voiture et passer en avant du carrosse impérial : l'Empereur décide que le grand écuyer montera à cheval et qu'il aura ainsi toute liberté pour se mouvoir. Puis, il y a le cortège particulier du Roi de Rome ; il est mesquin et de petite allure ; la voiture à huit chevaux n'est point assez entourée pour aller à Notre-Dame, surtout pour en revenir ; l'avant-veille de la cérémonie, l'Empereur dicte encore cette note sur laquelle Ségur devra travailler : « Il faut que le Roi de Rome revienne de Notre-Dame aux Tuileries avec cinq voitures. On y mettra quelques chambellans de plus. Au lieu d'un aide de camp auprès du Roi, il faut y mettre un général de la Garde. Au grand cortège, en allant, il y aura, à la portière du Roi de Rome, d'un côté, son premier écuyer, le baron de Canisy, de l'autre, un général de la Garde. Sa Majesté nomme pour cette fonction M. le général Walther. Le général Walther sera autorisé à avoir quatre ou cinq officiers de la Garde, en grande tenue, en avant des chevaux de la voiture du Roi. Il faut spécifier la quantité de troupes qu'aura le Roi de Rome à son retour. Il faut qu'il y ait six pages à cheval et quatre écuyers au lieu de deux. Il faut examiner aussi s'il y aura des pages sur la voiture du Roi de Rome. Comme il y a une couronne, c'est une grande cérémonie. »

Au dernier moment, des incidents surgissent : le premier parrain, l'empereur d'Autriche, envoie, comme présent à son petit-fils et filleul, la décoration de Saint-Étienne en diamants : « Cela s'est-il fait lors du dauphin ou dans d'autres circonstances en Europe ? » demande l'Empereur au duc de Bassano. Hormis la Toison d'Or, et seulement depuis l'établissement des Bourbons à Madrid, les dauphins de France ne portaient aucun ordre étranger et ne se paraient que du Cordon bleu : mais, dès la naissance du Roi de Rome, les journaux ont raconté les splendeurs de cette plaque qu'ils évaluent à un million et demi ; ils ont dit que le prince Clary était chargé de l'apporter ; cela ne s'est point trouvé vrai, mais, à présent qu'on a attendu au 1er juin, le baron de Tettenborn, attaché à l'ambassade d'Autriche, parti de Vienne le 22 mai, est en route avec les insignes et il va arriver à Paris. On ne saurait refuser : seulement, l'Empereur décide que la décoration ne sera présentée à son fils qu'après le baptême ; ainsi l'on n'aura pas l'embarras de savoir s'il doit l'y porter et la remise fera l'objet d'une cérémonie particulière.

Autre chose : pour la décoration de Notre-Dame, les crédits ont été trop courts, car, outre les objets prévus, l'Empereur a voulu une tente en avant du parvis, pour monter et descendre à couvert. L'architecte a donc dû renoncer aux tapisseries dont il prétendait tendre l'église. « Les débris des tentures qui ont servi au Couronnement et à toutes les autres fêtes sont les seules décorations intérieures. » Cela contrarie, mais il est trop tard pour y porter remède. Par ailleurs, les accessoires nécessaires à la cérémonie sont prêts et se trouvent plaire. Paraud, l'orfèvre de la Chapelle, a, dès le 26 mai, livré au grand aumônier, le vase en or exécuté sur les dessins de Percier, le goupillon d'or, le flacon de cristal qui contiendra l'eau du baptême, et les boîtes à onctions ; pour les honneurs de l'enfant, Poupart a livré une poignée de cierge en satin blanc brodée d'un semis d'abeilles de France et de roses d'Italie, Rabaud un voile de point de 100 francs qui doit servir de chrémeau, Paraud, la salière d'or; — l'aiguière et le bassin seront ceux du Couronnement. Pour porter l'Enfant de France, on a un manteau de tissu d'argent broché, de sept aunes trois quarts, doublé de double florence blanc, fourré d'hermine et retenu par un câblé d'argent fin ; Nourtier a fourni l'étoffe, Givelet la fourrure, Madame Raimbaud la façon, et en voilà pour 2,792 francs. La nourrice, tout de blanc vêtue, des souliers au bonnet, accompagnera l'enfant durant toute la cérémonie et, sur sa robe de soie, on a jeté pour 1,205 francs de dentelles. Chez le grand écuyer, on a fait ce qu'on a pu avec les 40,000 francs que l'Empereur a accordés; on a embelli et réparé les voitures du cortège du Roi, changé les housses, renouvelé les guides et rajusté les harnais. Même, les billets de toutes les couleurs, que Roussot a gravés et qui ont été imprimés par Moreaux, sont distribués.

Dès le 6 juin, les théâtres donnent des à-propos : à la Gaîté, *les Dragées ou le Confiseur du Grand Monarque;* aux Variétés, *les Nouvelles Réjouissances ou l'Impromptu de Nanterre;* à l'Ambigu, *le Jardin d'olivier ou le Jour des Relevailles ;* au Vaudeville, *le Retour de Paris,* suite de la *Dépêche télégraphique;* au Cirque, *Achille plongé dans le Styx ou l'Oracle de Calchas;* aux Jeux Gymniques, *l'Asile du Silence ou Gloire et Sagesse.* Rien dans les Théâtres impériaux, où les fournisseurs ordinaires paraissent avoir épuisé leur verve. N'en est-il pas de même des poètes? Sept à huit seulement se trouvent prêts et combien pauvres, ces mendiants : heureusement, un prosateur se rencontre qui imagine *le Roi de Rome en 1855, fragment de la relation des Voyages du prince de X*** en Europe ;* cet homme ingénieux se nomme François Ferlus — et il est de Toulouse.

Le 8 juin, à cinq heures de l'après-midi, le Roi de Rome quitte Saint-Cloud, avec son service, pour se rendre aux Tuileries, où son appartement remeublé est prêt à le recevoir. A six heures, une batterie de six pièces, établie sur la terrasse du Bord de l'Eau, tire une salve de cent

LE BAPTÊME DU ROI DE ROME A NOTRE-DAME DE PARIS
Dessin par Goubaud
Musée de Versailles

un coups. A sept heures, l'Empereur et l'Impératrice arrivent à Paris et se montrent aux spectacles gratis des Théâtres impériaux.

Le 9, à neuf heures du matin, au signal donné par une nouvelle salve de la terrasse du Bord de l'Eau, le bourdon de Notre-Dame entre en branle, et, de tous les clochers de la Ville, les cloches répondent. A onze heures et demie, aux Tuileries, dans les Grands appartements, audience diplomatique, puis la messe, puis grande audience pour les députations des Bonnes-villes, puis des présentations — entre autres des Espagnols de Joseph — puis l'audience de l'Impératrice. A midi, les postes sont doublés; le service est pris par les Grenadiers à pied; les Chasseurs bordent la haie dans le jardin et leur musique s'établit au milieu du parterre. Si loin qu'on peut les étendre sur le parcours du cortège, du Pont tournant, par la place et la rue de la Concorde, les boulevards, la rue Saint-Denis, la place du Châtelet, le pont au Change, les rues de la Barillerie, du Marché-Neuf et du Parvis-Notre-Dame, s'espacent le 3ᵉ Grenadiers, l'Artillerie à pied, les Fusiliers, les Tirailleurs, les Ouvriers d'administration, le 24ᵉ Léger et la Garde de Paris. A une heure, quatre cents Grenadiers, quatre cents Chasseurs, un détachement de Sapeurs et un de Gendarmes d'élite, aux ordres du général Curial, prennent poste à Notre-Dame avec une musique. Peu à peu, les voitures débouchent sur le parvis et amènent les invités, qui emplissent l'église et patiemment attendent. A cinq heures seulement, le cortège se forme dans le jardin des Tuileries : en tête, la Gendarmerie d'élite, les Chevau-légers du 2ᵉ régiment (Hollandais), ceux du 1ᵉʳ (Polonais), puis les Chasseurs à cheval entremêlés de Mameluks, le commandant de Paris et son état-major; après, les hérauts d'armes à cheval et la théorie des carrosses : vingt-quatre carrosses à six chevaux pour les maîtres des Cérémonies, les préfets du Palais, les chambellans, les premiers aumôniers, les grands aigles, les grands officiers de l'Empire, les dames du Palais, les grands officiers de la Couronne; encore quatre carrosses, plus somptueux, pour les princesses et les princes, écuyers de service aux portières — mais écuyers français. Jérôme a fait monter à cheval un de ses écuyers westphaliens; au moment où le cortège débouche sur la place de la Concorde, un aide de camp de l'Empereur arrive à toute bride et intime au Westphalien l'ordre de se retirer.

Après les princes, un espace, et, entourée d'un piquet de trente sous-officiers, l'écuyer à la portière de droite, le général Walther à la portière de gauche, la voiture à huit chevaux de l'Impératrice. Au fond, la gouvernante, tenant sur ses genoux le Roi de Rome. Il a sa robe de point d'Angleterre doublée de satin blanc, et il est coiffé d'un bonnet de point à l'aiguille doublé de blanc; le rouge du grand cordon de la Légion éclate sur les dentelles. Devant, les deux sous-gouvernantes et la nourrice : celle-ci en robe de soie blanche garnie de point, fichu et bonnet de point, souliers de prunelle blanche. Aux deux sièges, des grappes de pages.

Un espace encore : l'Empereur ! Les officiers d'ordonnance à la hauteur des premiers chevaux d'attelage, les aides de camp, les colonels généraux de la Garde, le grand écuyer entourant la voiture du sacre, chargée de pages devant et derrière, attelée de huit chevaux entiers que contiennent les garçons d'attelage; à l'intérieur, à droite, l'Empereur en grand costume de France : toque de velours à plumes, habit et manteau de velours pourpre, culotte blanche; tout sur lui broderie d'or, scintillements de diamants; à gauche, l'Impératrice, robe de satin blanc, chérusque de gaze d'argent, diamants en diadème, au col, aux oreilles, aux épaules, ruisselant sur le manteau de cour. Les écuyers de l'Empereur chevauchent aux portières; derrière, marche le maréchal commandant la Gendarmerie.

Encore des voitures pour les grands officiers, pour les officiers de l'Impératrice; les voitures des princes et des princesses pour leurs officiers et leurs dames... Les Dragons de l'Impératrice et les Grenadiers à cheval ferment la marche.

Sur le parcours, une foule énorme, silencieuse ; à peine de cris, nul enthousiasme : tous les témoins véridiques l'attestent. Le Parisien n'aime pas qu'on le désheure; à quatre heures et demie, cinq heures, cinq heures et demie au plus tard, il dîne ; il ne crie pas le ventre creux. Il en veut à l'Empereur de la longue attente, de l'heure tardive, du dîner brûlé. Les splendeurs du cortège ne l'émeuvent pas : d'ailleurs le commerce est stagnant, la récolte s'annonce mal; fin mai, le 5 pour 100 consolidé a fait 77 70, le plus bas cours depuis les années de guerre, et la guerre va recommencer. Pas d'amnistie pour les réfractaires ; point d'espoir que la conscription se modère et qu'on diminue les droits réunis. Pourquoi crier?

A Notre-Dame, où le clergé est entré processionnellement à cinq heures et demie, quand la salve de cent un coups de canon a annoncé que l'Empereur quittait les Tuileries, le cortège n'arrive qu'à sept heures. Il faut qu'on descende des voitures, que l'Empereur reçoive l'eau bénite, que la marche s'organise suivant l'immuable étiquette : huissiers, hérauts, pages, aides des Cérémonies, officiers d'ordonnance, maîtres des Cérémonies, préfets du Palais, officiers de service près du Roi de Rome, écuyers, chambellans, grands aigles, ministres, grands officiers de la Couronne; les honneurs de l'enfant : la princesse de Neuchâtel avec le cierge, la princesse Aldobrandini avec le chrémeau, la comtesse de Beauvau avec la salière; les honneurs du parrain et de la marraine : le bassin, porté par la duchesse Dalberg; l'aiguière, par la comtesse Vilain XIIII; la serviette, par la duchesse de Dalmatie; après, sur un rang, à droite, le grand-duc de Wurtzbourg, à gauche, Madame, ayant Hortense à côté d'elle ; puis, le Roi de Rome aux bras de la gouvernante, les deux sous-gouvernantes et la nourrice un peu en arrière, et le maréchal duc de Valmy portant la queue du manteau d'hermine; puis, l'Impératrice, sous un dais que portent des chanoines; à droite et à gauche, la dame d'honneur et la dame d'Atours; derrière, le prince Aldobrandini, portant la queue de son manteau; puis, la princesse Pauline, seule des princesses, Julie ayant prétexté une maladie, Élisa et Caroline étant absentes ; puis, les dames du Palais, les princes grands dignitaires, les princes de la Famille — Joseph et Jérôme, en blanc, costume de princes français ; enfin, l'Empereur sous un dais ; aides de camp à droite et à gauche, colonel général, grand maréchal, premier aumônier derrière; pour finir, les dames et les officiers des princes et princesses.

Leurs Majestés se placent à leurs prie-Dieu, dans la nef; toute la Cour se range en ordre. Le grand aumônier entonne le *Veni Creator;* après, en rochet et étole, mitre en tête, il vient à l'entrée du chœur où la gouvernante, accompagnée des parrain et marraines, a porté l'enfant. Il fait la cérémonie des catéchumènes; ensuite, « par les langes », il tire doucement l'enfant dans le chœur : *Ingredere in templum Dei*. Leurs Majestés, toujours en grand cortège, viennent s'y placer sur leurs trônes. Le grand aumônier dépose la mitre, s'approche des fonts baptismaux avec le parrain et les marraines, récite avec eux le symbole des Apôtres en français, et remplit toutes les cérémonies que complique l'étiquette cardinalice. Quand elles sont terminées, la gouvernante remet l'enfant à l'Impératrice, qui, debout, le tient élevé dans ses bras durant que, s'avançant à la grille du chœur, le chef des hérauts d'armes crie par trois fois : Vive le Roi de Rome ! Acclamations. A son tour, l'Empereur, très ému, saisit l'enfant, il le baise trois fois, et, se tournant de tous les côtés, il le présente, les bras levés, aux assistants. Le *Vivat* éclate, soutenu par l'orchestre que dirige Le Sueur. Les cris emplissent l'église et sonnent sur la place du Parvis.

La gouvernante reprend l'enfant, fait une révérence à l'Empereur et, avec le cortège royal reformé, sort par la porte du sanctuaire ; elle gagne l'archevêché, rentre, par les quais, aux Tuileries, et de là à Saint-Cloud, où elle est rendue à onze heures du soir.

Ce pendant le grand aumônier a entonné le *Te Deum*, qui est exécuté par l'orchestre; ensuite le *Domine Salvum;* enfin la bénédiction ; le cortège se met en mouvement; à la porte de la cathédrale, l'eau bénite. On part pour l'Hôtel de Ville, occupé, depuis quatre heures de l'après-midi, par quatre cents Grenadiers, quatre cents Chasseurs, un détachement de Sapeurs et un de Gendarmes d'élite, aux ordres du général Michel. En route, les chevaux de la voiture de l'Empereur, tous chevaux entiers, rompent leurs traits, et il faut plus d'une demi-heure pour que leurs harnais soient réparés. L'Empereur, avec une patience qu'on admire, converse avec l'Impératrice comme s'il ne s'apercevait de rien. Leurs Majestés devaient arriver à huit heures à l'Hôtel de Ville ; il en est neuf et demie lorsqu'elles descendent au perron de la Grève, où elles sont reçues par le préfet, le Corps muni-

LE BAPTÊME DU ROI DE ROME A NOTRE-DAME DE PARIS
Dessin anonyme (attribué à Desrais)
Appartenant à M. Menzi

cipal et douze dames notables. Elles reçoivent une harangue du préfet, puis, par la salle du Trône où, avec les personnes de la Cour, les maires des Bonnes-villes et les magistrats de Paris ont seuls été admis, elles sont conduites à leurs appartements. L'Empereur y agrée quatre présentations rapides. Le grand maréchal lui ayant annoncé qu'il est servi, il passe par les appartements de l'Impératrice, l'y prend, traverse la salle du Trône et se rend dans la salle Saint-Jean, que décorent les armoiries des quarante-neuf Bonnes-villes et où le Banquet impérial est dressé sur une estrade. Au bas de cette estrade, en face de la table, se placent les dames du Palais et les personnes de la Cour; plus loin, les gens de la Ville ont permission de défiler en saluant. Au-dessus des fauteuils de Leurs Majestés, des dais; à droite de l'Empereur, Madame, Joseph, Jérôme, Borghèse, Eugène; à gauche de l'Impératrice, Hortense, Pauline, les grands-ducs de Wurtzbourg et de Francfort. Le repas est singulièrement bref, et l'Empereur repasse dans la salle des Fastes, pour le concert. Le morceau principal en est une cantate d'Arnault, sur laquelle Méhul a mis de la musique : *Le Chant d'Ossian*. Lays fait la partie d'Ossian : à l'envi, Ossian, un barde, le chœur des Bardes et le chœur des Ombres héroïques attestent les destins futurs du fils de l'Empereur.

Après le concert, cercle dans la salle du Trône, où Leurs Majestés « parlent à beaucoup de gens »; mais il n'y a pas le quart des invités du Mariage : depuis l'incendie Schwarzenberg, l'Empereur a l'horreur des cohues et plus encore des constructions provisoires en planches et en toile goudronnée; au lieu des immenses annexes de 1810, on a donc élevé seulement, sur la cour intérieure, une sorte de jardin factice au fond duquel on a placé la statue du Tibre. L'Empereur y fait un tour, et, à onze heures et demie, par les quais illuminés, il regagne les Tuileries; le feu d'artifice de la place de la Concorde étant tiré, il ne s'y arrête que pour reprendre sa voiture de campagne qui le ramène à Saint-Cloud.

La fête populaire et municipale s'est passée à côté de la fête officielle sans s'y mêler : mariages dotés par la Ville, loteries de comestibles, fontaines de vin, jeux divers, orchestres et danses, bombes et artifices, rien qui sorte du programme ordinaire, sauf le tournoi chevaleresque couru au Carré des Jeux. Pour les illuminations, on s'étonne que le dôme des Invalides et celui des Quatre-Nations restant dans l'ombre, celui du Val-de-Grâce brille de mille feux : Napoléon a pensé au vœu de Louis XIII !

Selon le programme arrêté au mois d'avril, la fête que l'Empereur rendra à la Ville doit suivre, à huit jours d'intervalle, celle qu'il en a reçue. On compte si bien, pour le 16, sur un grand bal aux Tuileries, que, le 14, le préfet de Police, s'étonnant de n'avoir pas d'instructions, en réclame au grand maître. Celui-ci le renvoie au grand chambellan et il ajoute : « La fête consistera, je crois, en banquet et spectacle, mais seulement pour les personnes présentées et les députés des Villes. Il y aura aussi concert dans le jardin des Tuileries. » C'est donc au plus tôt l'avant-veille que les deux mille Parisiens, hommes et femmes, qui s'attendaient à être invités, apprennent qu'ils ne sont de rien.

Le 16, à midi, l'Empereur part en grand cortège pour ouvrir la session du Corps législatif. Dans son discours, par une phrase seulement, il évoque son fils : « La naissance du Roi de Rome, dit-il, a rempli mes vœux et satisfait à l'avenir de mes peuples. » Une autre phrase sur le Baptême est tombée dans la dernière revision; elle manque en tête d'un paragraphe qu'elle rend incompréhensible.

A sept heures, les personnes de la Cour, les membres des grands Corps de l'État, les évêques du Concile, les députés des Bonnes-villes et les personnes présentées sont rendus, en habit de cour, dans la Salle des Maréchaux. La table du Banquet impérial y est dressée : neuf couverts seulement, car Madame et Julie se sont excusées, et Joseph est parti de la veille. En face de l'estrade, sur des banquettes en gradins, les femmes assises ; plus haut, et dans la galerie supérieure où est aussi l'orchestre, les hommes debout. A huit heures et demie, Leurs Majestés passent à table. En face de cette foule qui s'est mise en costume ou en toilette pour le regarder dîner, l'Empereur, à ce Grand couvert dont il essaie la restauration, mange vite ; malgré le cérémonial, dès neuf heures, il passe avec l'Impératrice dans sa tribune, sur le balcon central, pour entendre le concert de la Terrasse. On commence par l'ouverture de la *Clémence de Titus,* on continue par une cantate d'Arnault :

> O France, à tes destins prospères,
> Un règne éternel est promis ;
> Oui, ce jour assure à tes fils
> Toute la gloire de leurs pères.

On termine par le *Vivat*. Durant le concert, les invités se sont placés dans la Salle de spectacle, où Leurs Majestés font leur entrée vers dix heures. Dans la loge impériale, la Famille seule : Hortense, Pauline et Jérôme ; Eugène et les deux grands-ducs sont dans la loge des princes. Le spectacle s'étant trouvé retardé, on ne donne que le premier acte de *Didon*, paroles de Métastase, sur quoi Paër a fait de la musique. — *Didon*... et Joséphine ?... — puis retour dans les Grands appartements, cercle « qui dure un moment » et départ pour Saint-Cloud.

Telle est la fête donnée à Paris ; Paris n'en voit rien. Les dames de la Ville sont décidément exclues des Tuileries. Quant au peuple, on lui a déjà donné, au nom de la Ville, des jeux, des illuminations et des feux d'artifice, au nom de l'Empereur, des illuminations et un concert ; on va lui donner bien mieux, mais le 23, à Saint-Cloud. Ce jour-là, deux, trois, quatre fêtes ensemble : fête dans le bois de Boulogne, où la Garde impériale, le 24ᵉ Léger et la Garde de Paris banquettent à quarante sols par tête ; fête dans la plaine de Boulogne, où l'artillerie de la Garde tire le feu d'artifice qu'elle a confectionné elle-même sous les ordres du général Sorbier ; fête dans le bas parc de Saint-Cloud où, d'abord, à douze buffets, on distribue les huit mille lots de la loterie tirée la veille, à Paris, dans les douze arrondissements : seize cents pâtés, huit cents saucissons, six cents langues, six cents poulets, quatre cents gigots, quatre mille pains d'une livre, arrosés de soixante-douze pièces de vin ; puis jeux et spectacles gratis : Delcourt et Saqui, avec leurs troupes de danseurs de corde ; Auguste, avec sa troupe de sauteurs ; le théâtre de Physique et de Mécanique d'Olivier ; les Fantoccini de Dupont ; les Ombres chinoises du sieur Séraphin ; Préjean, qui fait des expériences de physique ; Colombier, qui voltige; douze orchestres de quatre musiciens chacun; quatre jeux de bagues et tourniquets; deux mâts de cocagne où l'on gagne des bijoux. Le parc et les cascades sont magnifiquement illuminés, et l'on y est aux premières loges pour voir le feu d'artifice; même, pour prévenir les bousculades, a-t-on, le long des fossés, entre l'emplacement des jeux et la rivière, posé une barrière de 5,000 francs. Enfin, dans le petit parc, il y a la fête des gens de la Cour, la fête où les députés et les maires des Bonnes-villes ont permission de venir, et où les dames, vu que c'est une fête de campagne, paraissent en robe ronde. Comme dit Madame de Luçay, c'est « une fête champêtre dans le genre de celle donnée, l'année dernière, par le prince de Schwarzenberg; spectacle, bal extérieur, jeux, soupers dans les jardins, terminé ou précédé par le beau feu d'artifice ». En fait, il manque Despréaux, que Fontaine n'égale point, quoiqu'il se soit adjoint Paër et Gardel. L'Allée des Goulettes, éclairée en vers de couleurs; des orchestres placés çà et là; les cascades illuminées; des transparents à emblèmes dispersés dans les allées; ici, une lanterne magique représentant des tableaux grands comme nature, analogues à la circonstance, qu'expliquent des chanteurs accompagnés d'orchestres d'harmonie; là, un jeu de hasard et d'adresse où l'on fait, du haut d'un cercle, tomber des bonbons qu'enveloppent des devises appropriées; plus loin, des enfants, vêtus à l'allemande, couronnant le buste de l'Impératrice, « placé au milieu de leurs divertissements »; à la salle du Jeu de Bagues, sur un théâtre champêtre, *la Fête du Village,* un proverbe de M. Étienne, interprété par la troupe de l'Opéra-Comique avec ballets par l'Opéra; enfin, un souper dans un camp impérial où la tente de l'Empereur est placée au milieu de seize moindres tentes pour les invités; cela est à pleurer de platitude.

Le beau, c'est le feu d'artifice de la Garde, avec les six chaloupes canonnières livrant sur la Seine un combat naval, les feux de file avec des cartouches à étoiles, le palais du Roi de Rome figuré en apothéose de feu, et, dans le ciel, l'autre feu d'artifice que tire, de son ballon illuminé, Madame Blanchard, l'aéronaute intrépide. Et, outre les fusées, elle jette des vers qu'on s'arrache : *Le Messager d'Iris ou la Vision astronomico-*

historique, poème en l'air, sur l'air : *J'ai vu partout dans mes voyages.* L'Empereur est si content de « la première expérience de ce genre qui ait réussi », que, outre les 2,400 francs convenus, il octroie à Madame Blanchard une gratification de 3,000 francs.

On n'a guère loisir de profiter des divertissements qu'a préparés Fontaine : à six heures, Leurs Majestés se sont promenées en calèche dans le bas parc, où la foule est, dit-on, de 300,000 personnes; remontées au château, elles ont tenu le cercle, qui est annoncé pour huit heures et demie; elles ont assisté au feu d'artifice et commencé la promenade dans le parc réservé; mais, à peine au théâtre, un orage qui a menacé tout le jour, éclate et noie tout. L'Empereur, qui est sous un dais, tient bon et dit au maire de Lyon : « Demain, vous aurez des clients. » Il pourrait en dire autant à Corvisart. A la fin, hommes et femmes se dispersent et s'affolent, courant vers les voitures restées au bas de la rampe. C'est une lamentable déroute.

Le 27 juin, on a la présentation solennelle au Roi de Rome de la grande décoration de Saint-Étienne. L'ambassadeur d'Autriche, prince Schwarzenberg, se rend à Saint-Cloud dans ses voitures de gala, avec un cortège de secrétaires et de cavaliers d'ambassade. Il est reçu, dans la Salle des Ambassadeurs, par un maître des Cérémonies, M. de Prié, conduit aux appartements du Roi de Rome et introduit dans son salon. Le Roi, couché dans son berceau, est entouré de la gouvernante, de la sous-gouvernante, et des officiers de service. En présentant à Madame de Montesquiou les insignes, — le grand cordon rouge liséré de vert et la plaque en diamants portant au centre un écusson rouge où, sur un monticule vert, est posée la couronne de Hongrie surmontée d'une croix patriarcale blanche, — l'ambassadeur atteste la profonde tendresse de l'empereur d'Autriche pour son petit-fils; réponse de la gouvernante, saluts et départ dans le même ordre; ni l'Empereur ni l'Impératrice ne paraissent.

Par contre, c'est à l'Empereur que s'adresse, le 30 juin, le comte de Montesquiou, grand chambellan et président du Corps législatif, lorsque, en cette dernière qualité, il présente l'Adresse en réponse au discours du Trône; c'est du Roi de Rome qu'il parle presque uniquement : « Qu'il croisse donc, dit-il, cet enfant auguste, pour votre bonheur et pour le nôtre, pour être l'héritier de votre génie, la gloire du nom français, l'image vivante des vertus de sa mère; pour jouir de l'amour de nos neveux et leur rendre toute la tendresse que nous éprouvons près de son berceau! » L'Empereur répond : « Monsieur le président et Messieurs les députés du Corps législatif, j'ai été bien aise de vous avoir près de moi dans cette circonstance si chère à mon cœur. Tous les vœux que vous formez pour l'avenir me sont très agréables. Mon fils répondra à l'attente de la France; il aura pour vos enfants l'affection que je vous porte. Les Français n'oublieront jamais que leur bonheur et leur gloire sont attachés à la prospérité de ce trône que j'ai élevé, agrandi et consolidé avec eux et pour eux; je désire que ceci soit entendu de tous les Français. Dans quelque position que la Providence et ma volonté les aient placés, le bien, l'amour de la France est leur premier devoir. » La confiance dynastique, la certitude de la possession de l'avenir n'ont jamais été aussi fermement exprimées, et l'allusion à la conduite de Louis rend ce bref discours remarquable.

Il reste aux députés du Corps législatif à faire leurs révérences au Roi de Rome, — devoir qu'ils n'ont pu remplir le 22 mars, puisqu'ils n'étaient pas en session. Le 25 juillet, une députation arrive à Saint-Cloud dans les voitures de gala, et, président en tête, est conduite par un maître des Cérémonies au salon du Roi. Elle le trouve aux bras de la gouvernante, qu'entoure le service. « Aucun de nous, dit au retour le président, n'a pu voir sans un vif intérêt cet enfant sur lequel reposent tant de destinées et dont l'âge inspire les sentiments les plus tendres. Nous lui avons, Messieurs, porté tous les vôtres, en y joignant les vœux que l'amour de nos enfants peut nous inspirer. Madame la gouvernante les a reçus et nous a remerciés au nom du jeune prince, en regrettant sans doute de ne pouvoir joindre ses sentiments personnels à ceux qu'elle exprimait au Corps législatif. » Il eût été piquant de connaître les discours échangés entre le mari-président et la femme-gouvernante : le feuilleton du Corps législatif ne les a point conservés; mais nul mieux que M. de Montesquiou n'était homme à s'en tirer avec esprit, et il en fournit la preuve.

Un baptême ne va pas sans présents, et ceux-ci sont dignes de la magnificence impériale. A l'Impératrice d'abord, l'Empereur offre un collier de diamants avec pendeloques et briolets, de 376,275 francs ; au parrain, le grand-duc de Wurtzbourg, des porcelaines de Sèvres formant comme un musée des travaux de la Manufacture ; en biscuit, les bustes de Leurs Majestés ; en porcelaine décorée, le portrait de l'Empereur par Georget et celui de l'Impératrice par Le Guay ; des fleurs par Drouet, des paysages d'Égypte par Swebach, des vues de Paris par Drolling, et cela sur des vases œuf, médicis, cordelier, fuseau, étrusques, des vases montés en bronze, des vases à fond d'or, d'or ombré, de vert de chrome, de bleu, de rouge, de rouge vineux : suite incomparable qui atteste à quel degré de perfection la fabrication a été poussée, et qui portera chez l'étranger un style nouveau appliqué à une matière nouvelle, l'affirmation par l'un et l'autre d'un art impérial ; en outre, des Gobelins, deux tapisseries : *Cornélie, mère des Gracques,* et *le Combat de Mars et de Diomède*. A la marraine, moins bien traitée, une seule tapisserie, *Méléagre,* et des porcelaines pour 36,700 francs ; à Hortense, deux tapisseries : l'*Offrande à Palès* et le portrait de Joséphine, avec 15,000 francs de porcelaines ; à Jérôme, une tapisserie, *Aria et Petus,* et des porcelaines pour 41,420 francs ; à Eugène, deux tapisseries et des porcelaines pour 26,225 francs ; à Fesch, des porcelaines pour 25,000 francs ; au grand-duc de Berg, un médaillon avec les portraits de Leurs Majestés entouré de 12,000 francs de brillants.

L'ambassadeur d'Autriche est traité presque en membre de la Famille, avec un service à dessert en sèvres, un surtout complet, des bustes en biscuit, une théière et des tasses à portraits. Pour la gouvernante, les sous-gouvernantes, les dames qui ont porté les Honneurs, la dame d'honneur et la dame d'Atours, il y a un collier en chatons de 48,550 francs, deux parures en rubis du Brésil, deux en émeraudes et brillants, d'autres en rubis balais, en chrysoprases, en opales ; et pour les dames du Palais, douze épis en brillants : cela va tout près de 220,000 francs. Pour la queue du manteau, le duc de Valmy reçoit une tabatière de 20,000 francs. Le clergé coûte cher : croix pectorale en brillants de 25,000 francs au grand aumônier d'Italie, croix de 15,000 francs au patriarche de Venise, saphir en bague de 5,000 francs à l'évêque de Brescia ; puis de l'argent : 3,000 francs à chacun des six aumôniers ; 1,750 à chacun des quatre chapelains et des deux maîtres des Cérémonies ; 4,000 aux chanoines du dais, 3,000 aux séminaristes, 1,000 aux sacristains, 500 aux suisses. Les sept députés du Sénat d'Italie reçoivent 4,000 francs chacun. Qu'est-ce près de la maison du Roi de Rome ? 6,000 à chacun des médecins, 2,000 à chacune des premières-femmes et des berceuses, 1,000 aux femmes de garde-robe, aux huissiers, au maître d'hôtel, puis des 600 francs, des 500, des 200. La nourrice reçoit un collier de brillants et de perles avec le médaillon du Roi de Rome par Isabey, et des anneaux d'oreilles en brillants : 12,000 francs. La surveillante des nourrices a 1,500 francs, chaque nourrice retenue 1,000. — Et c'est sans compter les gratifications que Marie-Louise donne sur sa cassette.

Rien qu'aux présents, le million est fort dépassé (1,118,000), tandis que l'Empereur ne voulait pas dépenser la moitié (480,000). Le séjour des princes coûte 130,000 francs, les fêtes 922,000, les courses des chambellans pour annoncer la naissance 35,000, les médailles 50,000 ; et il y a 50,000 francs de plus pour l'illumination des palais et 25,000 au moins pour les acteurs sur la Caisse des Théâtres. La Couronne dépense tout près de trois millions — à quoi s'ajoute ce qui est porté sur des comptes séparés : Rome, Hollande, Toscane, départements au delà des Alpes ; ce qui est ordonnancé par les Relations extérieures pour les fêtes dans chaque poste diplomatique ou consulaire, — et à Vienne seulement c'est 200,000 francs ; — ce qui est ordonnancé par l'Intérieur, la Guerre, la Marine ; ce qui est dépensé dans chaque ville, chaque village, en mariages, lumières, fumée et boisson.

Ce n'est pas tout que l'argent. Le 30 juin, à l'occasion du baptême, l'Empereur fait une immense promotion dans la Légion d'honneur : trente-trois plaques de grand officier, vingt-deux cravates de commandant, soixante-sept aigles d'or, quatre-vingt-onze aigles d'argent, qu'il distribue à des ministres, des sénateurs, des conseillers d'État, des députés, des chambellans, des préfets, des maires des Bonnes-villes ; promotion civile la plus nombreuse qu'on ait vue depuis l'institution de l'Ordre, promotion réservée toute aux

FEU D'ARTIFICE TIRÉ SUR LE CHATEAU SAINT-ANGE A ROME
A L'OCCASION DU BAPTÊME DU ROI DE ROME

Gouache anonyme

Appartenant à M. Frédéric Masson

fonctionnaires et qui semble avoir pour objet moins de récompenser les services rendus que d'ajouter aux uniformes le prestige d'une décoration...

N'est-ce pas que, de toutes ces formes d'étiquette, de ces fêtes, de ces cérémonies, de ces présents, ressortent nettement les idées de l'Empereur? Ne voit-on pas, entre lui et le peuple, le mur s'élever et s'élargir? La Cour, voilà ce qui compte, à peine le monde officiel, pas du tout la bourgeoisie : par là, ce n'est pas assez d'entendre le monde du négoce, de la finance ou du palais, mais quiconque exerce un art ou un métier; dans cette immense promotion de juin 1811, pas un membre de l'Institut. Quiconque n'est pas officiel est exclu des cérémonies; quiconque n'est pas présenté — et ne le sont guère que les ci-devant nobles — est exclu des fêtes. L'Institut n'a pas une croix; les ci-devant nobles les ont presque toutes, celles au moins d'officier et de chevalier : c'est la promotion de l'armée de Condé. Comment s'étonner? Les émigrés emplissent la Cour, et l'Empereur, croyant les rallier, s'est livré dans leurs mains.

Le parti pris d'écarter tout ce qui n'est pas présenté, de rétablir, d'exagérer même les formes monarchiques, se montre dans le programme des fêtes, aussi bien dans la visite à l'Hôtel de Ville que dans le Grand couvert des Tuileries ou dans le divertissement de Saint-Cloud. A l'Hôtel de Ville, jusque-là, l'Impératrice, les princesses et les princes ont ouvert le bal; l'Empereur a assisté à quelques danses; il a agréé d'autres présentations que de fonctionnaires; il s'est mêlé aux gens de sa Bonneville. Aux Tuileries, jamais, jusqu'alors, le spectacle du Banquet impérial n'a constitué l'essentiel d'une fête, jamais on n'a élevé de gradins dans la Salle des Maréchaux pour le contempler. Et c'est là ce qui remplace le bal officieusement annoncé, pour lequel toute la Ville s'est préparée; encore n'y est-elle point invitée et n'admet-on, avec la Cour, que les hauts fonctionnaires. A Saint-Cloud, la fête est tout extérieure et elle se passe hors du palais : on tient dans les jardins ces gens qui ne sont pas des habitués, et c'est bien fait pour eux s'ils sont trempés par l'orage : la pluie des Résidences ne mouille pas depuis Louis XIV. Ils en font l'expérience.

Sans doute pourrait-on croire à quelque chose de populaire dans le baptême à Notre-Dame : cela rompt à la fois avec les usages de l'ancienne monarchie et le précédent du Mariage qui fut célébré à la chapelle du Louvre ; mais ce n'est point populaire, c'est dynastique. L'Empereur a voulu pour ce baptême l'église du Sacre, parce que, à ses yeux, c'est un sacre nouveau qu'il reçoit dans sa dynastie ; mais qu'on regarde ceux qu'il désigne pour remplir des fonctions : sauf la maréchale Soult, toutes les porteuses d'offrandes sont des dames titrées de l'ancien régime, et, si la duchesse de Dalmatie est choisie, elle qui n'est point dame du Palais, qui est seulement dame honoraire de Madame, n'est-ce pas pour marquer une faveur expresse à Soult, à ce moment en lutte ouverte avec Joseph, pour donner, par contre, à celui-ci, un grave déplaisir ?

Rien que par l'heure adoptée, si hors des usages, qui semble choisie à dessein de contrarier les habitudes du peuple le plus routinier, l'Empereur signifie qu'il entend ne point se gêner pour les Parisiens et qu'il se soucie médiocrement de leur plaire. Où sont les effusions de frimaire an XIII, lorsqu'il disait au Corps municipal : « Je veux que vous sachiez que, dans les batailles, dans les plus grands périls, sur les mers, au milieu des déserts même, j'ai toujours en vue l'opinion de cette grande capitale de l'Europe, après, toutefois, le suffrage, tout-puissant sur mon cœur, de la postérité ? » A présent, Paris tient bien toujours le premier rang entre les Bonnes-villes, mais combien peu au-dessus de Rome, et, par le titre même qu'il porte, n'est-ce pas à Rome plus qu'à Paris que le Prince Impérial appartient ? Ce n'est pas le Vaisseau, c'est la Louve qui lui sert d'emblème. A proportion que l'Empire s'agrandit, que, par l'accession continuelle des peuples, il devient occidental plus que français, — car un grand tiers des départements, quarante-six sur cent trente-deux, n'est français ni par la race, ni par la langue, ni par l'esprit, — celui qui l'a formé perd la notion de la nationalité primitive ; à moins d'être injuste, il ne peut être partial. La France n'est plus qu'un des éléments constitutifs de l'Empire, au même titre que l'Allemagne, les Pays-Bas, l'Italie ou l'Espagne. Entre les anciens et les nouveaux sujets, un

MÉDAILLES FRAPPÉES EN L'HONNEUR DU ROI DE ROME

DIMENSION DES ORIGINAUX

1. Médaille frappée a l'occasion de la Naissance.
2. Médaille frappée a l'occasion de la Naissance (2e type).
3. Médaille frappée quelques jours après la Naissance (3e type).
4. Médaille frappée a l'occasion de la Naissance (4e type).
5. Médaille frappée a l'occasion de la Naissance (5e type).
6. Médaille frappée a l'occasion de la Naissance et montée en breloque (6e type, inédit, or).
7. Médaille frappée par les Bonnes-Villes a l'occasion du Baptême.
8. Médaille frappée a l'occasion de la Naissance (7e type).
9. Médaille frappée a l'occasion de la Naissance, montée en bague et donnée par l'Empereur à la reine de Westphalie (8e type, inédit, or).
10. Médaille frappée a l'occasion de la Naissance (9e type, or).
11. Médailles frappées a l'occasion de la Naissance, en or, enchâssées sur une tabatière en bois de citronnier et or, donnée par l'Empereur à Madame la comtesse Walewska.
12. Médaille frappée a Lyon en juin 1815 par les soins de Pons (de l'Hérault), préfet du Rhône, pour l'avènement de Napoléon II.

Appartenant à M. Frédéric Masson

chef de gouvernement ne doit pas faire la différence. Ceux-ci supportent les mêmes charges, jouissent des mêmes droits, reçoivent les mêmes avantages que ceux-là. Paris demeure la première capitale, mais Rome et Amsterdam viennent tout de suite après. Il ne faut pas trop faire pour les Parisiens, et les fêtes qu'on agrée d'eux ne sont pas plus remarquables que celles offertes par les autres villes.

Napoléon a bien l'idée que l'Empire, tel qu'il l'a fait, est l'héritage qu'il destine à son fis : non pas un empire composé de peuples divers conservant sous le même sceptre leurs nationalités propres, mais un empire homogène, où les peuples, morcelés en départements, régis par une loi unique, administrés par des règlements uniformes, perdent la mémoire de ce qu'ils ont été pour acquérir la notion de l'unité impériale. Telle la France avant et après la Révolution. L'unité française ne résidait, depuis des siècles, que dans le Roi, seigneur, à des titres divers, de chacune des provinces. La Révolution, par la division en départements, a transporté l'unité du chef à la nation. De même, l'Empereur entend faire de l'Europe occidentale un empire qui soit un, et, sans voir que l'unité française a été opérée d'abord par la communion des sentiments, la communauté de la langue, la similitude des intérêts, il a pris l'accessoire pour le principal et le moyen pour la cause. De la France unie, divisée en départements, il conclut à l'Empire uni, parce qu'il l'a ainsi divisé ; et de même que la Constituante n'a établi nulle différence entre les départements de la France, il ne saurait, lui, en établir aucune entre les départements de l'Empire.

Ainsi, le baptême à Paris sera un rite impérial, mais au même titre que le couronnement à Rome ou quelque autre cérémonie à Amsterdam. On suit, pour le Roi de Rome, l'étiquette française, mais faute d'avoir retrouvé l'étiquette du roi des Romains. Dès 1805, par le couronnement de Milan, Napoléon s'est établi le successeur de Charlemagne; en 1806, il a aspiré à faire consacrer par le Pape sa prise de possession de l'Empire ; à dater de 1809 et de la seconde entrée à Vienne, il s'est attaché à reprendre la tradition du Saint-Empire ; mais, depuis le mariage autrichien, c'est aux origines qu'il a remonté, et en attendant l'Empire universel, il s'est arrêté à la formule d'un Empire d'Occident unifié, administré et organisé à la moderne.

En même temps, la famille ancienne a disparu de devant ses yeux, et il le montre à cette cérémonie. Il est en lutte avec Lucien, interné en Angleterre; avec Louis, émigré en Autriche; avec Murat, qui prépare son indépendance; avec Joseph, qui ne veut pas abdiquer. Il refuse à Élisa la permission de venir à Paris, et sauf pour Jérôme, qui le désarme à force de soumission, quel manque de grâces! Joseph, qui est venu à Paris et qui a fait l'effort de paraître en prince français, est exclu des présents du baptême, ainsi que Julie et les princesses infantes, et de même est-il pour Pauline et Borghèse.

III. — L'Enfant de France

A Saint-Cloud, où l'on était venu aussitôt après les relevailles, le 20 avril, le Roi de Rome avait été établi au rez-de-chaussée, à gauche du palais, dans un appartement qui donnait directement sur les jardins. Madame de Montesquiou y avait fait compléter le mobilier qu'elle voulait toujours prêt pour les voyages; car, à cette fois, il avait fallu apporter des Tuileries les berceaux, les petits meubles d'usage, et jusqu'à des flambeaux. Le Roi aura donc, pour Saint-Cloud, un berceau portatif en fer, tendu en levantine et en taffetas vert que rehaussent des broderies et des passementeries d'or, et surmonté d'une couronne dorée mat ornée de quatorze plumes d'autruche; et ce berceau, qu'on pourra replier dans un étui, sera encastré dans un lit de fer, garni de même en gros de Florence brodé d'or, dont la couronne, en cuivre doré, à la hauteur de neuf pieds, sera parée de plumes faisant panaches. La gouvernante, la nourrice, la berceuse, les premières-femmes auront des lits en fer pliants à placer dans des étuis, car l'enfant suivra la Cour qui se déplace sans cesse. De même, sur l'ordre de Madame de Montesquiou, l'argenterie est complétée : cassolette pour brûler des parfums dans la chambre du Roi, réchauds à feu, lampes pour bain-marie servant de veilleuses, flambeaux de toutes tailles :

Biennais a jeté sur le vermeil de tous ces objets, — même des seringues, — des lauriers, des aigles, des abeilles et des hermines.

La gouvernante commande, ordonne, dispose : c'est son devoir et c'est le droit de sa charge ; elle y est singulièrement attentive, zélée, prévoyante, mais elle n'admet point d'autorité que la sienne. La mère, qu'est-elle en comparaison ? Marie-Louise a eu l'intention, la velléité du moins de s'occuper de son enfant, de l'avoir quelquefois à elle. Elle a commandé à ses lingères une bercelonnette de 3,792 francs pour y coucher le petit roi quand on le portera chez elle. Elle tient note de tous les progrès qu'il fait, de son poids et de sa taille ; elle le fait peindre pour envoyer son portrait à son grand-père ; elle parle avec une émotion attendrie de sa force, de la façon dont il tient sa tête, de sa ressemblance avec Napoléon. Il y a en elle de la maternité qui tressaille ; mais la maternité, si elle est de l'instinct, ne se développe que par l'accoutumance. Il y faut l'habitude et l'expérience ; il faut que la jeune mère, sortie des affres de l'accouchement, prenne goût à l'enfant, qu'elle s'empare de lui, qu'elle le possède, qu'elle bénisse, en le voyant lui sourire, les souffrances qu'il lui a causées. Il faut que, de la mère à l'enfant sorti d'elle, une intimité presque physique se maintienne et que, dans la vie à laquelle l'enfant s'éveille, le sein maternel demeure l'asile des joies, le refuge des larmes, l'abri tutélaire et presque divin. Il faut qu'à cette tâche où la nature l'a conviée, la mère porte une application de toutes les heures pour qu'elle y trouve sa récompense ; il faut qu'entre elle et l'enfant ne s'interpose nul être qui, par l'habitude et la familiarité, la remplace et la prime ; il faut que, par le matériel des soins, elle se rende nécessaire et provoque ainsi, à mesure que la connaissance se produit, une gratitude qu'on peut dire physique ; il faut qu'à l'esprit elle s'applique comme au corps, que son langage de tendresse devienne le balbutiement du petit être, que la chanson dont elle l'endort soit la musique de ses rêves, que les gestes dont elle le prend soient l'école de ses mouvements : il faut qu'elle soit la gardienne et l'institutrice, celle qui apporte constamment la vie, l'être unique, consolateur, surnaturel, que paie au centuple de ses peines un regard, un rire, un mot, — est-ce un mot ? — Maman !

Marie-Louise a vingt ans; elle est timide, anxieuse, point intelligente ni adroite. Elle voudrait bien aimer son fils; elle l'aime autant qu'elle peut l'aimer; elle voudrait le garder près d'elle, mais, avoir l'enfant, c'est avoir la gouvernante, et elle sent sur elle le regard de cette dame, très vertueuse sans doute, très attentive, mais aussi froide et dédaigneuse, aussi convaincue qu'elle a assumé une mission et que rien ne peut l'empêcher de la remplir. Et Madame de Montesquiou a quarante-six ans, — vingt-six ans de plus que Marie-Louise, — l'âge où, si l'on éprouve déjà pour l'enfance des faiblesses de grand'mère, on a gardé pour la jeunesse des sévérités d'institutrice. Devant elle, comment s'essayer à être mère, comment apprendre les gestes qui caressent? Comment, devant un tel témoin, se mettre de niveau avec l'enfant, oser les mignonnes paroles qui chantent, les jeux délicieux et risibles? D'ailleurs, cela est-il loisible? L'étiquette stipule bien que, le matin, la gouvernante portera ou fera porter l'enfant chez l'Impératrice, que, vers onze heures, lorsque l'Empereur déjeune sous les grands marronniers, la gouvernante se présentera de nouveau devant l'Impératrice; que, après midi, l'Impératrice viendra à son tour dans l'appartement des Enfants; mais, de prendre, de porter, de soigner le petit, de passer des heures à le regarder respirer et vivre, d'assister à l'intimité de sa toilette, de voir comme il tette et digère, fi! cela est affaire à la gouvernante, aux sous-gouvernantes, à l'écuyer, à la faculté, aux premières-femmes; point à la mère. En France il n'est point permis à la souveraine d'être mère. Pour l'être à son gré, Marie-Antoinette a dû faire un coup d'État, et il lui a fallu le prétexte de la banqueroute Guéméné, pour enlever les Enfants de France à la princesse de Marsan et les confier à Madame de Polignac, chez qui du moins elle les voyait tout son soûl.

Par surcroît, avant même qu'il y eût un roi de Rome, la lutte était ouverte entre la dame d'honneur et la gouvernante, quelle que fût la titulaire de l'office. Celle-ci prend le rang que perd celle-là, et c'est assez, mais c'est bien pis avec Madame de Montesquiou. Elle est de la plus ancienne noblesse, et Madame de Montebello hait à la mort quiconque n'est point noble à sa façon. Elle est de belle et haute tenue, de vertu sévère, de

MARIE-LOUISE REGARDANT LE ROI DE ROME ENDORMI
Tableau peint par Franque
Appartenant à M. Frédéric Masson
Le tableau terminé au Musée de Versailles

langage châtié, de piété sincère et affirmée; Madame de Montebello croit peu, parle gras, fait jaser, brusque les gens et remplit sa place au plus mal. C'est ici un épisode, et le plus frappant, de l'antagonisme entre les deux sociétés, l'une que la gouvernante incarne avec toutes les vertus et aucun des vices qu'elle eut jadis; l'autre que la dame d'honneur représente avec tous ses défauts d'origine et tous ceux qui ont pu lever d'une aussi brusque fortune. Par fonction, la dame d'honneur accompagne constamment l'Impératrice qui ne croit qu'en elle, n'aime qu'elle, ne pense que par elle; d'autre part, la gouvernante ne quitte pas le Roi de Rome. Donc des heurts continuels, des échanges sinon de propos, au moins de regards; au retour, dans l'Appartement intérieur, gloses, critiques, insinuations, calomnies. Il est impossible, dans de telles conditions, que la présence de la gouvernante ne devienne pas importune, que la visite de l'enfant ne soit pas suppliciante, que la visite à l'enfant ne se trouve pas abrégée. Et alors, Marie-Louise, pliée sous le joug d'une de ces amitiés, qui, chez la femme, absorbent toutes les facultés de la volition, et qui réduisent celle qui la subit à une passivité où elle méconnaît inconsciemment tous ses devoirs, ne développe point des sentiments qui, chez elle, — ses lettres le montrent, — sont au moins en germe, et que, dans un milieu différent, elle eût plus amplement éprouvés.

D'ailleurs, à prendre la forme de penser et de vivre qu'imposent à la souveraine les lois de l'étiquette française, est-ce là une école pour être mère? L'enfant à peine né lui échappe; ayant pour mission de le mettre au monde, elle ne peut avoir pour occupation de l'élever. Elle doit à la dynastie de renouveler perpétuellement le miracle : c'est sa fonction, son but et son devoir. Le reste ne la regarde pas, mais l'État. Telle, en France, a été la destinée des reines que, de leurs filles, élevées en un monastère lointain, elles n'ont, comme Marie Leczinska, connaissance que par des portraits jusqu'à l'âge où les princesses reçoivent une maison et rentrent à la Cour.

Cette forme de penser que la Royauté impose à la souveraine, est-elle pour paraître aux femmes de 1811 anormale et exceptionnelle? Malgré Rousseau, l'*Émile* et la Mode, la maternité n'a été qu'un jeu dont les femmes se sont lassées vite, et, s'il se présente quelque exception, n'est-ce pas, dans nombre de cas, par affectation, simulation et littérature ? Le plus souvent, l'enfant nouveau-né est confié aux meneurs pour être mis en nourrice, parfois aux environs de Paris, ce qui fait un but aux promenades d'été, d'ordinaire au loin, sous prétexte de bon air. Il n'en revient guère avant ses sept ans et c'est pour entrer au collège, en pension ou au couvent. Là, il reste dix années avec des sorties rares et des vacances médiocres, et ensuite, c'est pour les garçons une école militaire ou civile, pour les filles, le mariage. Le matériel des soins regarde la nourrice, la lingère ou l'infirmière. Quand, dans la bourgeoisie, on a payé de 500 à 1,000 francs de pension, on a donné à ses enfants la plus grande éducation, et l'on se tient quitte. Ce sont là les mœurs : l'angle sous lequel Marie-Louise envisage la maternité n'a donc rien de choquant pour les contemporains : elle-même n'a-t-elle pas été élevée fort loin de l'impératrice Thérèse, uniquement confiée à ses ayas, et lorsque, après la catastrophe de 1805, sa mère l'a reprise à Madame de Colloredo, laquelle est restée pour elle *la maman*, l'Impératrice ou la gouvernante? Et pourtant, c'est la Maison de Lorraine où Marie-Thérèse a introduit des habitudes de maternité presque bourgeoises, restées de tradition chez ses descendants. Marie-Louise est formée depuis son premier âge à regarder l'enfance des princes, même leur jeunesse, presque de la même façon que l'étiquette impériale l'oblige à la considérer. Et, avec des motifs différents, c'est de cette façon aussi que les bourgeoises en France comprennent la maternité. Nourrice ou gouvernante, peu importent la quotité du salaire, le titre et les honneurs : le fait est que la mère se décharge de ses devoirs maternels sur une salariée.

Par surcroît, entre Marie-Louise et son enfant, il y a l'Empereur : sans doute, l'Empereur aime son fils, il l'aime doublement, parce qu'il est son fils et qu'il est sa dynastie; il le prend, il le secoue, il veut, à deux mois, le faire goûter à son vin et à la sauce des plats. Il le porte sur son bras, il l'interroge, il s'étonne qu'il ne réponde pas. Il le taquine comme il fait des autres enfants auxquels il tire les oreilles ou frotte la tête, sans trop de souci de leur faire mal, avec cette inconscience qui tient à ce qu'on ne lui rend pas les coups. Il aime son fils, certes; il a placé à fonds perdu l'avenir du monde sur cette frêle existence; mais il n'est point de ces pères qui s'hypnotisent sur leur enfant. Le Roi de Rome a sa gouvernante qui répond de lui; s'il a besoin de quelque chose, la gouvernante demandera ce qu'il lui faut; la vie ne peut s'arrêter parce qu'un enfant est né; les grands et les petits voyages auront lieu comme à l'ordinaire et l'Impératrice y est nécessaire; parfois, le Roi de Rome suivra la Cour; le plus souvent il restera avec la gouvernante : c'est ainsi, durant l'année 1811, du 14 au 22 mai, où l'Empereur est à Rambouillet, du 22 au 4 juin, où il va à Cherbourg, du 6 au 13 août, où il retourne à Rambouillet, du 19 septembre au 11 novembre, où il voyage en Hollande et sur le Rhin : or, pour Marie-Louise, ces absences continuelles, n'est-ce pas l'interruption de toute habitude, et, par là, de tout attachement?

Dès les premiers jours, on a la preuve que l'Empereur est bien déterminé à ne changer ni sa vie, ni celle de l'Impératrice à cause de l'enfant. A la fin d'avril, la petite vérole s'étant répandue dans Paris, la faculté de la Cour a jugé que le Roi devait être vacciné. Depuis trente ans, l'opération a perdu de sa gravité et l'inoculation est devenue courante; mais l'Empereur, qui s'en est institué le grand propagateur, ne peut perdre cette occasion d'attester par quelque solennité la confiance qu'il y porte, et d'ailleurs la place de médecin vaccinateur, ayant été créée, doit être remplie. Le 4 mai, donc, Bourdois de la Motte, Auvity, Dubois et Boyer, convoqués par Corvisart, se réunissent à la Maison de Retenue, avec Husson, médecin de l'Hôtel-Dieu et de l'Hôpital de vaccine, secrétaire du Comité central de vaccine, médecin vaccinateur désigné par Corvisart. Husson prend du vaccin sur une enfant de dix mois, Caroline Getting, et pratique des piqûres à chaque bras sur les deux enfants de la nourrice : Marie-Louise-Eugénie Auchard, âgée de trente-quatre mois, et Jean-Louis Auchard, âgé de six mois, et sur l'enfant de la première-femme, Marie-Clémentine Froment, âgée de quatre mois. Procès-verbal en forme est dressé; chaque jour, la faculté visite les boutons et en constate l'état: le 10, elle se détermine pour la petite Froment qui est apportée le 11 à Saint-Cloud; là, en présence de la gouvernante et de la faculté de la Cour, Husson fait « trois piqûres à chacun des bras de Sa Majesté le Roi, et introduit dans chacune d'elles du vaccin de l'enfant de Madame Froment. Pendant l'opération, le Roi reste attaché au sein de sa nourrice, et il conserve après son inoculation la gaieté qu'il avait auparavant. » Procès-verbal, signé par les six médecins. Chaque jour, visite et procès-verbal. Les six boutons se développent : le 21, le 22 et le 23, le Roi a un peu d'agitation. Husson lui prend du vaccin qu'il inocule avec succès à deux enfants qui, plus tard, seront inoculés de la petite vérole. La matière prise sur ces deux enfants est insérée, par quatre générations successives, à trente-neuf sujets, sur lesquels la vaccine a son effet complet : il y a ainsi quarante et un témoins du succès de l'opération. Le 31, lors de la chute des croûtes qui sont jointes aux procès-verbaux, le Roi est purgé avec du sirop de chicorée et du sirop de fleur de pêcher, ce qui produit des résultats souhaitables dont il est pris acte. Compte est rendu dans les gazettes des succès de l'opération dont le préfet de la Seine dira, le 6 juillet, dans la prochaine séance de la Société centrale de vaccine, que « l'heureuse vaccination du Roi de Rome assure pour l'avenir les progrès et l'adoption générale d'une méthode que le plus grand des Souverains a choisie pour l'héritier du premier trône du monde ». Quant à Husson, il reçoit 6,000 francs d'honoraires et le titre de Médecin vaccinateur des Enfants de France.

Sans doute, c'est un effet d'opinion que l'Empereur a cherché ; sans doute, il croit la vaccination sans danger, mais, aux précautions qu'on a prises, on ne juge pas qu'elle soit indifférente; or, le 14, dans l'après-midi, trois jours après la première opération, il est parti pour Rambouillet et il a laissé à Saint-Cloud l'enfant avec son service. Tous les jours, il est vrai, un page, parti à neuf heures du matin, portera des nouvelles du Roi à Leurs Majestés, mais Rambouillet est une première étape : le 17, en remerciant Madame de Montesquiou des soins qu'elle prend du petit roi, en lui disant qu'il est sans inquiétude par la confiance qu'il lui porte, l'Empereur annonce son départ. « J'espère, dit-il, jouir des progrès qu'il aura faits d'ici à quinze jours, car je compte faire un voyage d'ici Cherbourg qui durera ce temps-là. »

L'Impératrice l'accompagne, et ce voyage, aussi bien que la reprise prématurée de la vie habituelle, des grandes promenades à cheval, à pied et en voiture, moins de quatre semaines après l'accouchement, ébranle sa santé jusque-là robuste. Ses cheveux tombent; une maigreur presque diaphane remplace cet aimable embonpoint qui, avec la fraîcheur à présent disparue, faisait sa seule beauté. Une lassitude générale l'envahit qui la rend encore plus molle de pensée, plus faible de volonté, la livre sans défense à l'unique domination de la dame d'honneur. C'est à ce moment, sans doute, que Dubois prévient l'Empereur qu'une nouvelle grossesse serait dangereuse. Dubois est dans son rôle; mais aussi, les souffrances et les angoisses qui ont accompagné les premières couches ont laissé une terreur profonde dans l'esprit de Marie-Louise : elle continue à s'en plaindre, alors que tant de mères les bénissent, et n'est-il pas vraisemblable que, pour lui faire sa cour, Madame de Montebello, par Corvisart, avec qui elle est en si grande intimité, a soufflé Dubois?

Napoléon tient compte de l'avis, bien que ses desseins s'en trouvent ajournés, mais il ne paraît pas comprendre que, pour une femme aussi jeune, les fatigues des voyages et de la vie où il l'entraîne, passent celles de la maternité.

Le Roi a donc sa vie à part, comme il a sa maison, comme il a sa messe, comme il a sa table. S'il suit ses parents dans leurs voyages à Trianon, du 10 au 23 juillet, du 24 au 29 août, il est établi au petit château, tandis que l'Empereur est au grand. De même à Compiègne où la Cour est du 30 août au 21 septembre. Il arrive un ou deux jours avant l'Empereur, il part un jour après lui. Ce n'est pas que Napoléon et Marie-Louise ne l'aiment point, mais c'est l'étiquette et l'ordre établi. Marie-Louise l'aime surtout en peinture. A tout instant elle veut de ses portraits. Isabey lui en fait au moins sept en 1811. A l'un de ses bracelets d'habitude, le cadenas est un portrait du Roi, tête nue avec de petites ailes, et autour, selon la mode du temps, le nom de l'enfant est écrit en acrostiche par la lettre initiale des pierres précieuses. Chaque fois qu'elle écrit à sa famille ou à son ancienne aya, elle parle de son fils avec une tendresse dont le ton semblerait un peu appris et convenu, si elle n'écrivait en français où elle est toujours contrainte; lorsqu'elle écrit en allemand, la phrase plus libre trouve des mots chantants et gentils. Ce n'est pourtant pas une flamme qui la dévore. Au moment où l'enfant commence la crise de la dentition, elle le quitte pour près de deux mois et elle n'a pas l'air de s'en affecter le moins du monde.

Sans doute, l'Empereur a ordonné à Bessières, qui est laissé à Paris pour commander la Garde, « d'aller voir souvent le Roi de Rome, de voir Madame de Montesquiou et de prendre toutes les précautions pour veiller à sa sûreté. C'est à lui que Madame de Montesquiou devra s'adresser en cas d'événement, et c'est lui qu'elle devra prévenir. » Par Bessières et par Madame de Montesquiou, l'Empereur et l'Impératrice auront des nouvelles chaque jour ; mais il ne faudra pas répondre par des ordres. Madame de Montesquiou entend rester sa maîtresse, et c'est lorsqu'il lui plaît qu'elle suit les instructions de l'Empereur. Ainsi a-t-il prescrit qu'au sortir de Compiègne, le Roi allât s'installer à Meudon; mais Madame mère y est déjà ; Madame de Montesquiou, qui ne veut point de mélange, retourne à Saint-Cloud, où elle a appelé sa belle-fille et son petit-fils Napoléon, de trois mois plus âgé que le Roi de Rome. L'Empereur lui écrit : « Puisque vous n'avez pas été à Meudon, je suppose que c'est que le rapport de la Faculté y aura été contraire. Il me paraît cependant bien extraordinaire que cette maison, si bien située, ne soit pas saine. Je désire que la Faculté, peut-être trop soigneuse, n'aille pas contre son but, et que l'on forme de bonne heure la constitution du Roi par un régime solide. Au reste, ajoute-t-il, je m'en rapporte avec confiance sur cela à vous, Madame. » Malgré le blâme déguisé, Madame de Montesquiou reste à Saint-Cloud, et l'Empereur, ayant dit, n'insiste pas et continue son voyage.

Au reste, ne fait-il pas mieux? C'est au Loo que l'Impératrice « est bien heureuse en apprenant que son fils a passé aussi bien le moment de la dentition qui est toujours une crise terrible pour les enfants; » il a percé sa première dent le 26 octobre et si, comme l'annoncent les journaux, « le travail s'est fait sans occasionner aucune altération à sa santé », ce n'est point de Hollande ou des bords du Rhin que Leurs Majestés eussent pourvu à quelque accident, ou même qu'elles en eussent à temps été informées. La chose n'alla peut-être pas si facilement, car, le 11 novembre, lorsqu'elles arrivèrent à Saint-Cloud, et que la gouvernante qui les avait manquées dans le bois de Boulogne, leur présenta l'enfant à l'entrée du grand vestibule, Marie-Louise « le trouva bien fortifié, ayant quatre dents et disant papa, mais maigri et pâle ». Elle s'étonna qu'il ne la reconnût pas, belle parole de prince, que nul n'est censé devoir ignorer, comme la Loi.

De Madame de Montesquiou et des soins qu'elle a pris, nulle mention par Marie-Louise, tandis que Napoléon s'ingénie à reconnaître ses services. Point de désir formé par elle qu'il n'accueille ou ne prévienne. Elle demande une récompense pour Madame de Boubers, sous-gouvernante, qui fit seule le service : voici, le 3 décembre, une dotation de 10,000 francs de rente sur le Grand-Livre; pour M. de Canisy : voici une augmentation de 6,000 francs de dotation sur le Mont de Milan; aux étrennes, pour la nourrice, 12,000 francs; pour chacune des trois premières-femmes, 1,200 francs sans compter 1,000 francs d'indemnité pour les robes et autres vêtements gâtés au service du Roi de Rome; et pour les berceuses, les filles de garde-robe, les serviteurs de tous les ordres, des 500 francs, des 300 francs, des 100 francs. A la gouvernante elle-même, qui ne demande rien, un médaillon avec les portraits de l'Empereur et de l'Impératrice, enrichi de brillants de 98,944 francs et une dotation de 50,000 francs de rente sur le Domaine extraordinaire, dans les départements du Pô et de la Stura. Madame de Montebello manque en mourir d'envie, et elle tourmente si fort l'Impératrice qu'elle obtient une dotation pareille.

Madame de Montesquiou, qui a l'âme trop fière pour quémander des présents, se fait volontiers l'interprète de ses parents et des gens de son monde; elle obtient des restitutions de terres, des rappels d'exil, des levées de surveillance. Pour les pauvres aussi elle demande. La cassette du Roi est de 24,000 francs par an : cela ne lui suffit pas, et, lorsqu'elle rend compte des dépenses de 1811 qui se soldent par un excédent de crédit de 9,990 fr. 80 c., elle demande que cette somme soit portée à titre de supplément de fonds à la cassette pour l'exercice 1812. « Le haut prix du blé pendant cette année, écrit-elle à l'Empereur, ayant augmenté le nombre des pauvres, a multiplié les demandes des malheureux bien au delà des moyens accordés au Roi pour de bonnes œuvres. Je renoncerais avec peine au plaisir d'attirer sur ses premières années les bénédictions de ces infortunés secourus en son nom. » L'Empereur approuve et contresigne.

Il est rentré le 30 novembre à Paris où son fils l'a suivi le lendemain. A cause du froid qui est terrible, on a renoncé au voyage de Fontainebleau où les meubles du Roi et de sa maison étaient déjà portés. L'enfant, quoiqu'il ait huit mois à peine, s'essaie à marcher; on a pour lui quantité de chariolles, l'une que, sur les idées de la gouvernante, a construite un menuisier de Saint-Cloud nommé Bouillier, les autres, qu'au milieu des joujoux, a fournies Cacheleu; les jouets même attestent que l'esprit de l'enfant commence à s'éveiller : quilles en bois d'if poli, roulette en acajou avec grelot d'argent, ménage en buis de quatre-vingt-dix pièces, piano à trois octaves à touches d'ivoire, totons à numéros en ivoire et en nacre, surtout un beau mouton couvert en laine, dont la tête et les jambes sont en bois sculpté et qui, monté sur des roulettes en cuivre, fait sonner les grelots et la clochette d'argent pendus à son collier de velours et d'or. Tantôt, pour les étrennes, il aura d'autres moutons qui vivent. La reine de Naples lui fait présent d'une charmante petite calèche, exécutée par Tremblay, carrossier, rue de Duras, gravée et ciselée par Baltzer, rue Saint-André-des-Arcs; on y attellera deux moutons mérinos qu'ont dressés les frères Franconi et qui, conduits par un page, promèneront l'enfant sur la terrasse du Bord de l'Eau. De là la première popularité qui vienne au Roi de Rome. Cet habituel spectacle frappe l'esprit des Parisiens : chacun en veut la représentation et les gravures se multiplient, trop grossières pour être officieuses, trop nombreuses pour n'être pas un succès d'imagerie.

D'ailleurs, ce n'est pas seulement à la terrasse du Bord de l'Eau

VOITURE DONNÉE PAR LA REINE CAROLINE DE NAPLES A SON NEVEU LE ROI DE ROME

Exécutée par Tremblay, carrossier rue de Duras, gravée et ciselée par Baltzer.

Appartenant à S. M. l'empereur d'Autriche

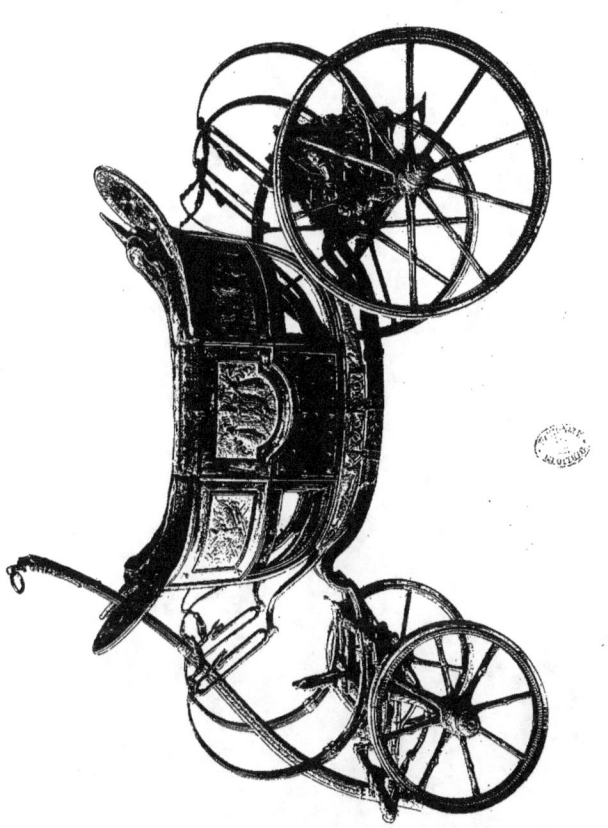

qu'on voit le petit roi. Parfois, ses voitures, délaissant le bois de Boulogne, passent, escortées du piquet de Chasseurs, sur les boulevards; plus souvent, par la rue Impériale, elles gagnent le parc Mouceaux. On regarde l'enfant démailloté, vêtu maintenant des dentelles et des jolis linges que lui prépare Mademoiselle Minette. La layette mise à part, sa garde-robe, en 1811, n'a pas coûté moins de 10,030 francs chez Minette et 5,430 francs chez Lolive, de Beuvry. Sur les blancheurs des batistes et sur le flot mouvant des valenciennes, tranche le large ruban de la Légion ou de la Couronne de fer dont il use toute une pièce. Il a les pieds dans de petits chaussons sans semelle, de satin, rarement de percale, ce qui montre que les chariolles ne sont pas encore de grand usage.

Comment se le faut-il représenter alors? Entre tant de portraits, quel lui ressemble? De ceux d'Isabey, un seul est connu, qui fut envoyé par l'Impératrice à l'empereur d'Autriche (1). On pourrait y croire, quoique Isabey soit trop courtisan pour ne pas embellir ses modèles; mieux valent les dessins de Prud'hon qui, chez l'Impératrice dont il est aussi professeur, a vu l'enfant et qui fournit une impression de nature. La tête est forte, un nez assez gros relève brusquement et brise la ligne; le front très haut, démesuré, s'abat sur l'œil à fleur de tête. Nulle ressemblance avec l'Empereur : ces deux portraits de Prud'hon, un de Durand-Duclos et un modelage de Couriger, qui sans doute servit pour le petit profil en biscuit de Sèvres, ont une analogie qui frappe et doivent être vrais. Toutes les autres représentations sont *dynastiques*. L'Empereur a adopté pour sa propre effigie une expression qui s'approche assez peu de la réalité. Il a voulu fixer dans la mémoire des peuples, d'une façon définitive, le type d'après lequel les sujets devront imaginer le souverain. L'Empereur, fondateur de la quatrième dynastie, doit apparaître à ses peuples majestueux, serein et grave, beau d'une beauté presque surhumaine, tels les Césars déifiés. Que ses portraits ressemblent à sa personne, il ne s'en soucie point; c'est assez que les traits distinctifs ressortent dans les tableaux, les statues ou

(1) Isabey avait conservé de ce portrait une répétition où il avait corsé le décor de drapeaux français et autrichiens et de lauriers. Cette aquarelle fait aujourd'hui partie de la collection de Madame Rolle.

les monuments, de façon que nul ne puisse le méconnaître et ne soit tenté de le confondre. Ainsi se rend-il, aux yeux des nations, supérieur aux accidents de la vie, à la vieillesse et aux changements qu'elle apporte ; ainsi ne peut-il être touché par les diagnostics qu'on tirerait de sa santé d'après tel ou tel portrait; ainsi, en prohibant la multiplicité des interprétations diverses que les artistes donneraient de sa physionomie, assure-t-il, par la persistance d'une image répandue à l'infini, la connaissance universelle et la perpétuation sans limite du type en qui il s'incarne, du nom qu'il porte et de la gloire qu'il y attache.

La prévision dynastique donne à ce dessein toute son ampleur : Napoléon veut pour sa dynastie un type officiel, un caractère physique qui la distingue. En généralisant ce qui est le plus individuel dans sa physionomie propre, en atténuant, même en supprimant dans ses portraits l'impression de nature, en ramenant son image à des données conventionnelles et idéales, il permet davantage à ses descendants de s'en approcher. D'ailleurs, que le Roi de Rome l'ait ou non, il le lui impose. Tout artiste qui exécute le portrait officiel de l'enfant fait de son visage la réduction juvénile du visage impérial. Que ce soit Prud'hon, Gérard, Isabey, Mademoiselle Thibault, l'enfant qu'ils représentent n'est qu'un Napoléon ramené à l'enfance, et non pas le Napoléon vrai, mais le Napoléon type, celui dont Chaudet et Canova, David et Gérard ont formulé l'image officielle. A ces portraits, il est impossible de se fier plus qu'à ceux faits de l'Empereur depuis 1805. Sans transition, on passe du nez retroussé, jaillissant de la base du front, tel que le montrent les dessins d'après nature, à un nez droit engagé dans le front même; d'yeux saillants et à fleur du front, à des yeux enfoncés sous l'arcade sourcilière; le galbe rond, la hauteur du front restent pareils, mais, sur le front élargi, on ramène filialement la mèche paternelle.

Ce qui est acquis, c'est l'air de santé et de belle humeur de l'enfant qui ne pâtit point de soins trop minutieux, qui prend de la force au point que, sans flatterie, on le trouve vigoureux comme s'il avait le double de son âge et auquel on commence à servir des potages, pour

LE ROI DE ROME EN 1811
Dessin par P.-P. Prud'hon
Appartenant à Madame Benita
Cliché Braun, Clément & Cie.

LE ROI DE ROME EN 1811
Dessin par P.-P. Prud'hon
Appartenant à Madame Denain
Cliché Braun, Clément & Cⁱᵉ

la confection desquels a été spécialement engagée Madame Colaud, mère d'une des filles de garde-robe.

Le voici, ce petit, le 1ᵉʳ janvier, arrivant dans le cabinet de l'Empereur avec l'Impératrice : on lui a mis en main un bouquet, chef-d'œuvre de Madame Bernard, la fleuriste célèbre. Il a quatre dents du fond qui sont percées, on attend les deux incisives, et il est un peu souffrant et pâle ; il dit papa et maman, au moins le prétend-on, mais c'est tout ; au dire de sa mère, il la connaît très bien ; pourtant ce n'est pas assez pour qu'on le montre dans les cérémonies et son rôle est terminé pour le jour de l'An de 1812. De même ne paraît-il pas aux fêtes de la Cour, bien qu'il soit l'objet principal du mémorable quadrille des *Heures* dansé sur le théâtre du Palais ; c'est en son honneur que l'on voit, sur un livret de Dupaty, la reine de Naples en *France* et la princesse Pauline en *Rome*, proclamer ses destinées au milieu des Nymphes du Tibre, des Heures du Jour et du Soir, des douze Constellations, des quatre Génies, d'Apollon, d'Iris et de Zéphyr. Il ne paraît pas, mais son image. Des mains de la France, Rome reçoit, à genoux, « ce Romulus nouveau », dans le ballabile général des Heures, des Génies, des Nymphes et des Étoiles.

Il est constamment présent devant la pensée de l'Empereur, et pour toucher le maître, c'est son nom qu'il faut évoquer ou son souvenir. N'est-ce pas pour lui qu'on reprend, au Théâtre de la Cour, l'*Hector*, de Luce de Lancival, et Talma ne sait-il pas ce qu'il fait lorsque, du ton le mieux étudié, il lance à la loge impériale :

D'un Hector au berceau, Dieu, protégez l'enfance !

Lui se contente de pousser à souhait. On a remplacé à ses pieds les petits chaussons de satin blanc, rose ou bleu, par des brodequins de Florence qui tiennent la cheville ; en février, voici des souliers de maroquin rouge, puce ou vert, qui marquent le progrès des pas incertains, autant que l'apparition des bourrelets, certains en velours noir. Comme il sort par tous les temps et que le froid est très vif cet hiver, il porte, sous ses robes de batiste ou de mousseline brodée, des robes de mérinos, et, par-dessus, un carrick en levantine bleue ou rose, à franges; il a des mitaines pour ses poignets; sur ses bonnets de mousseline et de tulle garnis de malines, il est coiffé de capotes de percale ou de batiste à valenciennes, et c'est un joli enfant.

Seulement, de la façon dont il faut qu'il soit installé, on ne sait que faire de lui, lorsque, le 17 février, l'Empereur, las des Tuileries où il est prisonnier de la foule et où il n'a pas de jardin qui lui appartienne, se décide brusquement à aller habiter l'Élysée repris à Joséphine. On le laisse aux Tuileries; et bien fait-on, car le palais n'ayant pas été habité depuis longtemps, l'Empereur s'y enrhume cruellement et toute la Cour à son exemple.

Il est de fait que lorsque Napoléon a ordonné, de 1802 à 1806, la réfection et l'aménagement des divers palais, il a prévu ses appartements et ceux de l'Impératrice, point des appartements d'enfants. Aux Tuileries, le Roi de Rome ne pourra occuper indéfiniment ces annexes des Atours de l'Impératrice, et combien de temps faudra-t-il encore pour que le grand maréchal ait un logement convenable dans la Galerie et laisse libre le Pavillon des Enfants de France? A l'Élysée, faute de pièces au premier étage dont on puisse disposer, on pense à acheter un hôtel voisin au général Sébastiani, qui en demande 888,000 francs; mais, comme cette maison est frappée d'une servitude de passage au profit de la voisine appartenant à M. Bérenger, et que celui-ci ne veut pas vendre la ruelle sans la maison, c'est 350,000 francs de plus, et encore 60,000 pour construire une galerie menant à couvert à l'Élysée. L'Empereur y renonce et décide que le Roi habitera au second étage les chambres qu'occupaient jadis les enfants Murat. Il n'y a pas à penser à des aménagements qui pourtant sont nécessaires; on se contente d'apporter les meubles que le Roi avait à Saint-Cloud, et, le 22, on l'établit mal que bien.

Napoléon n'a pas besoin de cette leçon pour pousser avec activité la recherche d'une habitation pour son fils. Déjà, comme maison de campagne, il lui a assigné le château de Meudon, comme lieux de promenade Mouceaux dont il prétend rétablir le pavillon, et Bagatelle qu'on emménage, mais il a un bien autre projet. De longue date, ses architectes, Fontaine

SA MAJESTÉ LE ROI DE ROME EN 1811

Gravure par Achille Lefebvre, d'après le portrait peint par P.-P. Prud'hon en 1811

Exposé au Salon de 1812 et emporté à Parme par Marie-Louise

et Percier, ont préparé les plans d'un palais impérial qui eût été érigé à Lyon, et eût coûté dix millions. Le 27 avril 1810, Fontaine a apporté ces plans et, le 17 juin, le modèle. Devant l'Empereur, on a fait la remarque que ce palais, tel qu'il est conçu, ferait bien mieux sur un site élevé; l'architecte en est convenu et s'est empressé de proposer le sommet de la montagne de Chaillot. L'idée, rejetée alors, fermente dans l'esprit de Napoléon; il en parle souvent; il la rattache à l'espérance qu'il a d'être père, et, à la fin, le 29 novembre, il ordonne à Fontaine de lui présenter « un projet pour l'embellissement du bois de Boulogne, en y ajoutant une maison de plaisance bâtie sur le sommet de la montagne de Chaillot ». Rien de moins fixé dans son esprit que le plan de cette maison; sera-ce Compiègne, l'Élysée, Trianon; ne sera-ce pas Versailles? Le 7 janvier 1811, il demande ce qu'il en coûtera, soit pour les acquisitions de maisons et de terrains, soit pour les constructions; le chiffre de vingt millions ne l'effraie pas, et, dans un Conseil des Bâtiments, tenu le 19, il est au moment de se décider; il s'arrête devant les critiques du ministre de l'Intérieur; mais l'idée l'obsède; le 23, il vient en personne reconnaître la position et, quoique les plans ne soient ni terminés, ni approuvés, il adopte le principe, décide que le palais sera construit, et déclare qu'il s'appellera le Palais du Roi de Rome.

Cela dit, il veut en faire un monument supérieur à tous les palais passés et présents. Le 12 avril, après avoir examiné et critiqué le plan en relief que Fontaine a fait exécuter par Jacob et qui est exposé au Louvre dans le salon du Pavillon de l'Horloge, il demande des renseignements précis sur les palais qu'ont eus les empereurs romains, sur les palais modernes les plus beaux et les mieux aménagés qui soient en Europe et, sans qu'il ait pris encore un parti définitif, une idée grandiose se lève dans son esprit, un plan tel qu'il eût transformé en entier ces deux rives de la Seine et leur eût imprimé à jamais le caractère impérial.

Du pont d'Iéna, par des rampes pour les voitures, par des escaliers pour les piétons, on accèderait à la Cour d'honneur inscrite dans une immense colonnade circulaire. Entre cette colonnade et les bâtiments de service, d'un côté, cour des ministres, de l'autre, cour des princes ; plus loin, dans la déclivité favorable du terrain, cuisines, offices, remises, écuries, logements de suite. Le palais domine tout : il a quatre cents mètres de façade. Au midi, l'Appartement d'honneur occupe tout le centre, au nord, les appartements de l'Empereur et ceux de l'Impératrice ; dans les ailes en retour, vestibules, antichambres, salons de réception ; dans deux ailes prolongeant la façade du nord, appartements des princes et appartements des princesses. Au midi, la vue s'étend sur le Champ-de-Mars transformé en un cirque immense ayant pour fond l'École Militaire. Le long de la rivière, d'un côté, palais des Archives, palais des Arts, palais de l'Université, hôtel des Douanes ; de l'autre, casernes, hôpital militaire, maisons de retraite. A l'ouest, Paris avec ses ponts, ses palais et la Cité que domine Notre-Dame ; à l'est, les coteaux de Sèvres, Meudon et Saint-Cloud. Au nord, un parterre s'étend en terrasse au-dessus du plateau de la plaine ; on franchit le boulevard d'enceinte sur un pont couvert ayant l'aspect d'un arc de triomphe ; on pénètre dans un parc aux eaux vives, borné, d'un côté, par la Muette où est établie la Vénerie avec la faisanderie et une ménagerie à l'antique ; de l'autre, par la route de Saint-Germain (avenue de la Grande-Armée). Au rond-point de l'Étoile, avec l'Arc de Triomphe pour portique inaugural, se détache l'avenue plantée de quinconces qui mène au palais. Au delà des bâtiments de la ménagerie et de la faisanderie qui se développent sur seize cents mètres de façade, c'est le grand parc, le bois de Boulogne, entre Boulogne, la Seine et Neuilly, avec Bagatelle comme rendez-vous de chasse.

Pour ce plan gigantesque et qui, après un siècle écoulé, paraît insensé, l'exécution, en 1811, est relativement facile. La plus grande partie des terrains sont au Domaine ; beaucoup de propriétaires offrent spontanément leurs maisons et leurs jardins qui n'ont pas de valeur et seront bien payés. Seuls les héritiers Gaignier, qui possèdent un petit immeuble sur l'esplanade, refusent toute proposition. Fontaine en parle à l'Empereur qui se souvient du meunier de Sans-Souci et qui ne pense pas un instant à un décret d'expropriation pour cause d'utilité publique. L'architecte doit

VUE DU PALAIS DU ROI DE ROME,
SUR LA MONTAGNE DE CHAILLOT, PRISE DU COTÉ DES JARDINS
Aquarelle par Fontaine
Appartenant à M. Alfred Fontan

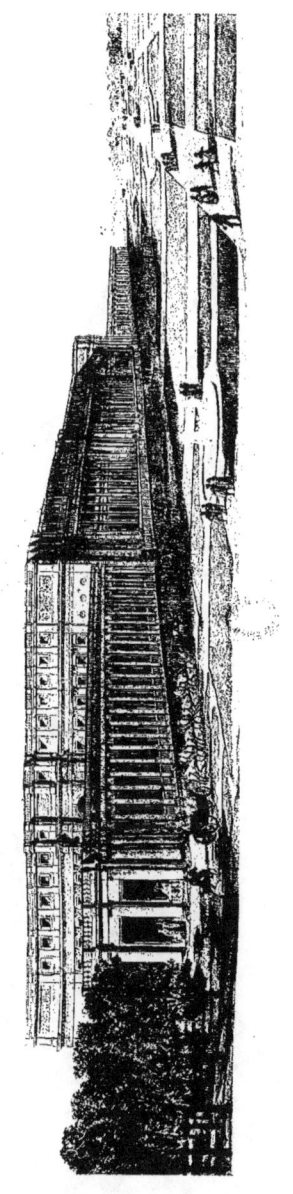

seulement modifier les plans ; on voyait encore en 1814, cette maison debout au milieu de toutes celles qui avaient été démolies pour les dispositions du palais. Du palais même, il n'y avait encore que les fondations et le portique à trois arcades qui eût donné accès aux escaliers et aux corridors souterrains conduisant directement au palais.

L'édifice subit des destinées si étranges, les plans en furent si souvent remaniés et suivirent si exactement, à partir de la fin de 1812, les alternatives de la fortune de l'Empereur, que le mieux est de s'arrêter à la conception qui fut admise au début de cette année, après que, pour les distributions, l'Empereur eut étudié, avec ses architectes, outre les palais de France, — l'Élysée, Trianon, Compiègne et Versailles, — les palais de Berlin, de Stuttgard, de Coblentz, de Stockholm, de Saint-Pétersbourg, de Madrid, de Mantoue, de Florence et de Naples. A chacun il a pris ce qui le distingue en agrément, en beauté, en majesté, mais chaque emprunt, il l'a sublimé, afin que nul monument au monde ne fût comparable à celui qu'il imagine. Il le lui faut colossal comme son rêve, avec des salles des fêtes où la Cour de l'Empereur mondial tiendra à l'aise, des jardins suspendus, des eaux jaillissantes, des colonnades comme à Saint-Pierre, un terre-plein comme à Pitti, des galeries de tableaux comme à Madrid ; tel qu'il déconcerte par son immensité et que, même en ruines, il annonce le Conquérant, sa fortune et sa gloire.

C'est l'amusette où il se distrait, durant qu'il prépare son expédition de Russie, qu'il se promet l'Empire du Monde, que, de son cabinet, il dirige vers le Nord ces milliers d'hommes qui, partis des Pyrénées et des Apennins, du golfe de Tarente et du Zuyderzée, seront, à l'heure dite, rendus sur les frontières de Pologne pour en finir avec cette petite Europe, et, après avoir pris haleine, passer à l'Asie. Il a besoin de gigantesque, de surhumain, d'irréel, peut-on dire ; car ce qu'il imagine pour ses palais ou ses conquêtes passe l'habituel des conceptions au point qu'un effort de tout l'esprit est nécessaire pour le réaliser. Il faut, au delà de nos histoires et de nos temps, remonter aux Césars, aux rois d'Assyrie ou d'Égypte. C'est Rome, Ninive ou Thèbes ; non Athènes ; mais, entre l'impression d'art que donne le Parthénon et la stupeur que produit le Palatin, il est permis d'hésiter : l'un atteste les empereurs, l'autre des artistes. Un monument rêvé par Napoléon ne peut être que colossal comme sa pensée.

Il va donc laisser ainsi sa femme et son fils, et s'éloigner de cinq cents lieues. Pour gouverner, Cambacérès qui est un pleutre, et des ministres qui sont des commis. Les deux hommes de tête — et d'intrigue — sont hors de la place. Au lieu de Fouché, Savary, qui est un gendarme; au lieu de Talleyrand, personne, car Maret suit l'armée. A Paris, pour commander la place, un bon adjudant de quartier, Hulin, qui a la pratique des révolutions; sous lui, quelques vétérans qui n'ont fait campagne que dans les rues, mais qui, de 89 à l'an VIII, en ont appris tous les jeux. Hulin commande à l'unique régiment de Garde de Paris — 46 officiers et 1,998 hommes — et à quelques cohortes de gardes nationaux tout récemment appelés quand ils se croyaient quittes de tout service, à peine instruits, nullement militaires. On ne saurait compter les deux bataillons de Vétérans, la Garde départementale et les augustes débris de *Royale Pituite*, transformés en Garde du Sénat. Les dépôts de la Garde sont réduits à néant aussi bien que celui du 32ᵉ; on en a tiré tous les hommes valides. Les deux nouvelles compagnies que l'Empereur a autorisé Bessières à former aux Grenadiers et aux Chasseurs, « pour la garde de Paris et pour faire le service auprès de l'Impératrice et du Roi de Rome », sont composées, par ordre, « des hommes malingres, sortant des hôpitaux ou vieux et qui ont besoin de repos ». En officiers, la compagnie de Grenadiers a un lieutenant en second, la compagnie de Chasseurs deux lieutenants. Et c'est tout. L'Empereur a fait partir tout ce qui marche.

Ainsi, non seulement il n'abandonne pas une parcelle de son autorité, mais il désarme l'administration. Il n'a pas besoin d'elle. Lui seul continuera à gouverner l'Empire, cet empire qui est l'Europe occidentale, par des estafettes qui, aux meilleurs temps, prendront à l'aller dix, quinze et enfin dix-huit jours, en sorte que, de la question posée à la décision reçue, il se sera écoulé vingt, trente, trente-six jours! Lui seul, car, de l'Impératrice, il ne saurait être question : nul ne doit l'inquiéter d'affaires; elle n'a ni signature à donner, ni conseil à tenir; elle n'est et ne peut être de rien. Le nom de l'Empereur suffira pour tenir tout en paix, pour effrayer les factions, pour déjouer les complots, pour arrêter les invasions et les descentes, pour conjurer les révoltes de la faim. — Et cette année 1812 est la terrible année de disette. Sur les routes, on rencontre chaque jour des êtres morts de faim; partout on distribue des soupes à la Rumford, on ouvre des souscriptions, — remèdes vains qui montrent la plaie béante; seul indice d'ailleurs, car on fait le silence sur les émeutes, châtiées si rudement qu'à Caen, en un jour, huit têtes roulent sur un même échafaud. Pas un instant d'hésitation, pas un retour sur cette France entièrement vidée de soldats; nulle inquiétude. Au présent, son nom suffit; à l'avenir, son fils.

A l'Élysée, comme, à partir du 30 mars, à Saint-Cloud, il travaille plus encore que d'ordinaire, mais point aux choses de l'intérieur; il en est comme désintéressé; il ne doute pas que tout aille au mieux; il ne prend aucune précaution. Il n'attire même pas, par quelque manifestation publique, l'attention des peuples sur l'enfant qui doit assurer leurs destinées. S'il va voir, à la Galerie de Diane, le portrait où Gérard a représenté Marie-Louise avec le Roi de Rome, cela ne regarde personne; au jour anniversaire de la Naissance, il refuse d'autoriser « les témoignages d'allégresse » que le ministre de l'Intérieur propose de favoriser. Point de fête, ni à la Ville, ni à la Cour, point de poèmes couronnés ni rémunérés. Seul Lemaire en produit un dans une séance publique de son cours de poésie latine, et il est de Virgile : c'est un centon par quoi se trouve célébré le siècle de Napoléon ; point d'argent à Fouqueau de Pussy, à Madame Dufrenoy, à Ruthiger, à F.-P. Palloy, qui ont accordé leurs luths pour l'anniversaire. Rien de public, hormis le 22 mars, à l'audience du dimanche, la présentation, par les maires des Bonnes-villes, de la médaille qu'elles ont frappée en l'honneur du baptême. C'est, gravée par Andrieu, une des pièces les mieux réussies de cette suite incomparable par qui la gloire de Napoléon se trouvera assurée alors que les livres auront disparu, que les monuments seront en poussière et que les derniers débris de l'œuvre gigantesque, dispersés au vent des barbaries, seront abolis de la mémoire des hommes. On verra ce héros, lauriers en tête, glaive au côté, vêtu d'un costume qui ne saurait être confondu avec l'antique, présentant de ses bras tendus l'héritier de son trône. On déchiffrera les noms de ces capitales, pour la première fois réunies sous un même sceptre; on épellera les vocables des Bonnes-villes qui, comme des points lumineux, illumineront cette carte d'Europe sur laquelle Napoléon a répandu son empire, et, devant ce témoin irrécusable, à la face d'or, d'argent et de bronze, l'antiquaire devra confesser que cela ne fut pas une fable et que le xixe siècle eut aussi son Alexandre.

Pour son jour de naissance, le petit aura des jouets : de son père et de sa mère, un maillet en acajou avec lettres incrustées sur chaque face, découpures et grelots en argent; un tambour à main en acajou découpé, monté en argent, une pièce chinoise roulante et mouvante, une toupie du diable montée en ivoire et garnie en velours, un lancier polonais roulant et mouvant; de sa tante Caroline, bien mieux, une pièce mécanique contenue dans une boîte en or émaillé, avec un cercle de perles fines entourant un médaillon d'où un oiseau sort pour chanter un air.

Quand, le 30 mars, l'Empereur part avec l'Impératrice pour Saint-Cloud, l'enfant, un peu souffrant, reste à l'Élysée, d'où, le 8 avril, il sera mené à Meudon.

A Meudon, le vieux château, celui de la duchesse d'Étampes, du cardinal de Lorraine, de Servien, de Louvois, du Grand dauphin, laboratoire de guerre durant la Révolution, a été incendié en l'an IV, et a achevé de disparaître en l'an XI et l'an XII. Le château neuf, édifié vers 1695, par le Grand dauphin, s'est trouvé en assez bon état, en l'an XIII, pour mériter d'être conservé. Comme tous les palais du Roi, il a perdu son mobilier et ses glaces, mais il a gardé ses boiseries et ne réclame que des réparations sans reconstruction. L'Empereur y a appliqué une centaine de mille francs par année (88,776 en l'an XIII, 149,823 en l'an XIV). Toutefois, il n'a meublé alors, pour 35,000 francs, que le rendez-vous de chasse. Ce n'a été que le 25 juin 1810 que, destinant Meudon à recevoir l'Institut des princes de la Famille impériale, il a envoyé Fontaine pour fixer les distributions et dresser l'état du mobilier nécessaire. Depuis la mort de Napoléon-Charles, l'Empereur a laissé dormir ce projet. Mais, en 1810, il s'y est attaché sérieusement, et peut-être est-ce un fait assez insignifiant qui a déterminé ce réveil. Au commencement de mars, l'imprimeur Didot a sollicité l'autorisation d'entreprendre, à ses frais, sous les auspices de l'Impératrice, une collection des grands classiques français. Le 10 avril, donnant une forme nouvelle à cette proposition et l'appuyant d'un *Hommage au Roi de Rome,* où il a employé des caractères expressément dessinés et fondus à ce dessein, il a écrit au secrétaire d'État : « Ce que mon père et moi avons commencé pour l'éducation du Dauphin, je désirerais l'exécuter avec une supériorité remarquable et l'étendre à votre choix, suivant le plan qui m'en serait tracé, à l'usage du Roi de Rome. » L'idée a souri à l'Empereur, qui a demandé des éclaircissements et a été au moment d'accorder une souscription de 74,000 francs pour deux exemplaires sur peau de vélin et cinquante exemplaires sur papier vélin de chacun des volumes de la collection projetée ; mais, à la réflexion, le dessein lui a paru médiocre, et, du projet de Didot, il est passé à un projet qui lui est personnel et qui est bien autrement magnifique.

A la Maison d'éducation des Princes, où qu'elle soit placée à Meudon ou à Versailles, — ne vient-il pas de demander à Costaz, intendant des Bâtiments, un rapport approfondi sur les constructions qui, à Versailles, pourraient y être affectées? — il veut une bibliothèque de 6,000 volumes. Sur ses ordres, Daru commande au bibliothécaire Barbier de dresser un tableau de cette bibliothèque avec un devis approximatif du prix qu'elle coûtera. Le 14 juin, Barbier présente le catalogue « comprenant les meilleurs ouvrages dans tous les genres des connaissances humaines. La théologie y est double, catholique et protestante, les deux doctrines étant présentées au même titre, conformément aux Constitutions de l'Empire. » Les 6,013 volumes qui paraissent nécessaires coûteront 35,549 francs. C'est trop. Barbier remanie le catalogue, le réduit à 4,000 volumes ; pour l'examiner,

Daru réunit, le 19 octobre, dans son cabinet, une commission composée de Delambre, Cuvier, Dacier, Sylvestre de Sacy et Anisson-Dupéron ; mais il s'agit à présent de bien autre chose que de recueillir ces volumes : c'est d'imprimer tous ces ouvrages à l'Imprimerie impériale, dans le format in-12, en choisissant le plus beau papier, les caractères les plus commodes et en donnant à chaque volume cinq à six cents pages. La Collection *ad usum Delphini,* entreprise particulière, a eu trente et un volumes; la Collection *ad usum Regis,* entreprise d'État, en aura quatre mille et formera une encyclopédie véritable. C'est en les portant au gigantesque que Napoléon conçoit à ce moment toutes les idées ; c'est pourquoi elles avortent. Pour la Collection *ad usum Regis,* on en resta au catalogue, comme, pour le Palais du Roi de Rome, aux fondations.

L'Institut des Princes ne fut pas plus réalisé en 1811 qu'il ne l'avait été en 1806, qu'il ne devait l'être en décembre 1813, où l'idée en fut reprise; mais, outre qu'il suggère à l'Empereur la restauration de Meudon, il attire son attention sur les méthodes d'éducation qui devront être appliquées à son fils, et, en 1812, bien que le Roi de Rome n'ait qu'un an, certaines idées sont déjà formées chez Napoléon, et il commence à les appliquer.

Il a estimé que, dès leur premier âge, les Enfants de France doivent apprendre la France ; mais comment les en instruire sans les fatiguer ? Comment les familiariser avec elle et, dans leur cerveau mou, imprimer des notions ineffaçables, à la fois justes, précises et dynastiques, sur les diverses parties qui composent l'Empire ? Comment rendre agréables les premières connaissances « relatives à la topographie, à la statistique, à l'histoire même » ? Comment les synthétiser de façon que, sans fatigue, en se jouant et par manière de récréation, leur mémoire retienne un nombre, égal pour chaque département, de faits présentant une certaine analogie ? Par ordre de l'Empereur, le ministre de l'Intérieur s'adresse à Q.-E. Visconti, pour qu'il forme cette galerie des départements de l'Empire, « qui semble aussi utile que magnifique ». Visconti dresse un projet, tout en images : quatre grands dessins par département. « Dessin du règne — monument, institution, bienfait de l'Empereur qui a eu lieu dans le département ou dont le département a été plus particulièrement l'objet ; dessin du chef-lieu — vue topographique et surtout monument ; dessin topographique — nom du département ; dessin historique — ancien, moyen âge, moderne. » Visconti travaille ; peut-être exécutera-t-on comme il le demande son projet d'atlas, mais la forme en est pédante, et ce n'est pas là ce qu'a prétendu l'Empereur. Lui-même, alors, imagine un service d'assiettes de table, « sur lesquelles seront reproduits des sujets de l'histoire romaine, de l'histoire de France, des cartes géographiques et diverses espèces d'animaux ». On exécutera ces assiettes à Sèvres, mais il faut d'abord les sujets. Denon en est chargé ; il cherche donc « ceux qui lui paraissent propres à être exprimés en peinture, à intéresser un enfant, à exciter sa curiosité et à orner sa mémoire de faits historiques qui puissent lui inspirer du goût pour l'étude de l'histoire ». Il indique, pour une première livraison, soixante-dix sujets : onze qu'il tire de l'histoire romaine, trente-deux de l'histoire de France, huit des grands phénomènes que présente la nature, dix-huit de l'histoire naturelle ; sur ceux-ci : quadrupèdes, oiseaux, poissons, pas plus que sur ceux-là : Saut du Niagara, Chute du Rhin, Mont-Blanc, Grand-Saint-Bernard, Éruption de l'Etna, l'Empereur ne fait d'objection ; de même accepte-t-il l'histoire romaine en dix sujets ; mais, sur l'histoire de France, il exerce sa censure : il ne veut pas qu'on montre à son fils *Saint Louis pris pour juge par les vainqueurs pendant sa captivité en Afrique ; François Ier se faisant armer chevalier par Bayard ; Henri IV assiégeant Paris et faisant passer des vivres aux assiégés ;* il biffe des anecdotes assez sottes sur Louis XI et Louis XIII, et, de sa propre histoire, il supprime *l'Érection du Monument à la mémoire de Virgile,* tandis qu'il approuve *la Prise de Mantoue, la Bataille des Pyramides, la Révolte du Caire, les Pestiférés de Jaffa, le Passage du Saint-Bernard, l'Arrivée des Monuments d'Italie, le Code Napoléon, la Légion d'Honneur, les Embellissements de Paris, la Mort du duc de Montebello, le Baptême du Roi de Rome.* Ce sont là les faits qu'il entend fixer dans l'esprit de son fils et qui lui semblent les plus dignes de mémoire. Brongniart, le directeur de la Manufacture de Sèvres, consulté sur ce rapport de Denon, répond qu'il peut fabriquer chaque année, pour une somme de 10,650 francs, vingt-quatre assiettes à bords plats, fond gros vert ou gros bleu, avec ornements en or changeant à chaque sujet, douze d'histoire à 500 francs, six de grands phénomènes à 375, six d'histoire naturelle à 250. La commande est donnée, et au moins les dessins de certaines scènes sont exécutés.

Cette méthode est poussée plus loin. Les sieurs Delaneuville et Cie, exploitant, rue des Saints-Pères, n° 30, les brevets du sieur Antoine Vauchelet, ont appliqué à l'ameublement la peinture, sur velours ou autres étoffes, d'abord des ornements, des vases et des fleurs, puis des monuments et des vues. Pour le Salon du Roi de Rome au palais du Sénat, ils ont confectionné, en velours fond bleu, à bordure couleur or, une décoration complète, consistant en huit pièces de tenture, trois canapés, dix fauteuils et six chaises, et formant un album de Rome et des environs en quarante-six vues. Le succès marqué qu'ils ont obtenu et qui a décidé la reine Caroline à leur commander, pour Naples, un ameublement analogue, représentant des vues de Paris, détermine d'autres dessins pour les appartements du Roi, qui apprendra ainsi les aspects de son empire.

Ne faut-il pas trouver ainsi, chez Napoléon, l'indice d'un système d'enseignement par les yeux, d'une sorte de préliminaire de la « leçon de choses » ? « Il veut de la connaissance plus que de la science, du jugement plutôt que de l'acquis, l'application des détails plutôt que l'étude des théories, surtout point de parties spéciales trop poursuivies, car il estime que la perfection ou le trop de succès dans certaines parties, soit des arts, soit des sciences, est un inconvénient pour les princes. « Les « peuples, a-t-il dit, n'ont qu'à perdre d'avoir pour roi un poète, un vir- « tuose, un naturaliste, un chimiste, un tourneur, un serrurier. »

Si prévoyant qu'il soit, il n'aborde point, dès 1812, le problème de l'éducation de son fils. Il ne songe point au gouverneur qu'il lui donnera. On a publié, à Londres, en 1820, une brochure intitulée : *De l'Éducation des Princes du sang de France, système d'éducation pour le Roi de Rome et autres princes du sang de France, rédigé par le Conseil d'État, avec l'approbation et sous l'inspection personnelle de l'empereur Napoléon.* Dès la

TENTURE EN VELOURS PEINT REPRÉSENTANT LE CAMPO-VACCINO
EN 1811
Exécutée pour le salon du Roi de Rome, au palais du Sénat conservateur,
par MM. Delaneuville & Cie
Palais du Luxembourg

première ligne et par la date même où ce système aurait été approuvé — juillet 1812 — on est averti de la fraude et du mensonge. L'auteur, le colonel d'Assigny, sous-gouverneur des Pages depuis l'an XIII, a prétendu poser par là sa candidature à la direction de l'Institut des Princes. Pas une des idées qu'il expose ne peut être de l'Empereur, qui a six années devant lui et qui est à Wilna et à Witepsk à l'époque où il est censé approuver ces déclamations.

De même, parce que, le 5 janvier 1812, il a nommé le général de division comte Randon de Pully gouverneur du Palais de Meudon, où va résider son fils, n'a-t-il nullement entendu, comme on l'a dit, le nommer gouverneur du Roi de Rome. Sans doute, M. de Pully est d'une ancienne famille dont trois branches au moins — Randon d'Hanneucourt, Randon du Lauloy et Randon de Pully — sont attachées à l'Empire. Fils d'un Randon seigneur de la Malboisière et d'une Picquefeu de Longpré, entré à dix-sept ans, en 1768, dans Berchiny, d'où il est passé aux Mousquetaires; capitaine de dragons en 1770, lieutenant-colonel du 10ᵉ de Cavalerie en 1789, rallié à la Révolution, tandis que sa femme, née Desmier d'Archiac, émigrait avec ses deux enfants; colonel et général de brigade en 1792, général de division le 8 mars 1793, il a été le héros des premières guerres ; puis, bien qu'il eût divorcé, il a été presque laissé de côté depuis le 1ᵉʳ août 1793 ; pris en gré par le Premier consul, constamment employé par lui comme divisionnaire et comme inspecteur de cavalerie, il a rendu alors d'excellents services ; mais il a soixante et un ans, et il est vieux pour la guerre : l'Empereur donc, en même temps qu'il organise Meudon, qu'il l'agrandit du petit parc, des étangs de Chalais et de Trivaux, rachetés du prince de Neuchâtel et de Joséphine Carcano, veuve Visconti; qu'il le dote d'une batterie de cuisine de 30,000 francs et d'une lingerie de 35,000, y veut un gouverneur comme dans les autres palais impériaux, et, pour cette mission de confiance, il désigne Pully, auquel il assigne ainsi un supplément de retraite de 15,000 francs. Comme, en outre, Pully a la cravate de commandant depuis le 25 prairial an XII, qu'il a reçu une dotation de 10,000 francs le 15 août 1809 et qu'il continue à figurer dans le cadre des généraux employés, et à en toucher la solde, la place est bonne, mais la responsabilité est grande. Le gouverneur est sous les ordres directs de la gouvernante ; elle commande, il exécute ; mais c'est lui qui, somme toute, pourvoit à la sûreté du Roi de Rome, et avec quoi ? Le personnel de la Maison du Roi se compose du secrétaire, d'un chapelain, l'abbé Valentino, de dix domestiques, dix valets de pied et un service de bouche ; le personnel du palais, d'un adjudant, un concierge, — Hambart, l'ancien valet de chambre de l'Empereur, — et neuf employés, frotteurs, portiers, jardiniers, fontainiers et garde-magasin ; la garnison, du piquet d'honneur, de vingt fantassins commandés par un officier, de quelques gendarmes et sapeurs. Rien dans le village ; il faut aller à Sèvres pour du renfort. Au reste, qui pense à cela ?

On a bien assez à faire, au début d'avril, de s'installer. La gouvernante, qui règle tout, selon les droits de sa charge, s'inquiète qu'on suive l'étiquette ; il faut que la chambre de l'enfant soit assez spacieuse pour contenir au moins trois grands lits : le lit du Prince, sous l'impériale duquel on montera le berceau, le lit de la gouvernante, le lit de la nourrice ; et puis, le berceau venu de Saint-Cloud est à présent trop petit pour l'enfant, il faut prendre celui de l'Élysée ; et puis, Madame de Montesquiou demande des meubles de jardin, des ployants garnis de peau jaune, une grande tente en coutil rayé de 1,333 francs ; tout ce qui est nécessaire pour un séjour qui doit durer plusieurs mois, dans une maison où le Garde-Meuble a fait porter ce qui est prévu par le règlement, mais rien de plus.

A Saint-Cloud, durant ce temps, l'Empereur tient des cercles, donne des audiences, reçoit des présentations et des serments. On le voit à Saint-Germain, à Rambouillet, à Paris, au Raincy, à Courbevoie, au bois de Boulogne ; nulle mention qu'il paraisse à Meudon. Sans doute, il doit y venir, sans doute le Roi de Rome doit venir à Saint-Cloud ; mais le *Journal des Voyages,* qui enregistre tous les déplacements, est muet à ce sujet. Est-ce l'Empereur qui a commandé le silence ? S'émeut-il à la pensée de quitter son fils ou prétend-il ne point éveiller l'attention ? Pourtant, nulle inquiétude sur sa sûreté ; nul scrupule d'emmener Marie-Louise qui, elle, est toute à la joie de

MOBILIER EN VELOURS PEINT REPRÉSENTANT LES VUES DE ROME ET DE SES ENVIRONS

Exécuté pour le salon du Roi de Rome, au palais du Sénat conservateur,
par MM. Delaneuville & Cie

Palais du Luxembourg

retrouver à Dresde son père et sa belle-mère, de revoir ensuite sa famille et son pays, et d'y déployer le luxe, l'élégance et l'éclat qui lui plaisent.

A cette guerre qui va décider des destinées du monde, Napoléon part comme à un voyage d'agrément, avec la cour la plus nombreuse et le train le plus somptueux. L'enfant reste avec sa gouvernante et sa maison. On enverra de ses nouvelles par chaque estafette. Le 9 mai, l'Empereur est en route.

On va maintenant s'occuper de sevrer l'enfant, ce qui n'ira pas sans une grande consommation de pain d'épice de Reims. Madame de Montesquiou rend compte chaque jour, et, parfois, l'Empereur répond par un mot d'approbation : de Dresde, le 23 mai : « J'apprends avec plaisir la bonne santé du Roi. J'ai confiance, en fait de médecine, dans mon premier médecin, Corvisart »; de Königsberg, le 16 juin : « Je ne puis que vous témoigner ma satisfaction des soins que vous prenez du Roi. J'espère que vous m'apprendrez bientôt que les quatre dernières dents sont faites. J'ai accordé pour la nourrice tout ce que vous avez demandé ; vous pouvez lui en donner l'assurance. » Cela marque la fin de la nourriture, et Madame Auchard va rentrer dans le commun des êtres : elle emporte, outre son trousseau, pour plus de vingt mille francs de diamants, de bijoux et d'argenterie, au moins autant d'argent qu'elle a reçu en cadeau, outre ses gages ; une rente de 4,800 francs en tiers consolidé sur le Grand-Livre — l'usufruit à elle, la nue-propriété à ses enfants — et une pension annuelle et viagère de 6,000 francs sur le trésor de la Couronne. A chaque nouvel an elle aura encore, en étrennes, près de 6,000 francs (1).

(1) Après avoir quitté son nourrisson, Madame Auchard se retira à Lagny, où son mari acheta, de compte à demi avec un de ses amis, M. Trianon, une propriété appelée le Château Saint-Laurent, qui coûta 60,000 fr. Auchard fit des emprunts pour payer la moitié du principal, l'ameublement, l'installation. Il tira 15,405 francs de l'argenterie et d'une partie des bijoux, mais cela ne suffit pas. Il mourut avant la fin de l'Empire, ainsi qu'un de ses enfants. Les frais de succession (9,798 fr.), le séjour des troupes étrangères (3,000 fr.), la perte de la pension sur le Trésor, éprouvèrent fort Madame Auchard, qui se mit à accabler de ses demandes Marie-Louise. Elle reçut d'elle de bonnes sommes, mais ses dettes n'en montaient pas moins, en 1821, à 37,425 francs. Elle se libéra en vendant, le 18 novembre, la moitié indivise du Château Saint-Laurent. Il lui restait un capital assez fort, et sa rente de 4,800 francs ; elle eut de plus, en 1830, sur la liste civile de Louis-Philippe, une rente de 2,000 francs dont elle jouit jusqu'à sa mort, le 15 novembre 1846. Son fils, malgré l'allocation annuelle de 6,000 francs qu'il avait, en 1853, obtenue de l'empereur Napoléon III, demandait sans cesse et proposait des combinaisons pour payer ses dettes. Il mourut à Lagny, le 25 mars 1871.

Les nourrices retenues, Madame Carville et Madame Mortier, seront licenciées du même coup, avec une gratification supplémentaire de 6,000 francs. La surveillante, Madame Bruslon, qui reçoit 3,000 francs, est conservée, ainsi que la maison de la rue de Rivoli, pour le cas d'une nouvelle grossesse.

L'enfant, sevré à quatorze mois, supporte bien l'épreuve; Madame de Montesquiou surveille et dirige tout au mieux, avec le concours de Madame de Boubers. Le régime qu'elle institue est sévère : le matin, le petit roi a les potages que remue toujours la femme Colaud; dans le jour, on ne sert à sa table qu'un seul repas, composé de deux potages, le bœuf, une entrée, un rôti et un entremets. Comme, à Saint-Cloud et aux Tuileries, les mets sont accommodés aux cuisines, la gouvernante a demandé, pour les renfermer et les apporter, une boîte, dont elle donne le dessin à Jacob, et dont elle aura une des clefs, l'autre restant aux mains du cuisinier. L'enfant s'essaie à marcher, mais ses chutes sont fréquentes : tous ses salons, à Saint-Cloud comme aux Tuileries et à l'Élysée, seront donc, sur le pourtour, garnis d'une sorte de matelas ayant trois pieds de hauteur « propre à le préserver de tout choc » et couvert d'une housse en quinze-seize vert : tout ce vert est pour ménager ses yeux. Les attentions de la gouvernante vont au moral aussi bien qu'au physique; ne se montrent-elles pas dans les sujets des pendules qu'elle a choisies pour les appartements des Tuileries ? Pour la chambre du Roi, la Muse de l'Histoire debout et appuyée sur une borne antique; pour le cabinet, un enfant ayant auprès de lui des attributs militaires, recevant les leçons de sa mère; pour le salon, l'Étude appuyée sur des livres. Par tous les côtés, elle l'élève vraiment et le dresse; elle s'ingénie à développer son intelligence, à corriger son caractère, à réprimer ses colères, à retenir ses fantaisies. Elle a pris sa charge comme un devoir, s'est retirée du monde, exilée de sa famille, condamnée à une vie d'abnégation, et elle prétend, de son pupille, faire d'abord un chrétien qui prenne ensuite les sentiments et les habitudes d'un souverain. Elle ne néglige rien de ce qui convient à ce sujet; le petit roi est vêtu comme un prince des contes de

LE ROI DE ROME EN 1812
Portrait peint par Gérard, répétition du portrait envoyé en Russie, à l'Empereur,
par Marie-Louise et perdu pendant la Retraite
Appartenant à Madame la comtesse de Reinach-Cessac
(Un autre exemplaire au Musée de Versailles.)

fées, et c'est joli, les flots de dentelles dont sont couvertes ses robes de batiste brodée, les hautes valenciennes qui frissonnent à son linge, ses chapeaux de castor blanc à ganses d'argent que garnissent des plumes blanches, ses mignons souliers de maroquin de couleurs vives qui tranchent sur le blanc des jupes. Elle pense à tout. Au printemps, pour faire le buste du petit roi, elle a appelé, à Meudon, Treu, de Bâle, qui est en réputation pour les jolies figurines qu'il modèle; tantôt, pour fêter l'Empereur, elle lui enverra le portrait en miniature du petit roi, assis sur un mouton, qu'elle a fait peindre par Mademoiselle Aimée Thibault et payé 1,098 francs sur la Cassette. Confié à M. Debonnaire de Gif, auditeur au Conseil d'État, qui porte à l'Empereur le travail des ministres, ce présent arrive au jour dit, et, le 23 août, de Smolensk, l'Empereur répond : « J'ai reçu le portrait du Roi. Je l'ai trouvé fort ressemblant. Il me fournit une occasion que je saisis avec plaisir de vous témoigner toute ma satisfaction des soins que vous prenez pour lui. » Cette miniature ne quittera pas l'Empereur ; elle l'accompagnera dans ses mauvaises fortunes; elle sera le dernier objet sur lequel il posera ses regards (1).

Plus tard, sans doute sur cet exemple, Marie-Louise veut, elle aussi, envoyer à l'Empereur un portrait de son fils. Une miniaturiste ne lui suffit pas, il lui faut Gérard et une grande toile. Bausset, qui va rejoindre le quartier général, est chargé de la caisse qui couvre toute l'impériale de sa voiture. Il arrive pourtant, et c'est le 6 septembre, le matin de la Moskowa. L'Empereur veut voir son fils tout de suite, le fait porter à sa tente, appelle lui-même les officiers de sa maison et les généraux qui attendent ses ordres : « Messieurs, leur dit-il, si mon fils avait quinze ans, croyez qu'il serait ici autrement qu'en peinture. » Puis, après avoir considéré le portrait « avec bien du plaisir et beaucoup plus qu'on ne pourrait le supposer au milieu de ses grandes occupations », il dit vivement et comme s'arrachant à une émotion qu'il s'efforce de maîtriser : « Retirez-le; il voit de trop bonne heure un champ de bataille ! »

(1) De ce portrait, il existe sans doute plusieurs répliques : une exécutée du 19 au 23 septembre 1812 ; d'autres, payées le 27 février, le 5 septembre, le 2 octobre 1813. Ce portrait a été gravé, sinon aux frais de l'Impératrice à qui a été dédiée la planche, du moins avec sa souscription de 600 francs et celle du Roi de 1,000 francs. N'ayant pu retrouver l'un des originaux, j'ai dû me contenter de reproduire la gravure.

Pendant tout le séjour que fait l'Empereur au Kremlin, ce portrait est placé dans sa chambre à coucher. Il le montre avec orgueil à Rapp et lui dit avec une satisfaction que ses yeux ne cachent pas : « Mon fils est le plus bel enfant de France! » Dans la retraite, ce tableau a été perdu : heureusement, Gérard en avait exécuté au moins deux répliques, dont une, donnée par l'Empereur à Madame de Montesquiou, est conservée dans une branche de ses descendants.

Le 18 juillet, Marie-Louise venant de Prague est rentrée à Saint-Cloud. Dans le vestibule, elle a trouvé le Roi de Rome, arrivé le même jour de Meudon, que la gouvernante lui a présenté. L'enfant est « très beau, très fort. Il court partout tout seul ; il a quinze dents, mais il ne veut pas parler et on craint que les dents qu'il doit percer sous peu de temps ne le retardent encore. » Retrouvant après plus de deux mois de séparation ce petit être, Marie-Louise devrait s'estimer heureuse de le posséder : mais à peine en jouit-elle. A des jours, et surtout aux jours de fête populaire, on la voit bien le promener en calèche dans le parc de Saint-Cloud ; elle écrit bien qu'elle ne se lasse pas d'avoir auprès d'elle son fils qui est si intelligent, qu'elle a trouvé si embelli et si grandi ; elle dit bien qu'elle s'occupe beaucoup de lui ; de fait, elle ne sait pas, et elle ne peut pas. Inexperte et maladroite, redoutant d'autant plus de l'être, elle a comme une peur d'instinct de casser son enfant, si elle le touche, le prend et le porte. Et puis, constamment la gouvernante s'interpose ; et, comme la dame d'honneur se rend plus ouvertement hostile à proportion de l'unique empire qu'elle a pris sur la faiblesse de l'Impératrice, Madame de Montesquiou se renferme et se rend plus froide à mesure qu'on se retire d'elle. Sans doute, amène-t-elle chaque jour, comme c'est son devoir, l'enfant chez l'Impératrice, mais elle seule commande, règle et dirige, elle est la mère véritable : c'est ainsi de par les Constitutions et sur l'ordre de l'Empereur : de Moscou, le 16 octobre, en même temps qu'il écrit seulement à Marie-Louise : « Le petit Roi te rend, j'espère, bien contente ; » n'écrit-il pas à Madame de Montesquiou : « J'agrée les sentiments que vous m'exprimez. C'est moi qui vous suis tout à fait redevable pour les soins que vous prenez

UN COIN DU CHRÉMEAU AYANT SERVI POUR LE BAPTÊME
DU ROI DE ROME
Appartenant à Madame Amédée Lefèvre-Pontalis

du petit Roi ; j'en suis très reconnaissant. J'entends parler avec plaisir des espérances qu'il donne. » Ces paroles de *reconnaissance* sortent tellement de son style habituel, qu'on ne saurait méconnaître la profondeur du sentiment qu'il exprime, et l'approbation si pleine qu'il donne à Madame de Montesquiou reçoit, des circonstances, presque un air de blâme contre Marie-Louise. Au moins, pour celle-ci, le petit Roi est une distraction, pour celle-là, il est la vie même.

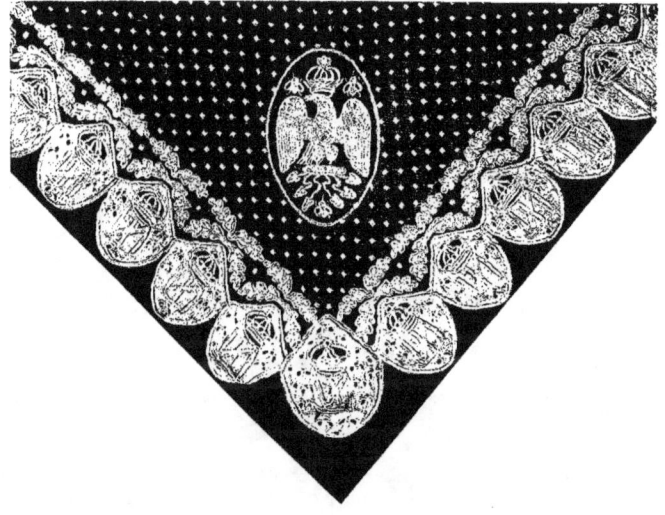

LE ROI DE ROME EN 1811
Statue par Bosio
Musée de Versailles

III

NAPOLÉON II

OCTOBRE 1812. — AVRIL 1814

Le 23 octobre, dans la matinée, un billet du prince archichancelier annonce à l'Impératrice que, la nuit précédente, des brigands se sont emparés de quelques ministères, mais tout est rentré dans l'ordre, et Paris est calme. Néanmoins, sur la nouvelle, le chevalier d'honneur qui, du fait de sa charge, commande à Saint-Cloud, met la troupe sous les armes : c'est quarante-deux fantassins — dix-neuf au poste de la cour d'honneur, quinze à la place, sept à la Carrière — et vingt-cinq cavaliers — dix des vedettes et quinze du piquet du Roi de Rome, le piquet de l'Impératrice, seize chevaux, restant d'attente à la caserne de Sèvres; il a encore dix-sept gendarmes d'élite et vingt-six sapeurs : au total cent dix hommes, cent vingt-six avec le piquet. Le renfort, il faut l'appeler de Courbevoie, de

Rueil et de Sèvres. Beauharnais requiert pourtant les dépôts de la Garde, les écoles de Saint-Cyr et de Saint-Germain; mais, à deux heures, l'archichancelier arrive; il confirme que tout est tranquille, que le ministre de la Police et le préfet de Police sont rendus à leurs fonctions; seulement. la blessure du général Hulin paraît très dangereuse. L'Impératrice s'empresse d'envoyer un page prendre des nouvelles d'Hulin, mais c'est tout ce qu'elle fait, et que peut-elle de plus? Le mot d'ordre est de ne pas l'effrayer, de liquider l'affaire au plus tôt, de la présenter comme une échauffourée de brigands. C'est ce que le ministre de la Police fait proclamer aux flambeaux « dans toutes les places et carrefours de Paris » : « Le calme le plus absolu règne dans Paris; il n'a été troublé que dans les trois hôtels où les brigands se sont portés. » Dès le 29, la commission militaire, créée le 23 par un arrêté du conseil des ministres, prononce quatorze condamnations à mort, et, le même jour, à trois heures, douze des condamnés sont fusillés à la plaine de Grenelle. Marie-Louise n'a pas eu peur, elle n'a pas eu le temps. D'ailleurs, elle ne sait pas. On lui dit ce qu'on veut perdre. On ne lui parle pas du procès, moins encore des sénatus-consultes qu'a imaginés Malet et qui la concernent : celui, entre autres, qui annule son mariage et qui déclare son fils bâtard. Elle reste dans cette admirable ignorance où l'Empereur a voulu qu'on la tînt, des choses, des événements, des hommes et de la France. Les personnes du service ordinaire et extraordinaire qui viennent, le soir, faire leur cour, observent exactement la consigne, qui est de ne pas l'effrayer. « Ce n'était qu'affaire de brigands », dit-elle à Hortense, qui est accourue. « Elle n'a pas du tout peur pour son fils », et, à preuve, elle vient passer à Saint-Leu la journée du 26. Un mois après, le 21 novembre, elle écrit encore : « Je ne suis pas du tout effrayée du trouble qu'ont fait quelques têtes folles, car je connais trop bien le bon caractère du peuple et son dévouement à l'Empereur pour m'être épouvantée de cela un seul instant. »

L'Empereur voit plus clair. Le 7 novembre, à Michalewska, trois étapes au delà de Smolensk, il reçoit la nouvelle. Tout l'effort est donc vain où, depuis dix ans, il s'est consumé pour constituer l'autorité et la stabiliser, pour trouver une formule de succession et la faire agréer par le peuple, pour imposer à la nation l'hérédité dans sa race; à la première épreuve, le système se fêle, et, sans la présence d'esprit et la sagacité d'un routier de révolution, d'un de ces adjudants de la Garde nationale coutumiers des Journées, par cette fêlure, tout l'Empire coule et se vide. L'Empereur disparu, l'Empire s'effondre. Il suffit de la nouvelle de sa mort colportée par un inconnu. Ainsi ces princes, ces dignitaires, ce sénat, ces préfets, cette hiérarchie savante, cette cour dorée, tout n'est que prestige. L'Empire s'écroule au premier souffle comme, sous une brise venue du large, disparaissent les palais que la fée Morgane édifie sur les vagues. Ses agents, soit! Ses princes, soit! Mais sa femme et son fils! L'Archiduchesse impériale d'Autriche, l'Impératrice-Reine, nul n'a couru se ranger près d'elle, et le Roi de Rome, l'héritier de l'Empire, l'image vivante de l'Empereur, sa chair même, qui s'est avisé de le proclamer, qui même a pensé qu'il existait? Des sénateurs qu'il a sauvés, enrichis, titrés, repus; des courtisans qu'il a rappelés de l'exil, qu'il a rétablis dans leurs biens, qu'il a approchés de son trône, qu'il a comblés de ses grâces; des employés à tous les degrés qu'il a mis dans des places et qui lui devaient servir à ramasser dans sa main toutes les forces vives de la capitale et de l'Empire, nul ne s'est levé pour affirmer sa foi dans la perpétuité de sa dynastie. On leur a dit : L'Empereur est mort et ils l'ont cru, et pas un n'a répondu à Malet, à Guidal, à Lahorie : « Vous mentez! l'Empereur vit! L'Empereur ne meurt pas! Vive l'Empereur! » Ni le peuple, ni l'armée n'ont remué. Les soldats, — quels pauvres soldats, il est vrai, gardes de ville hors d'âge, éclopés ou infirmes, dédaignés pour les bataillons de guerre, endormis depuis vingt ans dans un service de représentation ou de police; gardes nationaux, résidu des six conscriptions de 1807 à 1812, qui se croyaient libérés de toute obligation militaire et qu'un sénatus-consulte du 13 mars 1812 a formés en cohortes qui ne devraient pas sortir du territoire de l'Empire — les soldats ont accepté passivement les consignes nouvelles; le peuple eût accepté passivement le changement de régime. Ni désespoir chez les uns, ni enthousiasme chez l'autre. Malet avait tort d'y compter aussi bien que Napoléon. Le ressort est cassé; les âmes amollies sont prêtes à tout subir. Hormis quelques braves gens, égarés dans les steppes glacés, les Parisiens accepteront pour les gouverner quiconque se présentera avec un semblant de force et une apparence de légalité. L'Empereur étant réputé mort, il n'y a plus d'Empire. Cet immense pouvoir est viager; il ne peut ni se diviser, ni se transmettre. Il est resté tel après Marengo, tel après le Consulat à vie, tel après le Couronnement; l'union avec Marie-Louise n'y a rien changé, non plus que la naissance du Roi de Rome. La tradition de l'hérédité monarchique est rompue : la religion du droit divin est morte; on ne ressuscite point des cadavres. Devant ses généraux, Napoléon parle en vain ; il plaide vainement pour l'Empire : l'Empire c'est lui ; hors de lui, il n'y a pas d'Empire ; il ne peut même y avoir d'empereur.

Pourtant, c'est à cette œuvre qu'il va épuiser ses suprêmes efforts ; ce rocher qui vient de retomber du haut de la montagne où, nouveau Sisyphe, il a cru le porter, il va l'embrasser de nouveau et, au milieu des plus tragiques conjonctures où un homme puisse se débattre, il emploiera toutes les ressources de son esprit à le rouler, le pousser, le soutenir, l'approcher du sommet, et c'est là peut-être, dans cette étonnante histoire, l'épisode le plus dramatique, car c'est, pour l'objet qui intéresse le plus l'humanité, la lutte du génie contre l'impossible.

Revenu en trait de foudre à Paris où, le 18 décembre, il retrouve l'Impératrice et le Roi de Rome rentrés le 5 de Saint-Cloud, c'est le premier, l'unique sujet qui l'occupe : il veut tout savoir de Malet ; il veut qu'on lui dise pourquoi nul n'a pensé à son fils. Il destitue le préfet de la Seine, et qu'est-ce qu'une disgrâce? la mort seule pourrait punir. On fusillera encore par ses ordres, le 30 janvier 1813, d'inconscients complices de Malet. La première manifestation publique qu'il fait de sa pensée, deux jours après son arrivée, y est toute consacrée. Il répond au Sénat : « J'ai à cœur la gloire et la puissance de la France ; mais mes premières pensées sont pour ce qui peut perpétuer la tranquillité intérieure et mettre mes peuples à l'abri des déchirements des factions et des horreurs de l'anarchie. C'est sur ces ennemies du bonheur des peuples que j'ai fondé, avec la volonté et l'amour des Français, ce trône auquel sont attachées désormais les destinées de la Patrie... Nos pères avaient pour cri de ralliement : *Le Roi est mort, Vive le Roi!* Ce peu de mots contient les principaux avantages de la monarchie. Je crois avoir bien étudié l'esprit que mes peuples ont montré dans les différents siècles. J'ai réfléchi à ce qui a été fait aux différentes époques de notre histoire ; j'y penserai encore. »

Tel est le programme qu'il se propose et qu'il va suivre sous l'impulsion de deux sentiments qui se confondent en un seul : l'amour paternel et la perpétuation de l'Empire. Les moindres détails y concourent, car son esprit qui embrasse le petit comme le grand, descend souvent aux minuties et il ne connaît point de médiocres moyens dès qu'il prétend frapper l'imagination, attirer l'attention uniquement sur son fils et sur sa femme. Il ne livre de son secret que ce qu'il en a laissé échapper devant le Sénat ; sans une enquête précise on ne démêlerait pas son but ; avec cette clé, toute l'obscurité des actes s'éclaircit : nul doute ne peut subsister sur leur enchaînement, non plus que sur l'idée directrice.

Le 22 décembre, quatre jours après son arrivée, il invite Regnaud de Saint-Jean-d'Angely à rechercher « tous les ouvrages, édits, imprimés, manuscrits ou chroniques traitant des formes suivies depuis Charlemagne lorsqu'il a été question du couronnement de l'héritier présomptif ». Regnaud s'adjoint Barbier, le bibliothécaire de l'Empereur ; dans la semaine, leur travail est fait, approuvé, livré à l'Imprimerie impériale, qui, le 29, remet au cabinet de l'Empereur des exemplaires de la brochure : *Recherches sur le couronnement des fils aînés des Rois, héritiers du trône, et sur leur prestation de serment du vivant de leur père*. Le 5 janvier, le Conseil privé est appelé à délibérer de la question ; celle de la Régence y est étroitement liée, et, au sortir du Conseil, Regnaud demande à Barbier : « N'y a-t-il pas une histoire des Reines régentes de France ? Avez-vous quelque chose sur les régences des Reines ? » En réponse, Barbier remet un mémoire qui, aussitôt porté à l'Imprimerie impériale, est livré le 10 au cabinet sous le titre : *Indication des reines mères ou épouses des Rois de France et autres princesses nommées régentes, avec des extraits de pièces à l'appui des faits*. Ce même jour, 10, nouveau Conseil privé. Le 12, le mémoire sur les Régentes commence à paraître simultanément dans *le Moniteur* et dans *le Journal de l'Empire;* de copieux extraits en sont insérés dans *la Gazette de France* et le *Journal de Paris.* Le 18, c'est le tour des : *Recherches sur le Couronnement.* Ainsi l'opinion est avertie et le ballon est lancé.

Le couronnement du Roi de Rome sera l'affirmation devant la nation de la perpétuation de la dynastie; ainsi, l'héritier se trouvera du vivant de son auteur, appelé à la succession, installé dans son hoirie; la transmission, en quelque temps qu'elle doive s'effectuer, sera virtuellement accomplie; le Roi de Rome, de même que jadis le roi des Romains, sera associé à l'Empire et il recevra son vocable dynastique; survenant la mort de Napoléon Ier, ce ne sera donc plus un prince appelé au trône qu'on tentera de priver de ses droits héréditaires, ce sera l'empereur Napoléon II, sacré et couronné, qu'on essaiera de renverser.

Mais par quelle consécration imprimer à cet enfant d'une façon essentielle, le caractère souverain? Quelle puissance appeler qui soit supérieure à celle de son père? Il n'en est point sur terre et l'on doit bien se résoudre à aller chercher Dieu. Mais quel intermédiaire? — Un seul, le Pape.

Si Napoléon ne croit pas entièrement que le Souverain Pontife, interprète de la divinité, procure, par les cérémonies du sacre, l'institution divine à ceux qu'il couronne, au moins est-il convaincu que, dans ses États, où la religion dominante est la catholique, le vicaire de Jésus-Christ peut seul imprimer un caractère durable à la souveraineté, assurer un prestige ineffaçable à l'empereur futur. D'ailleurs, le Pape ne saurait être remplacé pour une telle cérémonie. La tradition monarchique a été brisée, puisque le Concordat n'a rétabli à Reims ni un archevêque, ni même un évêque. L'archevêque de Paris, qui est le premier de l'Empire, n'a pas reçu l'institution canonique; le grand aumônier est un serviteur de la Maison. Il faut le Pape ou personne.

Seulement, on est loin de 1804 et des effusions de Fontainebleau. La querelle, instituée dès la fin de 1805, tournée tout de suite à l'aigu, aggravée par les excès de zèle des subalternes, chauffée par les passions antifrançaises du Sacré collège, a abouti, en 1890, à l'enlèvement de Pie VII, à son internement à Savone, à sa déportation à Fontainebleau ; elle aurait eu pour conséquence un schisme, si l'Empereur avait rencontré dans le Concile national de 1811 l'appui qu'il en attendait. Et c'est à ce pape, qu'il tient depuis quatre ans sous une surveillance qu'on peut bien appeler une captivité, qu'il doit demander de couronner son fils.

Dès le 29 décembre, il lui a écrit une lettre qui est une avance positive. Une sorte de négociation s'est engagée, mais Pie VII oppose qu'il est prisonnier, qu'il ne peut traiter sans son conseil ; on traîne, on n'aboutit à rien, et si Napoléon a besoin de ce coup d'État pour assurer sa dynastie, il n'en a pas moins besoin pour arrêter les intrigues des royalistes qui ont pris la direction de l'opposition et de la résistance des catholiques et pour apaiser en Italie, surtout dans les nouveaux départements romains, une agitation dont les agents de Murat sont prêts à profiter. S'il avait besoin d'être confirmé dans cette idée, ne vient-il pas de recevoir de Rome un rapport en date du 5 janvier, où il a pu lire : « Le peuple ici ne demande qu'à être forcé à la soumission. Il sera à genoux demain devant la bulle du Pape qui sera le signe de la conciliation de l'Empire et du Saint-Siège... Le couronnement du Roi de Rome, la proclamation de son hérédité à l'Empire seront encore de grands moyens à opposer à la résistance de ce peuple indécis et froidement rebelle. »

Le 19 janvier, sous prétexte de chasse à Grosbois, Napoléon arrive à Fontainebleau : il y vient avec l'Impératrice, car la présence de l'archiduchesse d'Autriche peut être utile ; il y vient avec toute sa cour, car quelle meilleure preuve que le Pape n'est point son prisonnier, mais son hôte, que de prendre son gîte dans le même palais, entouré de toutes les pompes de la souveraineté ? Il apparaît sans s'annoncer ; on aura froid, on sera mal installé, tant pis : c'est ici un coup de surprise et le moindre avertissement ferait tout manquer.

Ce sont des effusions à la première rencontre : l'Empereur se rend aimable, il se rend facile, il cède tout ou presque ; il abandonne les prétentions qu'il croit avoir le mieux établies, qu'il a le plus fortement soutenues, qu'il a proclamées les bases mêmes de son pouvoir impérial ; cela, non pas sur le spirituel seulement, mais sur le temporel, sur le patrimoine de saint Pierre, sur la souveraineté du pape, sur la possession de Rome! Le 25, il signe avec Pie VII, tête à tête, le nouveau Concordat. Le 27, convaincu qu'il a conquis le Pape, certain que Pie VII couronnera le Roi de Rome et l'Impératrice-Régente, il rentre à Paris. Le 1er février, il communique au Conseil privé le projet du sénatus-consulte sur la Régence, dont les clauses relatives au couronnement sont des articles essentiels. Le 2, il envoie au Sénat ce projet, qui est adopté le 5. Le couronnement est annoncé pour le 7 mars; il aura lieu à Notre-Dame. Sera-ce le 7 ou le 20? Pour le 7, le délai est un peu court, le 20 serait un jour dynastique, l'anniversaire de la naissance du Roi de Rome. D'ailleurs, il faut attendre les nouvelles de Fontainebleau. Les cardinaux italiens s'y empressent, les Français, qui tiennent pour le traité, qui l'ont préparé, qui en ont fixé les termes, se sentent suspects et soupçonnés; le Pape se réserve. Le 14 février, à l'ouverture du Corps législatif, l'Empereur n'ose rien annoncer. Les jours qu'il avait marqués, le 7 mars, puis le 15, puis le 20, passent sans qu'il soit fixé. Le 23, en recevant la députation du Corps législatif, il dit que, « aussitôt que les soins de la guerre lui laisseront un moment de loisir, il rappellera les députés, ainsi que les notables de son empire, pour assister au couronnement de l'Impératrice et du Prince Impérial, Roi de Rome », et bien fait-il de s'échapper ainsi, car, le lendemain 24, le Pape se rétracte, et par une lettre dont on essaie vainement d'étouffer le scandale, il annonce qu'il retire sa signature de l'acte concordataire du 25 janvier.

Ainsi, tout cet effort a été vain; la meilleure arme que Napoléon ait cru forger pour défendre son fils est brisée dans sa main par un vieillard débile: le Pape se refuse au marché, si haut que le prix en ait été élevé. En échange de tous ses États, de tous ses domaines restitués, de toutes les prétentions ultramontaines admises, même des articles organiques abolis, consentirait-il à consolider dans la descendance du Corse la dignité impériale? Les cardinaux acquiesceraient-ils? La pourpre cardinalice ne s'applique qu'à des épaules d'aristocrates. L'oligarchie d'Église n'est qu'un produit et un reflet de l'oligarchie d'État. Celle-ci, de la loge magistrale de Londres, envoie ses instructions à Fontainebleau, aussi facilement qu'à Rome, à Vienne et à Pétersbourg.

LE DÉJEUNER DE L'EMPEREUR
Tableau peint par Menjaud
Musée de Versailles

1. Le baron de Bausset, préfet du Palais
2. L'Empereur
3. Le Roi de Rome
4. La reine Caroline
5. L'Impératrice
6. La comtesse de Montesquiou

Trop bien née pour hésiter aux moyens ou concevoir des scrupules, elle a, pour assassiner les tsars et prostituer les archiduchesses, ses formules, ses procédés, et même ses excuses. Elle a couvert l'Europe d'un réseau de fils impalpables et invisibles; elle a empli de ses agents les palais impériaux; elle les a glissés dans les Conseils de l'Empereur; elle occupe par eux plus de la moitié des préfectures; elle commande et on lui obéit. Les cardinaux, dispersés dans les petites villes de la Champagne, réunis à Fontainebleau ou revenus à Rome, mèneront contre le fils de la Révolution la même guerre sans merci. Par eux et avec eux, Dieu se dérobe.

Restent les hommes : d'abord il y a les Français, plutôt les Parisiens; car, lorsque Paris marche, la France suit. Cet enfant que Napoléon, parce qu'il en est le père, trouve le plus beau des enfants des hommes, ne sera-ce pas assez qu'on le montre aux Parisiens pour qu'ils s'éprennent d'un amour qui ira jusqu'au sacrifice? Durant que, par la même tactique, Napoléon sort l'Impératrice du harem, la promène dans les manufactures, les maisons d'orphelines, les hôtels des Invalides, il change les habituelles promenades du Roi de Rome sur la terrasse du Bord de l'Eau jusqu'au kiosque élevé en 1812 sur le terre-plein; il lui donne pour buts les boulevards, les rues passantes, tous les endroits où les Parisiens s'assemblent. Le 1er mars, les bouchers de Paris amènent le bœuf gras dans la cour des Tuileries; on met le Roi à sa fenêtre pour voir et pour être vu et, en son nom, on donne 600 francs à l'Amour. Le 5, à une parade de la Garde au Carrousel, le Roi est à une fenêtre de son appartement; l'Empereur qui fait défiler devant lui, homme par homme, les Lanciers, les Chasseurs, les Dragons et les Grenadiers, le prend dans ses bras et le promène avec lui au milieu des acclamations des soldats et des spectateurs : l'enfant n'a pas peur et l'Empereur joyeux dit : « Il semble savoir que tous ces braves sont de ma connaissance. » Cela se répète et fait bien. Comme s'il prétendait presser les jours et vieillir à son gré l'enfant dont les deux ans s'opposent constamment à ses projets, il suit avec une attention inquiète les progrès de son esprit et de son corps. Il lui fait comme à un grand garçon goûter les plats qu'il mange et le vin qu'il boit; il le taquine et joue avec lui en compagnon; il lui fait montrer *les Figures de la Bible* par Royaumont qui ont instruit et amusé sa propre enfance; même il veut qu'on lui raconte *les Anecdotes chrétiennes* choisies par l'auteur de l'Ami des enfants, et *les Anecdotes militaires de tous les peuples* de J.-Fr. de la Croix. Pour jouets — n'est-ce pas un symbole? — il lui donne des drapeaux tricolores et des chevaux de carton à chabraque de velours frangé d'or, comme s'il le voyait déjà, au front des troupes, caracolant en brandissant l'étendard. Sur les robes de fille, que l'enfant porte encore, il applique, réduits à sa taille, les insignes de ses ordres : Légion, Couronne et Réunion, isolés en petites croix brimbalantes ou réunis à un clavier de vermeil; le 10 mars, — et c'est le cadeau qu'il fait à ses deux ans, — il commande, pour mettre à son chapeau, une ganse de vingt et un brillants qui coûte 98,255 fr. 75; il a hâte d'en faire un homme, mais le petit se contente d'être « un joyeux gaillard, très impatient, et avec cela si vivant qu'on a toute la peine possible à le suivre continuellement; il n'a jamais été un instant sérieusement malade depuis sa naissance et il a toutes ses dents depuis le mois de décembre »; mais, bien qu'il soit intelligent et hardi, « sa langue ne veut pas se délier, et, s'il ne disait papa, sa mère craindrait qu'il ne fût muet ». Ce ne sera un garçon, un homme que le 11 avril, où Frédérick frères et Eberling, tailleurs de Leurs Majestés l'Impératrice-Reine, le Roi de Rome et des Enfants de France, lui fourniront ses premières culottes : une veste et deux pantalons de casimir bleu, avec les caleçons et les gilets de mousseline et toile de coton.

Quelque désir qu'ait eu l'Empereur de rendre populaires sa femme et son fils, à peine les arbres bourgeonnent qu'il n'a pu tenir dans sa prison des Tuileries. Il s'en est évadé le 7 mars pour aller coucher à Trianon où le petit roi s'est installé le 9 : les gardes ont été doublées : on a mis un poste au Petit Trianon, un autre, avec le piquet, à la ferme. Le 23 on est rentré aux Tuileries : donc, nulle commémoration publique du jour anniversaire du Roi : dans un seul journal, le *Journal de Paris*, un grand article, encore est-ce de la Régence qu'on a parlé. Aux Tuileries, l'Empereur s'est déplu davantage encore; après cinq jours, le 28, il est venu à l'Élysée où tous les intérieurs ont été remis à neuf et où, en particulier, l'appartement du Roi, au second étage, a été aménagé avec des soins recherchés. Ainsi, dans le salon, dont les rideaux sont de taffetas bleu avec un encadrement de galons de soie chamois, et dont le meuble d'acajou est garni de gourgouran rayé bleu sur bleu, le pourtour a été garni, à hauteur du lambris, de coussins en toile et laine, piqués et recouverts en quinze-seize bleu ciel, qu'attachent des anneaux de cuivre à des boutons posés dans la cimaise; devant chaque cheminée, garde-feu ajusté de deux pieds de haut; dans la chambre à coucher, dont la tenture est de soie verte et les meubles en acajou garnis de cannetillé vert, semblables coussins au pourtour. Le lit en fer, à forme de berceau, avec couronnement à palmes surmonté de plumes blanches, est garni de levantine verte que bordent des galons d'or fin, et il est muni de filets sur les côtés, pour recevoir l'enfant s'il tombait la nuit. D'ailleurs deux femmes le veillent et couchent dans la chambre sur des lits en fer poli à mécanique.

Cinq années plus tard, lorsque, dans ce même appartement, la duchesse de Gontaut prendra l'éducation des enfants du duc de Berry, elle admirera les mille détails jusqu'où Madame de Montesquiou a poussé son attention; une fois de plus, ce qu'a ordonné l'Empereur fera la joie des Bourbons revenus, et ce qu'on a préparé pour le Roi de Rome, servira pour son cousin, le duc de Bordeaux.

Ce séjour à l'Élysée est encore singulièrement bref. Il semble n'avoir été décidé qu'en vue d'y faire, avec moins d'apparat, la proclamation de la Régence. Réduite à être purement civile, privée des pompes de l'Église, de l'affluence des députés de l'Empire et de l'enthousiasme des peuples, la cérémonie gagne à être privée : aussi bien vise-t-elle moins l'intérieur que l'extérieur, l'opinion du dedans que celle du dehors, la France que l'Autriche; car, à présent, l'Autriche est le pivot sur qui tourne la politique impériale; tout, pour l'Empereur et plus encore pour le Roi de Rome, dépend du parti qu'elle va prendre.

Napoléon n'a-t-il pas le droit de compter sur l'empereur François, le grand-père, le parrain de son fils? N'est-ce rien cela? Il le lui a dit, le lui a répété, le lui a fait dire par sa femme, la régente de l'Empire. François II est un brave homme, un bon père de famille, qui chérit les siens et surtout sa fille. Qu'il n'aime pas Napoléon, qu'il ne se compromette pas pour le soutenir, soit! mais qu'il accepte de gaieté de cœur la chute de sa fille et de son petit-fils, voilà ce que Napoléon refuse de croire et, tel qu'il est, il ne *peut* pas le croire. Cet enfant, dont Marie-Louise, dans chacune de ses lettres, entretient longuement son père, dont elle lui conte les progrès, les petites aventures, les menues anecdotes, dont elle lui envoie un portrait presque chaque mois comme pour lui faire suivre sa taille et ses mines, cet enfant n'a-t-il pas moitié du sang autrichien? S'il porte la tare d'être un Napoléonide, n'en est-il pas racheté par l'auguste maison de Lorraine? Comme un archiduc héritier, n'a-t-il pas été, à sa naissance, décoré de Saint-Étienne? Quelle objection contre lui? Napoléon sent bien cette Autriche incertaine dans son alliance, branlante dans la foi jurée, décidée à mettre ses services au plus haut prix, mais il ne va pas plus loin ; il n'imagine point que, dans le Roi de Rome, l'empereur d'Autriche puisse poursuivre sa propre race.

L'attitude de Schwarzenberg durant la campagne de 1812, si semblable à celle des Russes durant la campagne de 1809, n'a point dessillé ses yeux, ne lui a pas appris que toute alliance avec l'Europe oligarchique est un leurre. Il a cru que la Russie était une autocratie telle que la sienne; il se prend encore au mot d'empire affiché sur les États héréditaires. Il ne comprend pas encore qu'Alexandre est un esclave couronné et tremblant, François un automate docile; que, sous leurs noms à tous deux, gouverne cette oligarchie dont les membres les plus éminents et les plus décidés, intangibles dans leur île et dans leur orgueil, mènent de Londres la politique commune. Que François et Alexandre soient de cœur, d'esprit et de volonté avec elle, comme ils sont en effet, ou qu'ils n'y soient pas, peu importe. Ils marcheront ou on leur fera voir ce qu'il en coûte. Le cadavre de Paul est là pour l'attester. Pour avoir estimé au moment d'Erfurt que Napoléon était encore trop redoutable, Alexandre a subi des reproches qui pouvaient passer pour un avertissement, et il a dû répondre par une justification en règle et des engagements positifs. Et c'est à de tels simulacres d'empereurs que Napoléon s'est confié; c'est leur amitié qu'il a cru conquérir; c'est leur religion qu'il éclaire, leur loyauté qu'il invoque, leur conscience qu'il adjure. Il croit que François de Lorraine est un père comme les autres, un grand-père comme les autres, qu'il vibre aux sentiments qui émeuvent tous les êtres, que cet homme de famille, ce mari exemplaire, ce père tendre ne peut manquer d'être touché par l'avenir de sa fille et de son petit-fils. Comme il sent bouillonner en lui ces passions, il juge les autres à sa mesure, alors que, par un retour sur lui-même, il pourrait, par ce qu'il fit de ses frères, juger qu'à des jours lui aussi a mis de côté l'esprit de famille; mais il dirait que ce sont ses descendants qu'il a préférés à ses collatéraux.

Les étapes de la désillusion ont été rudes à franchir. A peine sorti de Russie, croyant ou feignant de croire que les désastres subis n'ont en rien modifié les rapports, c'est du style d'un allié prépondérant qu'il a écrit à son beau-père. Peu à peu, devant la brutalité des événements, il baisse le ton; il consent, non seulement à faire des avantages à l'Autriche, mais à se modérer devant l'Europe, à restreindre l'Empire, à abandonner une part des conquêtes, à s'enfermer dans des limites, tant il souhaite que l'alliance autrichienne subsiste, tant il juge qu'elle est nécessaire. Quel que soit son génie militaire, si grande que soit son audace, si fertile en ressources que soit son esprit, il ne peut se dissimuler que, désormais, ce ne sera plus par des adversaires isolés et successifs qu'il sera attaqué, comme il le fut dans les Campagnes d'Italie, en 1805, en 1806, en 1807, où les armées ennemies se présentant l'une après l'autre à ses coups ont à chaque fois rencontré leur maître, mais par l'ensemble des forces européennes, assemblées, unies, groupées, sinon encore sous un seul chef, au moins d'après un même plan. Au début de 1813, il a dû abandonner sans combattre les lignes de la Vistule, de l'Oder, de l'Elbe, du Weser; bientôt c'est le Rhin qu'il devra défendre. Les Espagnols en armes, les Anglais refoulant devant eux l'armée de Joseph, les Russes s'avançant et entraînant les Prussiens, c'est beaucoup d'ennemis à vaincre, mais tant que l'Autriche restera fidèle à l'alliance, les gouvernements allemands ne la renieront point. Appuyé sur l'Italie qu'il croit tout entière dévouée à son système et où il n'imagine point que la trahison est déjà accomplie, assuré de l'Autriche qui, des plateaux de la Bohême, menace le flanc de toute armée d'invasion et rend ses succès incertains, tranquille sur ses derrières que garde l'armée de Joseph, il peut faire tête ; il trouvera des hommes, des chevaux, des canons, de l'argent ; il en fera au besoin. L'Autriche manquant, tout manque.

Alors, quand il comprend qu'elle lui échappe, comme il ne peut admettre qu'elle fasse défaut à l'Impératrice et au Roi de Rome, il se jette au péril, il se présente à la mort, il l'affronte et la brave; il n'y met nulle ostentation ; il s'en explique et s'en excuse sur la nécessité d'encourager ses conscrits ; il ne veut point qu'on dise qu'il la cherche ; il paraîtrait découragé, il affaiblirait son prestige, il ébranlerait son piédestal, si, contre la ruine prochaine, il n'avait trouvé d'autre ressource que cette forme de suicide. Mais si, comme Gustave-Adolphe à Lutzen, il rencontre alors le boulet libérateur, n'est-ce pas que son fils régnera ? La mort au champ d'honneur, l'assomption dans la gloire, l'ensevelissement à l'antique dans un triomphe, cela, au moment où sa puissance semble entière, où son empire n'est pas entamé, où le seul échec qu'il ait éprouvé est du fait des éléments, non des hommes, n'est-ce pas un beau rêve ? Alors, l'empereur François ne rencontre plus un gendre contre qui il a des vengeances à exercer, à qui il a à demander compte des défaites subies, des rapts exercés, des territoires démembrés, de la déchéance imposée, il rencontre sa fille régente, son petit-fils sacré empereur par le sang paternel. Ce que Napoléon ne peut céder tant qu'il vit : les royaumes de ses frères, le royaume d'Italie, la Hollande et le Piémont, la Régente peut l'abandonner d'un trait de plume, et, en renfermant l'Empire dans ses limites de 1804, elle gardera encore à son fils le plus bel héritage qui soit sous le ciel. Dans ce dessein, l'Empereur a laissé près de Marie-Louise, avec une prépondérance incontestée dans le Conseil de Régence, le seul homme qui puisse traiter avec l'Europe, le prince de Bénévent. Il a dépouillé ses frères de toute autorité, il les a exclus des Conseils, car leurs intérêts contrediraient ceux de l'Empereur mineur. Il a tout préparé en vue d'une solution, la seule logique, la seule efficace, la seule qui sauvegarde à la fois son prestige et sa dynastie ; mais, à ces premières batailles, il s'expose vainement ; la mort passe autour de lui comme si quelque charme le protégeait, elle abat ses compagnons, ses amis les plus chers, elle ne le touche pas même d'une balle comme à Ratisbonne. Ces batailles sont des victoires qui retentissent en fanfares, mais qui ne changent rien au fond des choses. L'Autriche continue à armer, mais est-ce pour le sauver ou le perdre? Après l'audience que, le 16 mai, il donne à Bubna, plus d'illusion : c'est contre lui qu'elle marche. Vainement il a fait appel à tous les sentiments de François II ; il a montré quels risques courraient en France l'Autrichienne et son enfant, comme leur existence même pourrait être compromise, comme une telle guerre, soutenue par un père contre sa fille, serait scélérate et impie, comme, en renouvelant les haines éveillées par dix années de guerre, on creuserait entre les deux peuples un infranchissable abîme : surtout, il a tenté d'éveiller l'intérêt, la pitié pour son fils ; car de lui-même il a peu parlé. Tout cela est vain et il le sent. Pourtant, pour essayer de retenir cette Autriche qui lui échappe, il ne lui laissera aucun prétexte. Elle dit qu'elle n'a d'objet que la paix de l'Europe, qu'elle ne prend parti contre lui que parce qu'il ne la veut point ; il offre la réunion d'un congrès à Prague : le 1ᵉʳ juin, les hostilités cessent ; le 4, l'armistice est signé. C'est du temps perdu pour lui, gagné pour les Alliés ; car ils précipitent leurs armements, leurs marches, leurs intelligences, et, tout à l'heure, ce ne seront pas seulement les Autrichiens et les Suédois, mais ces Allemands que, depuis sept années, il a rangés sous ses aigles, Bavarois, Wurtembergeois, Saxons, Westphaliens, les petits comme les grands peuples, quiconque est Allemand, mais les Anglais, car aux Pyrénées, Joseph, par la déroute de Vittoria, leur ouvre la frontière, mais les Napolitains, car le pacte se dévoile et, par-dessus l'Italie et l'Allemagne, les deux transfuges, Murat et Bernadotte, se donnent la main. Ainsi, c'est l'universelle révolte, et comme si ce n'était pas assez, voici qu'après un demi-siècle on apprend que ceux-là auxquels il s'était fié davantage, ceux qui avaient reçu de lui la mission de discuter contre les Alliés les sacrifices de la France, jalonnaient alors pour l'ennemi les routes à suivre, dévoilaient les plans de campagne, et indiquaient comme il les fallait déconcerter...

Avant de livrer les suprêmes batailles qui décideront du sort de l'Empire, Napoléon a besoin de voir l'Impératrice, de causer avec elle, de lui donner ses instructions : si, jusque-là, il a pu conserver des doutes sur l'utilité dont serait sa mort, c'est à présent, avec l'improbable victoire, l'unique issue. Il appelle donc Marie-Louise à Mayence où lui-même viendra de Dresde.

Nulle appréhension en laissant l'enfant seul à Paris et en emmenant si loin la Régente. Pourtant, avec elle viendra Caffarelli qui a le commandement de la Garde, et il n'y a guère plus de troupes à Paris que l'année précédente. Les escadrons ou les compagnies de Gardes du corps que l'Empereur avait prétendu affecter à la garde de l'Impératrice et du Roi de Rome sont devenus, pour les nécessités de la défense, les régiments de Gardes d'honneur et sont aux frontières; des détachements d'infanterie Vieille Garde font le service à Saint-Cloud sous le commandement du général Dériot qui a gardé son quartier à l'École Militaire; un détachement de Vieille Garde monte le principal poste des Tuileries, mais c'est des dépôts et des 9es compagnies qu'on les tire. La seule consigne nouvelle est de faire coucher dans les antichambres, indépendamment des pages et du service ordinaire, l'officier de piquet et l'officier de gendarmerie d'élite. Rien de plus. Ainsi, malgré Malet, la confiance de l'Empereur en son étoile est restée entière : il n'admet pas la possibilité d'un coup de main, d'une révolte ou d'une révolution.

Madame de Montesquiou est là pour prendre tous les soins et Napoléon, depuis qu'il est parti, entretient avec elle une correspondance qui prouverait seule l'estime où il la tient. Jusque-là, il ne lui a parlé que de son fils ; à présent, il entre presque en confidence, comme dans cette lettre, écrite le 7 juin, de Haynau, où il ajoute à ses remerciements ordinaires : « La mort du duc de Frioul m'a peiné. C'est, depuis vingt ans, la première fois qu'il n'ait pas deviné ce qui pouvait me plaire. » Par contre, Marie-Louise, subjuguée par sa dame d'honneur, s'écarte davantage encore

MARIE-LOUISE ET LE ROI DE ROME EN 1812
Portrait peint par Gérard
Musée de Versailles

de la gouvernante et se trouve inconsciemment l'instrument des intrigues que Madame de Montebello dirige contre elle. On vient d'en avoir un fâcheux exemple : l'Empereur ayant chargé le colonel Anatole de Montesquiou, aide de camp du major général, de porter à l'Impératrice les détails des victoires de Bautzen et de Wurtchen, Madame de Montesquiou a jugé convenable, à l'arrivée de son fils, de faire éveiller Marie-Louise pour qu'elle jouît plus tôt des nouvelles. Deux jours se passent, l'Impératrice est fort gaie et ses lettres en témoignent. Le dimanche matin, elle a la migraine ; on lui persuade qu'elle est malade parce qu'elle a été éveillée en sursaut trois nuits auparavant, qu'elle ne doit pas se lever ni recevoir ; voilà tout : on congédiera les personnes qui viennent de Paris pour la messe et la grande audience. Est-ce que l'Impératrice doit se gêner pour elles? L'ordre est donné, aussitôt transmis, et Caffarelli poste des gendarmes au pont de Saint-Cloud pour faire retourner les voitures. L'archichancelier survient, il parle, il supplie, il décide enfin l'Impératrice à paraître ; mais l'Empereur a été averti ; il ne saisit pas le fil ; il croit à l'indisposition ; il blâme la gouvernante : « La première faute, écrit-il à l'archichancelier, est à Madame de Montesquiou qui ne devait pas réveiller l'Impératrice, la seconde faute est au général Caffarelli et au chambellan. » Puis, il entre dans des considérations, il donne des ordres détaillés pour des cas analogues, il n'épargne personne, hormis la duchesse qui a tout mené. « Enfin, dit-il en terminant, le Roi de Rome était là. S'il n'y avait pas eu contre-ordre le jour dont il s'agit, il aurait reçu gaiement tout le monde et ç'aurait été une nouvelle preuve qu'il n'y avait pas de mauvaise nouvelle. »

Ainsi, évite-t-il de se renseigner exactement, d'apprendre ce qu'il ne veut pas savoir, de s'élever contre Madame de Montebello, parce que ce serait contre l'Impératrice. Il est parvenu à régir l'Europe et à faire vivre en paix, au milieu d'une continuelle curée, ces souverains d'Allemagne, toujours envieux du morceau qu'emportait leur voisin ; mais, entre ces deux femmes dont l'une attaque sans cesse et dont l'autre, dès qu'il s'agit des siens, perd son ordinaire sang-froid, à peine, lorsqu'il est présent, s'il parvient à imposer les égards extérieurs ; lui parti, la guerre s'allume.

Marie-Louise, molle d'esprit comme de volonté, subit l'absorbante domination de sa dame d'honneur et, par là, outre qu'elle reçoit toutes sortes d'impressions contre la gouvernante, elle se détache de son fils dont elle ne saurait s'occuper. Ce n'est point qu'elle ne l'aime point, mais à la royale. Elle se contente, en le sachant bien portant, en le voyant de temps en temps, en lui donnant parfois des jouets, en le faisant peindre à tout propos et en se faisant peindre avec lui. De Gérard, pour 18,000 francs elle a son portrait en mère et trois portraits du Roi de Rome : elle demande à Isabey « son portrait et celui de son fils pour une tabatière », qu'elle veut donner à l'Empereur pour sa fête. « Si Isabey n'était pas de retour à Paris, écrit-elle à sa dame d'Atours, vous lui écrirez qu'il y travaille à Vichy sans perdre de temps, parce que mon intention est qu'elle soit exécutée par lui-même et non par un autre. M. Isabey disposera le groupe comme il l'entendra, en plaçant mon fils sur mes genoux. » Rien ne saurait mieux que cette phrase exprimer le genre d'affection qu'elle éprouve pour son fils : il égale le sentiment qu'elle a de la nature par rapport aux arts : de Vichy, Isabey exécutera, de l'Impératrice qui est à Mayence et du Roi de Rome qui est à Saint-Cloud, un groupe sympathique et cette ressemblance suffira parfaitement à Marie-Louise.

Madame de Montesquiou, heureusement, est douée d'un esprit plus observateur et elle applique son attention à tout ce qui intéresse son pupille. Elle a constaté que, s'il se développe en taille et en force, de façon qu'il paraisse d'une année plus vieux qu'il n'est, il demeure en retard pour l'intelligence et la parole. Elle a attribué ce retard à ce que l'enfant vit trop solitaire, uniquement dans la société de grandes personnes qui n'ont pas licence de le traiter familièrement. Elle a souhaité pour lui un petit compagnon un peu plus âgé qui, ignorant les rangs et les distances, peu instruit de la différence d'un petit roi à un petit garçon, jouât, babillât, se battît au besoin avec lui, participât à sa vie dans la mesure convenable et lui servît d'objet d'émulation. Prendre dans la Cour avait ses inconvénients pour le présent et pour l'avenir. La gouvernante choisit donc un petit être sans importance et qui ne comptât pas, le fils de Madame Froment, la femme-rouge dont le mari est établi agent de change rue des Trois-Frères. Dès le mois de mai, le petit Froment, qui a un an de plus que le Roi de Rome, a été installé à Saint-Cloud et confié à une des berceuses, Madame Legrand, et à deux femmes de la garde-robe. Dès lors, les jeux ont été des jeux, quoique le petit roi se dispute souvent « d'une façon étonnante », avec le petit Froment qui ne laisse pas que d'abuser de sa force, surtout quand il croit qu'on ne le voit pas. Dès lors, la parole devient courante, la paresse est vaincue, et, au mois de juillet, pour ne pas perdre de temps, Madame de Montesquiou fait paraître les premiers alphabets à fiches. Elle souhaite d'autant plus que l'enfant soit occupé et distrait à l'intérieur que, parfois, « S. M. le Roi de Rome ne peut sortir en promenade faute de chevaux pour son service » : ainsi est-il le jour où l'on célèbre à Notre-Dame le *Te Deum* pour la victoire de Wurtchen. Le lendemain, il est vrai, Marie-Louise, pour dédommager son fils, lui offre l'éléphant du Cirque olympique « admis à faire ses exercices en présence de Leurs Majestés », comme l'avaient été, le 11, les deux cerfs « dressés par MM. Franconi, et attelés à un char élégant ».

Au départ de l'Impératrice pour Mayence, où, le 23 juillet, elle va rejoindre l'Empereur, rien n'est changé aux ordres et aux précautions pour la sûreté. On est d'ailleurs si pauvre en cavalerie à Paris que « l'escorte se plaint beaucoup de ce que le service se renouvelle trop souvent et que c'est toujours leur tour »; or, il s'agit de douze hommes ! Le petit roi tient sa cour le dimanche ; il y voit d'abord régulièrement l'archichancelier, d'ordinaire le ministre des Finances, parfois, des sénateurs tels que Monge et Clément de Ris, quelques chambellans empressés comme Verteillac, puis le maréchal Moncey, le ministre Marescalchi, le maréchal Lefebvre ; point d'enfants, sauf un petit garçon qu'amène le 8 août une comtesse italienne ; personne de la Famille, sauf Catherine, qui vient de Meudon. En semaine, deux fois par jour, il va, dans le petit parc jusqu'à la grille du Fer à cheval ; le dimanche, il se promène en voiture, au pas des chevaux, dans le grand parc où il traverse plusieurs fois les cascades, « ce qui est un grand contentement pour le peuple ». On fait assez bien de chercher le peuple, car, le premier feu passé, les courtisans s'abstiennent ;

« personne de marque ne vient présenter ses devoirs à Sa Majesté » et le rapport hebdomadaire est réduit à faire état « d'une pension de demoiselles admise dans le vestibule que Sa Majesté a daigné traverser ».

Par ce rapport, établi par l'adjudant du Palais, l'Empereur contrôle les lettres que lui écrit la gouvernante, sans compter que Cambacérès se rend agréable par ses comptes rendus et que, si les ministres viennent à Saint-Cloud, ce n'est pour s'en taire. D'ailleurs le petit roi lui-même sait donner de ses nouvelles : il envoie à sa mère un nouveau portrait de lui qu'a peint Mademoiselle Thibault; il adresse à son père des vers pour la Saint-Napoléon :

LE ROI DE ROME A L'EMPEREUR

Mes caresses naguère étaient l'unique gage
Qui te peignait d'un fils les premiers sentiments
Et, dans une humble fleur, je t'offrais un hommage
Simple comme l'amour qu'on éprouve à deux ans.

Les rapides progrès de mon intelligence
Ont suivi l'heureux cours de tes faits immortels
Et ta grandeur m'élève au-dessus de l'enfance,
Autant qu'elle te place au-dessus des mortels.

Ma jeune âme s'émeut au bruit que font tes armes
Et tressaille aux récits de tes brillants combats
Et mon orgueil naissant trouvera mille charmes
A te nommer les lieux où triompha ton bras.

Cède aux vœux de ton fils, cède aux vœux de la France,
Et délaissant la gloire un instant pour l'amour,
Que ce bras qui porta jusqu'aux cieux ta puissance
Vienne jusqu'à ton cœur m'élever à mon tour.

Mais enfin, de ta part, m'arrive une caresse,
Ma mère se chargea de cet envoi charmant
Et ce doux messager d'amour et de tendresse,
Me l'apportant lui-même, a doublé ton présent.

Cent baisers te paieraient une faveur si chère
Et te seraient déjà par moi-même remis
Si je pouvais voler sur les pas de mon père
Aussi vite que toi sur ceux des ennemis.

« Je reçois votre lettre et celle du Roi du 9, répond de Dresde, le 14, l'Empereur à Madame de Montesquiou. Je trouve que le Roi fait fort bien les vers et surtout que ses vers expriment des sentiments qui sont vrais.

Je m'en rapporte à l'Impératrice pour le soin de lui donner des joujoux. » Marie-Louise, revenue de Mayence, lui en donne en effet et c'est une boîte contenant huit figures de caricatures en os et trois pirouettes en nacre, quatre jeux de magots en buis, tout ce qu'on fait de jouets aimantés, canards, vaisseau, cheval marin et poissons, des crécelles, des mirlitons, des balles en velours, un cheval-bascule en bois, une poupée en peau s'habillant et se déshabillant : surtout, on remet à neuf le cheval favori, auquel ne manquent que les yeux, la selle, la bride, les étriers et la garniture de velours ; l'Impératrice ne s'y ruine pas, il lui en coûte, pour le tout, 322 francs.

Le 23 août, elle repart pour inaugurer à Cherbourg le bassin Napoléon ; et ne rentre à Saint-Cloud que le 5 septembre. Ce pendant, l'Autriche s'est déclarée, le dernier espoir est perdu ; c'est aux armes seules qu'il faut s'en remettre ; l'Europe entière est conjurée ; les Pyrénées sont ouvertes ; les alliés de l'Empire tournent contre lui les armes qu'ils en ont reçues ; tout manque à la fois à Napoléon, même la santé, même l'activité du corps qui, surmené, refuse le service. C'est Leipsick ; après, cette retraite, de l'Elbe au Rhin, où, à Hanau, il faut passer sur le ventre des alliés d'hier. Nulle illusion à garder : l'effort qui, en 1813, a mis sur pied la Grande Armée, ne saurait se répéter sans un miracle. On n'a pas même le temps d'improviser des soldats. L'ennemi touche au Rhin. Un instant il s'y est arrêté, comme si la France lui faisait peur : c'est que le sol en est incertain et volcanique ; vingt années auparavant, il est entré en éruption sous les pas des envahisseurs. Mais, à présent, Paris, qui eût accepté Malet, n'acclamera-t-il pas Alexandre ?...

Pourtant, ce n'est pas à l'écroulement de son empire que pense Napoléon, c'est à une chute qu'a faite son fils. « Je vois avec plaisir que la chute du petit Roi n'a pas eu de suite, écrit-il de Mayence, le 3 novembre, à la gouvernante. On me dit tant de bien de lui que cela accroît mon désir de le voir et les obligations que je vous ai. » L'enfant est si vif en effet et remue si fort dans son lit et sur sa chaise percée qu'il en tombe et qu'on a dû, pour 974 fr. 44 centimes, garnir de filets ses lits, ses petits fauteuils et ses garde-robe.

Le 9 novembre, à cinq heures du soir, l'Empereur rentre à Saint-Cloud. Pour la seconde fois, il est seul, avec l'infortune pour compagne. L'armée qu'il emmenait hier s'est dissipée; à peine s'il en reste quelques hommes. Les marches, le feu, les mauvaises rencontres, les cosaques, le typhus, les places d'Allemagne qu'il s'est obstiné à garder, ont pris le reste. De nouveau, il demande des hommes; déjà, par la voix de l'Impératrice, il les a réclamés; le Sénat livre ce qu'il en reste, mais, dans ce sénat même, les inquiétudes et les mécontentements se font voir. Beaucoup pensent à l'abdication de l'Empereur, à la proclamation de Napoléon II sous la régence de l'Impératrice. Un parti se forme qui envisage cette solution que l'Empereur lui-même avait prévue, peut-être désirée, mais non pas sous cette forme : l'abdication serait une déchéance, la mort était une apothéose. D'issue point d'autre : la paix ne saurait être qu'un leurre. Quelque sacrifice que fasse l'Empereur, ce n'est point de territoires que les coalisés se contenteront. En lui, c'est la Révolution qu'ils poursuivent, ou plutôt la France même, si haut qu'ils affirment n'en vouloir qu'à l'Empereur. Ce n'est pas lui qui refuse la paix; à chaque pas qu'il fait vers elle, on la tire en arrière et elle échappe. Pourtant on feint de croire qu'elle ne dépend que de lui et qu'il n'a qu'à vouloir. C'est en France un bruit qui court, et que les complices des coalisés ont soin d'accréditer. Même des braves gens y sont pris. Est-il vrai que, soir et matin, Madame de Montesquiou fasse dire au Roi de Rome après ses prières : « Mon Dieu ! faites que papa nous accorde la paix pour le bonheur de la France ! » Est-il vrai qu'elle le lui fasse répéter devant l'Empereur? Qu'y peut-il? Il ne veut pourtant rien entendre et il passe...

L'enfant est si gentil et si gai, si bruyant et si diable, si bien tel qu'il le veut parce que c'est son fils. Son intelligence s'est développée et par les livres qu'on achète pour lui, on peut mesurer ses progrès : le *Magasin des enfants*, les *Contes à mon fils*, les *Contes de Sarrazin*, les *Œuvres complètes de Berquin*, l'*École des mœurs*, l'*École du soldat*, la *Morale en actions*, la *Science en miniature*, le *Passetemps de l'enfance*, les *Beautés de l'Histoire grecque, de l'Histoire romaine, de l'Histoire de France*, le *Coin du feu de la bonne maman;* point de contes de fées, ni Perrault, ni Madame d'Aulnoy; rien que du sérieux, du moral, des livres d'éducation. Il ne les lit pas bien sûr, non plus que le *Dictionnaire historique des grands hommes*, en vingt volumes, mais on lui en lit ; de même, on lui fait regarder le globe géographique que lui a dédié M. Poirson, géographe, et l'Atlas universel de M. Mentelle, et on lui montre, pour le distraire, *les Monuments anciens et modernes de l'Hindoustan,* par Vieilh de Varennes. Comme il préfère pourtant ses beaux ménages en étain, en bois blanc et en fer-blanc, son chinois habillé, sa toilette de l'Impératrice et surtout ses chevaux de parade dont il y a un pour le petit Froment : là-dessus ne sont-ils pas joyeux lorsqu'ils chevauchent en costumes de mameluks, ces costumes que Poupart et Delaunay ont taillés pour 403 francs ! Le Roi est déjà un petit homme que, pour sortir, on costume en souverain, et son vitchoura de velours ponceau, fourré de chinchilla, à chaînettes et olives d'or, le désigne aux regards. Il apprend qu'il est de la race supérieure ; il a ses protégés et même son école, car il alloue sur sa cassette des gratifications aux sœurs de l'hôpital de Saint-Cloud « pour les soins qu'elles donnent à de pauvres enfants de cette commune qu'il fait instruire à ses frais ». Il a ses ordres en brillants, une épaulette, une plaque et une grand'croix de la Légion que l'Empereur lui a donnés aux étrennes de 1814 qui valent plus de 100,000 francs — rien que de diamants à l'expertise : 99,950 fr. 37 centimes. Son écrin est déjà riche de sa ganse de chapeau, d'un médaillon avec les portraits de l'Impératrice et de l'Empereur entouré de 50,000 francs de diamants, et, de tous les joujoux en pierres fines qu'envoient les tantes ; mais c'est là d'un enfant et, ce qu'on veut à présent, c'est un homme et un empereur et il n'a pas ses trois ans. Désormais, il va vivre dans des uniformes, non plus pour jouer au mameluk, mais pour provoquer l'orgueil des troupes, exciter leur enthousiasme, assurer leur fidélité. Il aura ses uniformes de colonel de Lanciers polonais, de chasseur à cheval, d'officier de Grenadiers à cheval, d'officier des Gardes d'honneur ; surtout son uniforme de garde national, avec le chapeau de castor superfin orné de plumes blanches posées en dedans, la ganse en torsade d'argent, les glands d'argent, quatre étoiles et une cocarde en argent.

L'a-t-il, cet uniforme, quand, le dimanche 23 janvier, après la messe, au moment précis où l'Empereur arrive avec l'Impératrice, il fait son entrée, aux bras de Madame de Montesquiou, dans la Salle des Maréchaux qu'emplit la foule des officiers de la Garde nationale de Paris? L'Empereur le fait poser à terre, le place entre sa femme et lui, et tous trois ainsi, se tenant la main, s'avancent au milieu du cercle. Dans le silence, l'Empereur parle. Il dit les dangers de la patrie, il annonce qu'il part pour se mettre à la tête de l'armée, qu'il confie sa femme et son fils à la Garde nationale de Paris. Sa voix profonde qui scande les mots, emplit l'immense salle; mais il veut être rassuré, il veut se donner confiance, trois fois il jette cet appel : « Vous m'en répondez, n'est-ce pas? Vous les défendrez? » et, comme des cris éclatent et que des bras se lèvent, il croit qu'il reçoit des serments; il prend son fils dans ses bras, il passe devant ces officiers qui délirent de fidélité, il descend, il arrive aux gardes nationaux assemblés sur le Carrousel, il suit leurs lignes dans un roulement de vivats qui étourdit; plusieurs fois, dans son attendrissement, il embrasse son fils avec une effusion de cœur qui redouble l'enthousiasme. — Mais quoi! C'est un de ces coups de cœur tels qu'en éprouvent les Parisiens, superficiel et momentané, comme à un spectacle dramatique et nouveau. Et Napoléon, qui n'est point de Paris, a toujours ignoré Paris.

Cela pourtant prête-t-il à rire ? Un père qui, au moment de courir les risques suprêmes, s'attendrit sur son enfant, cela est-il ridicule? L'enfance et l'infortune ne sont-elles plus deux fois sacrées? — Pas pour les Anglais. Depuis que le Roi de Rome est né, *le petit Babouin créé pour dévorer les singes français,* la verve des dessinateurs qu'encouragent les aristocrates, s'acharne sur cet enfant. Rowlandson et Elmes ont caricaturé sa naissance et son baptême, sa nourrice et sa gouvernante, le discours de Montesquiou et la comète de 1811 ; à dater du retour de Russie, ils ont redoublé de violence contre *le petit Boney.* Comme éclairés par leur haine, ils ont suivi et dévoilé à mesure les desseins de l'Empereur; ils ont surpris le projet du couronnement par le Pape (*The oath of allegiance of the infant king of Rome* par W. Elmes); ils ont ridiculisé *The parting of Hector Nap and Andromache* et montré le petit roi brandissant un sabre et s'écriant : *Je veux tuer le peuple comme mon papa.* Au retour de Leipsick, sur une estrade,

L'EMPEREUR PRÉSENTE SON FILS AUX OFFICIERS DE LA
GARDE NATIONALE DE PARIS

Calque par J.-B. Delestre sur un croquis de Gros

Ancienne Collection Delestre

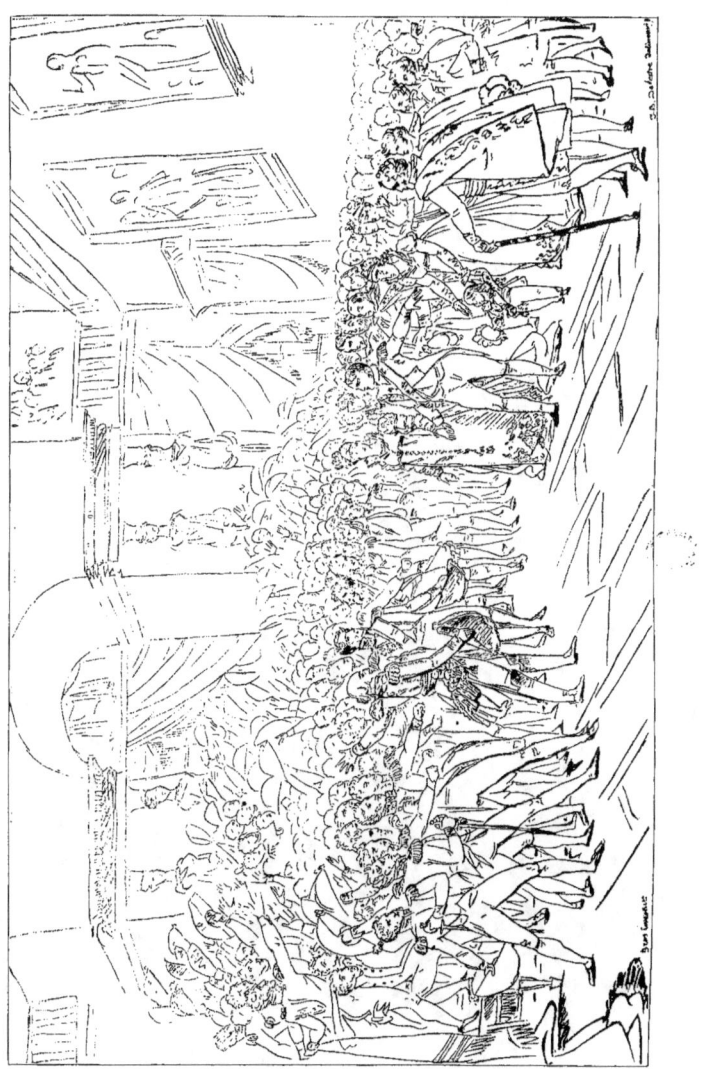

au-devant des cockneys de Paris, ils ont dressé Boney et son fils en uniforme et, de la bouche de Napoléon, ils ont fait sortir comme conclusion à un absurde discours de hustings : « Et maintenant, pour le bien de mon Empire, écoutez, vous, badauds de Paris, j'ai mis le Roi de Rome en culottes! » A présent, sur un cheval de bois, ils font au petit, tiare en tête, passer la revue d'une armée de géants estropiés et de nains difformes et dire : « Ramenez-moi à ma maman, j'ai besoin de faire quelque chose ». Cela est de G. Cruikshand.

La grossièreté de l'insulte, la brutalité du rire, peu importe; c'est la suite des idées qu'il faut voir, et leur succès. L'image va partout, elle pénètre chez tous les bien-pensants; elle apporte le mot d'ordre; elle dévoile les projets ; elle détruit par le rire les effets que Napoléon a cherchés. Le Roi de Rome est devenu redoutable ; c'est sur lui qu'on tire et l'on ne s'acharnerait pas ainsi sur le petit Boney si l'on ne prétendait mettre l'Europe en défiance contre la menace de son règne.

L'Empereur, hélas! n'a point à quitter le territoire de l'Empire pour rencontrer l'ennemi ; il n'en renouvelle pas moins, avant son départ, les pouvoirs de la Régente, et c'est une preuve sans réplique qu'il escompte sa propre mort. Seulement, par une contradiction qu'explique seule une recrudescence de l'esprit de famille, il modifie totalement la forme du gouvernement : en avril 1813, il excluait ses frères de toute participation aux Conseils de l'Empire; en novembre 1813, il disait : « L'Impératrice est une femme plus politique que tous mes frères... Elle a plus de sagesse et de politique qu'eux tous. » En janvier 1814, il institue pour Joseph, avec lequel il s'est réconcilié, une lieutenance générale de l'Empire, dont on ne sait si elle est militaire ou civile, mais qui complique les rouages, enlève à tous les agents la responsabilité de leurs actes, et, dans ce moment où tout s'abandonne, prépare aux uns les excuses, facilite aux autres les trahisons et encourage, par un puissant exemple, la lâcheté de tous.

Avec Joseph, un Conseil de Régence, composé de vieillards timorés, déjà médiocrement sûrs, et de premiers commis pliés de longue date à la passivité de l'obéissance ; pas un homme neuf, énergique et résolu. Pourquoi Joseph, alors que Napoléon ne supprime rien du sénatus-consulte par qui sont exclus de la Régence les Napoléonides appelés à un trône étranger; alors qu'il ne rétablit pas authentiquement Joseph dans l'exercice de la dignité de grand électeur; alors que, par aucun acte qu'on connaisse, il ne l'investit, au cas qu'il lui arrive malheur, de pouvoirs d'exception? Il ne le tire donc de son obscurité royale que pour le réduire aux fonctions d'une sorte de conseiller, somptuaire, honoraire et bénévole? Et en face de Joseph, condamné à une nullité qui d'ailleurs lui sied, le vice-grand électeur, prince de Bénévent, est maintenu en place, alors que les prétextes ne manqueraient point pour l'écarter. Mais Talleyrand est le seul de ces hommes qui ait une valeur, le seul qui ait une influence en Europe, le seul qui, l'Empereur disparu, puisse traiter au nom de la Régente et de l'Empereur mineur. Napoléon, bien qu'il se méfie de lui, lui réserve donc un rôle. Et, à ce moment, ce rôle, Talleyrand le jouerait bien, car il le sent. Si on l'a déjà pratiqué du côté des Bourbons, les choses ne sont pas si avancées qu'elles ne puissent se défaire, et Madame de Coigny, qui a fait la manœuvre, n'est pas à compter les ruptures. Être le maître au Conseil de Régence, gouverner sous le nom de Napoléon II, s'assurer douze ans de pouvoir — et les agréments qui s'ensuivent — cela vaudrait mieux que de mettre ses chances sur la gratitude des Bourbons.

Entre Napoléon et Talleyrand, on ne saurait dire qu'il y ait eu échange de vues; mais la logique impose cet ordre d'idées à tout esprit politique. L'Empereur et son ancien ministre sont habitués à s'entendre à mi-mot, et, si Talleyrand fréquente la Cour comme il le fait, s'il profite régulièrement des grandes entrées, s'il ne manque pas un conseil et se tient toujours à portée; d'autre part, si Napoléon, qui le craint et le surveille, ne le met pas hors de la Régence, n'est-ce pas la preuve qu'ils se sont compris?

Talleyrand reste donc, à l'intérieur, le pivot de la combinaison, mais à l'extérieur il faut encore et toujours l'Autriche. Tout l'effort de Napoléon a consisté à se maintenir en relations avec son beau-père; Marie-Louise multiplie les occasions de lui écrire; Napoléon lui adresse des lettres. Même ne peut-on croire qu'après la première grande crise — Brienne,

Champaubert, Montmirail et Nangis — il a prétendu faire intervenir son fils près de François II ?

Le 19 février, au château de Surville, il reçoit de l'Impératrice un petit portrait du Roi de Rome qu'Isabey vient de terminer. L'enfant est représenté en costume à la matelote, à genoux, les mains jointes, le visage incliné ; ses jouets, abandonnés, traînent à terre. Cela n'a pas l'agrément ni la liberté habituels à Isabey ; la miniature, très poussée, n'est point de ces travaux où il porte, dans son rapide lavage de couleurs, une part de génie. Elle a vraisemblablement été commandée par l'Empereur avant qu'il quittât Paris. Le jour même, Napoléon écrit à Champagny : « L'Impératrice m'a envoyé un petit portrait du Roi de Rome qui prie Dieu et m'a paru extrêmement intéressant... Denon (?)... Il faudrait qu'il fît graver cette légende : *Je prie Dieu pour mon père et la France...* Cette petite gravure, si elle peut être faite en quarante-huit heures... serait d'un bon effet. » Deux jours après, par Bacler d'Albe, le chef de son cabinet topographique, il fait écrire à Denon « qu'il désire qu'on grave sur-le-champ ce portrait avec la devise : *Dieu sauve mon père et la France !...* L'urgence des circonstances est telle qu'il voudrait la gravure en vingt-quatre heures. Il se contentera d'une simple eau-forte ; un trait bien spirituel, avec quelques hachures, remplirait parfaitement son but. » Le 22 au matin, Denon reçoit la lettre, mais il n'a pas la miniature, qu'il n'obtient de l'Impératrice qu'à une heure de l'après-midi. Il va trouver le graveur Pierre Bouillon, l'auteur du *Musée des Antiques;* mais Bouillon demande quarante-huit heures pour livrer la première eau-forte ; et puis, Denon a des scrupules « relativement à l'inscription au-dessous de l'estampe. Il croit que, au lieu de mettre : *Dieu sauve mon père et la France !* il faudrait écrire : *Dieu veille sur mon père et sur la France !* Le mot *sauve* produirait peut-être une sensation qu'on ne doit plus craindre que dans l'opinion ». L'Empereur semble accepter cette rédaction, et l'on tire des gravures avec la légende : *Dieu veille sur la France et sur mon père !* Napoléon les reçoit à Arcis le 27. « J'ai reçu des gravures du Roi de Rome, écrit-il à Joseph. Je désire que vous fassiez substituer à l'inscription : *Dieu veille sur mon* père et sur la France, celle-ci : *Je prie Dieu pour mon père et pour la France!* Cela est plus simple. Je désire aussi que vous fassiez faire des exemplaires où le Roi soit en habit de garde national. » Pareilles lettres à l'Impératrice et à Champagny. Champagny écrit aussitôt à Denon que « la première édition du portrait étant trop avancée, il faut au moins y mettre les mots dictés par l'Empereur et en préparer une seconde en habit de garde national ». Denon a prévenu cette idée, et « il a fait commencer tout de suite le dessin du Roi de Rome en habit de garde national, dans la même attitude que le premier portrait, afin qu'il n'y eût pas un moment de perdu ». Le 1er mars, à la Ferté-Gaucher, Bacler d'Albe reçoit les épreuves, et, les portant aussitôt à l'Empereur, lui dit : « Voilà, Sire, un petit chef-d'œuvre, un tour de force, votre cœur sera satisfait! » Napoléon ordonne aussitôt d'envoyer un courrier à Troyes « avec ce joli cadeau ». A Troyes? Qui est à Troyes, le 1er mars? N'est-ce pas que, de Troyes, on devra faire passer les gravures à l'empereur d'Autriche? Sans doute pas celle en garde national, mais les autres. Le but est double : il y a l'Autriche, mais aussi la France; Napoléon est convaincu qu'un tel portrait attendrira le grand-père et, chez les peuples, provoquera le dévouement; c'est là un de ces petits moyens auxquels il attribue une importance majeure. Peut-être a-t-il raison; nulle gravure n'est devenue aussi populaire, et l'on en trouverait facilement vingt contrefaçons ou imitations.

Pendant qu'il fait feu de toutes ses ressources, aux Tuileries, la guerre continue entre la gouvernante et la dame d'honneur. Savary, qui n'aime point celle-ci, rend compte, le 27 février, « d'une odieuse calomnie par laquelle on a essayé d'entacher les jeunes dames de Montesquiou, » la duchesse de Padoue, née Montesquiou, et la baronne Anatole. « Malheureusement, ajoute-t-il, cette méchanceté part de personnes trop élevées en dignité et qui ont un accès trop facile au salon des Tuileries pour qu'on puisse les nommer autrement que dans une conversation » ; il n'a rien négligé pour repousser ces mauvais propos et pour faire recouvrer à la gouvernante le repos qu'ils lui avaient fait perdre, mais Madame de Montesquiou est si désolée, qu'elle veut absolument en écrire à l'Empereur.

« DIEU VEILLE SUR MON PÈRE ET SUR LA FRANCE ! »   « JE PRIE DIEU POUR MON PÈRE ET POUR LA FRANCE ! »

Gravures exécutées en février 1814 sur l'ordre de l'Empereur, d'après les miniatures de J.-B. Isabey

Appartenant à M. Frédéric Masson

TROMPETTE DU ROI DE ROME

Appartenant à M. Édouard Detaille

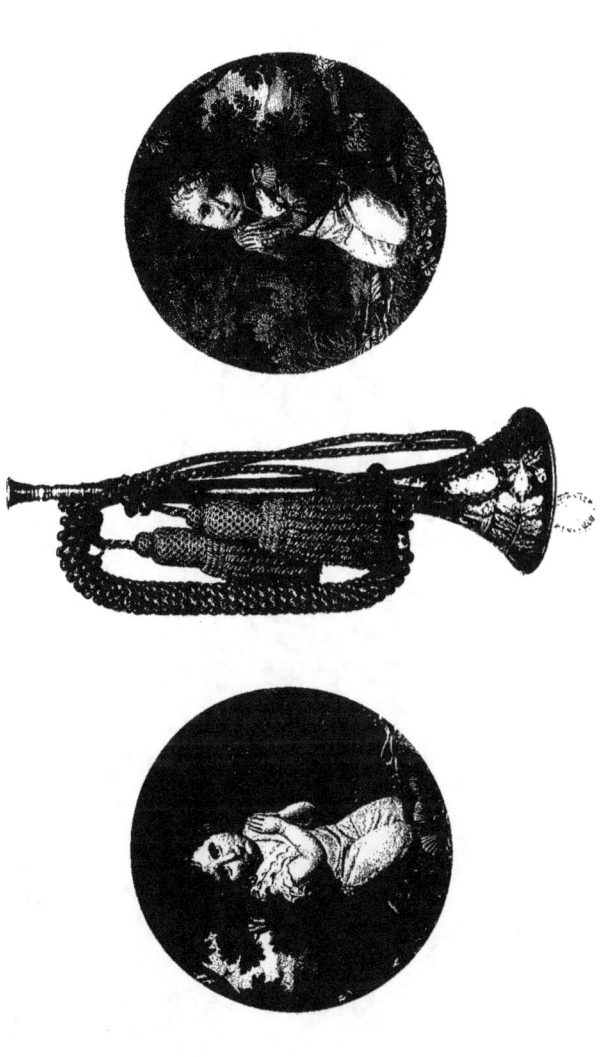

Voici les faits : « Madame de Montesquiou avait elle-même envoyé ses filles dans une terre qu'elle possède près de Vendôme; elle les avait fait accompagner par ses plus anciens domestiques et par l'oncle du duc de Padoue. Ces dames ont rencontré, à Chartres, le sénateur Guéhéneuc, qui conduisait les enfants de Madame la duchesse de Montebello au Mans. C'est à son retour à Paris qu'il a rapporté ce conte comme un fait arrivé en chemin et qu'il avait dit à sa fille que les jeunes dames de Montesquiou avaient rencontré à une poste, dans un village, des soldats de l'Armée d'Espagne qui leur avaient fait subir toute sorte d'outrages. Le fait est que l'oncle du duc de Padoue ainsi que son secrétaire, qui étaient du voyage, assurent qu'il ne leur est arrivé en chemin aucun incident qui ait pu fournir la base d'une pareille histoire..... Il est fâcheux, conclut Savary, que la dame qui, par la nature de sa place et l'élévation de son rang, devrait donner le ton et arrêter surtout les discours qui peuvent porter atteinte à la réputation de femmes vertueuses dont les maris servent Votre Majesté, soit la première à les propager. »

Les choses n'en restent pas là : Madame de Montesquiou va trouver l'Impératrice et lui porte ses plaintes. Marie-Louise prend parti pour sa dame d'honneur, et la gouvernante s'explique sur elle avec une vivacité qui sort de ses habitudes. Le ministre de la Police a dû encore raconter cette algarade à l'Empereur, qui s'en émeut et répond de Jouarre, le 2 mars : « J'ai vu avec surprise que Madame de Montesquiou se soit oubliée au point d'avoir une scène avec l'Impératrice. Je suis plus surpris encore que, en homme de bon sens, vous n'ayez pas fait comprendre à Madame de Montesquiou combien cela est inconvenant. Quoi que dise ou fasse l'Impératrice, elle n'en est comptable envers qui que ce soit, et, en cela, je n'ai point reconnu l'attention de Madame de Montesquiou à ne rien dire devant l'Impératrice qui pût lui déplaire. Si elle avait à se plaindre de la duchesse, elle n'avait qu'à la prendre aux cheveux, mais le respect dû à l'Impératrice est tel qu'on ne doit pas, devant elle, témoigner rien de son mécontentement. Vous devez, par vos conseils, intervenir de façon qu'on laisse l'Impératrice tranquille et qu'on ne lui donne aucune espèce de chagrin. Certes, c'est avoir eu peu le soin de me plaire et bien peu le sentiment des convenances. La duchesse de Padoue a eu tort de quitter Paris. Étant dame du Palais, elle devait rester près de l'Impératrice. Je ne conçois pas comment on a pu oublier le sentiment de l'honneur à ce point. Quant à Madame Anatole, elle était fort la maîtresse de s'en aller, mais, si le public s'est amusé à faire des plaisanteries sur de jeunes et jolies femmes, il n'était permis à qui que ce soit d'en parler qu'autant qu'on eût relevé un propos en présence de l'Impératrice. Encore la bonne éducation et le sentiment des convenances veulent-ils qu'on montre son mécontentement par son chagrin et non par des reparties. » Ainsi, tant il a peur de contrarier Marie-Louise, tant il sait qu'il la blesse s'il touche à Madame de Montebello, c'est à Madame de Montesquiou qu'il donne tort, non seulement pour la forme, mais pour le fond. A la gouvernante, qui prend ses ordres sur la réponse à faire à la reine de Naples qui a demandé des nouvelles du Roi, il écrit, à la vérité avec plus de ménagements : « J'ai appris avec peine les bruits qu'on a fait courir sur Madame Anatole et la duchesse de Padoue, mais le seul moyen de ne pas les accréditer, c'est de ne leur donner aucune importance. Ce sont de ces bruits qui courent plus vite sur de jolies femmes qu'ils ne s'accréditent lorsqu'ils sont aussi absurdes. » Mais il ajoute : « La duchesse de Padoue n'aurait pas dû quitter Paris; il est du devoir d'une dame du Palais d'être près de l'Impératrice dans les circonstances critiques. Un grand nombre a manqué à ce devoir. C'est que le sentiment des convenances et de ce que l'honneur exige me paraît entièrement oublié en France. » Sans doute, la gouvernante n'est que la tante de Madame de Padoue, mais elle seule a décidé le départ; et l'Empereur le sait par Savary. S'il se rejette sur ce départ, où il est certain d'avoir raison, il n'a garde de parler des calomnies qui ont fait la querelle et sur qui Madame de Montesquiou est en droit de se plaindre. Pousser à ce point les ménagements vis-à-vis de la duchesse, n'est-ce pas montrer comme il redoute son influence? N'est-ce pas une ouverture sur le caractère de Napoléon qui vaut d'être notée? Et ne faut-il pas constater encore que, à la Cour, dans l'entourage le plus intime de

Marie-Louise, la guerre sourde s'est transformée en guerre ouverte — et cela, à quel moment !

La crise, il est vrai, semble retardée ; mais elle ne peut manquer, étant données les forces adverses, de se reproduire plus aiguë. Dans le cas d'une incursion des Alliés sur Paris, de leur entrée dans la capitale, qu'arrivera-t-il du Roi de Rome? L'Empereur, avant de quitter Paris, a donné de vive voix ses instructions à Joseph pour le cas surtout où il serait tué. Le 8 février, de Nogent, il les a renouvelées, en joignant cette déclaration : « Je vous répète en deux mots que Paris ne sera jamais occupé de mon vivant; j'ai droit à être cru par ceux qui m'entendent. » Qu'il soit amené à réaliser cette menace ou que, « par des circonstances qu'il ne peut prévoir, il se porte sur la Loire, il ne laissera pas l'Impératrice et son fils derrière lui, parce que, dans tous les cas, il arriverait que l'un et l'autre seraient enlevés et conduits à Vienne ». Il précise encore et accentue ses ordres qui, de l'annonce de sa mort, prennent une solennité testamentaire : « S'il arrivait bataille perdue ou nouvelle de ma mort, écrit-il à Joseph, vous en seriez instruit avant mes ministres. Faites partir l'Impératrice pour Rambouillet. Ordonnez au Sénat, au Conseil d'État et à toutes les troupes de se réunir sur la Loire... Ne laissez jamais l'Impératrice entre les mains de l'ennemi. Soyez certain que, dès ce moment, l'Autriche, étant désintéressée, l'emmènerait à Vienne avec un bel apanage et, sous ce prétexte de voir l'Impératrice heureuse, on ferait adopter aux Français tout ce que le régent d'Angleterre et la Russie pourraient leur suggérer... Si je meurs, mon fils régnant et l'Impératrice régente doivent, pour l'honneur des Français, ne pas se laisser prendre et se retirer au dernier village, avec leurs derniers soldats. Souvenez-vous de ce que disait la femme de Philippe V. Que dirait-on, en effet, de l'Impératrice? Qu'elle a abandonné le trône de son fils et le nôtre, et les Alliés aimeraient mieux en finir en les conduisant prisonniers à Vienne .... Quant à mon opinion, je préférerais qu'on égorgeât mon fils plutôt que de le voir jamais élevé à Vienne comme prince autrichien, et j'ai assez bonne opinion de l'Impératrice pour être persuadé qu'elle est de cet avis, autant qu'une femme et une mère peuvent l'être. Je n'ai jamais vu représenter *Andromaque* que je n'aie plaint le sort d'Astyanax survivant à sa maison et que je n'aie regardé comme un bonheur pour lui de ne pas survivre à son père. »

C'est donc là l'expression d'une volonté mûrement réfléchie, que Joseph ne peut contredire sans rébellion; elle n'est point le résultat d'une fantaisie, elle lui a été inspirée par la connaissance du passé, la prescience de l'avenir, une sorte de terreur prophétique devant les conséquences nécessaires de la captivité de son fils; et quand, le 16 mars, la crise se renouvelle, qu'il « va manœuvrer de manière qu'il soit possible que Joseph soit plusieurs jours sans avoir de ses nouvelles », il réitère ses ordres : « Mon frère, écrit-il, conformément aux instructions que je vous ai données et à l'esprit de toutes mes lettres, vous ne devez pas permettre que, dans aucun cas, l'Impératrice et le Roi de Rome tombent dans les mains de l'ennemi... Si l'ennemi s'avançait sur Paris avec des forces telles que toute résistance devînt impossible, faites partir, dans la direction de la Loire, la Régente, mon fils, les grands dignitaires, les officiers du Sénat, les présidents du Conseil d'État, les grands officiers de la Couronne, le baron de la Bouillerie et le Trésor. Ne quittez pas mon fils et rappelez-vous que je préférerais le savoir dans la Seine plutôt que dans les mains des ennemis de la France. Le sort d'Astyanax, prisonnier des Grecs, m'a toujours paru le plus malheureux de l'histoire. »

Jamais les souvenirs classiques n'ont plus à propos fourni un rapprochement. Celui-ci s'adapte si étroitement à l'état d'âme de l'Empereur et à sa situation, il peint si justement les épreuves qui sont réservées à son fils qu'il pourrait servir d'épigraphe à l'histoire qu'on écrira de cet enfant. Mais, pour échapper aux Grecs, où portera-t-on le fils d'Hector? Si Hector succombe, quels partisans conservera son fils, dans quel village fidèle trouvera-t-il un refuge? L'Empereur est encore dans l'illusion que sa dynastie est fondée et que, s'il disparaît, son fils régnera. Mais la mort ne veut pas de lui : il a poussé son cheval aux obus fumants, les obus n'ont pas éclaté; il s'est jeté au plus épais des coups de fusil, les balles ont respecté sa tête; il s'est égaré dans des hourras de cosaques, les lances se sont détournées de sa poitrine. Le sacrifice de sa vie était fait; il faut plus : le sacrifice de son orgueil. Jusqu'ici pour amener l'empereur d'Autriche, qui sans cesse se dérobe, à prendre en main la cause de son fils, il a usé de tous les moyens, jusqu'à faire directement intervenir Marie-Louise ; mais la lettre qu'elle a écrite n'est pas assez forte et c'est lui-même qui écrira. L'intermédiaire dont il a besoin, quelqu'un qui ait ses entrées dans le cabinet de l'empereur François, se trouve à point nommé. C'est le baron de Wessemberg, ambassadeur d'Autriche à Londres, que des paysans ont arrêté sur la route de Châtillon et amené au quartier impérial. Napoléon le charge de présenter à son souverain, en même temps que la lettre de l'Impératrice, sa propre abdication en faveur de son fils. « Il me remit entre les mains son abdication, a écrit Wessemberg. Je lui répondis que je connaissais assez les intentions de mon souverain pour pouvoir affirmer que jamais il ne sacrifierait les intérêts de l'État aux affections de son cœur. »

Ainsi, là même, un échec, et ce renoncement de soi qui va jusqu'à l'abnégation de sa gloire, un subalterne le dédaigne et refuse même de le transmettre ; mais ce subalterne est le représentant de l'oligarchie européenne ; il a les secrets de l'oligarchie britannique. Si François II avait quelque dessein de sauver sa fille et son petit-fils, les oligarques, ses maîtres, sauraient bien l'en empêcher ; mais François II partage toutes leurs passions et toutes leurs haines ; il est le premier à s'enquérir des Bourbons, à les encourager, et, bien avant la prise de Paris, à leur témoigner une sympathie effective.

Il n'en marque aucune au fils de Napoléon. Le pauvre petit, un peu malade, surtout énervé par ce qu'il voit et qu'il devine, et par le rôle qu'à des jours on lui fait jouer, est digne de pitié. Il est violent, impérieux, emporté, et la gouvernante a fort à faire pour mater cette majesté puérile, cette intelligence qui s'éveille dans la pourpre et qui, dès là, par un raisonnement sans réplique, pose que, rien ne résistant à Napoléon, tout doit obéir à son fils. Madame de Montesquiou, sans se laisser plus interrompre par les algarades de Madame de Montebello que par l'approche du désastre, remplit en conscience son devoir d'éducatrice : elle interdit aux serviteurs de céder aux caprices de l'enfant, elle-même y contredit, et, avec des procédés qu'elle adapte ingénieusement à une enfance si fort au-dessus de la commune humanité, elle sait le punir en frappant son imagination. Un jour qu'aux Tuileries, dans cet appartement du rez-de-chaussée devant lequel, chaque jour, la foule s'amasse, le Roi est entré dans une telle colère que nul des remèdes habituels n'a réussi, elle ordonne qu'on ferme à l'instant tous les contrevents. Étourdi par cette subite obscurité, il demande pourquoi tout cela : « C'est que je vous aime trop, dit-elle, pour ne pas vouloir cacher votre colère à tout le monde. Que diraient toutes ces personnes que vous gouvernerez peut-être un jour si elles vous avaient vu dans cet état ? Croyez-vous qu'elles voulussent vous obéir si elles vous savaient si méchant ? » Dans cette vie qu'attriste ce palais « triste comme la grandeur », la distraction et la joie de l'enfant sont de regarder la parade sur le Carrousel, le petit drame de l'arrivée de la garde montante, de la remise des postes, de la descente de la garde. S'il est mutin, on le prive de regarder par la fenêtre, et, s'il résiste encore, on le met en pénitence derrière une grande chaise; mais, de là, on le tire à des jours pour le coiffer d'un chapeau militaire, le vêtir d'un uniforme, lui passer un grand cordon et lui faire saluer les soldats ou les gardes nationaux dont son oncle Joseph passe la revue. Ces alternatives, ces bruits qu'il entend, ces conversations dont il surprend des bribes, ce canon qu'on tire pour les victoires, les pleurs qu'il voit verser, l'inquiétude qui crispe tous les nerfs et détermine comme une tension électrique, tout cela est trop pour lui. A des nuits, il dort mal, « son sommeil est très extrêmement agité, il pleure beaucoup en dormant ». Sa mère lui demande ce qu'il a eu. « Il dit qu'il a rêvé de son cher papa, mais qu'il ne dira pas comment et on ne peut le faire entrer dans aucune explication. »

Cette nuit-là est celle du 20 au 21 mars. Quel anniversaire ! La veille, l'enfant a eu trois ans. Des sensations obscures traversent les sommeils enfantins ; devant les petits yeux clos s'évoquent de surprenantes images ; d'étranges courants, d'un père à un fils, transmuent des pensées. Informulées et inexprimables, elles semblent quelque chose de divin par quoi s'atteste la mystérieuse puissance de l'amour. Cette nuit-là même, à Arcis, dans le château criblé de boulets du chambellan La Briffe où est son quartier impérial,

Napoléon s'assoupit une heure. Tout le jour il a cherché la mort, il a fait marcher sur les obus son cheval le *Roitelet ;* deux fois, pour se dégager, il a mis l'épée au clair et il n'a pu emporter ni la mort ni la victoire. Est-ce miracle qu'alors son âme se soit tendue vers son fils et que dans le sommeil du petit, cette suggestion évoque des images et provoque des larmes ?

Sous cette contrainte magnétique qui fait de lui presque un sujet d'expérience, l'enfant achève de s'énerver, et lorsque, après des revues, des cris, des vivats, des tumultes d'armes, il doit partir, quitter les Tuileries, comment s'étonner qu'il résiste, qu'il pleure, qu'il sanglote, qu'il s'accroche aux meubles, qu'il crie à sa mère : « N'allez pas à Rambouillet, c'est un vilain château, restons ici ; je ne veux pas quitter ma maison ; je ne veux pas m'en aller ; puisque papa n'est pas là, c'est moi qui suis le maître ! »

L'Empereur a ordonné ; il faut partir. Canisy prend l'enfant dans ses bras et le porte, trépignant, à la voiture de l'Impératrice. Toute la maison suit ; il y a la gouvernante et les deux sous-gouvernantes, le médecin et le chirurgien, mais seulement une femme-rouge, Madame Soufflot, une berceuse, Madame Marchand, une femme-blanche, Madame Petit Jean, et une femme-noire, Madame Renaud ; de plus, le valet de chambre, Gobereau et, avec Locquin, maître d'hôtel, un service de trois cuisiniers et aides d'office.

On est parti le 29 à dix heures et demie du matin, on arrive à cinq heures et demie à Rambouillet. Le 30 on est à Chartres, le 31 à Châteaudun, le 1ᵉʳ avril à Vendôme. L'Impératrice veut se diriger sur Tours, mais on a parlé de maladies contagieuses : de Fontainebleau, où il est arrivé le 31 à six heures du matin, l'Empereur ordonne qu'on aille à Blois ; on y arrive dans la soirée du 2 et l'Impératrice s'installe à la préfecture. Les ministres l'ont accompagnée ou la rejoignent, mais deux des grands dignitaires, Lebrun et Talleyrand, sont restés à Paris. Talleyrand a fait son choix : comme, à son compte, l'Empereur n'est pas mort à temps, que la régence lui échappe, que les royalistes ont pris l'avance, il va vers eux et, lui seul, il donne à l'usurpation un air de légalité. Comme grand dignitaire, vice-grand électeur, il avertit les sénateurs, il les assemble, il leur porte les ordres de l'empereur Alexandre dont il a obtenu la déclaration « que les souverains alliés ne traiteraient plus avec Napoléon Bonaparte ni aucun de sa famille ».

Le Sénat a constitué un gouvernement provisoire, le Conseil général de la Seine a émis un vœu pour le retour des Bourbons, la cocarde blanche est arborée, et Napoléon se flatte encore que tout n'est pas perdu. Alexandre auquel il envoie Caulaincourt, François II sur qui Marie-Louise agira, accepteront peut-être qu'il disparaisse et que, à sa place, Napoléon II soit proclamé empereur. Pour cela, il faut que l'armée demeure imposante, unie, groupée autour de son chef, et que la nation se prononce vigoureusement en faveur de la Régente, de façon que l'effort simultané que tenteront le duc de Vicence près de l'empereur de Russie, le duc de Cadore près de l'empereur d'Autriche, soit appuyé par la crainte que les Alliés ont encore de la France et de l'armée française. Il se charge des soldats ; Marie-Louise régente devra se charger des peuples. C'est de son style à lui, cette proclamation dont Marie-Louise adresse des exemplaires signés de sa propre main, aux préfets des départements non envahis et aux maires des Bonnes-villes : mais à Blois où il y a deux imprimeurs et où se publie un *Journal du Département,* à peine a-t-on trouvé des caractères, et cette feuille volante que nul ministre n'a contresignée, que nul imprimeur n'a avouée, qui est composée à la diable, tirée à la brosse, où les fautes les plus grossières ont été corrigées à la main, d'une main de femme, peut-être d'une main d'impératrice, atteste le désarroi, l'effondrement, la déroute des autorités, l'impossibilité d'organiser la défense dans un pays centralisé à l'extrême, dont la capitale, renfermant tous les organes impulsifs et tout l'outillage de gouvernement, est occupée par l'ennemi.

Avant que cette proclamation qui annonce la régence effective de l'Impératrice et prépare l'avènement de l'Empereur mineur ait pu produire le moindre effet, avant que Champagny ait pu rejoindre l'empereur d'Autriche, avant que Caulaincourt ait pu obtenir d'Alexandre autre chose que de vagues paroles, l'insurrection des Grosses Épaulettes a contraint Napoléon à se livrer à la générosité des Alliés, à paraître devant eux non plus comme le chef d'une armée encore redoutable et d'une nation unanime, mais comme un suppliant qui s'en remet à leur bonne foi.

Devant les silences, les menaces, les refus d'obéir des maréchaux, il a signé en faveur de son fils son abdication conditionnelle. Même la première rédaction qu'il avait écrite de sa main n'a point été agréée. Il a fallu cette seconde rédaction qui omet par élision certaines déclarations essentielles et laisse subsister des amorces devenues sans objet : « Les Puissances alliées, ayant déclaré que l'Empereur Napoléon était le seul obstacle au rétablissement de la paix en Europe, l'Empereur Napoléon, fidèle à ses serments, déclare qu'il est prêt à descendre du trône, à quitter la France et même la vie pour le bien de la Patrie, inséparable des droits de son fils, de ceux de la régence de l'Impératrice et du maintien des lois de l'Empire. »

Telle est la formule qu'il adopte, tel est l'acte qu'il remet à Caulaincourt, Ney et Macdonald qui, sur cette base, doivent négocier avec Alexandre. Ils arrivent, la conférence s'engage ; ils sont pressants, car leur propre intérêt est en jeu ; ils parlent au nom de ces armées qui peuvent être encore la *Grande Armée,* car si Augereau, Suchet, Soult, Maison rejoignent Ney, Macdonald, Moncey, Victor, Marmont, la lutte n'est pas impossible et, pour les Alliés, la victoire est douteuse. Ces arguments frappent Alexandre qui hésite et s'inquiète. Il n'aime pas les Bourbons qui ont laissé en Russie de mauvais souvenirs. Le rôle qu'on lui présente a du généreux et du chevaleresque. Peut-être va-t-il l'adopter... A deux heures du matin, on l'avertit que Marmont, abusant ses soldats, les a livrés aux Autrichiens. Talleyrand triomphe et, avec lui, l'oligarchie européenne, coalisée avec la finance cosmopolite.

Dès lors, tout est changé; il n'est plus question d'une abdication conditionnelle, c'est l'abdication pure et simple, sans phrase, qu'imposent les Alliés. Puisque l'armée n'est point unanime, puisque la nation est divisée, puisque, de tous côtés, arrivent des adhésions bruyantes aux actes du Gouvernement provisoire, Alexandre est fondé à croire que le Sénat et le Conseil général de la Seine qui ont pris la tête du mouvement, représentent l'opinion générale et qu'en cela, ses premières impressions ne l'ont pas trompé. Il faut donc que Napoléon disparaisse et fasse place aux Bourbons.

Ce sont les nouvelles que les plénipotentiaires de Napoléon rapportent à Fontainebleau : eux aussi ont été travaillés par la faction ; on leur a garanti leurs grades, leurs titres, leurs dotations, leurs fortunes ; au passage, ils ont, de leur initiative, conclu un armistice avec Schwarzenberg. Napoléon est leur prisonnier ; s'il prétend des chefs en appeler aux soldats, se retirer sur la Loire et continuer la lutte, ils sauront bien l'en empêcher. Le 6, ils lui arrachent ce papier où, après s'être sacrifié lui-même, il sacrifie encore l'espérance et l'avenir, « où il renonce pour lui et ses héritiers aux trônes de France et d'Italie ». « J'aurais voulu, pour vous autant que pour ma famille, dit-il alors aux maréchaux, assurer la succession du trône à mon fils. Ce dénouement vous eût été encore plus profitable qu'à moi, car vous auriez vécu sous un gouvernement conforme à votre origine, à vos sentiments, à vos intérêts. » Le matin du 7 décembre 1815, Ney se souvint-il de ces paroles ?

On a laissé la date en blanc ; car Macdonald et Caulaincourt prétendent au moins, en échange de ce papier, gagner quelques douceurs pour le ci-devant empereur et pour les siens. Il accepterait l'île d'Elbe pour lui-même ; il souhaiterait un établissement princier pour Eugène, de l'argent pour Joséphine, pour Madame, pour ses frères et ses sœurs, surtout la Toscane pour Marie-Louise et pour son fils. A présent, c'est à cette Toscane qu'il s'est repris. « Mon fils sera archiduc, dit-il à Caulaincourt, cela vaut peut-être mieux pour lui que le trône de France. S'il y montait, serait-il capable de s'y tenir ? Mais je voudrais pour lui et sa mère la Toscane. Cet établissement les placerait dans le voisinage de l'île d'Elbe et j'aurais ainsi un moyen de les voir. » Sa femme est à Blois, il ne l'appelle pas. Elle sait que le vide s'est fait autour de lui, que ses serviteurs l'ont abandonné ; qu'il est seul en face de cet écroulement de sa fortune et de sa dynastie, seul dans ce palais qui vit, devant son étoile au zénith, s'incliner la triple couronne du Souverain Pontife. Qu'elle vienne, les rangs mêmes des ennemis s'ouvriront pour la laisser passer ; qu'elle arrive pour partager l'exil avec lui comme elle a partagé le trône ; qu'elle lui amène son fils, c'est la seule consolation qu'il attende, un peu de lumière et de joie ; mais il a trop d'orgueil pour la presser, l'attendrir par des prières ou la contraindre par des ordres. Il ne réclame même pas son fils : il ne songe pas à séparer la mère de l'enfant. Outre qu'il imagine que celui-ci ne pourrait se passer de celle-là et celle-là de celui-ci, la destinée que son fils aura près d'elle vaut mieux que la déchéance qu'il subirait avec lui. Son esprit ne réalise point la séparation définitive, l'abandon brutal. Sans doute, quand les choses seront calmées, qu'il sera établi dans son île, que Marie-Louise sera intronisée dans sa principauté, elle viendra le voir, lui faire des visites. Ne reçoit-il pas chaque jour, plusieurs fois par jour, des lettres d'elle où elle l'assure de sa tendresse? Il y croit. On lui affirme que Marie-Louise et son fils ne pourront supporter le climat de l'île d'Elbe ; on lui en envoie l'attestation médicale et c'est l'homme en qui, pour la médecine, il a placé toute sa confiance. On lui dit que l'Impératrice, dont le tempérament est épuisé, dont la santé est compromise, a un besoin urgent et absolu des eaux d'Aix. Soit ! Il en passera par là. Qu'elle vienne ensuite, et il se trouvera satisfait. Même il ne répugne pas à ce qu'elle aille au-devant de l'empereur d'Autriche et lui mène son fils. Devant cet enfant, François II sentira peut-être s'éveiller quelque chose de paternel et lui deviendra un protecteur. Napoléon ne se berce-t-il pas encore de l'idée « qu'il a été convenu avec l'empereur d'Autriche que la couronne passera au Roi de Rome sous la régence de l'Impératrice ; que M. de Metternich est chargé de formuler cette convention » ; n'écrit-il pas que, dans un tel état de choses, il est nécessaire « que l'Impératrice se tienne toujours informée du lieu où se trouvera l'empereur d'Autriche pour pouvoir recourir à sa protection »?

Illusions vaines et contradictoires que la moindre réflexion suffirait à dissiper ! Rêves étranges où il prend pour des réalités les désirs qu'il a inutilement tenté de remplir ! Comment pense-t-il que son fils puisse monter au trône de France quand on ne peut même lui assurer deux des départements de l'Empire? Caulaincourt a porté tout son effort sur la Toscane. Alexandre était disposé à la donner. « Une principauté en Italie, disait-il, est le moins qu'on puisse faire, et l'Autriche va recouvrer assez de territoires dans cette contrée pour ne pas marchander avec sa propre fille. » Mais Schwarzenberg — l'homme du mariage — ne l'a pas entendu ainsi. La Toscane appartenait à un archiduc et doit revenir à la Maison d'Autriche. S'il plaît à l'Europe d'octroyer une principauté à Marie-Louise, qu'on la prenne sur les pays conquis et demeurés sans maître. Parme, Plaisance et Guastalla sont dans ce cas, puisque jadis ils appartenaient à des Bourbons, non à des Habsbourg. Marie-Louise elle-même s'est défendue de prétendre à des domaines de sa famille, et a déclaré qu'elle se tiendrait contente, pourvu que son fils ne fût pas réduit, dans l'avenir, à la souveraineté de l'île d'Elbe. Là devant, que faire, sinon céder? Napoléon ne le fait pas sans regret. « La Toscane est une belle principauté, dit-il, et qui aurait convenu à mon fils. Sur ce trône, où les lumières sont restées héréditaires, mon fils eût été heureux, plus heureux que sur le trône de France, toujours exposé aux orages et où ma race n'a, pour se soutenir, qu'un titre : la victoire. » Au moins, à son fils, sera garantie la succession indéfinie en toute propriété et souveraineté des duchés de Parme, Plaisance et Guastalla. « Le Prince, fils de S. M. l'Impératrice Marie-Louise, est-il dit à l'article 5 du traité de Fontainebleau, prendra dès ce moment le titre de Prince de Parme, Plaisance et Guastalla. »

Mais l'Empereur craint encore qu'à Parme la vie ne soit trop mesquine à l'Impératrice et à son fils, et qu'ils n'aient pas l'argent qui convient. Par ses ordres, ses plénipotentiaires « insistent pour qu'il soit accordé à S. M. l'Impératrice Marie-Louise, en toute propriété, deux millions de revenu annuel pour elle et ses héritiers, à prélever sur les fonds placés par l'Empereur, soit sur le Grand-Livre, soit sur la Banque de France, soit sur les actions des Forêts *(sic)*, soit de tout autre manière, et dont Sa Majesté fait abandon à la Couronne ». Le Gouvernement provisoire ayant refusé de prendre formellement cet engagement, les plénipotentiaires des puissances alliées « déclarent, par un protocole séparé, signé le 10 avril, que leurs Cours s'engagent à employer leurs bons offices auprès du nouveau souverain de la France pour que cette dotation soit accordée à S. M. l'Impératrice Marie-Louise ». A défaut de l'attribution de ces deux millions de revenu annuel qui eût compensé et au delà le douaire garanti à Marie-Louise et qui eût constitué à son fils une fortune princière, Napoléon obtient au moins par le paragraphe 2 de l'article III du traité du 11 avril, que, sur le revenu annuel de deux millions de rentes sur le Grand-Livre de France, qui lui est assigné à lui-même en toute propriété, un million soit réversible à l'Impératrice; seulement cette réversibilité est viagère et ne s'étend pas au Prince de Parme.

Dans cette sorte de testament, l'Empereur, qui n'a omis aucun des siens, n'a eu garde d'oublier aucun de ses serviteurs. La part qu'il leur fait est médiocre, car il est pauvre; les millions qu'il se targuait d'avoir entassés dans les caves des Tuileries ont passé aux nécessités de la défense; le Trésor de la Couronne a été livré par celui qui en avait la garde; pour récompenser les suprêmes dévouements, le traité qui vient d'être signé ne lui alloue que deux millions. Il met au moins 70,000 francs à la disposition de l'Impératrice pour en gratifier les personnes de son service et du service de son fils. Cette répartition est faite d'une façon étrange. Chaque femme-rouge de l'Impératrice reçoit 10,000 francs, chaque femme-noire 4,000; les trois femmes du Roi de Rome n'ont que 3,000 francs et Madame Marchand 4,000. Les sous-gouvernantes et les médecins ont, il est vrai, reçu, le 8, de Marie-Louise, sur les fonds qu'elle a retenus du Trésor de la Couronne, une forte gratification, en même temps que, entre les vingt personnes attachées au service du Roi de Rome, tant celles qui se retirent que celles qui le suivent, il a été réparti une somme de 50,000 francs.

La crise, commencée à Blois du 2 au 8 avril, continuée à Orléans du 9 au 12, cette crise où se sont décidés, en même temps que l'opprobre de l'épouse, le sort du père et de l'enfant, a mis en présence les deux forces adverses qui, à la Cour, depuis la naissance du Roi de Rome, se sont constamment combattues.

La dame d'honneur s'est proposé pour but de rester en France, de rentrer dans ses habitudes, d'y jouir de sa fortune, de ses bibelots et de ses enfants, de ne sacrifier rien de ses goûts en suivant l'Impératrice, et, sinon de se ménager la nouvelle cour, au moins de s'assurer la bienveillance des Bourbons, qui, le 17 août 1815, paieront ses bons offices d'un siège pour son fils aîné à la Chambre haute; elle aime peu de gens, mais elle hait l'Empereur. Elle ne s'embarrasse point à des scrupules, et, pour combattre et vaincre « la conjugalité » qu'elle trouve encore chez sa maîtresse, elle ne recule pas devant les grands moyens; elle fait appel à Schwarzenberg; elle s'adresse au Gouvernement provisoire; elle détache à Paris son ami, le baron de Saint-Aignan, qui ramène un officier russe, chargé des pouvoirs des Alliés : la barrière est ainsi dressée entre Blois et Fontainebleau et il n'y a plus pour Marie-Louise de route que celle qui la ramène à son père.

Avec Madame de Montebello, marchent la Brignole, amie intime de Talleyrand, Corvisart, Bausset, Saint-Aignan, d'autres sans doute. Il est des heures où s'établit, dans les cours, une émulation dans le mal. Chez certains, les mobiles apparaissent; chez d'autres, non. L'ignominie est contagieuse, comme l'héroïsme.

En face, très noble d'aspect, très droite en ses desseins, certaine de son devoir, mais ne le rendant pas aimable, Madame de Montesquiou; à un plan un peu inférieur, Madame de Luçay, ne portant point à ses décisions la même hauteur, n'affirmant pas avec une égale certitude, car elle est un peu timorée et craintive, mais son âme est pure, son dévouement certain, ses intentions excellentes; avec elles, d'hommes, seulement Meneval. Eux trois, à toutes les rencontres qu'ils ont avec Marie-Louise, lui prêchent qu'elle doit aller à Fontainebleau, sans consulter, sans tarder, d'un mouvement généreux qui emportera tout. Mais ils se heurtent à plus fort que le devoir, au prestige de cette amitié exclusive et souveraine.

Seule, de toute cette cour, Madame de Montesquiou pourrait être entraînée vers les Bourbons; son oncle, l'abbé, représente dans le Gouvernement provisoire le royalisme de 89, dont on croit le comte de Lille. Sa sœur Doudeauville, ses neveux La Rochefoucauld ont donné dans la révolution nouvelle avec une exaltation qui l'a fait réussir; par le nom qu'elle porte, les services de ses ancêtres, sa réputation de haute piété et de vertu intacte, elle aurait sa place marquée à la cour des rois. Tandis que Madame de Luçay et Meneval agissent comme ils font par dévouement à l'Empereur, elle hait le système de Napoléon, sinon sa personne. Elle le tient pour justement frappé et, à ses yeux, tous ses malheurs sont le châtiment de sa conduite envers la papauté ; mais, au serment qu'elle a prêté jadis à l'Empereur tout-puissant, elle s'attache avec une conscience inflexible et rien ne peut l'en relever. Plus elle a d'orgueil, mieux elle connaît son devoir, et, dans le général abaissement des caractères, elle trouve une joie mâle à rester seule dans sa voie. Or, c'est sur cette femme qu'on parvient à inspirer des doutes à l'Empereur même ; on la lui présente comme prête à déserter sa place : manœuvre de la faction qui ne recule devant aucun moyen et qui, à force de donner des dégoûts à Madame de Montesquiou, compte se défaire d'elle. Le 11, l'Empereur fait écrire par Fain à Meneval : « L'Empereur pense qu'il faudrait que l'Impératrice écrivît à Madame de Boubers pour savoir si elle peut venir pour se charger de l'éducation du Roi de Rome, puisqu'il paraît que Madame de Montesquiou veut revenir à Paris. » Or, c'est le 11, au matin, que, Bausset, revenant de Paris, a passé à Fontainebleau et a vu l'Empereur. Seul il a pu donner cette fausse nouvelle et il a compté sur un accès de violence qui déblaierait le terrain.

La faction est puissante, elle est insidieuse, elle se recrute au cours de jours, et le parti contraire s'affaiblit à proportion. Il recule devant les initiatives, il se renferme dans des lamentations, et si Madame de Montesquiou, qui en est la tête, estime que Marie-Louise doit rejoindre son mari, elle ne va pas jusqu'à penser qu'elle doive à son fils de continuer la lutte.

Telle ne paraît plus alors, en effet, la pensée de Napoléon ; l'hypothèse qu'il avait posée avant les désastres se trouve pourtant réalisée ; ses ordres ont été positifs ; ils ont été confirmés par la proclamation de la Régente du 3 avril. Joseph a le droit et le devoir de porter le gouvernement au delà de la Loire, de mettre hors de la portée des Alliés Marie-Louise et le Roi de Rome, et, avec Suchet et Soult, de continuer la lutte. Il le tente, mais ce dernier effort, que Jérôme seconde maladroitement, est vain. Marie-Louise allègue les volontés nouvelles de Napoléon ; surtout, elle est lasse de cette vie et de ces voyages, elle redoute ses beaux-frères, elle a confiance en son père. Elle résiste donc, et, à sa voix, chambellans et préfets s'empressent et appellent les officiers de garde : c'était là pourtant la plus généreuse inspiration, la seule conforme aux traditions françaises et à une juste appréciation des circonstances. Cette porte de salut fermée, l'officier russe arrivé, Marie-Louise est prisonnière.

On voudrait rendre compte avec quelque exactitude, des impressions qu'a subies l'enfant durant ces jours. La prudence de Madame de Montesquiou a eu beau écarter de son esprit tout ce qui pouvait y exciter une irritation dangereuse, il n'en a pas moins saisi, au milieu de ses jeux, des mots qu'il n'a pas eu l'air de comprendre et qui se sont gravés dans sa mémoire. « Il disait, a-t-on rapporté, que Blücher était son plus grand ennemi, que Louis XVIII avait pris la place de son papa, qu'il retenait tous ses joujoux, mais qu'il faudrait bien qu'il les rendît. » Heureusement pour se distraire, il a les pages de service, les plus petits de la Maison, et il joue avec eux. A Orléans, dans la cour de cet évêché où l'Impératrice a logé du 9 au 12, les pages ont fiché des bâtonnets entre les pavés, et l'Enfant-Roi, habillé à la matelote en couleur bleu tendre, une toque de velours noir sur l'oreille, une sorte de cimeterre à la main, commande à cette armée imaginaire. Même la gouvernante autorise quelques habitants de la ville qui, malgré les grenadiers de faction, se sont faufilés dans la cour, à prendre l'enfant dans leurs bras pour le caresser.

Pendant ce temps, Marie-Louise que ne rassurent point encore contre les entreprises de ses beaux-frères la présence de Schouvaloff et le voisinage des Cosaques de Platoff aspire à aller trouver son père; et l'Empereur, toujours confiant, multiplie les recommandations pour le prochain voyage; si, devant la consultation de Corvisart, il accepte que l'Impératrice ne vienne pas tout de suite à l'île d'Elbe avec son fils, au moins le rejoindra-t-elle près de Gien ou de Briare, marcheront-ils quelque temps de conserve; il ira en avant pour préparer les logements, pendant qu'elle se rendra à Aix et y prendra les eaux. Ces lettres que, à tout moment, il dicte à Fain et expédie à Meneval, où il use maintenant sa prodigieuse activité devenue sans emploi, sont pleines de cette réunion. Vivre bour-

RELIQUES DU ROI DE ROME
Appartenant à Madame Amédée Lefèvre-Pontalis
1. Petit couteau de chasse enrichi de perles fines
2. Cordon de commandement.

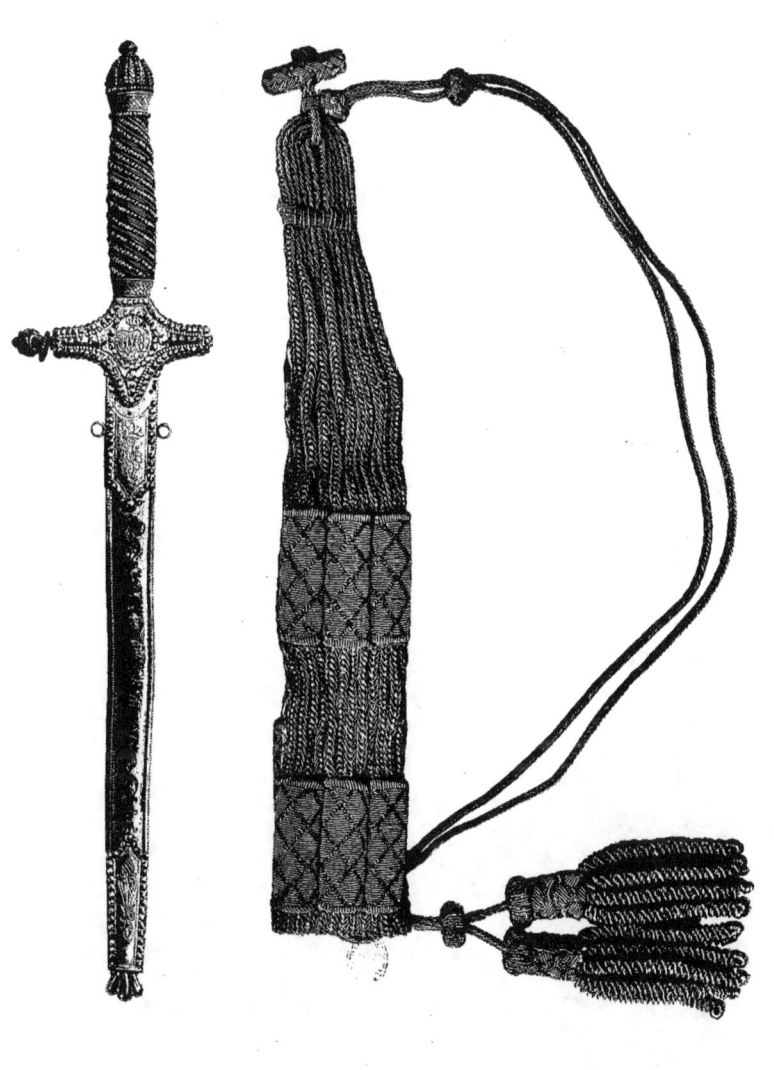

LE ROI DE ROME EN 1812
Buste exécuté à Meudon en juin 1812 par Treu, de Bâle
Appartenant à M. Frédéric Masson

L'ABANDON

geoisement entre sa femme et son fils, c'est le rêve de bonheur auquel il s'attache et, comme à son habitude, il en calcule toutes les ressources, il en imagine les agréments; dans cet écroulement, il s'y cramponne comme un naufragé à l'épave. Et lorsqu'il apprend que, sous la conduite — ou la garde — d'Autrichiens envoyés par Metternich, Marie-Louise a quitté Orléans pour Rambouillet, alors seulement il se sent tout à fait abandonné, il désespère et il se réfugie dans la mort. Mais la mort aussi se dérobe. Alors c'est, au physique et au moral, une insurmontable lassitude, un affaissement de tout l'être; il ne lutte plus; il remet au destin de disposer de lui-même; et, comme oublieux de sa sinistre prophétie, il ne dispute plus son fils aux Autrichiens.

LE ROI DE ROME EN 1812

Gravure par H.-G. Chatillon et Devilliers jeune, d'après la miniature d'Aimée Thibault, envoyée à l'Empereur par Madame de Montesquiou en août 1812 et emportée par l'Empereur à Sainte-Hélène

IV

LE DUC DE REICHSTADT

1. — De Rambouillet au Burg de Vienne

Partie d'Orléans avec son fils le 12 avril à huit heures du soir, sous l'escorte de deux Autrichiens et de vingt-cinq cosaques, Marie-Louise est arrivée à Rambouillet le 13 à midi. La Maison s'est dispersée; ce n'est plus une cour qui l'accompagne, à peine une suite. Pour la décider, on l'a trompée. On lui a dit que son père était à Rambouillet ou qu'il allait y arriver et que, pour le joindre, elle n'avait pas un instant à perdre; que Napoléon avait consenti à ce voyage; « qu'on lui réservait une existence indépendante qui passerait à son auguste fils..., qu'elle serait tranquille pour le présent et libre de sa volonté pour l'avenir ». A Rambouillet, elle n'a pas trouvé l'empereur d'Autriche : elle l'a attendu jusqu'au 16 et dans quelle anxiété! Aux Autrichiens qui l'ont conduite d'Orléans à Rambouillet, elle a dit que, pour le bien de son enfant, elle consentait à aller à Vienne. Elle leur a montré son fils, « le plus bel enfant qu'ils eussent vu »; au moment où François II arrive au perron du château, elle lui jette d'un mouvement de violence son fils dans les bras; plus tard, au milieu de la conférence qu'elle a avec lui, elle appelle encore son fils, le lui présente, le lui fait caresser. « L'empereur, a dit un témoin, ne pouvait se lasser de l'admirer, en disant que c'était bien son sang qui coulait dans ses veines. » Il promet de lui servir de père, il le promet à sa fille, il le promet à Napoléon; car on n'a point encore assez gagné sur elle pour qu'elle se rende sans une formelle autorisation de son mari, et, afin de l'avoir sous la main et de la corrompre à loisir, afin de lui refaire une âme autrichienne et d'abolir en elle la notion du devoir, il faut lui présenter le leurre d'un établissement pour son fils, le leurre de sa liberté à elle-même, le leurre qu'elle pourra à son jour rejoindre Napoléon à l'île d'Elbe. C'est ce contrat que, le 16 avril, l'empereur d'Autriche propose formellement à « son frère et cher beau-fils » par une lettre écrite de Rambouillet même; c'est ce contrat qu'accepte Napoléon, le 28 avril, par une lettre qu'il répond de Fréjus. L'empereur d'Autriche a dit : « Rendue à la santé, ma fille ira prendre possession de son pays, ce qui la rapprochera naturellement de Votre Majesté. Il serait superflu, sans doute, que je donne à Votre Majesté l'assurance que son fils fera partie de ma famille et que, pendant son séjour dans mes États, il partagera les soins que lui voue sa mère. » Ce sont là les termes qu'a acceptés Napoléon : « Le désir de l'Impératrice et le mien est d'être réunis, surtout dans un temps où la fortune s'est plu à nous faire sentir ses rigueurs. Votre Majesté pense que l'Impératrice a besoin d'aller aux eaux, et qu'immédiatement après elle viendra en Italie. Cet espoir me sourit et *j'y compte...* »

Il y a parole d'empereur, parole spontanément offerte au proscrit; il y a parole de père, parole spontanément offerte au gendre, — et cela au temps même où Napoléon se résignait à être abandonné, où il disait :

FRANÇOIS Ier, EMPEREUR D'AUTRICHE
Miniature peinte par Däffinger
Musée Condé

« Si Marie-Louise ne veut pas me rejoindre de bonne grâce, qu'elle reste à Parme ou à Florence, là où elle régnera enfin, je ne demanderai que mon fils. »

Pour achever de le dépouiller, comme si ce n'était assez d'un million d'hommes armés, de la trahison suscitée dans son armée, d'un traité menteur signé avec lui, on emploie, sans même de besoin, cette fourberie suprême; tout moyen n'est-il pas légitime, et, duper l'usurpateur après l'avoir terrassé, n'est-ce pas double joie?

L'enfant, lui, est demeuré étonné devant le grand-père qu'il voyait pour la première fois, cette tête froide, longue et grave, cette physionomie inerte. Quand on l'a conduit à lui, il a dit : « Je vais voir l'empereur d'Autriche! » au retour, il dit : « Maman Quiou, il n'est pas beau, grand-papa »; et, dans sa petite cervelle, il rêve à ces choses qu'il ne comprend pas; mais, pour le distraire, il a les fidèles qui, non sans risque, viennent de Fontainebleau ou de Paris pour faire une dernière fois leur cour et qui, ne trouvant accueil que de Madame de Montesquiou, se réunissent dans sa chambre et essaient de faire jouer l'enfant détrôné.

Des jours passent durant lesquels, aux Tuileries et à Saint-Cloud, suivant les ordres donnés les 9 et 13 avril par le baron Monnier, ci-devant secrétaire du cabinet de l'Empereur, à présent commissaire pour l'Intendance générale de la Couronne, on emballe ce qui appartient en propre à l'Impératrice et à son fils. Que recevra-t-il de la France, celui qui devait en être l'héritier? « Un berceau de trois pieds neuf pouces de long sur vingt-deux pouces et demi de large (c'est le berceau de la Ville de Paris); — les rideaux du berceau; — un étui rond en maroquin contenant un hochet en argent brisé; — un petit berceau garni de point; — deux cavaliers, une laitière et sa vache, un petit tombereau en acajou; — un petit billard, un trou-madame, une petite table; — un petit carillon; — une petite écurie en bois; — un jeu d'arc; — deux grands chevaux, un hussard; — une petite mécanique représentant un magasin d'épicerie; — un petit chariot de porteur d'eau en cristal; — la petite voiture aux moutons ; — une mécanique représentant un Turc jouant de la mandoline et un faiseur de tours ; — un grenadier, un dragon et cent cinquante petites pierres diverses de minéralogie ; — une serinette garnie en acier et nacre, et vingt-cinq volumes relatifs à l'éducation des enfants ; » c'est là, avec ce qui fut emporté au départ de Paris, d'effets personnels, d'objets de voyage et de bijoux, la fortune du Roi de Rome lorsqu'il quitte la France ; encore le prince de Bénévent, qui a mis l'embargo sur les caisses appartenant à Marie-Louise et à son fils, ne permettra-t-il qu'elles sortent de France que sur les représentations officielles du comte de Bombelles, chargé d'affaires d'Autriche.

Ces derniers jours à Rambouillet sont étrangement pénibles. Les personnes qui viennent de Paris « ne savent si leur arrivée et leur présence sont agréables ; ce pays, disent-elles, est celui des incertitudes ». A la veille d'un exil dont elles ne peuvent prévoir la durée, les femmes qui suivent à Vienne le prince de Parme, n'ont même pas la permission de mettre ordre à leurs affaires, de dire adieu à leurs parents ou leurs amis. Mais Madame de Montesquiou donne l'exemple, rassure et raffermit le personnel qu'elle a choisi, trouve les moyens de l'encourager et de faciliter des arrangements qui rendent le départ moins pénible : ainsi, Madame Soufflot, ci-devant femme-rouge, promue sous-gouvernante, emmènera sa fille Fanny, âgée de quinze ans; la berceuse, Madame Marchand, dont le fils accompagne l'Empereur à l'île d'Elbe, est si dévouée qu'elle suivrait partout; Gobereau, le valet de chambre, dont la femme est couturière chez l'Impératrice, aura avec lui son fils qui servira au prince de compagnon de jeu : d'ailleurs, c'est là tout : s'il est d'autres serviteurs, ils sont confondus avec ceux de Marie-Louise qui n'en emmène pas moins de quarante-trois pour les services intérieurs de sa future maison.

Aussi, lorsque, à la fin, l'état-major autrichien chargé de la surveillance et des honneurs étant arrivé à Rambouillet le 22, l'on en part le 23, le cortège est impérial : il ne comprend pas moins de vingt-quatre voitures de toutes sortes, et, rien que pour traverser la France de Rambouillet à Bâle, en passant par Grosbois, Provins, Troyes, Châtillon, Dijon, il en coûte plus de 50,000 francs en frais de poste. Rien n'est changé dans l'étiquette, les usages, le train, la domesticité. Le prince de Parme voyage dans sa voiture avec ses gouvernantes, et ne voit sa mère qu'aux couchées. La distraction des spectacles nouveaux suffirait peut-être à le consoler, s'il ne manquait de ses compagnons de jeu habituels : « Ah ! dit-il, je vois bien que je ne suis plus roi, je n'ai plus de pages ! »

Comment faut-il se le représenter alors ? Les portraits ne vont pas manquer tout à l'heure ; il y aura les miniatures d'Isabey, dont on connaît quantité de répétitions et que les diverses gravures ont répandues à l'infini : elles ont établi un type dont il peut bien paraître inutile, tant il est devenu populaire, de contester la ressemblance. Le Roi de Rome sera désormais ce joli petit être aux longs cheveux blonds harmonieusement bouclés, aux yeux bleus largement ouverts, dont le masque évoque celui de Napoléon et qui, le col découvert, en habit à la matelote que barre le grand cordon, donne une impression de joie et de beauté. Chaque graveur s'ingéniera, à mesure que les temps s'écoulent, à préciser le rapport entre le fils et le père et, s'écartant davantage des originaux déjà peu fidèles d'Isabey, arrivera à formuler une tête purement napoléonienne. Pourtant, à Rambouillet, François II, au premier abord, a été frappé par la ressemblance entre son petit-fils et ses parents d'Autriche. A Insprück, où Marie-Louise s'arrête, dans le salon de l'appartement qu'elle occupe, est un tableau représentant l'impératrice Marie-Thérèse présidant un chapitre de l'ordre qu'elle vient d'instituer ; près d'elle, son fils Joseph, âgé de dix à douze ans. Bausset s'extasie sur la ressemblance entre l'empereur Joseph et le petit prince. « L'Impératrice partage cette opinion et fait demander son fils que Bausset soulève à la hauteur du tableau pour rendre l'observation plus facile, et dès lors cette ressemblance n'est plus douteuse. » Entre la tête de Joseph II, auquel ainsi il est acquis que ressemble le prince de Parme, et la tête de Napoléon, quel rapport ? Si Napoléon a voulu, par les portraits officiels, imposer à son fils le type dynastique qu'il a imprimé lui-même à ses représentations, ce type disparaît dès la chute de l'Empire; entre le Roi de Rome et le prince de Parme un abîme se creuse et, loin de reproduire les traits de son père, l'enfant, selon une loi commune, reproduit ceux de sa mère, ceux-là qui sont héréditairement fixés dans la Maison d'Autriche.

Cette ressemblance a sa grande part dans l'accueil si chaleureux que le peuple de Vienne fait au petit prince, le 27 mai, dans l'allée de Schœnbrünn. Tout le monde est frappé comme il est semblable à la famille impériale. Il est joli, il est malheureux, il fait impression; mais surtout il est Habsbourg et, bien plus qu'à la mère, devenue trop française pour les Viennois, la chaleur de la sympathie populaire va à l'enfant irresponsable, dont l'aisance, le sourire, les saluts coquets, l'habitude qu'on lui a donnée de répondre aux vivats par des baisers, conquièrent tous les cœurs.

Il semblerait que Marie-Louise dût s'en attacher davantage à son fils, et que l'apprentissage des devoirs maternels dont l'a privée sa grandeur, fût suffisant pour l'occuper. On l'a pensé dans sa famille; l'appartement qu'on lui a préparé à Schœnbrünn communique, par le cabinet de toilette, avec l'appartement de son fils; mais elle y vient rarement; Madame de Montebello, qui lui a fait la grâce de l'accompagner pour quelques jours, ne pourrait s'y souffrir avec la gouvernante, et c'est avec Madame de Montebello que Marie-Louise passe toutes ses journées. Elle ne peut se faire à l'idée de se séparer d'elle et, pour la retrouver, pour jouir de sa présence, elle n'a qu'une idée, la rejoindre à Aix-les-Bains : de là, elle se rendra à Parme et prendra possession de ses États; peut-être obtiendra-t-elle que la duchesse l'y rejoigne. Cela semble le programme qui avait été convenu avec Napoléon, mais déjà le voyage à l'île d'Elbe n'est plus dans les projets de Marie-Louise : ce qu'elle veut d'abord, c'est Aix, puis Parme. Elle obtient Aix de son père, malgré l'impératrice Maria-Ludovica, malgré la Cour et les ministres; mais, en échange, elle laisse son fils à Schœnbrünn. Si vraiment elle prétendait aller à l'île d'Elbe, sa première pensée ne serait-elle pas d'y mener son fils ? Aix et Parme passent d'abord. On excelle à Vienne plus encore que dans les autres cours, aux formules onctueuses, aux réticences calculées, aux effusions familiales qui voilent la rigidité despotique. L'empereur *a permis* que Marie-Louise lui laissât son fils ; en échange de la prolongation de *cette permission,* elle sollicitera tantôt, d'Aix-les-Bains, que son père, s'il n'y voit pas d'inconvénients, l'autorise à aller à Parme. « Si vous le permettez, dira-t-elle, je laisserai mon fils à Schœnbrünn jusqu'à ce que tout soit en ordre. Je suis tranquille quand je le sais entre vos mains, et tous ces voyages sont si coûteux en ce moment où il me faut observer la plus grande économie pour mes finances. » Mais il en est des États de Parme comme du prince de Parme ; l'empereur d'Autriche n'a pas plus d'envie de rendre l'un que de donner les autres, et, trouvant qu'à Aix sa fille a pris assez de plaisir, il la rappelle à Vienne.

Que peut-on craindre pourtant? Entre Madame de Brignole qui dénonce à Paris les émissaires de Napoléon et les fait enlever par la police royale et le général Neipperg tout exprès détaché de son corps d'armée en Italie « pour prendre les bains à Aix pendant le séjour que l'Impératrice va y faire et, sans éveiller les soupçons, renseigner sur ce qui s'y passe », on est bien assuré qu'une telle femme, pliée dès l'enfance au joug, rompue depuis son mariage à la discipline, n'ira pas, par quelque résolution généreuse, sortir de tutelle et, contre de telles autorités, courir à son devoir. Bon pour Marie-Caroline de prêcher l'audace, l'énergie, l'évasion, les draps attachés à la fenêtre! Au risque de tout, elle a résisté aux Français, à ses sujets, aux Anglais libérateurs; elle n'a ni scrupules pour elle-même, ni hésitation dans ses actes, mais elle a un caractère et elle fait ce qu'elle veut : sa petite-fille est la proie de la première volonté forte qui s'exerce sur elle. D'ailleurs, si elle se risquait à vouloir être épouse, la cour de Vienne a pris ses précautions et, au moment opportun, le borgne qu'a choisi Schwarzenberg saurait s'interposer. L'homme qui depuis dix-sept ans est, contre Napoléon, l'agent principal des entreprises de l'Autriche, de celles surtout où, par des habiletés de diplomate, on tente des consciences et l'on suscite des trahisons, l'embaucheur qui a recruté à la coalition Bernadotte et Murat, au défaut d'Eugène, celui-là sait son métier : c'est de séduire les âmes faibles, de les acheminer vers l'irréparable et de conclure le pacte qui les lie. Il a Napoléon pour ennemi personnel; et, au triomphe de l'oligarchie dont il est le député, il aspire à joindre sa propre victoire : n'en est-ce point une que de prendre au proscrit sa femme et son enfant? Pour cela, il faut le consentement de l'empereur d'Autriche : lorsque, manquant à sa parole qu'il a solennellement engagée le 16 avril, François II interdit à sa fille de se rapprocher de l'Italie, ce jour-là Sa Majesté Apostolique livre sa fille à M. de Neipperg.

Après trois grands mois d'absence, lorsque Marie-Louise rentre à Schœnbrünn et retrouve son fils, elle a changé de maître. L'unique influence qui s'était jusque-là exercée sur elle, a fait place à une autre : l'amour a remplacé l'amitié. Sur l'être faible qu'elle est, l'être ayant besoin d'intimité, de confiance, d'une âme plus forte où elle puisse s'appuyer, les événements des trois dernières années ont produit une terrible fatigue; penser à soi seul, quel labeur! Madame de Montebello le lui épargnait; mais combien mieux M. de Neipperg, si fertile en inventions et si connaisseur en hommes! Elle doit mettre sa piété filiale à l'écouter, puisqu'il a été choisi par son auguste père pour lui être un guide et un mentor; et, alors qu'elle pourrait craindre un directeur morose, elle trouve un admirateur respectueux et tendre, un cavalier servant romanesque et romantique, un homme à talents, dont les goûts d'art répondent aux siens, car c'est un art à sa portée, un art de romances. Seul, il peut contenter son ambition, car Marie-Louise en a une, et c'est d'être souveraine de Parme, Plaisance et Guastalla — de ce ci-devant département du Taro qui fit jadis la cent-trentième partie de son empire. M. de Neipperg rédigera les pétitions, les protestations et les protocoles; il les remettra au bon moment; il indiquera les formes à suivre, les influences à concilier, les rivalités à combattre, mais il faut d'abord que Marie-Louise soit bien sage, qu'elle n'aille pas à l'île d'Elbe, qu'elle ne corresponde pas avec son mari. Et puis, qu'elle ne s'avise pas de réclamer les États de Parme en invoquant le traité du 11 avril, en allant d'autorité en prendre possession : les recevoir de son père, des souverains européens qui vont se réunir à Vienne, à la bonne heure! Qu'est-ce que ce traité? Y en eut-il un vraiment? Qui donc s'en inquiète et en a cure? Le Roi Très Chrétien n'en viole-t-il pas chaque jour chacun des articles sans qu'aucune des puissances signataires en prenne le moindre souci? Qu'en reste-t-il? La souveraineté de Napoléon à l'île d'Elbe, à ce point assurée que, tantôt, on délibérera sur l'endroit où l'on déportera l'Empereur, « à cinq cents lieues d'aucune terre ». Un tel traité n'est pas un titre; il convient que Marie-Louise s'en crée un meilleur et ce ne peut être que par sa soumission. Alors, non seulement elle obtiendra des États où elle vivra tranquille, mais elle les transmettra à son fils. Là est l'habileté suprême de Neipperg qu'il fournisse aux démarches de Marie-Louise un prétexte honnête et qu'il couvre l'abandon de ses devoirs conjugaux par l'exercice de ses devoirs maternels. Comme mère, n'est-elle pas louable de préférer son fils, de vouloir lui assurer un avenir sinon glorieux, du moins agréable, de retenir pour lui, à défaut d'un empire, une principauté dont se contentaient jadis les cadets de la Maison de Bourbon? Certes, par les démarches même auxquelles l'oblige son amour maternel, elle est contrainte à des renoncements pénibles pour son cœur, mais ne sait-elle pas que, sans ces démarches, son fils, son bien-aimé fils, sera dépouillé, par la France d'abord, qui réclame Parme pour la ci-devant reine d'Étrurie, par l'Autriche ensuite, qui est toute disposée « à convertir le douaire promis en une pension »? N'est-ce pas là l'attitude qu'il convient de lui donner, la seule qui, devant la postérité, puisse faire illusion? N'est-ce pas le leurre qu'il faut présenter à la conscience même de l'Impératrice, pour qu'elle entre dans son rôle et le joue décemment? Dans ces démarches multipliées qu'elle fera près de l'empereur de Russie, devenu, par un étrange hasard, son unique protecteur, son défenseur contre l'Autriche même, elle portera ainsi un air de conviction et de bonne foi qu'elle ne saurait imiter et qui attendrira. Si elle réclamait pour elle seule, on s'étonnerait de cette étrange ambition, mais, pour son fils, cela pare tout et rend tout légitime.

Seul, en Europe, Alexandre a réclamé l'exécution du traité du 11 avril; seul, il a fait effort pour l'assurer à l'égard d'Hortense, de Joséphine, de Catherine, d'Eugène, même de Napoléon; seul, en ce désarroi général des consciences où l'exaltation du triomphe a jeté les Alliés, il a gardé le souvenir de la parole donnée et le respect de sa signature; il s'emploie pour Marie-Louise et pour son fils avec un zèle qu'il n'aurait sans doute pas montré pour une princesse uniquement autrichienne; mais, là comme ailleurs, il se contente d'apparences et ne va pas au fond des choses. On lui donne satisfaction par des protocoles secrets dont on est bien décidé à ne pas tenir compte, et que contredisent d'autres traités signés en même temps avec d'autres puissances.

Ainsi, par un mémorandum confidentiel en date du 18 février 1815, conséquence directe du traité secret d'alliance conclu le 3 janvier entre la France, l'Autriche et l'Angleterre, l'Autriche a pris, vis-à-vis de la France, « l'engagement formel de ne jamais établir le fils de l'Impératrice Marie-Louise et de Napoléon dans un état de souveraineté ». Cet engagement, nécessairement, Alexandre l'ignore et il continue à demander l'exécution du traité de Fontainebleau. Le 26 février, Napoléon sort de l'île d'Elbe; le traité du 11 avril est abrogé; mais l'est-il en ce qui touche Marie-Louise qui, le 18 mars, s'est prononcée contre son mari, s'est engagée à ne pas le rejoindre et s'est placée sous la protection des Alliés? Alexandre, imploré par Marie-Louise, veut au moins qu'on lui tienne compte de sa bonne volonté et, le 31 mai, la Russie signe avec l'Autriche et la Prusse un traité secret dont l'article 2 garantit que les duchés « passeront au fils de l'Impératrice Marie-Louise et à sa descendance directe »; seulement, le 9 juin, l'Autriche et la Russie même, par l'article 99 de l'Acte final du congrès de Vienne, déclarent, avec toute l'Europe, que la « réversibilité de ces pays sera déterminée de commun accord entre les cours d'Autriche, de Russie, de France, d'Espagne, d'Angleterre et de Prusse, toutefois ayant égard aux droits de réversion de la Maison d'Autriche et de S. M. le Roi de Sardaigne sur lesdits pays ».

Le mémorandum du 18 février contient la doctrine réelle du cabinet

MARIE-LOUISE ET LE PRINCE DE PARME EN 1815
Miniature peinte par J.-B. Isabey
Musée Wallace (Londres)

autrichien, bien résolu à ne laisser aucune souveraineté effective au fils de Napoléon ; si M. de Metternich s'est associé au traité secret du 31 mai, il n'y a attaché aucune importance et est bien déterminé à ne pas permettre à Marie-Louise de s'en prévaloir ; il en fera, au mois d'octobre 1816, la déclaration formelle au cabinet de Londres ; Alexandre éprouvant encore quelque scrupule, l'empereur François II l'en dégagera et l'Europe réglant la réversion des duchés par le traité du 10 juin 1817, en conformité de l'article 99 de l'Acte final du Congrès, « le jeune Napoléon ne sera pas même nommé ; il sera exclu tacitement et par le fait ».

Dans toute cette affaire, Alexandre a été d'une sincérité momentanée ; Marie-Louise a pu croire de bonne foi qu'elle assurait l'avenir de son fils ; mais que penser de l'empereur d'Autriche et de ceux qui le mènent ? Renier vis-à-vis de Napoléon la parole impériale donnée par la lettre du 16 avril ; renier vis-à-vis de son petit-fils, par le mémorandum du 18 février 1815, antérieur de sept jours au départ de l'île d'Elbe, l'engagement pris par le traité du 11 avril ; renier vis-à-vis de sa fille les obligations en échange desquelles elle s'est placée sous la protection des puissances, elle a destitué Napoléon de la puissance maritale et de la puissance paternelle, elle a fait avorter ses plus chers desseins, n'est-ce pas pis encore que d'avoir délégué un amant à une créature misérable et désemparée ?

Durant qu'ainsi, sous la direction de M. de Neipperg, Marie-Louise est livrée à cette étrange obsession de régner à Parme et d'assurer à son fils la succession des duchés, son temps est absorbé par les notes à écrire ou à copier, les démarches à combiner, les conférences à tenir : sans doute, trouve-t-elle encore des heures pour faire de la musique avec le général, pour monter à cheval avec lui, pour l'écouter chanter ou discourir, mais, de son fils, que fait-elle ?

Madame de Montesquiou va le dire : c'est dans une lettre intime qu'elle écrit à son mari le 29 juillet 1814, qui a été ouverte et copiée par le cabinet noir : « Mon cher ami, ne me faites pas un devoir de mon retour en France ; ainsi que je vous l'ai déjà mandé, vous me mettriez dans le plus grand embarras et ma conscience, toute ma vie, me reprocherait quelque chose. Si cet enfant avait une mère, à la bonne heure, je le déposerais entre ses mains et je serais tranquille ; mais ce n'est rien moins que cela ; c'est une personne plus indifférente à son sort que la dernière étrangère qu'il a à son service, sans compter que ce qui l'a suivi me suivrait encore, si je voulais le quitter, faute de moyens de pouvoir y rester ; tant que j'y suis, elles ont quelqu'un pour les consoler ; moi de moins, elles ne sauraient plus que devenir et ce serait le pauvre enfant qui en souffrirait. Voilà quel est mon projet et ma dernière promesse : à... ans de le mener où il doit s'établir et d'y employer quelques mois à y organiser au moins quelque chose pour me remplacer ; cela subsistera ou ne subsistera pas, mais j'aurai fait tout ce qu'une honnête personne doit faire en se déchargeant d'un dépôt qui lui a été confié. Il est évident que si je ne calculais que mes sentiments, mes avantages et mes goûts, je ne resterais pas ici quinze jours de plus, mais je ne crois même pas possible de consulter tout cela pour me déterminer. Nous sommes une troupe qui pleurons souvent autour de ce berceau, non pas pour les avantages qu'il a perdus ; car, selon moi, il sera beaucoup plus heureux qu'il ne l'aurait été, mais c'est sur ce qui lui manque d'ailleurs et qui est pour tous les autres le premier bien. »

Madame de Montesquiou n'a point de griefs personnels contre Marie-Louise, qui même a des attentions pour elle, s'occupe de sa toilette, demande à Paris deux robes de levantine et deux de gros de Naples qu'elle veut lui offrir ; mais elle n'a que faire de présents et ne s'en soucie. Ils seraient bien plus beaux qu'ils ne lui plairaient pas mieux. Ce qui révolte cette âme généreuse, c'est la bassesse des caractères dont elle est entourée ; c'est, chez l'Impératrice, la méconnaissance du devoir conjugal et maternel ; c'est, chez ceux qui ont pris autorité sur Marie-Louise, l'immoralité des moyens et la vilenie des ressorts. « Une fois rendue à ma famille, écrit-elle à une amie, j'aurai besoin de jouir un peu de ce repos d'esprit dont j'aurai été frustrée si longtemps et d'oublier ce dont j'ai été témoin. J'ai vu et je vois encore tous les jours des choses bien pénibles ; nous en causerons ensemble. »

Pour réduire Marie-Louise, toute disposée déjà par la veulerie de son caractère à une soumission déférente, les procédés employés ont eu des cruautés de raffinement psychologique qui prouvent comme les oligarques connaissent la femme et comme ils en tirent parti. La quarantaine a été formelle. Hors Neipperg, personne. Il a fallu l'exemple donné par l'empereur Alexandre pour que les autres souverains, réunis au Congrès, se décidassent à lui rendre visite. Elle qui, de fait, est pleine de frivolité, d'une sorte de coquetterie, de goûts de toilette, de désirs de paraître, n'a été de rien, ni des bals, ni des réceptions, ni des tournois, ni des parties de traîneaux, même lorsque les fêtes étaient données à Schœnbrünn. « L'Impératrice ne voit presque personne, écrit la comtesse Edmond de Périgord ; elle n'est pas aimée ici parce que, à son arrivée, elle a montré un grand mépris pour l'Allemagne et ses habitants. Elle n'a parlé que le français et s'est établie complètement Française. » Sans doute, elle en a rappelé, mais l'impression subsiste. D'ailleurs, si elle a rejeté le mari, elle a gardé les façons, les toilettes, le goût français; elle ne s'habille qu'à Paris : lingerie, robes, chapeaux, souliers, parfumerie, tout en vient, et ses fournisseurs habituels ont, pour elle, gardé des factures où s'étale le titre officiel qu'elle leur avait octroyé. Elle a, à Paris, un agent dont la principale, l'unique occupation, est de faire des commissions de ce genre; elle a fait gratter de ses voitures les armoiries impériales, elle a enlevé à ses gens la livrée de l'Empereur, mais ses voitures viennent de Paris, les domestiques sont Français, et, pour en recruter qui soient à son goût, elle leur fait des ponts d'or. Par là montre-t-elle mieux encore la frivolité d'une nature dont Neipperg s'attache à flatter tous les côtés, car c'est lui, tantôt, qui commandera les toilettes, comme il fera des romances à succès, des livres à la mode, des modèles de dessin, des couleurs anglaises et des petits attirails de peinture. Il ne néglige rien, et si l'ambition a sa part dans sa conduite aussi bien que cette sorte de rivalité qu'il a établie avec Napoléon, l'amour entre assurément pour quelque chose dans cette continuité d'attentions, et c'est là même l'arme la meilleure. Il n'est point vraisemblable que Marie-Louise eût résisté à des violences ; encore plus est-elle faible et sans défense devant un amour qu'elle a tout lieu de croire sincère et qui est l'unique consolation qu'elle rencontre.

Mais les Français à sa suite n'ont point d'amour pour les occuper, et leur situation à Vienne est singulièrement fâcheuse ; ceux même qui, comme Bausset et Madame de Brignole, ont été les agents les plus actifs de la séparation, n'en sont pas mieux traités. « Madame de Brignole, que j'ai été voir, écrit la comtesse de Périgord, paraît s'ennuyer beaucoup. Elle ne quitte jamais d'un jour l'Impératrice, mais je doute fort qu'elle reste à la longue auprès d'elle. » En ce qui la touche, la mort doit résoudre la question ; mais Bausset, qui s'est bercé de l'espoir de régir, comme grand maître, la cour de Parme, voit ses ambitions contrecarrées par Neipperg et commence à douter qu'il ait été bien inspiré en attachant sa fortune à celle de l'Impératrice. Meneval, qui cherche en vain à maintenir des rapports entre Schœnbrünn et l'île d'Elbe, se heurte aux résistances de Marie-Louise, aux promesses qu'elle a faites à son père de ne point écrire, est réduit à se servir des banquiers pour donner à Napoléon des nouvelles de son fils. C'est dans la chambre de cet enfant qu'il se réunit à Madame de Montesquiou. Là, du moins, en regardant cette tête blonde, ces yeux sur l'azur desquels le malheur a étendu comme une précoce mélancolie, il peut encore se leurrer d'espérance. Un enfant, c'est l'avenir ; devant ces confuses destinées, le rêve est permis, et l'on ne croit pas aux condamnations sans appel. Le petit prince est intelligent, appliqué, surtout très bon ; à des moments, il reste impatient et volontaire, mais son caractère s'est assoupli, et la tendresse qu'il éprouve pour Madame de Montesquiou tempère ses anciens éclats. On dirait qu'il a beaucoup réfléchi et que, ayant perdu tant de choses, il soit comme inquiet de ce qu'il peut perdre encore. Il a le besoin d'être rassuré par une affection ambiante et une vie réglée. Aussi la gouvernante ne le quitte point du lever, qui est à sept heures, jusqu'au coucher. Il fait d'abord sa prière, puis commence les leçons où on lui a donné pour émule le petit Gobereau. Déjà il lit couramment, sait un peu d'histoire et de géographie ; il apprend l'italien avec un abbé Lanti, aumônier de l'ambassade de France, et l'allemand avec un Allemand nommé Unterschill, que l'Impératrice lui a donné comme valet de chambre en 1814, en lui enlevant ses valets de chambre français. Sauf le petit Gobereau, sauf surtout Fanny Soufflot, qui lui est une compagne aimable et attentive pour qui il s'est pris de passion, il ne voit guère que l'archiduc François, son oncle, de neuf années plus âgé que lui, « qui vient parfois à Schœnbrünn passer quelques jours en sa compagnie ». Souvent Marie-Louise l'emmène à Vienne, où elle va chaque jour faire visite à son père. L'empereur l'accueille avec bonté, même avec une sorte de tendresse, autant qu'il en peut montrer; mais il ne promet rien pour l'avenir et reste muet sur ses projets. Quant à l'impératrice Maria-Ludovica, chez laquelle on ne le conduit qu'aux occasions solennelles, jours de nom ou anniversaires de naissance, elle ne résiste pas à prouver son antipathie au fils du « bandit corse »; obligée qu'elle est de supporter sa vue, au moins entend-elle qu'il ne fasse pas souche, et, d'accord avec ses beaux-frères, a-t-elle résolu qu'on le tonsurera et qu'on le fera d'église. Aussi bien, c'est l'opinion généralement admise sur l'avenir qui lui est destiné, et, dès Paris, l'empereur François semble avoir convenu, avec Alexandre et Frédéric-Guillaume, « de réserver le prince François-Joseph-Charles pour l'état ecclésiastique et de le placer ainsi dans une catégorie qui ne lui permette point de se livrer à des entreprises dangereuses ».

A mesure que le temps passe et qu'au Congrès se renouvellent les motions contre le souverain de l'île d'Elbe, le petit groupe des fidèles auxquels l'enfant est confié sent que l'orage qui va fondre sur le père aura son contre-coup sur le fils, que les ménagements vont cesser, qu'on les dispersera et les renverra, qu'ils devront abandonner ce petit être, et à quelles mains ! Ils se serrent davantage autour de lui, ils redoublent leurs soins et leur tendresse, et lui redouble son affection. Il est le lien qui les unit, car, par ailleurs, ils ne s'accorderaient point, et Meneval, resté fidèle, non seulement à la personne de l'Empereur, mais aux principes qu'il représente, ne pourrait envisager froidement les doctrines de Madame de Montesquiou. Anatole de Montesquiou a dit, dans les vers où il a résumé plus tard ses souvenirs napoléoniens :

> A la Cour de Schœnbrünn, je retrouvai ma mère,
> Soumise aux lois du ciel et craignant sa colère.
> Dans le deuil et l'exil elle suivait l'Enfant
> Dont elle avait reçu le berceau triomphant.
> « De sa chute, mon fils, je ne suis point surprise,
> Me dit-elle ; son trône a menacé l'Église,
> Ainsi que Balthazar, Saül, Antiochus.
> Le conquérant n'est plus un homme,
> Le ciel lui-même a vengé Rome ;
> Les rivaux de Dieu sont vaincus ! »

Étrange épidémie de mysticisme : Alexandre évoque la Sainte Trinité contre Napoléon, et Madame de Montesquiou, pour qui Napoléon est Balthazar, se consacre à son fils !

Ce colonel de Montesquiou, officier d'ordonnance de l'Empereur après avoir été aide de camp du major général, celui-là qu'on appelait jadis « le Messager de la Victoire » tant il fut souvent employé à apporter les bonnes nouvelles, a quitté la France depuis près de trois mois lorsque tombe à Vienne la nouvelle du départ de l'île d'Elbe. On veut néanmoins établir un lien entre cet événement et son voyage, au moins en tire-t-on prétexte. Dès le 16 mars, les gardes sont doublées à Schœnbrünn, une police spéciale y est établie, en attendant que le départ de quelque souverain, venu pour le Congrès, laisse libre, à Vienne, au château impérial, un appartement où on installera le fils de Napoléon. Le 17, sur le bruit qui s'est répandu que M. de Montesquiou a projeté d'enlever le petit prince, Talleyrand l'invite, au nom du Roi, à retourner en France, et en même temps il écrit à Louis XVIII les résolutions qu'a prises l'empereur d'Autriche vis-à-vis du « fils de Bonaparte ». Le 18, au retour de sa visite quotidienne à son père, Marie-Louise annonce à Madame de Montesquiou que le prince résidera désormais à Vienne, sous les yeux du Congrès. Le 19, à huit heures du soir, cet ordre est exécuté ; l'enfant est amené au palais, où on le loge dans l'appartement que vient de quitter le roi de Wurtemberg ; le lendemain, le baron de Wessemberg vient « annoncer à Madame de Montesquiou la démission de sa charge et la nécessité de quitter la cour de Marie-Louise ». « L'empereur François, écrit Talleyrand à Louis XVIII, vient d'ordonner à Madame de Montesquiou de lui remettre l'enfant dont elle était chargée. Son langage, dans la circonstance actuelle, a été si opposé aux résolutions prises par l'Autriche et par les autres puissances, que l'empereur n'a pas voulu permettre qu'elle reste plus longtemps auprès de son petit-fils. Demain, elle doit recevoir l'ordre de rentrer en France. L'enfant va être établi au palais, à Vienne. Ainsi il ne pourra être enlevé, comme diverses circonstances pouvaient le faire présumer. »

Madame de Montesquiou ne peut résister à la force. Elle exige du moins un ordre écrit de l'empereur d'Autriche, par quoi se trouvent attestés à la fois le crime contre la puissance paternelle et l'importance politique qu'attachent les oligarques à s'emparer du Prince impérial, et un certificat du médecin de la Cour, par quoi se trouve établi qu'elle laisse l'enfant en parfaite santé. D'ailleurs, on ne lui permet point de regagner la France où, pour Napoléon, sa venue serait si précieuse; on la tient dans une sorte de prison durant trois mois.

Dans ce désespoir qu'éprouve l'enfant au départ de « Maman Quiou », c'est encore une atténuation que la présence de Madame Soufflot, de Fanny Soufflot et de la bonne Marchand. Celle-ci qui, du premier jour, fut attachée au Roi de Rome, et sur qui retombe tout le matériel des soins, n'est qu'une pauvre femme de campagne, inhabile aux lettres, mais dont le cœur tendre a toutes les intelligences maternelles. Toutefois, elle ne peut être d'un secours pareil à Madame Soufflot qui, pour les leçons, remplace Madame de Montesquiou, et qui, d'accord avec sa fille, s'ingénie à des jeux, des histoires, des distractions. Mais, au-dessus d'elles, en attendant qu'il ait nommé un gouverneur aux quatre ans de son petit-fils, l'empereur François a établi provisoirement, en qualité de gouvernante, la comtesse Mittrowsky, veuve d'un général autrichien et protégée particulière de l'impératrice Maria-Ludovica. Cette comtesse a la haute main non seulement sur le prince, mais sur sa mère, et, à la mort prochaine de Madame de Brignole, elle sera dame d'honneur de Marie-Louise. Celle-ci est faite de façon qu'elle se rend l'amie intime de toutes les femmes qu'on lui impose comme gouvernantes, dames d'honneur et geôlières. La comtesse Mittrowsky, remariée au comte Scarampi, sera la grande maîtresse de la duchesse de Parme, et, d'accord avec Neipperg, la mènera à sa fantaisie. L'enfant, lui, est plus rebelle. Quand Meneval, ayant à la fin obtenu ses passeports, vient prendre congé de lui, il est frappé « de son air sérieux et même mélancolique ; il a perdu cet enjouement et cette loquacité qui avaient tant de charmes en lui. Il ne vient pas au-devant de Meneval comme à son ordinaire ; il le voit entrer sans donner aucun signe qu'il le connaisse. Meneval lui demande, en présence de sa gouvernante, s'il le chargera de quelque commission pour son père. Il le regarde d'un air triste sans lui répondre, et, dégageant doucement sa main, il se retire silencieusement dans l'embrasure de la croisée la plus éloignée. Quand, après quelques paroles échangées avec Madame Mittrowsky et Madame Soufflot, Meneval se rapproche de l'enfant, resté à l'écart, debout et dans l'attitude d'observation, quand il se penche vers lui pour lui faire ses adieux, il se sent attiré vers la fenêtre et il entend ces mots murmurés : « Monsieur « Meva, vous lui direz que je l'aime toujours bien. »

Cette scène se passe dans les premiers jours de mai ; quel chemin l'enfant a fait depuis un mois pour que, à quatre ans, il ait tout compris, qu'il sache la valeur des mots et la nécessité du silence, qu'il se soit fait une règle de conduite et qu'il ait deviné ses ennemis et ceux de son père! Il a souffert, nul n'en doute, hors Marie-Louise. Elle trouve admirable que l'empereur d'Autriche se soit chargé de son fils ; elle le lui abandonne et suit en pensée son fidèle chevalier, « le Bayard de l'Autriche », comme dira Madame de Staël, dans ses faciles victoires contre Murat. Elle n'a même plus d'illusions sur la succession de Parme et ne tient guère au fameux traité du 31 mai ; « elle obtiendra pour son fils les fiefs de l'archiduc Ferdinand de Toscane en Bohême, montant à environ 600,000 francs de revenu » ; n'est-ce pas un sort enviable ? Qu'a-t-il à réclamer, son fils ?

RELIQUES DU ROI DE ROME, DONNÉES PAR LUI A FANNY SOUFFLOT,
EN OCTOBRE 1815

Appartenant à Madame Amédée Lefèvre-Pontalis

1. Croix de la Légion d'honneur
2. Hochet en corail, donné au Roi de Rome par sa tante la reine Caroline (On a suivi la direction de l'anneau, mais la sculpture doit être regardée dans l'autre sens.)
3. Fusil, fabriqué par Boutet
4. Chaine de montre
5. Médaille frappée a l'occasion de la Naissance, face et revers
6. Giberne

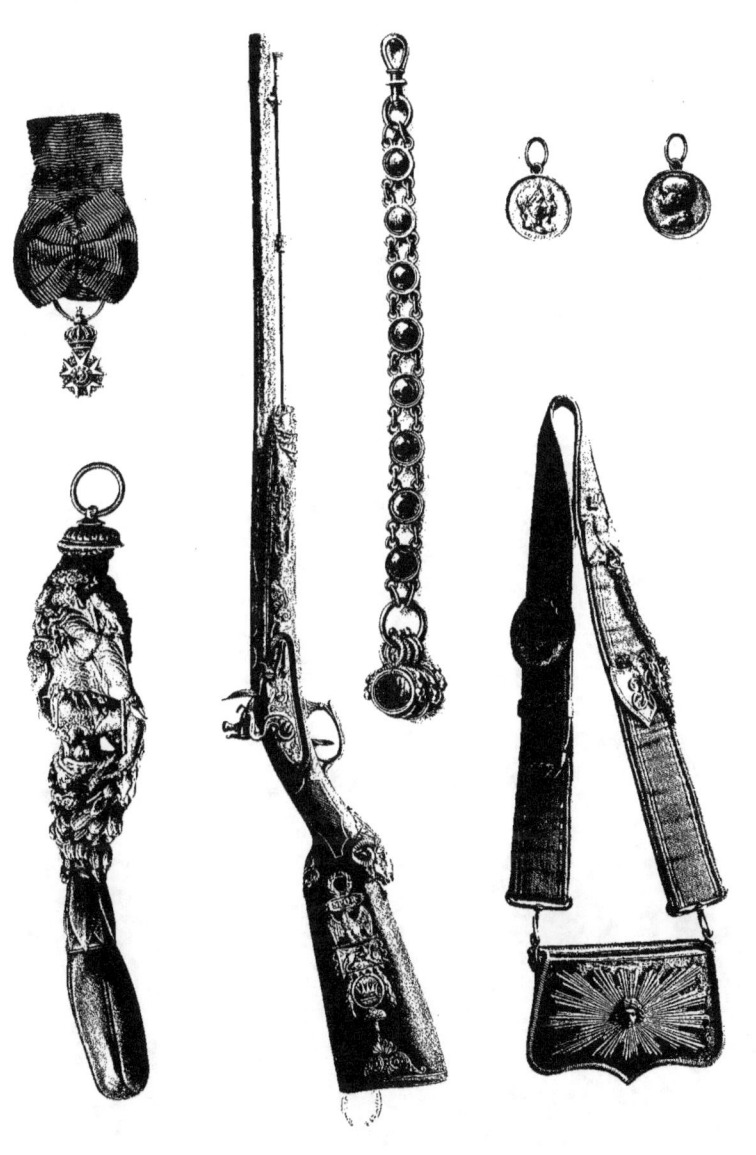

N'est-elle pas bonne pour lui ? Avant de partir aux eaux, ne lui a-t-elle pas, le 18 juin — le jour de Waterloo — offert « un divertissement physique et mécanique » avec tours de cartes, pour quoi Frid. Muller, huissier de S. M. l'empereur d'Autriche, a avancé 42 florins 24 kreutzers ? Est-ce qu'un enfant de quatre ans peut souffrir de s'appeler François au lieu de Napoléon ; de porter la croix de Saint-Étienne au lieu de celle de la Légion ; de parler allemand au lieu de parler français ? Elle-même, quand elle était enfant, n'avait-elle pas quatre fois changé d'aya, et en est-elle morte ? N'est-il pas très flatteur pour son fils que le comte Maurice de Dietrichstein ait été, le 26 juin, chargé, par l'empereur apostolique, de la direction supérieure de son éducation ? Si c'est un peu tôt le faire passer dans les mains des hommes, il faut s'en prendre aux circonstances. D'ailleurs, cela est provisoire ; quand elle sera à Parme, elle reprendra son fils avec elle ; elle le dit, peut-être le pense-t-elle ; et puis cela n'est point immédiat, puisque Madame Soufflot et sa fille ont permission de rester jusqu'au 24 octobre.

Quand elles partent, l'enfant comprend que, pour lui, tout est fini de la France et de son passé ; comme s'il voulait mettre à l'abri des mains profanes les reliques qu'il en a gardées, comme s'il pressentait le supplice qu'on lui prépare, l'âme nouvelle qu'on veut lui faire, comme s'il savait qu'un rescrit impérial a condamné à mort l'enfant qu'il a été, il apporte à Fanny ses jouets, ses souvenirs, ce qu'il a le mieux aimé et ce qu'il tient le plus précieux : son petit fusil de Boutet, son cimeterre emperlé avec quoi, dans la cour de l'évêché d'Orléans, il commandait à son armée de bâtons, les décorations françaises de ses ordres, les médailles qu'on frappa pour sa naissance, le hochet de corail que lui donna la reine de Naples, le voile dont on le couvrit à son baptême ; il apporte toute sa fortune, quelques joujoux et une page d'histoire.

Il ne reste plus dès lors, près de lui, qu'une figure de France, une bonne, une paysanne, la berceuse, Madame Marchand. Elle le tint dans ses bras quand il naquit. Depuis quatre années, ni jour ni nuit elle ne l'a quitté. « C'est une bonne femme qui ne se mêle de rien », a certifié

Marie-Louise. Elle est humble et fidèle; elle ne prétend ni à des égards, ni à des rangs, elle est une servante; mais elle a un cœur français, un cœur maternel; elle peut parler au fils de son père; à défaut de paroles, elle a ses regards; elle aime l'enfant, et elle aime aussi celui qui le lui confia; entre ces deux prisons — par quelle étrange adresse, par quelle étonnante surprise! — elle sert de trait d'union, et, si loin, à quatre mille lieues par delà les mers, elle glisse, aux mains du proscrit, des cheveux de son fils. Mystérieux pouvoir de la fidélité naïve qui triomphe des gardes, des vaisseaux, des distances, et, dans l'aumône qu'une paysanne de France fait à son empereur, enferme, comme en un symbole, l'amour entier de la nation pour son héros! Qu'elle l'ait fait, nul ne le sait à Vienne, mais c'est assez qu'elle soit Française. Le 27 février 1816, comme à l'ordinaire, Madame Marchand, qui a reçu ses ordres, déshabille l'enfant, le couche, le voit s'endormir. Ensuite, on la fait partir. Au matin, l'enfant s'éveille. Au premier regard, il a tout vu, tout compris, tout éprouvé, et, sans une plainte, sans une larme, il dit à l'officier autrichien qui, dans la chambre, a remplacé sa bonne : « Monsieur de Foresti, je voudrais me lever... »

II. — L'Héritage de Napoléon

avril 1814. — 5 mai 1821

De tous ses gîtes d'étape vers l'île d'Elbe, Napoléon écrit à sa femme. Il est parti de Fontainebleau sur la certitude que Caulaincourt lui a apportée, après un long entretien avec Marie-Louise, « de son affection, de sa constance, de son désir de le joindre le plus tôt possible et de lui mener son fils dont elle promet de prendre le plus grand soin ». Elle écrit au moins de Provins et de Bâle; lui écrit encore de Fréjus, avant de s'embarquer, il écrit de Porto Ferrajo, à peine à terre. Ses lettres suivent Marie-Louise en Autriche où on les saisit; l'Impératrice ne les voit pas. Sitôt après les paroles impériales échangées, telle en est l'exécution. Que dit Napoléon? « Je suis arrivé ici depuis cinq jours. Je fais arranger un assez joli loge-

MADAME MARCHAND, BERCEUSE DU ROI DE ROME
Portrait anonyme
Appartenant à Madame Corralès

ment avec un jardin où il y a bon air, où je serai dans trois jours. Ma santé est parfaite. Les habitants paraissent bons et le pays assez agréable. Il me manque d'avoir de tes nouvelles et de te savoir bien portante; je n'en ai pas reçu depuis le courrier que tu m'as expédié et qui m'a rejoint à Fréjus. Adieu, mon amie, donne un baiser à mon fils. » Voilà ce qui est séditieux et qu'on supprime. A Vienne pourtant des lettres parviendront, tantôt par des particuliers obligeants, tantôt par des marchands dans des plis que le grand maréchal Bertrand fait passer à Meneval. Marie-Louise répond exactement; mais son cachet n'est pas plus respecté que celui de Napoléon : sur six lettres qu'elle écrit jusqu'à la date du 4 juin, deux seulement parviennent. Elle se détermine alors, pour les acheminer plus sûrement, à les expédier par des courriers particuliers. Quelle meilleure preuve d'affection?

L'Empereur est donc en pleine confiance. Sa femme viendra le joindre aussitôt qu'elle aura pris les eaux; elle partagera son temps entre Parme et l'île d'Elbe; il a préparé ses appartements à Porto Longone et à Porto Ferrajo; il a envoyé à Parme des chevaux d'attelage pour son service d'écurie, des Lanciers polonais pour sa garde. Tout est subordonné à sa venue prochaine, les feux d'artifice qu'on doit tirer, et les bals qu'on donnera. Pour ne pas éveiller sa jalousie, et pour éviter qu'elle prenne de l'ombrage, il impose le secret sur la visite que lui fait Madame Walewska et s'entoure de toutes les précautions pour la cacher. Il ne fait d'ailleurs que la rendre mystérieuse et éveiller les curiosités.

Nul doute qu'il ne souhaite la venue de Marie-Louise, autant pour l'effet à produire que pour son personnel agrément, mais ce sera pour lui une satisfaction de cœur que l'arrivée de son fils. Il ne s'émeut qu'en parlant de lui, en contant de ses anecdotes, surtout celle du départ des Tuileries pour Rambouillet. Le plus souvent, il a sur lui une tabatière sur laquelle est peint le portrait du petit roi, « le pauvre diable », dit-il à présent. Un jour qu'il visite des travaux, cette tabatière lui échappe des mains; quoiqu'il ne soit plus svelte, qu'un embonpoint marqué ralentisse l'agilité de ses mouvements, il se plie comme un jeune homme pour la ramasser;

puis il témoigne sa joie que la peinture n'ait pas été atteinte. Plusieurs fois dans la journée, il répète « qu'il aurait eu beaucoup de chagrin si les traits de son petit chou avaient dû souffrir de sa maladresse ». A toute occasion, il parle de son fils. « J'ai un peu de la tendresse des mères, dit-il; j'en ai même beaucoup et je n'en rougis pas. Il me serait impossible de compter sur l'affection d'un père qui n'aimerait pas ses enfants. » Par cette exubérance même, il marque comme il est certain qu'il va bientôt le revoir et il ne se plairait pas à parler de lui comme il fait s'il n'avait la conviction de sa prochaine venue. Que l'Impératrice aille à Aix ou à quelques eaux de Toscane, aussitôt après, elle arrivera avec son fils à l'île d'Elbe.

La première inquiétude lui vient d'une lettre de Meneval et des journaux annonçant que l'Impératrice, en quittant Schœnbrünn pour Aix, y a laissé son fils. Qu'est-ce à dire? Le 9 août il fait écrire par Bertrand : « L'Empereur attend l'Impératrice à la fin d'août et désire qu'elle fasse venir son fils. Certainement Sa Majesté aura écrit souvent à l'Empereur, mais les lettres sont probablement arrêtées par les mesures de quelque agent secondaire ou peut-être par l'ordre de son père. Toutefois personne n'a de droit sur l'Impératrice et sur son fils. » Il veut s'éclairer et positivement savoir pourquoi, d'Aix, il ne reçoit plus de lettres comme il en recevait de Vienne. Il expédie donc à Aix, avec cette commission de Bertrand, le colonel Laczinski, frère de Madame Walewska; dix jours après, de plus en plus inquiet, il détache de sa garde le capitaine Hurault de Sorbée, mari d'une des femmes-rouges de l'Impératrice. Laczinski n'obtient aucune réponse; Hurault, dénoncé à Neipperg, est enlevé par la police royale. Le 28 août seulement, arrive une lettre en date du 10. L'Impératrice annonce que, cette fois, elle ne viendra pas à l'île d'Elbe, que, dans l'intérêt de son fils, elle remet son voyage, mais qu'elle aime toujours l'Empereur et qu'elle le rejoindra le plus tôt possible. En même temps, elle envoie un beau buste en marbre du petit prince, un buste où il porte toutes ses décorations françaises. Napoléon peut-il penser que, dès le 22 juillet, Marie-Louise a confié formellement son fils à l'empereur d'Autriche; que, le 19 août, elle s'est remise à lui, « convaincue que personne ne peut mieux que lui apprécier ce qu'il lui faut et que son père défendra constamment l'intérêt de son fils et le sien »; que, le 30 septembre, elle se fera elle-même, près de son père, la dénonciatrice de Laczinski et de Hurault, qu'elle l'assurera « qu'elle a maintenant moins que jamais envie d'entreprendre ce voyage, qu'elle lui donnera sa parole d'honneur de ne l'entreprendre jamais sans lui en demander auparavant la permission »? C'est son père qui lui dicte les réponses qu'elle doit faire à l'Empereur, et, pour plus de sûreté, c'est à son père qu'elle envoie, sous cachet volant, les lettres qu'elle écrit à son mari : son père les fera parvenir s'il lui plaît — et il ne lui plaît pas.

Tout cela, Napoléon l'ignore : s'il n'a point de lettres, c'est qu'on empêche sa femme d'écrire. Libre, elle le rejoindrait, elle lui amènerait son fils. Elle est donc prisonnière puisqu'elle ne le fait point. Cela n'est-il pas contraire au solennel engagement pris par l'Europe le 11 avril et l'Europe ne doit-elle pas intervenir? Le 16 septembre, il demande à sir Neil Campbell, le commissaire anglais résidant à l'île d'Elbe, d'en écrire à son gouvernement. « On ne pourrait, dit-il, citer dans les temps modernes un second exemple d'une telle barbarie, d'une telle injustice, sans aucune raison d'État. L'Angleterre est trop juste, trop libérale, pour l'approuver. » Les lettres que l'Impératrice a écrites sont là pour attester qu'elle désire le rejoindre; elle est prisonnière; un général autrichien qu'il nomme et dont il fait le portrait, l'accompagne partout de crainte qu'elle ne s'échappe. On lui a promis des passeports; on doit les lui donner.

Sir Neil Campbell n'est pas fort pressé de transmettre la réclamation. D'ailleurs, il faudra de longs jours pour qu'une réponse arrive d'Angleterre — si elle arrive. L'Empereur n'a pas la patience de l'attendre. Le 10 octobre, il se décide à la démarche qui peut le plus lui coûter. Puisque la poste est infidèle et qu'on arrête ses courriers, il s'adressera au grand-duc de Toscane, à celui qui fut si longtemps, comme grand-duc de Wurtzbourg, son courtisan et son hôte, à l'oncle de sa femme, au parrain de son fils. Il lui écrit, avec une nuance de bonne grâce touchante, du ton dont il sied qu'il demande un service. — Et quel ? « Il n'a pas de nouvelles de sa femme depuis le 10 août et de son fils depuis six mois. Il prie Son Altesse Royale de lui faire connaître si elle veut permettre qu'il lui adresse tous les huit jours une lettre pour l'Impératrice et envoyer en retour de ses nouvelles et les lettres de Madame de Montesquiou. » Il joint une lettre pour Marie-Louise. Cette lettre, le grand-duc de Toscane l'envoie à son frère l'empereur d'Autriche, qui l'ouvre, la garde quatre jours, la remet à la fin à sa fille, mais en lui interdisant d'y répondre. De Toscane, pas même un accusé de réception, d'Angleterre, rien.

Pour savoir si sa femme et son fils sont vivants, il n'a plus que la voie des négociants et des banquiers, par qui Meneval fait passer à Bertrand quelque brève indication. Ainsi, il est séquestré, il est dépouillé des droits maritaux et des droits paternels ; on lui prend sa femme et on lui vole son fils. « Mon fils, dit-il, m'est enlevé comme étaient autrefois enlevés les enfants des vaincus pour orner le triomphe des vainqueurs. » Et il l'aime son fils, non plus comme l'héritier de l'Empire, non plus comme le premier chaînon de sa dynastie, mais comme sa chair vivante, comme « son cher petit enfant ». A la fin de l'année, le frère du général Bertrand, venant de Rome, a apporté à l'île d'Elbe des gravures qu'il a achetées. L'Empereur, qui est à Saint-Martin, les fait apporter, s'amuse à les regarder. Il fait des remarques, il dit le bien et le mal de la technique, comme s'il avait étudié l'art du graveur. Tout à coup, il s'arrête, rougit, s'écrie : « Voilà Marie-Louise ! » Mais il surmonte l'émotion, il se remet à parler, il examine le portrait, il s'applique à chercher la ressemblance. A la gravure qu'il prend ensuite, — une imitation de celle qu'il commanda lui-même en 1814, — il s'arrête : « Mon fils ! » murmure-t-il, et, par ces deux sons, « dans son accent presque surnaturel », il exprime à la fois « la tendresse, l'amertume, le bonheur, la misère, l'espérance, le découragement, le passé, le présent, l'avenir ». Il couvre son visage avec la gravure; « Mon fils ! » répète-t-il, et, après un long silence, il se lève, va s'enfermer dans son cabinet. Quand, après une demi-heure, il en sort, sa physionomie est si défaite qu'on le croirait gravement malade.

Au jour de l'an, rien qu'une lettre insignifiante de l'Impératrice, annonçant que son fils va bien, qu'il est charmant, que bientôt il pourra écrire lui-même. Et, après comme avant, le silence.

Ainsi le traité de Fontainebleau est rompu — rompu par l'Europe qui en a annulé l'article 5, rompu par l'Autriche dont le souverain a faussé doublement sa parole, rompu par le roi de France qui, après avoir renouvelé le 31 mai, par une déclaration solennelle, la ratification donnée le 11 avril par le gouvernement provisoire, en a méconnu chacun des articles : l'article 2 sur les titres de l'Empereur, des princes et princesses de sa famille ; l'article 3, sur le revenu annuel de deux millions attribué à l'Empereur ; l'article 5, sur la transmission des duchés ; l'article 6, sur les deux millions en domaines ou rentes réservés à la famille de l'Empereur ; l'article 7, sur le traitement de Joséphine ; l'article 9, sur le capital de deux millions à employer en gratifications aux serviteurs de l'Empereur ; l'article 11, sur la restitution des économies de la liste civile ; l'article 12, sur le paiement des dettes de la Maison. L'Empereur s'est livré de bonne foi ; il a rendu le Trésor de l'État, les diamants de la Couronne, il a rempli toutes les obligations qu'il s'était imposées. Louis XVIII a manqué à tous ses engagements ; et, après avoir approuvé qu'on ait volé le Trésor de la Couronne qui, selon l'article 11, appartient légitimement à Napoléon, qu'on ait dévalisé l'Impératrice et la reine Catherine, il a mis le séquestre sur tous les biens que les Bonaparte possèdent à titre particulier et qui leur sont garantis par le paragraphe 2 de l'article 6. L'assassinat de Napoléon a été préparé, sinon par ses ordres, du moins avec son consentement. Si Napoléon n'est pas tué par les bandits que Brulart lâche sur l'île d'Elbe, il sera, par arrêté du Congrès européen, déporté aux Açores ou à Sainte-Hélène. Sans Alexandre, qui reparle encore de temps en temps du traité de Fontainebleau et qui lui, du moins, en a, dans une mesure, ménagé l'exécution, ce serait chose faite. Encore un peu de temps, et, malgré l'économie qu'il a portée à gérer ses médiocres finances, Napoléon sera réduit à licencier sa garde. Les considérations morales mises à part, il est matériellement contraint de sortir de l'île d'Elbe sous peine d'y mourir comme un renard enfumé au terrier. Où ira-t-il? En France ou en Italie ? L'une et l'autre s'offrent, mais la France est plus sûre. Il vient en France.

Telle est la cause, et, quant aux moyens, nulle trace de complots, point d'intelligences préparées, mais la complicité universelle. La France de la Révolution est menacée dans ses intérêts, ses sentiments, ses passions ; l'armée, cette France agissante, souffre et craint plus encore ; que Napoléon se montre et, sans raisonner, sans discuter, comme en vendémiaire an VIII, la France se jettera vers lui. Ce qu'elle veut et ce qu'elle demande, ce n'est pas, il est vrai, comme en l'an VIII, l'ordre et la paix, c'est l'affermissement de la Révolution. Pour elle, Louis XVIII représente le droit divin, le rétablissement des privilèges, la reprise des biens nationaux, l'abolition de l'égalité devant la loi consacrée par le Code, le règne des nobles et des prêtres ; Napoléon représente le contraire et, pour des esprits simplistes, c'est assez : mais cette fois la France aura-t-elle de lui ce qu'elle espère?

Napoléon, s'il croit à la Révolution, croit plus encore peut-être à sa souveraineté, à son mariage, à sa diplomatie, à son administration, à ses formules d'ordre social et d'ordre politique. Il ne veut pas déchoir ; il a franchi l'abîme du sujet au souverain, il s'imagine qu'il paraît aux autres rois tel qu'il est à ses propres yeux, il est entré dans leur famille, il s'est solidarisé avec eux; qu'on n'attende pas qu'il retourne aux temps du général et du consul, qu'il se fasse le chef de la Révolution, qu'il renouvelle le Comité de Salut public, la Terreur même, et d'un geste libérateur, brisant lui-même son trône, qu'il s'arme des débris pour abattre les porte-couronnes.

Le peuple et l'armée, c'est la nation, et la nation a aplani sous ses pas la route de Fréjus aux Tuileries, mais cette nation n'est point celle qu'il connaît et qu'il comprend : celle qu'il a organisée, hiérarchisée et définie, où chacun a sa case, son rang, sa fonction, où, du haut au bas, tout est prévu par le souverain, où, dans chaque branche d'administration, du ministre au dernier commis, la transmission des ordres s'opère avec une régularité machinale. Cette nation-là, presque toute royaliste d'origine, a, presque toute, accepté et servi les Bourbons. Napoléon n'y change rien : elle est à son goût et c'est lui qui l'a faite. Ainsi livre-t-il d'avance la France à l'ennemi, car, où il faut de l'enthousiasme, mettra-t-on des règlements; où il faut un changement radical du personnel, s'efforcera-t-on de le maintenir tout entier; où il faut qu'on risque sa tête, cherchera-t-on à garder sa place.

Pour l'autre nation, la vraie, Napoléon s'imagine la contenter, mieux, la soulever et lui rendre son ressort de 93, en absorbant dans sa hiérarchie et dans ses conseils quelques hommes qui, vingt-trois ans auparavant, ont marqué dans la Législative, la Convention, le Directoire et le Consulat, et qui n'ont pas été employés par l'Empire. Selon lui, ces hommes, ayant été officiels, peuvent le redevenir. Donc, il leur met un uniforme, les décore de titres et de croix; et puis, il s'étonne qu'ils ne lui servent à rien. Parce qu'ils ont été mêlés à l'administration pendant la Révolution, Napoléon croit qu'ils l'ont faite. Ils n'en ont point été les moteurs, mais les résultantes. Napoléon brise le moteur qui est la nation, et il ne comprend pas ensuite pourquoi les roues ne tournent point.

Il fait pis. Il octroie une charte, ni meilleure, ni pire que la bourbonienne. Le peuple et l'armée n'en ont que faire, mais les bourgeois la réclament, et, avec eux, des journalistes et des faiseuses de romans. Les bourgeois, gens établis, ont leur case dans la hiérarchie, ils représentent le *Tiers état,* ils méritent des égards. Napoléon croit faire ainsi de la révolution parce qu'il fait du libéralisme et, parce qu'il se livre aux parlementaires, il croit fournir un levier pour la résistance, alors qu'il la paralyse et qu'il donne aux factieux le droit de tout entreprendre.

Mais c'est que les « Articles additionnels » n'ont été, dans sa pensée, qu'un accessoire. En rendant à Lyon, le 13 mars, le décret qui les a promis, il a dit : « Les Collèges électoraux des départements de l'Empire seront réunis à Paris, dans le courant du mois de mai prochain, *en Assemblée extraordinaire du Champ de Mai,* afin de prendre les mesures convenables pour corriger et modifier nos Constitutions selon les intérêts et la volonté de la nation, et, en même temps, pour assister au couronnement de l'Impératrice, notre très chère et bien-aimée épouse, et à celui de notre cher et bien-aimé fils. » Le principal, c'est le couronnement de l'Empereur mineur. Napoléon est convaincu, lui aussi, qu'un empereur mineur régnera plus aisément comme monarque constitutionnel. Un rôle, tel que celui dévolu à Louis XVI par la Constitution de 1791, peut être rempli par un soliveau ou un enfant. Cette illusion, que Napoléon Ier n'a point été seul à subir, a bien plutôt déterminé sa décision qu'une conversion à des doctrines que son bon sens a toujours repoussées. La preuve en est qu'il y a persisté et que plus tard il a donné de tels motifs à ses conseils d'avenir. Par le régime parlementaire, il s'est donc proposé d'abord de donner une satisfaction à la nation, parce qu'il a pris pour la nation la bourgeoisie dont le règne est la négation même de la démocratie; de là, il s'est laissé conduire à une constitution qui est l'opposé du régime représentatif qu'il incarne, et, s'il l'a fait, c'est qu'il a en vue, non pas lui-même et un gouvernement comme le sien, mais la Régence et un gouvernement tel que celui de son fils.

Ainsi, ayant pour ennemis le prêtre, le noble et le bourgeois, il cajole le prêtre, il livre l'État au noble, il se livre lui-même au bourgeois.

L'explication de toutes ces fautes, c'est l'idée qui domine le règne entier des Cent-Jours, la rentrée en France de Marie-Louise et du Prince Impérial, et, dès que Napoléon ne se pose point en champion de la Révolution, cette idée est en effet la seule qui présente une chance d'avenir. Le retour de l'île d'Elbe a été une aventure qu'il n'a risquée que sur une nécessité impérieuse, et dont l'un des mobiles déterminants a pu être de retrouver sa femme et son fils. A présent que le miracle est accompli, le seul moyen qu'il dure, c'est qu'ils reviennent.

A l'intérieur, pour une partie au moins des Français, ceux qui, malgré de légitimes inquiétudes, avaient accepté les Bourbons parce qu'ils apportaient la paix et l'abolition de la conscription, la stabilité de l'Empire restauré dépend de l'espérance qu'on peut avoir de la paix. Le retour de l'Impératrice, ce serait à leurs yeux, comme aux yeux de Napoléon même, un acquiescement de l'Europe, quelque chose comme une reconnaissance du nouveau régime, un prétexte pour traiter, une possibilité d'entente. Sans sa femme et son fils, Napoléon est un évadé. Il n'a ni sécurité, ni assiette. Que viendrait-il parler de dynastie ou d'hérédité lorsque son héritier et la régente désignée sont captifs de l'ennemis? Eux présents, tout change, s'éclaircit et s'accommode. Nul doute, ils vont venir. Marie-Louise pouvait hésiter à partager le lit du proscrit, mais le trône de France! D'ailleurs, elle aime l'Empereur; elle ne demandait qu'à le rejoindre à l'île d'Elbe, à lui amener son fils. Si elle ne l'a point fait, c'est que l'empereur d'Autriche l'a empêchée; c'est qu'elle avait entrepris de défendre l'héritage de son fils. On ne saurait la retenir à présent. On n'en a pas le droit. Qui donc peut s'arroger de la garder malgré elle et malgré lui?

Dès que Napoléon est arrivé à Grenoble, c'est là sa préoccupation majeure. Pas un jour presque où il n'écrive, où il n'imagine des combinaisons pour faire passer ses lettres. Dès Paris, il multiplie les émissaires. A défaut de représentants officiels qu'on repousse, il met en jeu ce qui se trouve, ce qui a chance de parvenir jusqu'à Vienne, ce qui, par un côté, a un contact avec Talleyrand ou François II, Montrond, Flahaut, Stassart. Il ne néglige aucun moyen, il ne dédaigne aucune voie. A chaque fois il ordonne, il prie, il commande que Marie-Louise le rejoigne avec son fils. Il réclame à l'empereur d'Autriche sa femme et son enfant : « Mes efforts, dit-il, tendent uniquement à consolider ce trône que l'amour de mes peuples m'a conservé et rendu, et à le léguer un jour, affermi sur d'inébranlables fondements, à l'enfant que Votre Majesté a entouré de ses bontés paternelles. » Ainsi prétend-il l'intéresser et l'attendrir, l'associer même à son œuvre, et lui donner part à la fortune de son fils. On trouve des lettres qu'il a écrites à Marie-Louise le 8, le 11, le 22, le 26, le 28 mars, le 1er et le 4 avril; combien d'autres sont perdues, enfouies dans des archives particulières? Là est sa chance de réussir, là est l'espérance des impérialistes, là même, à présent, l'espérance du peuple entier, soit que, de soi-même, il y ait été conduit par cette sorte de sensibilité qu'il éprouve à des jours, soit qu'il y ait été amené par un effort de la police : en tout cas, le mouvement est réel ; à preuve, les milliers d'estampes où, dans des bouquets de violettes, de roses et de pensées symboliques, on cherche les profils de l'Empereur, de l'Impératrice et du Prince Impérial. Le portrait de l'enfant multiplié à l'infini court dans toutes les mains. La popularité réelle commence pour lui. Son retour serait un coup de fortune pour l'Empire : mais, plus ce retour a été escompté, plus, s'il ne s'accomplit pas, l'échec sera cruel et presque décisif.

Or, du temps a passé ; de mauvais sons de cloche arrivent de Vienne. On dit que « l'Impératrice n'envisage son retour en France qu'avec terreur ». Les Alliés se refusent à tout émissaire ; Marie-Louise se solidarise avec eux. Quel motif? Napoléon n'en est point à penser que le vertueux empereur d'Autriche a offert à sa fille la distraction d'un amant, mais il réfléchit que, de Paris à Blois et à Orléans, le calvaire a été rude et que, pour croire ensuite à la fidélité des Français et des Parisiens, il faut à une souveraine une foi robuste ; que, pourtant, elle peut être tentée par la Régence, et que, s'il disparaît lui-même, l'Europe se trouvera sans prétexte pour enlever le trône à son fils.

L'idée qui l'a hanté depuis 1813, sauver au moins la dynastie, se présente plus impérieuse encore à sa pensée. L'hypothèse de la Régence n'a pas manqué d'ailleurs, au milieu des intrigues qui s'agitent et des combinaisons qui se nouent, de séduire certains esprits. Elle a, dans l'entourage le plus proche de Napoléon, des partisans résolus. On peut croire qu'elle ne déplaira pas à l'Autriche, et, l'Autriche manquant, la coalition s'écroule. L'empereur de Russie ne tient nullement à la branche aînée. « Il désire, en premier lieu, la Régence et, à défaut de celle-ci, que la couronne passe au duc d'Orléans. » La Prusse suivra la Russie. L'Allemagne n'est déjà plus telle qu'en 1813, et les actes du Congrès de Vienne ont montré aux peuples ce que valaient les promesses de liberté. En Angleterre, un mouvement d'opinion se dessine contre les Bourbons : tout dépend donc de l'attitude que prendra le cabinet de

Vienne, de celle qu'il donnera à Marie-Louise. Aussi, Napoléon, dès qu'il apprend que des tentatives ont été faites sur Fouché par des agents de Metternich, saisit l'occasion de se renseigner, peut-être d'entrer en conversation. Le jeu est dangereux, mais il est le seul qui se présente. D'ailleurs Montrond n'a-t-il pas été chargé déjà de porter à Talleyrand quelque insinuation sur la Régence? Talleyrand ne l'a point accueillie; il ne croit pas assez à la solidité d'une restauration impériale pour y risquer sa fortune, et il n'a point suivi l'affaire, mais Metternich l'a reprise. Sans doute, « les puissances ne consentiront jamais que Buonaparte ni aucun des siens règne », Metternich y est fermement décidé et n'en reviendra pas, mais, en entrant en pourparlers sur la Régence, il jette l'incertitude dans les mesures de Napoléon; il enraye le mouvement révolutionnaire qui seul lui paraît redoutable; il paralyse la défense; il ouvre la porte aux spéculations des politiques; il provoque l'indécision, nourrit les intrigues, jette un élément nouveau de discorde au milieu d'un peuple qui n'eut jamais un tel besoin d'être uni, et il fournit aux parlementaires, qui vont s'assembler, l'arme avec laquelle, consciemment ou non, ils abattront l'Empereur et livreront la France. Napoléon ne sera plus, en face de Louis XVIII, l'unique représentant de la nation. Les amis du duc d'Orléans, surpris en pleine conspiration par le retour de l'île d'Elbe, pratiqueront les Chambres pour leur prétendant, en présentant le leurre de la Régence à ceux qui demeurent fidèles à la dynastie impériale et, qui sait si, quinze ans avant 1830, ils n'ont point arrêté déjà le programme de la lieutenance générale se transformant en royauté bourgeoise?

Cette régence est de ressource avec tout le monde. Comme Metternich tient la Régente et l'Empereur mineur, il ne risque rien à en parler. A Bâle, dès la première conférence entre l'émissaire de Metternich et le prétendu émissaire de Fouché, Fleury de Chaboulon, qu'a envoyé l'Empereur, Ottenfels dit : « Les Alliés pourraient consentir à vous donner le jeune Napoléon et la Régence; » à la deuxième conférence : « Je suis autorisé à vous déclarer formellement que les souverains alliés renoncent à rétablir les Bourbons sur le trône et qu'ils consentent à vous donner le jeune prince Napoléon. Ils savent que la Régence était, en 1814, l'objet des vœux de la France et ils s'estiment heureux de pouvoir les accomplir aujourd'hui. » En échange d'une telle promesse, Metternich espère que Fouché abattra, livrera même l'Empereur : « Commencez par le déposer, dit Ottenfels à Fleury ; les Alliés prendront ensuite, et selon les événements, la détermination convenable ; ils sont grands, généreux et humains et vous pouvez compter qu'on aura pour Napoléon les égards dus à son rang, à son alliance et à son malheur. »

Ce n'est point qu'à Fouché seulement qu'on parle de la sorte : à l'Empereur même, sous une autre forme, on fait dire presque les mêmes choses. Il a envoyé à Vienne avec une lettre autographe de lui pour l'empereur d'Autriche et des dépêches du duc de Vicence pour Metternich, le baron de Stassart, ancien préfet de Vaucluse et des Bouches-de-l'Elbe, auquel sa clef toute neuve de chambellan autrichien peut ouvrir des portes. Stassart, arrêté à Lintz, obligé de rétrograder à Weltz, puis à Munich, y attend longtemps une réponse aux messages dont il a été chargé. « Au bout de huit jours, le prince Eugène, qu'il a beaucoup vu, le fait appeler et l'informe que le prince de Wrede, arrivé de Vienne, est, par son entremise, autorisé à lui faire connaître que, si Napoléon veut abdiquer avant que le premier coup de canon soit tiré, sa dynastie sera reconnue par l'Autriche qui a l'espoir d'y décider ses alliés, mais on exige qu'il se livre aux mains de son beau-père, qui offre de lui donner l'habitation d'une ville de ses États héréditaires à son choix, sauf les villes d'Italie, la Hongrie, Prague et, sans doute aussi, Lintz; on lui garantit un traitement de souverain jusqu'à ce qu'il puisse être rétabli soit dans l'île d'Elbe, soit dans une autre souveraineté indépendante. Stassart part avec ces propositions ; il arrive à Paris dans la nuit du 13 au 14 mai, se rend chez le duc de Vicence, et, après lui avoir remis un rapport écrit dans lequel il s'est tu sur ces propositions, il les lui présente verbalement. Quoique la nuit soit fort avancée, le duc prend son uniforme et court à l'instant au palais de l'Élysée. L'Empereur, semble-t-il, reste incertain pendant quarante-huit heures. Au moins

Stassart est conduit deux jours de suite par le duc de Vicence au lever sans que l'Empereur lui parle; le troisième jour, le duc de Vicence lui dit que l'Empereur n'a pas assez de confiance dans l'Autriche pour accepter ce qu'on lui propose et qu'après une victoire, on serait bien forcé de traiter avec lui. C'est presque exactement à la même date (10 ou 11 mai) que, aux ouvertures analogues d'Ottenfels transmises par Fleury, il répond : « Ces messieurs commencent à s'adoucir, puisqu'ils m'offrent la Régence; mon attitude leur impose; qu'ils me laissent encore un mois et je ne les craindrai plus. »

De fait, dans un cas comme dans l'autre, si l'Autriche offre la Régence, c'est à condition que Napoléon se livre ou qu'il soit livré. Alors, la résistance est décapitée; la Sainte-Alliance triomphe sans coup férir, et, au cas qu'elle a fait du traité du 11 avril, on peut juger comment elle tiendra ses nouveaux engagements. Seul, un acte prouverait une sorte de bonne foi. Ce serait le renvoi en France de l'Impératrice et du Prince Impérial ; mais, à cela, il faudrait d'abord que Marie-Louise eût consenti et sur ce point l'Empereur est éclairé. Par Montrond, rentré à Paris vers le 15 avril, par Ballouhey, arrivé vers le 20, Meneval l'a préparé aux nouvelles qu'il a apportées lui-même le 10 mai. Nul doute à garder : elle ne veut pas. Napoléon ne pousse pas plus loin son enquête. « Il ne met pas en doute que les sentiments de Marie-Louise pour la France et pour lui n'aient été violentés. » Il lui cherche des excuses et lui en trouve dans les épreuves qu'elle a subies; il renonce même à rendre public le rapport qu'il a demandé à Meneval, où celui-ci « doit appuyer particulièrement sur la séparation du Prince Impérial et de sa mère, sur celle avec Madame de Montesquiou, sur ses larmes en la quittant, sur les craintes de Madame de Montesquiou relatives à la sûreté et à l'existence du jeune Prince ». A quoi bon ? Ce rapport n'eût été que dans le cas « où la Chambre eût fait une motion pour le Roi de Rome tendant à faire ressortir l'horreur que doit inspirer la conduite de l'Autriche ». L'Empereur marque seulement sa sympathie à Madame de Montesquiou en affectant à la dotation de sa charge 50,000 francs de rente pris sur la dotation de la charge de grand veneur qu'il a supprimée. Il renonce à mettre en vigueur, en ce qui touche la Maison des Enfants, la partie du budget de 1815 où, pour les neuf mois et dix jours restant, il a alloué un crédit de 181,162 francs et il ne fait pas les nominations attendues. Il ne récrimine point contre la femme qui, après l'avoir abandonné dans la mauvaise fortune, se trouve détruire à présent l'espoir d'une fortune meilleure. Pourtant, tout manque à la fois, puisque Marie-Louise manque. Qu'est-ce qu'une Régence sans souverain et sans régente? Qu'est-ce qu'une Régence où le souverain et la régente sont aux mains des étrangers? En échange de promesses vaines, ce n'est pas lui seul que Napoléon devrait livrer, c'est la France. Les annonces du prochain retour, les espérances de paix, le couronnement de l'Impératrice et du Prince Impérial, le Champ de Mai, toutes ses mesures, ses calculs, ses actes, tout est vain et tourne contre lui. Il s'est engagé dans une impasse dont il ne peut sortir que l'épée en main, et, en quittant Paris, il laisse deux Chambres ennemies ou au moins suspectes, l'une qu'il a dû réunir à l'occasion du Champ de Mai, qui a refusé un président de son choix, qui a déjà marqué son opposition et qu'il n'a pu ni osé dissoudre; l'autre, dont il n'a nommé les membres qu'à la dernière heure, le 5 juin, qui est composée, pour une moitié (cinquante-huit sur cent dix-sept), d'officiers généraux dont le courage civil est au moins suspect et, pour l'autre, de treize chambellans, dix-neuf anciens ministres, quatre prélats, vingt-huit anciens nobles, une dizaine d'anciens parlementaires ralliés. Quel esprit de corps peut-elle avoir, quelle autorité? En face de ces Chambres, de cette Chambre plutôt — car celle des Représentants compte seule — un conseil de gouvernement sans ressort et sans prestige, où siègent des hommes qu'il sait des traîtres et où ceux même dont il doit croire la fortune le plus liée à la sienne ont insisté avec violence pour que, au Champ de Mai, il abdiquât en faveur de son fils : par là, ils se sont rencontrés avec ceux qui, comme Fouché, ont, en répandant le bruit de l'abdication, énervé une résistance qui n'eût été efficace que si l'on eût su tous les ponts coupés et toute entente impossible.

Si la trahison n'est pas partout — et, après cent ans, on ignore encore où elle n'était pas — on y croit et l'effet est pareil. Tous les esprits prennent l'alarme. On est constamment dans le soupçon et l'attente. Au moindre incident, les soldats s'insurgent. Le vent de la défiance a soufflé sur l'armée. Celle-ci fut invincible par la foi qu'elle avait en son chef, en ses généraux, en elle-même. La foi disparue, tout croule. Et malgré la nécessité, malgré l'effort, malgré l'inspiration, malgré le travail surhumain auquel il se livre pour trouver des ressources, Napoléon lui-même a-t-il la foi?

Une victoire subite, « en coup de tonnerre, » pourrait seule le sauver, et c'est Waterloo; après, le sauve-qui-peut, la dispersion de l'armée. La rallier, faire tête avec ces débris, il n'y pense pas, il court au plus pressé. Ce n'est pas à la frontière, c'est à Paris que le drame va se jouer. Les Chambres, avec Fouché dans la coulisse et La Fayette en scène, vont donner aux parlementaires écrasés en Brumaire une éclatante revanche. Que veut Napoléon? Leur parler, les émouvoir ou les dissoudre? Fouché a pris les devants; il a insinué que, sur l'abdication de l'Empereur, les coalisés s'arrêteront, accepteront, reconnaîtront Napoléon II, que par là tout sera fini; il a dit comme il fallait se tenir en garde contre une dissolution ou un ajournement; ainsi, il a rendu vaine toute tentative de la part de l'Empereur. Pour celui-ci, la dissolution est la carte de salut, mais, dans les conditions où il est, comment l'oser et avec quoi y réussir? D'ailleurs, c'est question d'heures, de minutes, et Napoléon, devenu verbeux, perd du temps. Le ressort est brisé : il ne croit plus à sa fortune, bien moins à celle de son fils. La Chambre des représentants profite de ce temps qu'il perd, assume la dictature, s'empare de la Garde nationale, s'assure de la Chambre des pairs. La déchéance est prononcée avant même que l'abdication ne soit proposée. La Chambre, en mesurant à l'Empereur les minutes pour qu'il se démette, l'a mis sous mandat d'amener. Une solution reste : en appeler au peuple, jeter, comme au 31 mai, les faubourgs sur les Girondins, balayer les Orléanistes et faire justice des factieux. Que Napoléon lève un doigt, la chose est faite. Il ne le lève pas. Il recule devant la guerre civile, il recule bien plus encore devant la Révolution qu'il déchaînerait. Il ne se fait point d'illusion. Ce qu'on lui dit de son fils, de la régence, de la dynastie, le laisse incrédule. Dans la dictée qu'il fait de son abdication, il faut les instances de son frère Lucien et de Carnot pour qu'il ajoute : « Ma vie politique est terminée et je proclame mon fils, sous le nom de Napoléon II, empereur des Français. » Ainsi esquive-t-il la Régence sur quoi il est éclairé et ne prononce-t-il aucun nom. A quoi bon? Il dit seulement : « L'intérêt que je porte à mon fils m'engage à inviter les Chambres à organiser sans délai la Régence par une loi. »

Ce qu'il fut de l'avènement de Napoléon II, on le sait ; dans les départements, quelques patriotes tels que Pons de l'Hérault, le préfet de Lyon, osèrent proclamer un nom qui leur semblait la seule garantie qui restât à l'indépendance nationale ; à la Chambre des pairs, jusqu'à deux voix fidèles s'élevèrent pour lui ; à la Chambre des représentants, la faction orléaniste, démasquée par l'éloquence vengeresse de Boulay, dut ajourner une usurpation qu'elle méditait depuis vingt ans, et qu'elle emploiera encore quinze années à accomplir ; mais, mis à part quelques hommes dont le courage s'éleva à proportion des périls et dont la conscience fut éclairée doublement par la haine de l'étranger et par le mépris des Bourbons, partout ailleurs l'incrédulité fut pareille, la résistance également molle, l'avachissement aussi prononcé. Gardant en réserve le spectre de Napoléon II comme un épouvantail vis-à-vis des uns, une assurance vis-à-vis des autres; appuyé par une Chambre où quiconque n'était point de ses complices était de ses dupes; aidé par des généraux qui, la plupart, cherchaient moins la défense de l'indépendance nationale que la garantie de leurs intérêts personnels, Fouché ménagea sa rentrée en grâce près des Bourbons, et, en leur livrant avec la France la tête des meilleurs serviteurs de la patrie, ne crut pas payer trop chèrement un portefeuille, sa fortune et son duché. Quand on envisage, ainsi que le firent la Chambre et les plénipotentiaires qu'elle avait nommés pour traiter avec les Alliés, les hypothèses par ordre de préférence, c'est toujours à la meilleure qu'on s'arrête et c'est la pire qu'on subit. « Nous tiendrons à

Napoléon II tant qu'il se pourra », avaient dit les plus résolus ; le « tant qu'il se pourra » ne mena pas loin, et Napoléon l'avait bien prévu quand il répondait à Lucien et à Carnot : « Je ne vois pas bien ce que vous voulez. La Régence? Ils ne veulent pas plus de vous, de la Régence, que de moi. » Aussi bien, mieux valent les Bourbons : « Au moins, ils sont Français. »

L'Élysée, Malmaison, Rochefort, l'île d'Aix, Torbay, Sainte-Hélène, ces étapes vers l'exil, vers la captivité, aussi vers la mort qui délivre..... Il a emporté une seule consolation, le souvenir, et c'est en même temps la torture de tous ses jours. Dans ces pauvres trésors qu'il manie aux heures où la lassitude du présent lui fait rechercher le passé, les portraits de son fils tiennent la première place : c'est l'enfant endormi dans son berceau, l'enfant assis sur son mouton, l'enfant essayant une pantoufle, l'enfant priant Dieu pour son père et pour la France, l'enfant aux bras de sa mère, miniatures d'Isabey ou d'Aimée Thibault, par qui, presque jour par jour, il se plaisait à suivre, de 1811 à 1814, la croissance et les anecdotes du petit roi. Puis, le buste, qu'un sculpteur français établi à Vienne a modelé à l'été de 1814 et dont Marie-Louise, d'Aix-les-Bains, a chargé Bausset de faire parvenir une répétition à l'île d'Elbe. Ce sont là ses reliques. A Longwood, dans sa chambre à coucher, le petit buste est sur la cheminée ; des deux côtés, les miniatures par Aimée Thibault ; au bas du canapé, le portrait avec Marie-Louise. L'enfant tient là, comme dans son cœur, la première, presque l'unique place. Dès l'arrivée (octobre 1815), il remet aux autorités anglaises cette note : « L'Empereur désire, par le retour du prochain vaisseau, avoir des nouvelles de sa femme et de son fils, et savoir si celui-ci vit encore. » Il n'a pas plus de réponse qu'il n'en eut à l'île d'Elbe, et le temps passe, et, comme le temps, les océans s'interposent, étendant l'oubli et accroissant le silence. C'est sur soi-même qu'il faut vivre, et l'amour doit se nourrir de l'amour même. Pas un fait où se reprendre et s'accrocher ; pas un récit pour réaliser la vie que mène l'enfant, l'aspect qu'il prend, la physionomie qu'il se donne. C'est à des portraits anciens qu'il faut s'en remettre pour imaginer ce qu'il est devenu. Parfois, au prisonnier, une plainte échappe ; quand un visiteur regarde le petit buste sur la cheminée : « C'est mon fils, dit-il, voilà tout ce qu'ils m'en ont laissé. » Mais cette effusion est rare. Pour qu'il parle de son fils au présent, il faut une émotion extraordinaire, tandis qu'il revient souvent sur le passé, sur la naissance surtout ; il se plaît à la raconter, presque dans les mêmes termes, plusieurs fois chaque année ; il l'écrit même *(Manuscrit de l'île d'Elbe)*. Cette naissance, c'est l'événement majeur de sa vie, et, à la façon dont il s'y attache, on peut juger l'importance qu'il y a mise, mais la naissance seule. D'ailleurs, nul enfantillage, nulle redondance paternelle, nul besoin de citer des mots, des traits, des anecdotes, moins encore d'en entendre ; un recul brusque et un coup de caveçon lorsque, sans raison majeure, quelqu'un de la suite, croyant faire sa cour, évoque son fils. La tendresse qu'il lui porte est du for intérieur, c'est l'intimité de son cœur ; il en a la pudeur et n'admet pas qu'on la viole. Il demeure hautain, ferme, sérieux. Il est un père, mais il reste l'Empereur. Il le veut rester à cause même de son fils. Il se préoccupe que « son fils sache qu'il a eu un père toujours supérieur à ses infortunes, qui n'a jamais, même dans les plus petites choses, oublié quel est son rang ». Ce rang auquel il se maintient, où il contraint à le placer tous ceux qui l'approchent, c'est la raison d'être qu'aura son fils, fils d'un empereur captif, martyr, non déchu. Il lui crée ainsi une légitimité ; car, bien qu'il médise de la légitimité, qu'il dise : « On ne veut pas de vos balivernes sur la légitimité... Tous les souverains sont des imbéciles avec leur légitimité », au moins reconnaît-il, pour une dynastie, la nécessité de la durée. Or, la légitimité n'est guère autre chose : à la première génération, usurpateur ; à la cinquième, légitime. Lorsqu'il dit : « Je me serais relevé du pied des Pyrénées si j'avais été mon petit-fils », c'est cette légitimité qu'il envisage ; de même, lorsqu'il dit : « J'aurais dû mourir à Moscou, à Dresde ou à Waterloo, mon fils régnerait », lorsqu'il dit : « Je crois que si j'avais été tué à Brienne, ma dynastie régnerait », c'est cette autre légitimité que consacre le baptême du sang ; et c'est encore une légitimité, celle dont, par son martyre, il revêtira son fils : « Mieux vaut, pour mon fils, que je sois ici, dit-il ; s'il vit, mon martyre lui rendra sa couronne. » « Mon fils, dit-il encore, si je meurs sur la croix, il arrivera ! » et, après avoir rejeté les projets d'évasion : « Il n'y a encore que mon martyre qui puisse rendre la couronne de France à ma dynastie. »

Tel est le fond de sa pensée, telle l'espérance : il en faut toujours une à l'homme. Dans les jours d'abattement, lorsqu'il se laisse aller à se demander « s'il ne vaudrait pas mieux ne pas avoir d'enfants », c'est une boutade qu'il coupe tout de suite par un « parlons d'autre chose ». « Il est horrible de mourir sans enfants », dira-t-il après, et ce sera l'expression vraie de son âme.

De quelque sujet qu'il parle, on sent tout proche l'idée de l'enfant. Le plus souvent, il ne le nomme pas, il ne le personnalise pas, mais l'allusion est constante; elle revient à propos de toute chose, de l'étiquette et du Grand couvert, des hommes et des femmes de la Cour, de chaque incident de la politique européenne qui, grossi par l'éloignement et par la disposition d'esprit que donne l'exil, filtre jusqu'à Sainte-Hélène. Tout y est occasion, et chaque raisonnement sur les événements qui ont influé sur sa destinée l'y ramène par une pente inévitable. Il se demande ce qui serait arrivé si le Roi de Rome avait été conçu par Joséphine au lieu de Marie-Louise, et c'est un problème sur lequel il s'étend; il veut justifier le goût qu'il avait pour bâtir, et c'est par le palais qu'il méditait pour le Roi de Rome; il s'interroge sur l'espèce de douleur qu'il éprouverait si on lui annonçait que sa mère est morte, ou sa femme, ou son fils ; il imagine ce qu'il eût pu faire après Waterloo s'il s'était remis à la tête des troupes comme lieutenant de Napoléon II; il le voit régnant à Parme et faisant écrire l'histoire de son père; c'est pour lui qu'il se raconte ; c'est à lui qu'il pense lorsqu'il fait des notes sur l'histoire de Frédéric; pour lui qu'il rêve de placer, dans une grande banque anglaise, un million à fonds perdu. Son esprit en est constamment obsédé, et l'unique question qui l'intéresse, c'est si son fils régnera. Nul point de vue égoïste : « Quand même je sortirais d'ici, répète-t-il à diverses reprises, je n'irais plus en France. Ma carrière est finie, mais j'ai l'espoir qu'on y rendra à mon fils la justice qu'il mérite. » Il sent que sa présence serait, pour son fils régnant, un inconvénient et un danger ; il sait que les ministres ne le toléreraient point, que l'on ne voudrait point de lui. Il ne s'abuse point sur les termes du problème : Louis XVIII ne peut tarder à mourir ; son frère ou ses neveux lui succéderont-ils ? cela est douteux ; mais, même si la tradition de la couronne s'opère régulièrement, la branche aînée des Bourbons ne saurait la conserver longtemps. Qui la prendra alors ? Le duc d'Orléans ou Napoléon II ? Dit-il, comme le rapporte Montholon : « Mon fils régnera si les masses populaires agissent sans contrôle ; la couronne sera pour le duc d'Orléans si les libéraux s'emparent de la victoire du peuple »? cela est probable, car, bien plus tard, il dit : « A la mort du roi, qu'arrivera-t-il ? Les factions se partageront en trois, mais elles n'auront à délibérer que sur deux candidats, mon fils et le duc d'Orléans » ; et, après avoir examiné les chances qu'apporterait à son fils l'union de la faction jacobine avec « les personnes qui lui sont attachées », il conclut : « Définitivement, je crois que le parti d'Orléans serait le plus nombreux ; il se composerait de tous les mécontents actuels, mais qui font parade d'aimer les Bourbons. Il aura en outre tous les indifférents et cette masse si nombreuse de personnes sans énergie qui, ayant quelque fortune, veulent en jouir paisiblement ; enfin, aux yeux du plus grand nombre, la dynastie ne paraîtrait pas avoir été changée. »

Cette vue si précise par laquelle, dix années avant la Révolution de Juillet, il en détermine le dénouement ; ce jugement qu'il porte de la répartition des forces sociales et de l'entraînement des directrices vers une *quasi-légitimité* telle que la réalise le duc d'Orléans ; cette conviction que la force de Napoléon II réside dans ce qu'il appelle « la faction jacobine », — ceux qui, serviteurs de la Révolution, ne voient son accomplissement que par la dictature napoléonienne, — toutes ces considérations d'avenir qu'on peut dire prophétiques, devraient l'empêcher de réclamer, pour son fils, l'aléatoire bénéfice de ses parentés souveraines. On l'a fait discourir contre elles, mais est-ce lui qui a parlé ? Tout ce qu'il a dit d'ailleurs vient en contradiction. Ainsi, lorsqu'il imagine que l'Autriche va mettre en avant Napoléon II, qu'elle lui fait un parti, qu'elle le garde pour dominer le cabinet des Tuileries : il a bien en objection son propre cas, mais n'en est-il pas à dire qu'il eût mieux fait de se livrer à l'Autriche, qu'elle l'eût traité « en roi », que « l'empereur François n'aurait pas voulu flétrir sous ses yeux le mari de sa fille, le père de son petit-fils » ? En ce qui le touche, s'il ne résiste point aux faits trop probants, s'il se justifie d'avoir eu la « bêtise de croire à la sainteté des liens de famille », il recherche ce que sont au vrai ces liens de famille ; il conclut que « la parenté n'a de valeur que dans les lignes ascendantes et descendantes », et, de là, il prend l'assurance que son fils en sera mieux protégé par l'empereur d'Autriche.

Protégé de l'Autriche, est-ce là, après ce qu'il a dit ailleurs, une recommandation près des Français? Mais devant l'Europe? Et puis il trouve cela si grand qu'il ne calcule plus. L'enivrement qu'il en a pris agit encore. Comment ne serait-ce pas là le plus puissant des moyens qu'il lui laisse? Il affirme cette parenté, il en publie la gloire ; il en revendique l'honneur. « On dit, écrit-il dans la quatrième des *Lettres du Cap*, que le jeune Napoléon, qui, dès son âge le plus tendre, excita l'attention de tant de nations, est un enfant particulièrement favorisé de la nature tant au physique qu'au moral. Petit-fils de l'empereur d'Autriche, arrière-petit-fils de Ferdinand, roi de Naples, appartenant conséquemment aux Maisons de Lorraine et de Bourbon, il lui est peut-être réservé de grandes destinées. On ne peut songer sans surprise que l'enfant de Napoléon est l'arrière-petit-fils de Caroline, reine de Naples, la mortelle ennemie de tout ce qui est français. Cependant, plusieurs personnes assurent qu'en dernier lieu, lorsque Caroline alla à Vienne, elle prit un plaisir particulier à caresser le jeune prince et à consoler et donner des conseils à Marie-Louise. »

Voilà l'expression de sa pensée, bien plus nettement, bien plus formellement établie que par les déclarations que lui prêta, vingt ans après sa mort, un de ses compagnons de captivité. Ainsi reste-t-il logique, tandis que les discours qu'on lui attribue seraient anormaux et contraires à sa psychologie. Il a voulu entrer dans la famille des rois, il a voulu faire souche de rois; pour lui-même, c'est encore sur les rois qu'il compte, sur l'empereur d'Autriche, l'empereur de Russie ou la princesse Charlotte; c'est par les rapports que son fils garde avec les rois qu'il suppute ses chances de régner; il n'entend sans doute pas qu'il soit un *légitime,* tel que les Bourbons, c'est-à-dire un roi du droit divin, mais il ne réclame pas davantage en sa faveur le droit démocratique, les quatre plébiscites qui ont attesté et proclamé son autorité, sa famille et sa dynastie. Il ne s'explique pas sur les origines du pouvoir que recueillera son fils : il reconnaît qu'un mouvement populaire est nécessaire pour qu'il revienne en France, mais il y reviendra empereur, avec le prestige de sa double ascendance, avec le consentement des souverains dont il est le parent. Si loin va-t-il dans ce sens, que, s'il ne voit pas son fils empereur des Français, il le voit duc de Parme, archiduc d'Autriche, mais toujours prince. Cela, qui lui semble indélébile, il le lui a du moins gagné; il l'a fait prince!

Que devient-il, cet enfant? Où est-il? Que fait-il? Est-il vivant ou mort? Nulle réponse aux notes où l'Empereur demandait qu'on lui donnât des nouvelles, point de lettre, le silence! Un commissaire autrichien débarque à Sainte-Hélène : l'Empereur l'attend avec impatience. Dans l'arrivée de ces commissaires français, russe, autrichien, il voit un hommage encore à l'Empereur qu'il est et qu'il demeure. Surveillants non, plutôt ambassadeurs. C'est l'Europe qui va lui parler. Sans doute, l'Autrichien en particulier a des messages de l'empereur d'Autriche et de Marie-Louise. Mais quoi! du temps passe : les commissaires se heurtent à Hudson-Lowe, ils se heurtent à Bertrand; ils ont affaire aux exigences du geôlier anglais, aux règles d'étiquette du grand maréchal. Ils s'abstiennent de paraître à Longwood, où ils n'ont point à parler, mais à écouter et à regarder. La déception est grande et l'Empereur veut avoir l'air de les refuser quand ils se refusent. « Que vient faire ici cet Autrichien? dit-il. Il n'est pas seulement chargé de m'apporter des nouvelles de ma femme et de mon fils! » et à l'amiral Malcolm : « Comment voulez-vous que je voie ces gens-là? Qui est-ce qui les envoie? Est-ce l'Autriche que j'ai eue vingt fois à mes pieds? Le commissaire m'apporte-t-il des nouvelles de ma femme et de mon fils ? » C'est là le premier mouvement de l'Empereur qui voudrait qu'officiellement François II lui eût fait parler; le prisonnier s'en repentira bientôt, car c'est à ces commissaires qu'il attachera toutes ses espérances et, pour les attirer, les confesser, leur porter des confidences, leur passer des papiers, il mettra en mouvement tous les ressorts.

Dès le début, sa dignité a élevé une barrière d'étiquette que lui-même ne peut plus abaisser. Aussi bien, n'a-t-il rien à perdre, le ministère autrichien en envoyant un commissaire pour surveiller le gendre de l'empereur d'Autriche, ne lui a confié aucune mission, ni patente, ni secrète, n'a même pas songé qu'une telle démarche eût été convenable et décente, autant que l'abstention commandée est odieuse et cruelle.

Mais, à la suite du commissaire autrichien, le baron Sturmer, est venu à Sainte-Hélène, pour en étudier la flore, un botaniste nommé Welle, un ignoré, un pauvre, un savant. Welle s'arrange pour voir à Jamestown Marchand, le valet de chambre de l'Empereur, le fils de la berceuse du petit Roi, et de la part de celle-ci, il lui remet un morceau de papier plié sur lequel est écrit : « Je t'envoie de mes cheveux. Si tu as le moyen de te faire peindre, envoie-moi ton portrait. *Ta mère :* MARCHAND. » Dans le papier, une boucle de cheveux « blanchâtres », « blonds de filasse ». Marchand ne s'y trompe pas : ce sont des cheveux du Roi de Rome. Durant que l'empereur d'Autriche interdisait qu'on donnât à ce père des nouvelles de son enfant, que Marie-Louise n'avait garde d'en envoyer, même d'ostensibles, que la Chancellerie autrichienne députait un surveillant pour resserrer la captivité du gendre de l'empereur, un cœur simple, une domestique, une bonne, Madame Marchand, s'ingéniait; elle attendrissait Boze, l'inspecteur des jardins de Schœnbrünn; elle obtenait qu'il remît à Welle, son élève, cette enveloppe où étaient des cheveux, et qu'ainsi, par cette complicité des humbles, le proscrit sût que son fils vivait. Crime d'État. Le gouverneur anglais apprend qu'on a remis à Napoléon des cheveux « de celui qu'on appelle le Roi de Rome »; c'est un domestique qui a servi d'intermédiaire. A qui ce domestique ? Sans doute au commissaire français ? — Fausse piste. A l'Autrichien ? Rien encore. — A la fin, il arrive à Welle, il l'interroge; Welle avoue simplement ce qu'il a fait et il ne peut croire que ce soit un attentat contre l'Angleterre. On l'expulse; Sturmer est fortement réprimandé par le prince de Metternich pour des faits dont il n'a eu aucune connaissance et son rappel suit de près.

Avec l'habitude qu'il a de simplifier les faits et d'en tirer ce qui lui importe, Napoléon ne s'arrête point au secret dont Welle s'est entouré; il prend pour acquis le fait douteux que Welle aurait vu le Roi de Rome à Schœnbrünn et que Hudson-Lowe le savait, l'autre fait aussi douteux que Welle aurait demandé à venir à Longwood et que le gouverneur l'aurait refusé. Dans la lettre qu'il remet à Las-Cases le 11 décembre 1816 et qu'il destine à être publiée, il écrit : « Si vous voyez ma femme et mon fils, embrassez-les. Depuis deux ans, je n'en ai aucune nouvelle, ni directe, ni indirecte. Il y a dans ce pays, depuis six mois, un botaniste allemand qui les a vus dans le jardin de Schœnbrünn, quelques mois avant son départ. Les barbares ont empêché qu'il vînt me donner de leurs nouvelles. » En mai 1817 : « Comment, dit-il à l'amiral Malcolm, il y avait ici un botaniste qui avait vu ma femme et mon enfant et on l'a empêché de me donner de leurs nouvelles; on lui fait un procès pour avoir remis à mon valet de chambre des cheveux de mon fils ! » Cinq mois plus tard, en octobre, lorsqu'il rédige les *Observations sur le discours de lord Bathurst,* cet acte d'accusation qu'il dresse en réponse aux allégations du ministère anglais : « D'après le même esprit d'inquisition, un botaniste de Schœnbrünn qui a séjourné plusieurs mois dans l'île et qui aurait pu donner à un *père* des nouvelles de son *fils,* fut écarté de Longwood avec le plus grand soin. En vérité, on cherche à concevoir quel danger pouvait en résulter pour la Grande-Bretagne ! » Ainsi, à force de le retourner dans sa pensée, a-t-il grossi le grief et y a-t-il, par des suppositions, ajouté des circonstances aggravantes : tant il est uniquement occupé de cet enfant, et, comme le prouve un autre incident, de sa fortune future.

Le 28 mai 1817, un store-ship, le *Baring,* capitaine Lamb, arrive à Sainte-Hélène. A bord est un maître canonnier, Philippe Radovitch, qui a été chargé par la maison de commerce Biagini, de Londres, de présenter à Napoléon un buste en marbre de son fils. Sur ce buste, Biagini a enté quantité d'histoires : qu'il a été taillé d'après un portrait exécuté d'après nature, en 1816, aux bains de Livourne où le prince se trouvait avec sa mère ; qu'il n'y en a eu que deux exemplaires, l'un qu'a gardé « l'illustre mère du prince », l'autre qu'on envoie à Sainte-Hélène ; qu'il a fallu de grands frais pour obtenir la ressemblance ; racontars de brocanteur pour parer la marchandise ; rien n'en est vrai, ni vraisemblable : le prince n'a jamais encore quitté Schœnbrünn, il n'est point allé à Livourne ; sur le buste, on a figuré la plaque de la Légion qu'il ne porte pas et, sur le piédouche, on a gravé : *Napoléon-François-Charles-Joseph*, alors que le premier de ces noms est aboli. Qu'importe ? Le roman est bien établi et l'amour paternel est crédule !

Radovitch, paraît-il, tombe malade dès que le *Baring* entre en rade de James-Town ; le 8 juin seulement, Hudson-Lowe informe lord Bathurst ; il ne sait que faire du buste et il attendra des instructions. Entre temps, il s'est consulté avec son lieutenant, sir Thomas Reade : ce buste n'est-il pas un signe de reconnaissance ? N'y aurait-on pas caché des lettres ? Bon, lui répond Reade, s'il était en plâtre, mais il est en marbre. Cet argument lui semble fort et le détermine à venir, le 10, chez le grand maréchal pour parler du buste. Or, dès le lendemain de l'arrivée du *Baring*, Napoléon a su qu'il était à bord et il a bâti sur cet envoi tout un système. On lui a rapporté les délibérations entre Hudson-Lowe et Reade : s'il fallait supprimer le buste, le briser, le jeter à la mer. Il guette le gouverneur et, dès lors, il a fait de cette affaire un de ses griefs dans les notes qu'il a dictées à Montholon. Au grand maréchal qui est sur la défensive, Hudson-Lowe expose « qu'un statuaire de Livourne a fait un mauvais buste du fils de l'Impératrice Marie-Louise et l'a envoyé à Sainte-Hélène par le *Baring* ; il n'en a pas fixé le prix, mais il espère cent louis de la générosité du général Bonaparte ; cette prétention est si exorbitante qu'elle doit suffire pour que le buste ne soit pas accepté, car c'est évidemment une honteuse spéculation de quelque mauvais sculpteur toscan. » A l'appui de son dire, Hudson-Lowe communique à Bertrand la lettre de Biagini et le mémorandum d'embarquement.

Le grand maréchal « ne s'en laisse pas imposer ». Il répond que l'Empereur a un grand désir de revoir les traits de son fils et il engage vivement le gouverneur à envoyer le buste le soir même. Il est bien exact que l'Empereur y attache un prix extrême ; outre que la remise constituera un avantage sur le gouverneur, il ne met pas en doute que « ce buste a été fait d'après les ordres de l'Impératrice Marie-Louise pour être offert au père et au mari en hommage de ses tendres souvenirs ».

Le 11, le buste est apporté. L'Empereur envoie Gourgaud chez le grand maréchal pour ouvrir la caisse et lui rendre compte. Au retour, son premier mot : « Quelle décoration ? — L'aigle. — Mais ce n'est pas celui de Saint-Étienne au moins ? — Eh non ! C'est l'aigle que Votre Majesté porte elle-même. » Il est content ; il renvoie Gourgaud chercher le buste. Tout de suite, il regarde la décoration : « Est-ce l'Impératrice ou le sculpteur qui aura voulu l'aigle ? » Il trouve que l'enfant est joli, quoiqu'il ait le cou enfoncé ; il ressemble à sa mère. Il fait appeler les Montholon ; il montre le buste à O'Meara, aux petites Balcombe : c'est l'Impératrice Marie-Louise qui le lui a envoyé.

Le croit-il ? Se le figure-t-il vraiment ? Ses illusions sont-elles à ce point persistantes ? Est-ce un jeu qu'il joue et dont, devant ce médiocre public, il veuille tirer bénéfice ? Qui sait ? Ce qui n'est pas joué, c'est l'émotion qu'il éprouve. « Sa figure rayonne, elle exprime d'une façon frappante l'amour paternel et l'orgueil qu'il éprouve d'être le père d'un si aimable enfant. » Il est évidemment enchanté des éloges enthousiastes que les Balcombe donnent à ce buste. Mrs. Balcombe lui dit qu'il a bien le droit d'être fier d'être le père d'un enfant aussi beau ; « sa figure alors s'illumine de son sourire et jamais physionomie, dit Mrs. Balcombe, ne refléta l'amour paternel d'une façon plus expressive et plus intéressante ».

Reste le compte à régler avec Hudson-Lowe. Hudson-Lowe n'a-t-il pas voulu briser le buste, le jeter à la mer ? Ne l'a-t-il pas retenu pendant plusieurs jours ? « S'il ne me l'avait point remis, dit l'Empereur, je me proposais de faire une plainte qui eût fait dresser les cheveux sur la tête à tout Anglais ; j'eusse raconté des choses qui l'eussent fait exécrer par

toutes les mères en Angleterre comme un monstre à figure humaine. »
Mais il l'a remis, et l'argument tombe. Reste qu'il a voulu le briser.
« Regardez cela, dit l'Empereur, regardez cette figure. Il faudrait être bien
barbare, bien atroce pour vouloir briser une figure semblable. Je regarderais l'homme capable de le faire ou de l'ordonner comme plus méchant
que celui qui administre du poison à un autre, car celui-ci a quelque
but en vue, tandis que celui-là n'est poussé que par la plus noire atrocité et il est capable de tous les crimes. »

Mais ces discours ne sortent pas de l'entourage auquel ils s'adressent.
Il faut une vengeance qui fasse plus de bruit. Hudson-Lowe a dit que le
buste ne valait pas les cent louis qu'on en demandait. « Pour moi, il
vaut un million », dit l'Empereur, et il commande à Bertrand de donner
trois cents guinées à celui qui l'a apporté : du même coup, on verra cet
homme, on saura d'où il vient, qui l'envoie ; peut-être a-t-il quelque message, quelque commission verbale ? Radovitch est conduit en effet chez
Madame Bertrand, mais l'officier de service ne le quitte pas d'une semelle.
Il dit seulement « que le buste lui a été remis par un banquier avec qui
il partagera l'argent qu'on lui donnera, qu'il a été fait lorsque le petit
Napoléon était aux eaux de Pise », — nouveau mensonge, mais que peut-on
savoir à Sainte-Hélène ? Le 16 juillet, Radovitch reçoit de Bertrand, avec
un bon de trois cents livres sterling, cette lettre vengeresse : « Je regrette
que vous n'ayez pu venir nous voir et nous donner quelques détails qui
sont toujours intéressants pour un père. Des lettres que vous avez envoyées,
il résulte que l'artiste évalue à £100 la valeur de son ouvrage. L'Empereur m'a ordonné de vous faire passer un bon de £300. Le surplus sera
pour vous indemniser de la perte qu'il sait que vous avez éprouvée dans
la vente de votre pacotille, n'ayant pu débarquer, et des tracasseries
que vous a occasionnées cet événement bien simple et qui devait vous
mériter des égards de la part de tout homme sensible. Veuillez faire
agréer les remercîments de l'Empereur aux personnes qui vous ont donné
cette aimable commission. » Cette dernière phrase vise Marie-Louise ; elle
affirme la conviction où Napoléon est ou veut paraître que le buste vient

d'elle, mais Radovitch n'a de remerciements à faire agréer à personne : même l'affaire eût mal tourné pour lui, si, à son retour des Indes, après des aventures fort compliquées, il n'était parvenu, par un heureux hasard, à toucher en Allemagne, des mains de Las-Cases, la gratification que l'Empereur lui avait destinée.

Si Napoléon avait pensé que ce buste fût une simple spéculation de marchand, il n'y eût point attaché plus d'importance qu'il ne fit, en novembre 1817, à des gravures représentant le jeune prince, apportées de Londres par un négociant anglais nommé Barber. De ces gravures, une au moins a été remise à l'Empereur, qui l'a montrée à Bertrand, mais « on lui a trouvé la figure autrichienne » et, pour cette raison, ou parce qu'elle a été envoyée par Hudson-Lowe, on en a peu parlé. Cependant O'Meara a appris de Barber qu'Hudson-Lowe avait pris les gravures dans son magasin et il en tire grief, disant qu'elles n'ont jamais été portées à Longwood. Bertrand de même, dans une lettre à Las-Cases du 18 janvier 1818 ; directement, l'Empereur n'en parle pas ; aussi bien, cela est banal ; cela ne vient de personne ; ce morceau de papier ramassé sur les quais de Londres par un marchand qui veut en achalander sa boutique, a quelque chose de vil et qui rabaisse.

C'est des nouvelles qu'il souhaite, des nouvelles directes, des nouvelles heureuses ; quand il arrive des nouvelles, c'est par les gazettes, et l'on y apprend que, par le traité du 10 juin 1817, les Hautes Puissances ont réglé la succession de Parme, que c'est un Bourbon qui héritera de Marie-Louise : cela Napoléon l'avait pressenti, non pas que l'empereur d'Autriche doterait son petit-fils de l'apanage qu'avait en Bohême l'archiduc Ferdinand, redevenu grand-duc de Toscane. La fortune lui semble belle et peut-être est-ce mieux ainsi : mais Hudson-Lowe lui a fait passer tout de suite les gazettes qui l'annoncent : « Vous voyez, dit-il à O'Meara, qu'il n'a pas perdu de temps pour m'envoyer cette nouvelle ; au surplus, je me suis toujours attendu à quelque chose de la sorte des misérables qui composaient le Congrès. Ils redoutent un prince qui est le choix du peuple. »

Ainsi parle-t-il et, deux jours auparavant, il a fait demander au baron

Sturmer si, au cas qu'il tombât dangereusement malade et qu'il le fît appeler, il serait assuré de le voir et s'il pouvait compter que ce qu'il lui dirait ne serait rendu qu'à l'empereur d'Autriche lui-même. Donc, il a encore confiance en son beau-père, puisque c'est lui qu'il veut rendre dépositaire de ses dispositions suprêmes. Il se sent malade; il assure qu'il ne vivra pas un an et, à mesure que sa santé s'affaiblit, il parle davantage de son fils. Et c'est toujours la même idée : s'il le veut Français, il le veut d'abord prince. Ainsi, quand O'Meara quitte Sainte-Hélène, il lui écrit : « Si vous voyez mon fils, embrassez-le pour moi : qu'il n'oublie jamais qu'il est né prince français. »

De cette époque de juillet 1818 au jour de la délivrance, les témoignages — ceux publiés jusqu'ici — sont trop incertains ou trop suspects pour qu'on s'y fie. La maladie a des intermittences, mais le patient est condamné. Un grand silence, déjà celui de la tombe, s'étend sur ces trois années. Pourtant, ce sont les mêmes idées, les mêmes désirs, les mêmes rêves. Il a renoncé à demander, à espérer même des nouvelles directes, à tenir de l'écriture de son fils; il a des nouvelles indirectes par Las-Cases qui les envoie au grand maréchal, par la caravane corse que Fesch a formée avec son habituelle niaiserie, par Pauline qui, presque seule, à travers ses amis anglais, trouve à passer des lettres; mais le silence qui ouvrait au moins la porte des songes ne valait-il pas mieux que ces lettres sans cachet, qu'ont maniées des mains de policiers et de sbires, sur qui se sont posés des regards d'inquisition, d'indifférence et de dérision? Ces lettres qui ont traîné dans tous les bureaux des colonies avant d'échouer dans le salon de Lady Lowe, comment en recevoir une consolation? Écrites avec contrainte, sous la continuelle obsession qu'elles seront supprimées si elles renferment quoi que ce soit de personnel, elles sont accueillies sans intérêt, lues avec défiance, parfois déchirées avant d'être lues, tant est violent le dégoût qu'inspire au prisonnier cette violation de ses secrets de famille. De plus en plus, Napoléon se réfugie dans cette idée qu'il assure par son martyre le trône de son fils : à défaut des enseignements verbaux qu'il n'a pu lui donner, il lui léguera par ses écrits la substance de sa doctrine et l'explication de sa vie ; par tous les objets qui lui ont personnellement appartenu, « son argenterie, ses armes, ses porcelaines, ses livres aux armes impériales », il se rendra sensible à son esprit et à son cœur. Telle était sans doute la volonté dont, en octobre 1817, il comptait faire part au baron Sturmer ; telle celle qu'il expose, en août 1819, dans le premier testament qu'il rédige; telle celle qu'il développe dans son testament suprême d'avril 1821.

Du peu d'argent qu'il possède, des capitaux immenses qui lui appartiennent et qu'on restituera peut-être à sa succession, des créances qu'elle devra réclamer sur tous les princes d'Europe, des millions et des millions qui devraient former son héritage, il ne réserve rien à son fils, il ne veut rien pour lui. Ce n'est pas d'argent que son fils a besoin : prince autrichien s'il reste tel, il aura ses possessions de Bohême ; prince français, empereur, il aura la France et l'Empire. L'argent, il le distribue à ses compagnons et à ses fidèles ; aux protecteurs de son enfance, aux amis de sa jeunesse, aux proscrits qui souffrent pour sa cause, aux soldats qui, à travers l'Europe conquise, ont escorté ses aigles, aux paysans de France que l'Invasion a ruinés : voilà ses héritiers : pour eux il thésaurise en esprit, il calcule des intérêts, il élève des recours, il crée des titres. L'argent qu'il donna jadis aux siens, il le reprend pour le leur donner ; il n'en trouve jamais assez pour les misères qu'il soulage, les souvenirs qu'il immortalise, les crimes qu'il répare.

Par contre, à son fils seul, il donne tout ce qui est lui, tout ce qui est de lui, tout ce qui le rappelle, tout ce qui l'incarne, tout ce qui, par un côté, indique une de ses habitudes, dénote un de ses goûts, établit un souvenir de lui. De même qu'il a fait pour l'argent, ramassant toutes les créances même les plus douteuses pour en grossir son héritage, il recherche, pour accroître les trésors qu'il destine à son fils, les dépôts qu'il a faits, les détournements qu'il a subis, les réclamations qu'on peut former. Sa mémoire qui, par un miracle d'amour paternel, s'est rendue à cette heure de la mort aussi précise qu'aux plus belles heures de la vie, sait les noms, les lieux, les objets, elle les détaille et les formule. Il lui a plu jadis de fermer les yeux, il les ouvre et, après six années, il va saisir les dépôts et reprendre son bien.

Tout cela, il l'écrit à mesure que les faits se présentent à son souvenir et souvent les deux pensées, chevauchant l'une sur l'autre, s'alternent et se confondent : celle de la succession impériale qu'il transmet à son fils, celle de cette succession morale en même temps que physique par laquelle il l'investit de sa personnalité. Il n'est plus d'objet vulgaire, il n'est plus de détail insignifiant; à voir ce moribond qui, du 15 au 26 avril, assemble, compte, énumère, décrit tout ce qui rappelle sa vie, tout ce qui en atteste la gloire, tout ce qui en marque les étapes; qui, pour se rendre visible, réel, palpable, veut, au défaut de son corps qu'il sait périr tout à l'heure, mettre sous les yeux, dans les mains de son fils, les vêtements qu'il a portés, les boîtes, les nécessaires dont il s'est servi, tout l'intime et le secret de ses habitudes; qui, ensuite, telle qu'une ombre habituée déjà des tombeaux, parcourt les palais qu'il habita, les demeures de ses domestiques, les hôtels de ses courtisans, glanant des tableaux, des gravures, des meubles, des cartes, des dessins, des médailles, des statues, c'est assister au plus émouvant spectacle qu'ait fourni jamais l'amour paternel.

Tout tient en cette phrase qu'il écrit : « Mon souvenir sera la gloire de sa vie; lui réunir ou lui faciliter l'acquisition de tout ce qui peut lui faire un entourage dans ce genre. »

Et puis, il pense aux serviteurs dont son fils devra s'entourer; il les nomme et les désigne; il pense aux moyens que sa famille et ses compagnons devront employer pour approcher son fils; il les imagine et les indique; il pense aux legs que Madame pourra lui faire pour qu'il tienne quelque chose de ses grands parents; il pense que « son fils n'a de ressource que du côté de Marie-Louise »; s'il *sait,* il oublie; s'il ne *sait* pas, tout au moins, il redouble de tendresse et d'égards. Il ne se hasarde point aux détails de la politique; cela ferait supprimer son testament comme on a supprimé sa personne, mais, par quelques considérations générales, il établit sa confiance aux destinées qu'il a préparées à son fils : son fils ne doit pas oublier qu'il est né prince français ; il ne doit jamais se prêter à être un instrument entre les mains des triumvirs qui oppriment les peuples de l'Europe ; il ne doit jamais combattre ni nuire en aucune manière à la France ; il doit adopter sa devise : « Tout pour le peuple français. » Pour le reste, il s'en rapporte à ses exécuteurs testamentaires, qui, lorsqu'ils pourront le voir, « redresseront ses idées avec force sur les faits et les choses et le remettront en droit chemin ».

Jusqu'au dernier souffle, il est rivé à la pensée de son fils. Le 2 mai, lorsque déjà l'ombre s'épaissit et que l'agonie commence, il veut encore dicter à Marchand quelque disposition qui le concerne, mais, si son esprit est lucide, sa parole ne s'entend plus. Du moins, il voit encore et c'est aux portraits de son fils qu'il attache ses regards, comme si, dans ses yeux éteints, il voulait, par delà la tombe, emporter cette image. A l'enfant qu'il a quitté sept années auparavant, le 24 janvier 1814, il n'a plus à léguer des empires, des armées, des trésors, l'Europe soumise, le monde presque conquis ; son héritage n'est plus fait que de lui-même, de sa gloire et de son souvenir ; c'est sa vie et sa mort : l'exemple et le sacrifice. La part n'en est-elle point meilleure et n'est-ce pas tout qu'un tel nom ? Pour peu que l'enfant le sente ou le comprenne, n'est-ce pas qu'il lui met aux mains les moyens de tout recouvrer, et de fonder ainsi pour jamais, dans la paix et la gloire, la dynastie de Napoléon ?

III. — Le Gouffre

1816-1832

Pour toucher à ces cendres légères, il faut des mains pieuses et tendres. Certaines infortunes passent la portion de souffrances, partage habituel de l'humanité ; il est des enfances désespérées devant qui l'histoire s'émeut ; il est des vies brisées avant le temps qui, pour jamais, gardent leur secret ; il est des âmes réfugiées dans le silence qui ne se sont point manifestées par des actes, des écrits, même des paroles, et qui posent ainsi devant la postérité leur redoutable énigme. Le fils de Napoléon, qu'a-t-il été ? Qu'a été

LE PRINCE FRANÇOIS-JOSEPH-CHARLES EN (?)
Aquarelle peinte par Agricola
Bibliothèque de la Famille impériale d'Autriche

cet héritier de l'Empire, deuxième empereur d'une dynastie qui a étendu ses rameaux sur le monde, qui devait plonger dans les âges futurs la robuste puissance de son tronc et qui ne trouve plus en Europe que la proscription ou la captivité? Toute une vie, et quelle vie! a été employée pour qu'au nom fatidique de son fondateur des nombres vinssent s'ajouter *in perpetuum,* comme a dit le rituel du Sacre, pour attester sa gloire et sa race. Pour se survivre ainsi, Napoléon a brisé ses plus chères affections : il a transformé sa politique; il a substitué à l'empire fédératif un empire centralisé dont lui seul était l'unique arbitre; il a rejeté le système familial; il s'est épris de droit divin; dix siècles plus tôt, il se fût fait dieu, tant il a souhaité d'imprimer à l'autorité qu'il prétendait transmettre à son fils une origine qui défiât les temps, qui rendît les peuples soumis et l'humanité docile. Cette auréole, que ni la religion ni la conquête n'ont pu lui donner, l'infortune l'a fait rayonner autour de son front. Les nations ont salué, dans le captif de Sainte-Hélène, le martyr de leur cause, et elles ont élevé au-dessus des hommes celui que le destin accablait ainsi après l'avoir si prodigieusement élevé. Ses souffrances, ce sont encore des voies qu'il a préparées à son héritier. Et cet héritier, ce continuateur, cet être sur qui il a concentré tous ses espoirs, qu'est-il?

Physiquement, c'est un Autrichien, c'est un prince de Lorraine-Autriche. Des représentations qu'on a de lui — mises de côté celles de l'enfance — se dégage, à mesure que les années s'écoulent, une ressemblance plus frappante avec sa mère, laquelle est le vivant portrait de François II. Même construction du crâne, même hauteur démesurée du front, même angle facial, les yeux, le nez, la bouche, le menton semblables. Sur les miniatures qu'a peintes Isabey en 1815 et 1816, celles destinées à des Français et faites hors de Vienne, l'aspect reste vaguement napoléonien; sur celle exécutée pour l'empereur d'Autriche, la seule d'après nature, la ressemblance se marque; elle s'accentue dans le portrait peint à la même date par Benner, dans les trois portraits peints par Lawrence — de face, de profil et en pied; — puis, et par degrés, dans ceux de Stubenrauch (1819), de Schiavoni (1821), d'Ender (1822), de Green (1824), d'Ender (1829 et 1831), de

Däffinger surtout (1830 et 1831). Alors la discussion devient impossible : la superposition est absolue.

On invoquerait vainement la déformation ethnique que, d'eux-mêmes ou par ordre, les artistes autrichiens auraient imposée à leur modèle. La tante de l'enfant, Caroline Murat, a certifié que le portrait de Däffinger, le plus probant, est d'une ressemblance absolue, « le seul ressemblant ». D'ailleurs, le masque pris après la mort est là, et, plus encore qu'un dernier portrait d'Ender, il atteste l'hérédité autrichienne. Si l'on veut admettre que, dans ses premières années, l'enfant a pu présenter quelque apparence de son père, on est réduit à penser qu'il la tenait, ainsi qu'il arrive parfois, d'une sorte de démoulage des chairs, appliquées par surprise sur une ossature qui eût exigé logiquement une superstructure différente. A mesure qu'il a pris une vie propre, ses traits extérieurs ont recouvré les formes que leur imposait normalement la construction intime.

De Napoléon, il n'a rien, ni la taille, lui, cinq pieds neuf pouces (1^m868), Napoléon, cinq pieds deux pouces quatre lignes (1^m687), — dix-huit centimètres de différence ; ni la chevelure, franchement blonde chez lui, et, semble-t-il, ondulée, châtain foncé et rigide chez le père ; ni la forme du crâne, si noblement élargi chez Napoléon, si pauvrement pointu chez le fils ; ni la construction du corps, chez lui, le sternum rudimentaire, « n'ayant que la largeur d'un demi-pouce et extrêmement court », chez l'Empereur, « large et d'une bonne conformation » ; ni la peau, chez l'un blanche et rose, chez l'autre mate et dorée ; ni les yeux, bleu clair chez lui, bleu de faïence comme ceux de sa mère, gris-bleu chez Napoléon.

Les Bonaparte n'ont pas de tare héréditaire : ils paraissent avoir été disposés, plus que d'autres, à une maladie dont on nie l'hérédité : le cancer ; quelques-uns y ont succombé, la plupart y échappent. Quatre cas, sur près de quarante individus, ne constituent pas une tare. Les accidents nerveux constatés chez certains sujets semblent tenir à des causes secondes dont l'exposé mènerait trop loin. En tout cas, à la génération de Napoléon, a moyenne de vie est normale, car elle passe soixante ans ; à la géné-

LE DUC DE REICHSTADT EN 1823
Portrait peint par Sir Thomas Lawrence
Appartenant à M. le duc de Bassano

ration suivante, de même, malgré des alliances suspectes et en ne tenant pas compte des morts violentes. La proportion des enfants morts en bas âge n'a rien de surprenant; tous les mâles sont prolifiques; nulle des femmes n'est stérile.

Dans la Maison d'Autriche, au degré de Marie-Louise, sur treize enfants, trois sont morts fous d'une folie constatée et certaine; cinq sont morts avant l'âge de cinq ans; pour les autres, la moyenne de vie est de quarante-quatre ans; quatre seulement laissent postérité. A la génération antérieure de la grand'mère maternelle, l'impératrice Thérèse, sur dix-sept enfants, dix sont morts avant leur dixième année, deux avant la trentième; quatre seulement, dont deux fous, ont passé soixante ans. Pour les générations postérieures, l'histoire contemporaine est là pour attester comme elles vivent et meurent : il serait cruel de la feuilleter.

Napoléon a voulu un fils pour revivre en lui; il a un fils, en effet, mais ce fils est un Bourbon de Naples. Sur lui, comme sur tous ses cousins, planent la tuberculose ou la folie. Il est condamné avant que de naître, et tel est l'héritier que le mariage autrichien lui a donné.

L'hérédité intellectuelle au moins, le fils de Napoléon la tient-il de son père? Peut-être. On ne saurait guère porter un jugement sur un enfant de trois ans et discerner quel est son esprit. Sans doute, on s'est accordé à le présenter comme intelligent, volontaire, curieux et bon, mais cela suffit-il? La nature a pu être ainsi, mais, dès qu'ils ont pris possession de lui, les éducateurs autrichiens se sont proposé pour but — et l'on ne saurait dire que ce ne fût pas leur devoir, puisqu'ils sont des sujets, qu'ils reçoivent des ordres et les exécutent — d'extirper de l'enfant qui leur a été confié tout ce qui est du monstre, de muer en un Autrichien ce petit Français. Ils y travaillent en conscience et en gens qui savent que leur fortune y est attachée. Même ils y prennent goût, ils se convainquent qu'ils font une œuvre profitable à l'enfant. N'est-ce pas pour lui un sort inespéré d'échanger sa détestable filiation pour une filiation auguste, le nom odieux de Napoléon pour le nom impérial de François, l'âme française que la Révolution a montrée traîtresse à Dieu et aux souverains pour une âme loyale d'Autrichien catholique et monarchiste ? De bonne foi ils estiment que tel est le droit de l'empereur sur son petit-fils, que tel est leur devoir à eux vis-à-vis de leur pupille, et, de même que, si on leur avait confié un enfant contrefait, ils le coucheraient pour le redresser et l'attacheraient malgré ses plaintes sur un lit orthopédique, ils s'appliquent scientifiquement à inverser son esprit, à le dénaturer, à en modifier l'essence, de façon que le prince français qu'on leur a livré sorte de leurs mains avec des formes de penser, de parler, de raisonner qui soient exactement celles d'un jeune Autrichien de distinction.

Pour cela, ils veulent d'abord qu'il oublie sa langue natale, quitte à la rapprendre ensuite par principes, comme une langue étrangère. Sa langue doit être l'allemand, car il est un Allemand ; mais cela ne va pas sans des révoltes : l'enfant volé ne se plie point comme on voudrait aux exercices d'assouplissement. Des souvenirs de sa première enfance remontent à sa mémoire : « Je ne veux pas être Allemand, s'écrie-t-il, je veux être Français. » Alors, devant une résistance dont ils ne peuvent triompher, les gouverneurs font intervenir la mère, et l'enfant se plie à ce qu'on exige, apprend l'allemand, désapprend le français.

Ce n'est point assez qu'on l'ait obligé à oublier sa patrie, c'est son passé qu'il doit abolir, et c'est son père ! Il est tout seul en face d'eux ; il a cinq ans, six ans à peine, et il lutte, il s'obstine ; d'ordinaire, il s'enferme dans le silence, il garde pour lui seul les images qui s'agitent dans son obscure mémoire, mais, à des jours, la poussée est si forte qu'elle triomphe de sa volonté. D'où vient-il ? Qu'est-il ? Qu'a-t-il été ? Qu'est devenu son père ? Il ne peut se contenir et interroge. Directement ? Non pas. Il sait bien, par le départ de ses gouvernantes, par la vie qu'il mène, par les espèces d'honneurs qui l'entourent, par la reclusion où on le tient, qu'il n'est ni un enfant comme les autres, comme ce petit Gobereau qu'on lui a donné quelque temps pour compagnon de jeux et d'études lorsque Marie-Louise résidait à Schœnbrünn, ni un prince comme les archiducs qui parfois traversent le palais. Il se surveille et s'évertue. Ses franchises natives lui ont trop mal réussi ; il a appris à dissimuler et à se con-

LE DUC DE REICHSTADT
Portrait peint par Sir Thomas Lawrence
Appartenant à Madame la marquise de la Valette, née Flahaut

traindre. Pour voler à ses gardiens quelque parcelle de son passé, il emploie des ruses que ne connaîtrait pas un homme fait; il sait, en sautant d'une question à l'autre, comme on déconcerte son interlocuteur et comme, parfois, on le fait parler; il fait ses thèmes, il va de ce qu'on ne peut lui celer à ce qu'on lui cache et qu'il veut apprendre; il attend son moment, il guette son adversaire, et, pour l'attaquer, il emploie toutes ses ressources, ce qu'il a entendu, surpris, deviné; au moment qu'il a choisi, il lance le mot qu'il tient en réserve, un mot dont il n'a retenu parfois qu'une moitié. Ah! le pauvre petit! Quel supplice et quelles larmes des choses!

On lui a permis de prier Dieu pour son père, le matin et le soir, et c'est une grande faveur qu'on lui a faite, mais pourvu que son père restât pour lui un être vague, anonyme, et qu'il ne sût où situer. Qu'on écoute ce dialogue entre son professeur et lui : « Dites-moi, s'il vous plaît, demande-t-il, dites-moi vraiment pourquoi on m'a appelé Roi de Rome? — Cela se passait dans le temps où votre père avait très étendu sa domination. — Est-ce que Rome a appartenu à mon père? — Rome appartenait au Pape comme Saint-Siège. — Où est-il à présent? — A Rome. — Mon père est aux Indes, je pense? — Mais non! Pas du tout. — Alors, est-il en Amérique? — Pourquoi y serait-il ? — Où est-il alors ? — Je ne peux pas vous le dire. — Les dames (ce sont les Françaises) ont dit qu'il avait été en Angleterre et qu'on l'avait chassé. — C'est une erreur. Vous savez bien, mon prince, comme il vous arrive souvent de mal comprendre ce qu'on dit. — Oui, c'est vrai. — Je puis vous assurer que Monsieur votre père n'a jamais été en Angleterre. — J'ai entendu dire aussi qu'il était *dans la misère.* » Le mot allemand est *Elend.* L'enfant a entendu Madame Soufflot ou Madame Marchand parler de Sainte-Hélène; il a retenu *Elend.* Le professeur s'empare du double sens : « Comment, *dans la misère?* s'écrie-t-il. — Oui. — Comment cela serait-il possible et même vraisemblable? — C'est vrai, dit l'enfant, dont le visage s'illumine de bonheur. C'est bien ce que je pensais aussi. »

Cela se passe en janvier 1818; la dernière des Françaises est partie en février 1816. Depuis deux ans, l'enfant garde dans le secret de son cœur ce mot d'*Elend*, qu'il a saisi sans le comprendre. Aux dénégations mensongères du professeur, qu'il a vainement tenté d'attendrir par son humilité, il oppose à un moment ce mot mystérieux sur qui il a mis son suprême espoir, et c'est par un calembour que le professeur s'échappe.

Et ce professeur en tire vanité, il en fait l'objet d'un rapport. Car tout est rapporté. Que l'enfant s'égaie ou qu'il s'attendrisse, qu'il joue ou qu'il bâille, qu'il rêve ou qu'il travaille, des yeux l'observent; non pas ces yeux tendres, ces yeux maternels qui baignent un enfant de lumière, et, sous la grâce de leur sourire, font épanouir son cœur et son intelligence; mais des yeux de soupçon et de méfiance, des yeux attentifs et hostiles dont le regard aigu étreint la conscience et détruit la sincérité. Ils sont braqués pour surprendre les secrets de cet enfant, pour noter chaque essor de sa pensée, chaque réminiscence de sa mémoire et s'en faire un titre à la bienveillance impériale.

Alors, c'est fini; devant cette hostilité, il se tait. A quoi bon? Quant à retenir son âme française, comment le pourrait-il? Les gouverneurs ont trop bien raisonné leur plan. La langue, moule des idées, entraîne la mentalité; l'enfant perd la française pour recevoir l'allemande. Pour achever la transformation, on a bien soin d'écarter de lui les idées générales et humaines qui ont fait la Révolution et qui sont adéquates à l'esprit français; on le noie dans un océan de noms, de dates, de menus faits, de connaissances multiples et oiseuses, de façon à lui interdire toute tentative de synthèse, à le laisser toujours, haletant et déçu, en présence des éléments rudimentaires d'une fausse science dont l'immensité emplit la mémoire sans laisser jamais à l'intelligence le loisir de se reprendre.

Telle est d'ailleurs la méthode à l'égard des archiducs; ainsi dresse-t-on des princes soumis et des sujets dévoués. Il y a un programme d'études et le voici : la religion dogmatique et morale, la grammaire et le style allemands, la géographie dans toute son étendue, les mathématiques, la langue française et l'italienne, la philologie latine, l'histoire universelle et l'histoire des États d'Autriche, la philosophie théorique et pratique, le droit de la nature, le droit public et le droit des gens, la loi pénale, la loi civile, la loi militaire, les sciences politiques, la statistique dans toute son étendue, l'architecture civile et militaire, les éléments de l'art de la guerre..... Quoi encore ? Plus tard, quand il sera grand, qu'on ne pourra plus lui cacher qu'il eut un père, on lui apprendra même l'histoire de ce père ; mais M. de Metternich se réserve de l'en instruire.

Quel cerveau y résisterait ? Qui digérerait cette multitude de notions que nul système ne relie et qui semblent les fragments dispersés d'une encyclopédie surannée ? L'enfant se rebute ; à des moments, il se cabre et se révolte. Les gouverneurs en ont raison — par quels châtiments, par quels supplices infligés à son âme, peut-être à son corps ? « A chaque page du journal d'un de ses précepteurs reviennent les épithètes : *entêté, sournois, réfractaire, violent,* etc. » Si, de sang-froid, à distance, cet homme continue à injurier sur le papier, qu'est-ce de vive voix ? Puisqu'on prétend faire admirer l'éducation autrichienne, et qu'on a en mains les journaux et les rapports des éducateurs, que n'imprime-t-on par quelles punitions ils ont eu raison de colères qu'on dit sauvages ; comme ils ont assoupli ce caractère qu'on dit indomptable ; comme ils ont réduit à l'humilité le fils de l'ange rebelle ?

Mais la mère, où est-elle ? Que fait-elle ? Que pense-t-elle ? — La mère ? Il semble qu'elle ait eu d'abord l'intention de prendre son fils avec elle, de le mener à Parme, de lui donner une éducation à son gré ; mais, c'était en juillet 1815, au temps où elle se fiait aux promesses d'Alexandre, où elle pouvait croire encore que son fils hériterait des duchés. Elle a admis, seulement comme un provisoire, que l'empereur d'Autriche se chargeât de lui et lui donnât un gouverneur ; et puis, du temps a passé. D'une part, on s'est chargé de lui remontrer que l'avenir de son fils dépend uniquement des bontés de l'empereur ; seul l'empereur peut le sortir du commun des hommes ; seul il peut lui assurer un rang, une position, une fortune. Dans l'intérêt de son fils, elle doit le laisser à l'empereur, qui d'ailleurs n'est point disposé à le rendre. Qu'irait-elle chercher ? En admettant qu'un instant, jadis, elle ait pu se sentir Française, — combien peu ! — comment garderait-elle des illusions sur les acclamations qui l'accueillirent et sur la fidélité qu'on lui jura ? Qu'irait faire son fils chez ces Français qui, aux jours des désastres nationaux, accablent leurs chefs, les découronnent et les chargent en victimes expiatoires? Ne sera-t-il pas mieux en Italie, vassal de l'Autriche, en Autriche même, s'il ne doit pas régner ? Un titre qui sonne, un rang élevé à la Cour, une grande fortune, un haut grade, des décorations distinguées, des honneurs presque souverains, n'est-ce pas de quoi se contenter après l'effondrement d'un empire sous les ruines duquel il eût pu rester écrasé? En tant que Bonaparte, il n'existe point. Il n'a ni nom, ni titre, ni fortune. Son père, un prisonnier qu'il ne reverra jamais ; ses oncles, des proscrits qui, sous la surveillance de la police, mènent une vie méprisée ! Puisque c'est de l'Autriche que son fils dépend uniquement, ne doit-il pas devenir Autrichien d'esprit et de langage, comme il le sera de titre et d'uniforme ? Cela n'est point d'un cœur très généreux, cela ne prouve pas une ambition démesurée, mais cela est très raisonnable et très logique — tel qu'on doit l'attendre d'une Autrichienne et d'une archiduchesse qui, des quatre années passées en France, n'a rapporté que le goût des modes de Paris. Aussi bien, beaucoup de mères et de très bonnes mères, ne penseraient-elles pas ainsi ?

Rien n'égale pour Marie-Louise la Sacrée Majesté Impériale. Son fils la servira, il s'en approchera, il en recevra quelques rayons ; il aura de la peine à s'y faire, mais il s'y fera. Autrichienne, elle ne peut comprendre qu'il y ait une âme française, et que, même chez un enfant, une telle âme vibre et se révolte. Archiduchesse et courbée dès sa naissance sous l'inflexible loi de famille, a-t-elle discuté lorsque la politique l'a jetée aux bras de Napoléon? Comment oserait-elle contester la volonté de l'empereur? L'empereur le veut ainsi ; donc c'est pour le bien de son fils ; l'empereur l'a ainsi ordonné, donc l'empereur a raison.

Et puis, même si l'empereur consentait que son fils la suivît à Parme, que ferait-elle de lui? Près d'elle, avec elle, elle a l'homme auquel, à présent, elle croit avoir consacré sa vie, l'homme qui, pour le moment, est son maître, qui mène tout chez elle, sa toilette et son armée, sa politique et ses lectures, ses finances et ses divertissements, sa diplo-

MARIE-LOUISE, DUCHESSE DE PARME, EN 1825
Aquarelle peinte par Joseph Kriehüber
Musée de la ville de Vienne

matie et ses romances, l'homme auquel elle doit ses États et auquel elle a donné son cœur. De loin, son fils a pris une grande opinion de M. de Neipperg, un brave général, un loyal soldat, un serviteur sans pareil, le vieil ami de sa mère ; il est heureux de recevoir ses avis, même ses réprimandes ; en échange, il lui adresse ses explications et ses confidences. Cela est tout simple. Il n'entend parler du général qu'avec une nuance de respect : il voit ce qu'on lui montre ; il croit ce qu'on lui dit. Quel enfant honnête imaginerait que sa mère a un amant ? D'ailleurs, lui, élevé comme il est à Schœnbrünn, gardé comme il est, constamment solitaire et constamment espionné, à quel âge saura-t-il ce qu'est un amant et ce qu'est une maîtresse ?

A Parme, ce serait différent. En Italie, on jase ; l'enfant s'instruirait, il perdrait cette fleur d'innocence ; quelque jour, la vérité monstrueuse de l'adultère lui apparaîtrait. Pour elle comme pour lui, il est bien mieux à Schœnbrünn, tandis qu'elle est à Parme, qu'elle vient et va à travers l'Italie et l'Autriche, selon les inspirations de sa fantaisie et les nécessités de sa santé.

Sauf qu'elle entretient son fils, qu'elle paie, non pas le gouverneur, le comte de Dietrichstein, trop grand seigneur pour recevoir d'autres que de son maître, mais les sous-gouverneurs et les professeurs, elle n'intervient dans l'éducation que sur la requête des maîtres, et c'est pour accentuer les gronderies, pour exiger de l'amour filial ce qu'ils n'obtiennent, ni par la persuasion, ni par les menaces, ni par les châtiments. Et, à sa mère, tout de suite l'enfant cède ; il a tant besoin d'être aimé ; pour cette mère absente et lointaine, que retient la politique, qu'enchaîne en Italie une destinée semblable à la sienne, il garde une telle passion que, « pour lui faire plaisir », pour obtenir d'elle un mot qui ressemble à de la tendresse, il sacrifie ses plus intimes pensées, il se soumet et se subordonne ; il se rend humble et doux devant ses gouverneurs ; il s'efforce à leur plaire, parce qu'il espère qu'ainsi sa mère lui sourira.

Même de ce qui est le matériel de la vie, Marie-Louise ne s'occupe que pour payer. Elle n'a personne qui lui appartienne pour veiller aux besoins de ce fils si petit, pas une femme, pas un valet de confiance. Elle-même, pour son service, n'a que des Français, et, à Schœnbrünn, les Français sont proscrits; alors, quand on a fait partir la bonne Marchand, elle y renonce : le comte de Dietrichstein entend être l'unique maître, et il l'est : c'est donc entre ses mains que sont remis les fonds du budget réglé par Marie-Louise à 50,000 francs; sur ces 50,000 francs il y en a 10,000 pour les précepteurs, 3,000 pour les valets de chambre, 1,200 pour les valets de pied, 10,000 pour les indemnités de logement, de chauffage et de nourriture, 25,800 pour la toilette du prince, les objets de sciences et d'arts relatifs à l'éducation, le service de santé, les jouets, la cassette d'aumônes, les employés d'extra, les ouvriers divers et les dépenses imprévues. On n'a garde de tout dépenser, et l'on économise près d'un cinquième. En 1817, le service de santé coûte 3,609 francs, ce qui montre assez que l'enfant n'est pas si bien portant qu'on l'annonce, mais cette dépense *utile* est la plus forte : sur le reste, économie stricte : la toilette est réduite à 4,654 francs, l'article des jouets à 475 : encore sur ces vingt-trois louis, sont imputés, pour 225 francs, — port compris, — les joujoux qu'aux étrennes Marie-Louise a fait venir, pour son fils, de chez Cacheleu, de Paris !

On ne saurait en vérité être prince à meilleur marché ! Prince de quoi ? Il n'a pas de nom : il a été le Prince Impérial, Roi de Rome, il a été le prince de Parme; qu'est-il, depuis que l'Acte final du Congrès de Vienne lui a enlevé la succession des duchés ? prince anonyme, prince de courtoisie, parce que ceux qui lui parlent se plaisent à donner des titres. Le 10 juin 1817, il est officiellement dépouillé de l'héritage que lui assurait un traité solennel et que lui confirmait un traité secret : la réversibilité des duchés est attribuée à l'infante Marie-Louise et à ses descendants : la Maison d'Autriche y gagnera Lucques qui ira à la Toscane.

On l'appelle alors « le prince François-Joseph-Charles, fils de Sa Majesté l'archiduchesse Marie-Louise, duchesse de Parme, Plaisance et Guastalla »; titre par quoi s'atteste le miracle accompli par la Sainte-Alliance, d'une conception politiquement immaculée. On a renoncé à lui endosser la soutane, à lui imposer la tonsure, à jeter dans un couvent ce fils d'empereur, comme on eût fait dix siècles auparavant. Bon système pourtant, système pratique, par qui l'on se fût assuré contre la race maudite qui pourra sortir de lui ; mais, depuis le 7 avril 1816, l'impératrice Maria-Ludovica, qui a imaginé ce plan, n'est plus là pour le suivre, pour en imposer l'exécution à l'empereur, pour engager les souverains alliés, qui en étaient enthousiastes, à en faire l'objet d'un protocole. De lui-même, François II n'ira point à ces extrémités, à moins qu'il ne rencontre une vocation déterminée ; mais, comme cette vocation ne se montre pas, tout au contraire, et que l'enfant ne rêve que soldats, uniformes et fusils, son grand-père l'aime assez pour résister à une pression qui ne sera point conjugale ; même, Napoléon mis à part, il l'aime beaucoup et il ne lui veut que du bien, — mais à la condition qu'il soit un bon Autrichien, qu'il parle, pense et agisse comme tel, à la condition encore qu'il ait pris dans la hiérarchie la place qui convient.

Et telle, il la lui donne. Le 4 décembre 1817, il fait déclarer à la conférence des six puissances, séante à Paris, qu'il a fixé son sort : « Sa Majesté Impériale et Royale Apostolique s'est décidée à renoncer pour elle et ses successeurs, en faveur du prince François-Charles et sa descendance directe et masculine, à la possession des fiefs de Bohême, connus sous le nom de Bavaro-Palatins, possédés aujourd'hui par Son Altesse Impériale et Royale le grand-duc de Toscane, lesquelles terres devaient, en vertu de l'article 101 de l'Acte final du Congrès, rentrer dans le domaine particulier de Sa Majesté Impériale et Royale Apostolique à l'époque de la réunion du duché de Lucques au grand-duché de Toscane. La réversion de ces terres au domaine particulier de Sa Majesté Impériale n'aura en conséquence lieu qu'après le décès du prince François-Charles, s'il ne devait point laisser de descendance directe et masculine et, dans le cas contraire, après l'extinction de cette descendance. »

Il ne faut pas s'y tromper : ce n'est pas tout de suite que l'empereur met son petit-fils en possession des fiefs bavaro-palatins ; c'est, advenant la clause de réversibilité de Parme à l'infante d'Espagne et de Lucques au grand-duc de Toscane, c'est-à-dire à la mort de Marie-Louise, laquelle vient d'entrer dans sa vingt-septième année. Jusqu'à cette mort, le grand-duc de Toscane jouira des fiefs de Bohême, l'infante touchera la rente de 500,000 francs qui est hypothéquée sur eux, l'archiduchesse entretiendra son fils. C'est du vent et rien de plus que donne l'empereur; mais, moyennant cette générosité souveraine, le prince anonyme va recevoir un nom nouveau, allemand ou tchèque; il sera fourni d'armoiries nouvelles; il cessera d'être un embarras et une exception; il prendra tout naturellement, à la Cour et dans l'État, la place qu'on daigne lui faire, au milieu des médiatisés, des morganatiques et des bâtards.

Le 22 juillet 1818, quatre patentes : par la première, renonciation par l'empereur, en faveur du prince François-Joseph-Charles, du droit de dévolution au domaine impérial de huit seigneuries : Tachlowitz, Gross-Bohen, Kasow, Kron-Porsitchen et Ruppau, Misowitz, Plosskwitz, Reichstadt, Buchtierad ; de quatre terres : Sandau, Schwaden, Swoleniowes, Trnowan, et d'une maison au Hradschin de Prague ; par la deuxième, érection en duché de la seigneurie de Reichstadt ; par la troisième, donation au prince François-Joseph-Charles du titre de duc de Reichstadt avec les qualifications d'altesse sérénissime et de duc sérénissime, concession d'armoiries ainsi réglées : *De gueules à la fasce d'or, à deux lions passants d'or, tournés à droite, l'un en chef et l'autre en pointe, l'écu ovale posé sur un manteau ducal et timbré d'une couronne de duc; supports : deux griffons de sable, armés, becqués et couronnés d'or, tenant des bannières où sont répétées les armes ducales,* attribution au prince, tant à la Cour que dans toute l'étendue de l'empire, du rang immédiatement inférieur aux princes de la famille impériale et aux archiducs d'Autriche; enfin, par la quatrième patente, envoi immédiat en possession du titre.

Ainsi, le fils de Napoléon reçoit un rang personnel et qui ne passera pas à ses descendants; ce qu'il leur transmettra, c'est un titre qui abolit sa qualité princière; ce sont des armoiries où rien ne rappelle son origine impériale, même la maternelle; c'est une qualification telle que vont la

LE PRINCE DE METTERNICH
Portrait peint par Sir Thomas Lawrence
Appartenant au prince Paul de Metternich-Winneburg

tenir d'une décision de la diète germanique en date du 18 août 1825, toutes les familles médiatisées ci-devant coétats de l'Empire germanique et ayant droit au titre de prince : or il y a vingt et une de ces familles en Autriche, quatorze en Prusse, treize en Bavière, dix-huit en Wurtemberg, dix-neuf en Hesse grand-ducale, onze ailleurs : la famille de Reichstadt fera la quatre-vingt-dix-septième.

Ainsi dépouillé de son nom, de ses armes, de sa patrie, de son père, de son idiome, de son âme même, ainsi étreint entre les objurgations de sa mère, les injures et les menaces de ses précepteurs, en but aux séductions de son grand-père et de quelques-uns de ses parents d'Autriche qui l'ont pris en pitié et s'efforcent d'être bons pour lui, aiguillé vers une sorte d'ambition qu'on s'efforce de développer et qu'on lui présente comme la seule légitime, plié à la stricte observance d'une religion qui lui fait un devoir de la soumission et qui adjoint Dieu même aux gouverneurs autrichiens, sans ressource d'aucune sorte au dehors, sans nulle tendresse, sans nulle amitié, qu'est-il devenu à dix-sept ans, ce prisonnier, quelle opinion doit-on prendre de son intelligence et de son avenir? L'atavisme et l'éducation conjurés ont-ils laissé subsister en lui quelque chose de ce père qui a vécu et qui est mort pour lui ou bien ont-ils été les plus forts et l'expérience ainsi tentée a-t-elle réussi?

C'est lui-même qu'il faut interroger : sans doute, les documents émanés réellement de lui sont rares et la plupart peu significatifs : en le courbant à l'humilité, ses maîtres lui ont enseigné la dissimulation. Même aux pièces qui sont matériellement authentiques, peut-on se fier pour décrire les routes qu'a suivies son esprit? L'enfant qui, à quatre ans et demi, montrait la force de volonté que l'on a vue, ne restera-t-il pas toujours mystérieux, et s'il a pu garder son secret comme il faisait à sept ans, ne l'a-t-il pas gardé toujours?

Pourtant, le problème est posé et il faut tenter de le résoudre. En triant dans ses actes, ses goûts, ses manifestations de pensée, ce qui est de fond et ce qui est de rapport, ce qui est de nature et ce qui est d'acquisition, ce qui est d'atavisme et ce qui est d'éducation, peut-être arrivera-t-on à des données préférables aux deux témoignages jusqu'ici recueillis : l'un, émané d'une source notoirement suspecte, et constituant un plaidoyer à décharge en faveur de Metternich ; l'autre, inspiré par le goût non dissimulé de se mettre en relief, et de s'attribuer un rôle de confident ; dans celui-ci, des développements du plus pur romantisme, un égal mépris de l'exactitude, quant aux dates, aux noms et aux faits, un arrangement, une mise en scène, des monologues surtout, trop bien faits en vue du théâtre, pour être pris dans la nature. De ces témoignages, quelque récusables qu'ils soient, on retiendra certaines données qu'auront confirmées des documents authentiques ; mais, sur les points où ils se trouvent isolés et où ils contredisent formellement les écrits du duc de Reichstadt, quelle confiance y prendre? Plutôt que de les accueillir, n'est-il pas préférable de chercher des indices dans des lettres intimes ou dans des manifestations dont les monuments subsistent et n'ont pu être altérés?

D'abord, il y a l'écriture et, matériellement, elle fournit une impression. — Dans son écriture, même dans les derniers temps, même lorsqu'elle devient presque indéchiffrable, Napoléon a conservé des indéniables survivances de l'écriture primitive meilleure, lisible, presque correcte, celle de l'École militaire, de Valence, d'Auxonne, de Corse, de Toulon et d'Italie. Sous l'action des nerfs, de la précipitation, de l'impatience, de l'ambition, peut-être de la myopie, il l'a déformée, disloquée, crispée à des jours, étendue à d'autres, mais il y a maintenu des traits de plume personnels, inoubliables, inimitables, impossibles à méconnaître. Au milieu d'une page tout écrite par une autre main, un mot, un chiffre, une rature qu'il a tracée, saute aux yeux : cela est de lui et ne peut être que de lui. Nul homme, si habile soit-il, ne peut l'imiter. On ne fait pas de faux autographes de Napoléon, parce qu'on ne *peut* pas en faire. Dans l'écriture de certains des neveux de l'Empereur, l'empereur Napoléon III, le prince Napoléon, la princesse Mathilde, on est, à première vue, frappé par une analogie. Quelle? Cela est presque impossible à dire :

Les caractères, l'outil avec lequel ils sont tracés, l'encre, le papier, tout diffère, mais l'ensemble est évocateur. Ces écritures sont de la même famille, elles expriment des tempéraments sortis d'un même tronc, doués de façon dissemblable, développés selon des voies divergentes, mais gardant, de la commune origine, l'indication essentielle.

L'écriture latine du duc de Reichstadt, même si l'on tient compte de la déformation qu'elle a subie par l'usage habituel des caractères allemands, est un dérivé grossi de l'écriture proprette, nette et courte de Marie-Louise; il s'y rencontre, par surcroît, des signes auxquels les graphologues ont attaché de tout temps une importance majeure, et qu'ils ont tenus pour des signes certains de débilité cérébrale.

Cette écriture est soignée, appliquée; c'est *une belle écriture*. La signature est accompagnée de traits pleins et déliés qui s'enchevêtrent : l'F majuscule très compliquée, immense, de *François* ou de *Francesco*, a des paraphes non moins admirables que ceux qui suivent *Reichstadt*. Une telle signature est *faite;* pour se reproduire avec cette régularité elle a dû être longuement travaillée. Tout enfant cherche ainsi à se composer une signature, à affirmer sa personnalité, à trouver, pour la forme matérielle dans laquelle il exprimera son nom, un aspect qui lui plaise. Plus cette forme se complique, plus l'on peut croire qu'il y a pris plaisir, plus souvent il a dû la reproduire pour « se la mettre dans la main ». Or, cette signature du fils de Napoléon ne prouve-t-elle pas qu'il a éprouvé une joie à tracer ce mot *François* et cet autre mot : *Reichstadt?* Qu'il les ait acceptés, soit; mais s'il a senti un plaisir, un orgueil, une vanité à les formuler, à les orner, à les enjoliver, c'est donc qu'il a mis en oubli son nom vrai, le nom paternel, le nom impérial qu'il reçut à la naissance?

Dans le corps d'écriture, pas un trait, pas un accent n'évoque *l'autre*. C'est d'un bon élève, appliqué, désireux de bien faire; rien ne s'y insurge, rien n'annonce l'imagination, la violence, l'ambition, rien n'indique un tempérament. L'éducation a beau être malsaine, le joug a beau être pesant, la discipline a beau être autrichienne; la nature, si elle vibrait, vibrerait dans l'écriture ; on ne fait pas par l'éducation, qu'elle soit ronde, anonyme et plate, si l'homme n'est pas né tel.

Qu'on prenne le texte même à présent : l'excès des formules respectueuses tient à l'éducation. Sous l'œil de ses maîtres, l'enfant a rédigé une série de compliments, adressés, pour toutes les circonstances de la vie, à des personnages imaginaires ; c'est ainsi qu'on lui a montré les finesses de la langue française et qu'on lui a formé un style épistolaire. Quel style ! C'est une essence de protocole fleuri, la collection des lieux communs par qui la vanité germanique s'exerce à des humilités d'étiquette. Les lettres qu'il écrit ensuite à des personnages réels sont encore des devoirs, et il y met ce qu'on lui a enseigné. Son correspondant habituel, qui est Neipperg, les corrige et lui apprend comme il faut écrire. Que le duc trouve plaisir à s'entretenir ainsi avec Neipperg, rien de plus simple. Il le fait en innocence de cœur. La mère seule pourrait s'en choquer, mais elle l'encourage et le commande. De cela, rien à dire. Dans ces lettres, telles quelles, si l'esprit est net, s'il conçoit bien la pensée, la phrase où il l'exprime doit être claire. Peu importe qu'elle soit grammaticalement construite, pourvu qu'elle renferme une idée qui soit juste. Or, voici un fragment d'une lettre écrite le 16 décembre 1826 ; l'enfant a donc quinze ans : « Je vous envie bien plus que jamais le bonheur d'être si près de ma mère, de l'avoir félicitée le 12 vous-même, tandis que moi j'ai dû me borner à lui écrire pour une journée aussi solennelle et qui ferait naître dans mon cœur le désir de me rendre à Parme si je n'étais persuadé que le changement qui s'opérera en moi et qui sera le résultat de ma ferme résolution de me livrer à l'étude des sciences, afin de mériter, par mes progrès, vos éloges, qui seront pour moi toujours le garant le plus sûr de la satisfaction que j'aurai pu vous procurer, sera plus manifeste l'été prochain, où j'espère toujours vous revoir. » La construction, purement allemande, décèle la mentalité. L'enfant est habitué à penser en allemand, et c'est une traduction de l'allemand qu'il rédige, avec quel labeur ! Cela est d'éducation ; les formules, de même ; le vocabulaire, de même ; mais l'idée, confuse et médiocre, est de nature.

C'est l'opinion qu'il se sera faite de son père qui fournira l'étiage pour tout son esprit, car il y aiguillera sa vie et y mesurera ses ambitions. Par suite, c'est cette opinion qu'il faut démêler. On a fini par lui apprendre quelque chose de ce père : en juillet 1821, on lui a dit qu'il était mort et on lui a fait porter son deuil. Un an plus tard, on lui a révélé ce qu'était Sainte-Hélène, et on lui a donné sur cette île un devoir de géographie (10 juillet 1822) : belle leçon pour un fils! Metternich, dit-on, lui a fait un cours d'histoire contemporaine et il lui a même permis de lire des parties du testament. Le jeune homme sait donc ce que fut son père, et, s'il n'a pas pris de tous ses actes une idée précise, au moins n'ignore-t-il point qu'il fut Français, qu'il fut l'empereur des Français et qu'il a été le plus grand général de son temps ; il le sait, car il écrit à Neipperg, le 22 septembre 1827 : « Je vous remercie infiniment, mon général, de vos conseils concernant la langue française. — Vous ne les aurez pas semés sur une terre inculte ni ingrate. Tous les motifs imaginables doivent m'inspirer le désir de m'y perfectionner et de pénétrer les difficultés d'une langue qui est devenue à ce moment-ci, pour moi, la plus essentielle de mes études, puisque c'était d'elle que mon père s'est servi pour commander dans toutes ses batailles où il a glorifié son nom et dans laquelle il nous a laissé le souvenir le plus instructif dans ses mémoires incomparables sur l'art de la guerre, et parce que c'est sa volonté qu'il a exprimée jusqu'à ses derniers moments, que je ne doive méconnaître la nation entre laquelle je suis né. »

Il connaît le testament, puisque cette phrase en est un rappel; mais qu'on compare les termes dont s'est servi l'Empereur : « Je recommande à mon fils de ne pas oublier qu'il est né prince français et de ne jamais se prêter à être un instrument entre les mains des triumvirs qui oppriment les peuples de l'Europe. Il ne doit jamais combattre ni nuire à la France. Il doit adopter ma devise : *Tout pour le peuple français.* » La déformation est évidente, et, des sentiments que Napoléon a prétendu inspirer à son fils, celui-ci a retenu seulement « qu'il ne doit méconnaître la nation entre laquelle il est né ».

Il connaît les Mémoires dictés à Sainte-Hélène, puisqu'il y fait allusion dans cette même lettre. Mais quelle idée y a-t-il prise de son père? « La mort du général Mack, écrit-il à Neipperg le 11 novembre 1828, vous aura sans doute affligé. Il était déjà bien faible quand je le vis à son retour de Salzbourg. Les services signalés qu'il a rendus m'ont inspiré autant d'estime que son infortune; et j'avoue que je trouve quelque analogie entre son sort et celui de feu mon père, quoique dans des positions bien différentes. Tous deux jadis couverts de gloire et abandonnés par la fortune, ont terminé leur carrière dans l'obscurité; mais ils furent respectés, même dans cet abaissement, parce qu'ils s'étaient fait respecter dans leur grandeur. » Mack, dont les services consistent à avoir perdu le royaume de Naples et à avoir capitulé à Ulm, comparé, presque égalé à Napoléon; ses deux années de prison au Spielberg mises, pour « l'obscurité », sur le même pied que les six ans de Sainte-Hélène, quel parallèle !

Il ne doit pas oublier « qu'il est né prince français ». Et, le 28 septembre 1829, il écrit à l'archiduc Charles : « Que Votre Altesse Impériale daigne permettre que j'assiste, cette fois encore, à l'exercice avec sa suite et que je sois renseigné sur le lieu, l'heure et le cérémonial de son arrivée. Ces premières visions d'un austère avenir que je désire ardemment consacrer au service de Votre Altesse Impériale laissent un souvenir qui ne s'effacera jamais de ma mémoire. »

Il sait que la volonté formelle de son père est qu'il soit en rapports avec sa famille paternelle. Et lorsque, au mois d'octobre 1830, la comtesse Camerata, la fille d'Élisa Bacciochi, vient à Vienne dans l'espérance de voir le fils de l'Empereur et de l'entraîner dans quelque entreprise nationale, en Italie ou en France, c'est lui qui, le 26 novembre, fait avertir, puis avertit personnellement Dietrichstein des lettres qu'elle lui a écrites et de la fortuite rencontre qu'elle s'est ménagée avec lui.

Il sait que son père a, dans la proclamation du Golfe Juan, flétri à jamais le duc de Raguse. Et, quand il le rencontre à un bal chez l'ambassadeur d'Angleterre, il ne recule point devant Marmont; il va à lui, il cause avec lui; bientôt, il se plaît à l'entretenir, et, avec l'agrément de

Metternich, il le prend pour l'instruire de son père. Peut-il ignorer Essonnes, et, s'il connaît cette histoire et celle de l'abdication, comment accepte-t-il de telles rencontres ? Il les recherche, il s'attache à Marmont, il l'écoute, il boit ses paroles.

Marmont est de ces critiques militaires — on en rencontre de tels à toute époque — qui excellent à revendiquer comme leur œuvre personnelle les opérations brillantes auxquelles ils ont assisté et à rabaisser les chefs qui les ont eus sous leurs ordres ; chaque fois qu'ils ont eux-mêmes commandé, ils ont été malheureux ; mais, à les entendre, les succès des autres sont des défaites, et leurs propres défaites des victoires.

On a les *Mémoires* de Marmont : nul acte politique, militaire ou civil de l'Empereur n'y échappe à une critique envieuse ; ses moindres défauts y sont mis dans une pleine lumière ; ses fautes y sont grossies à l'absurde. Or, a écrit Marmont de ses entretiens avec le duc de Reichstadt, « mes récits relatifs aux événements d'alors furent à peu près semblables à ce que j'ai raconté dans mes Mémoires ». Et, lorsque cet étrange cours d'histoire est terminé, le duc de Reichstadt remet son portrait au duc de Raguse ; il y inscrit ces vers de la *Phèdre*, de Racine, ceux-là à peu près qu'Hippolyte adresse à Théramène ;

> Arrivé près de moi — par un zèle sincère
> Tu me contais alors l'histoire de mon père.
> Tu sais combien mon âme, attentive à ta voix,
> S'échauffait au récit de ses nobles exploits !

Mieux, lorsque, devant lui, on attaque la conduite du duc de Raguse, c'est lui qui la défend. A cela, quelle explication ? Le duc de Reichstadt a reçu, des événements qui ont amené la chute de l'Empire, une notion suffisante, — c'est ce qu'affirment à l'envi les écrivains officieux et ce que semblent prouver ses lettres mêmes, — mais cette notion est scientifique, elle est objective, elle est dégagée de tous les *préjugés* que comporte la piété filiale ; dès lors, il est loisible à Marmont de faire, devant lui, la critique du règne de Napoléon comme il ferait la critique d'une manœuvre, et c'est à Marmont que le duc de Reichstadt donne raison contre son père.

Même, il faut le reconnaître, il peut y prendre goût. Il a reçu jusqu'ici cette histoire du côté autrichien, et Marmont, malgré tout, la présente du côté français ; à des moments, cet homme vibre en évoquant des souvenirs et en racontant des faits d'armes. Ainsi, dans les vieilles épopées françaises, le traître, au milieu d'un discours d'imprécations, s'émeut aux gloires dont jadis il prit sa part et s'arrête pour les chanter. Au moins, avec Marmont, Arcole et Marengo, Austerlitz et Wagram ne sont point des défaites ; par lui, quelque chose de Napoléon apparaît vivant dans des traits de caractère, des mots, des gestes qu'il rapporte en témoin ; il ajoute des protestations de dévouement et de tendresse, un air de véracité, beaucoup d'éloquence et d'esprit. Ce qu'il dit rentre d'ailleurs exactement dans la donnée générale que le duc de Reichstadt a reçue de ses maîtres : que Napoléon a été un grand général, un grand organisateur, mais qu'il a été perdu par son ambition. « Je désire, a dit l'empereur François à Metternich, que le duc respecte la mémoire de son père, qu'il prenne exemple de ses grandes qualités et qu'il apprenne à reconnaître ses défauts afin de les éviter et de se prémunir contre leur fatale imprudence. » Marmont achève ce que Metternich a commencé. C'est dans l'ordre.

Telle a donc été l'opinion que, en dernier lieu, — décembre 1830, c'est bien près de la fin, — le duc de Reichstadt s'est faite de son père. Par rapport à celle accréditée sur Napoléon et son règne dans toute l'Europe monarchique, de 1815 à 1830, elle est presque apologétique, car elle n'est point injurieuse. Metternich, s'il a parlé ainsi qu'en ses mémoires, a été méprisant, mais sensiblement impartial ; Marmont, s'il a fait de même, a été souvent acerbe, mais lyrique à des pages, celles où il a son paragraphe. Cela est très supérieur aux notions moyennes répandues par les pamphlets et accréditées par les censures. Les quelques livres où il est parlé de Napoléon, qui ont paru à cette date dans les États allemands, montrent un état d'opinion bien autrement violent : Napoléon y est l'ogre ou l'Antéchrist, quand il n'est point doué d'une extrême stupidité ; le mieux d'ailleurs, au gré de la police autrichienne, serait qu'on l'ignorât. On doit parler de lui le moins possible, et surtout ne rien imprimer.

Alors, il est vrai, chez les Latins que l'Autriche tient en servitude, malgré les douanes et les cordons sanitaires, malgré les sbires et les gendarmes, la légende défendue filtre et se glisse; l'imprimerie clandestine la répand, mais, bien mieux, la parole; elle s'accroît du secret et se pare du mystère; elle est l'évangile de la religion nouvelle qui, proscrite, tient ses assemblées au fond des bois, dans des bouges, dans des caves, et célèbre son culte au milieu des jouissances cruelles de l'angoisse; de Suisse, où certains cantons ont proclamé la presse libre; de France, où l'effort des Bourbons n'a pas suffi à étouffer la voix de tous les témoins, le Verbe est en marche, et, transfiguré par le martyre, il apporte à l'Europe oligarchique le châtiment de son crime et la Révolution.

En face de l'histoire telle que la commentent les Metternich et les Marmont, de l'histoire qu'a apprise le duc de Reichstadt et qui seule a pu lui être enseignée, se dresse, chez les Latins, la légende épique : née des récits des soldats, accrue des souvenirs de la Révolution dessouillée, ennoblie de l'apaisement des discordes civiles, elle a adopté pour son héros l'homme par qui l'œuvre essentielle de la Révolution a été affermie et défendue, par qui, vingt années, les Français ont lutté contre l'Europe conjurée, se sont enivrés de gloire et ont emporté les dépouilles du monde ; le martyre qu'a subi cet homme, lorsqu'il a succombé avec l'indépendance de la nation, a achevé le poème, y a ajouté cette part de larmes que l'humanité exige des histoires. Pour l'esprit simpliste des Latins, ce poème, c'est la lutte éternelle entre les deux principes, le Mal et le Bien, le Passé et l'Avenir, l'Ancien régime et la Révolution et la victoire momentanée du Mal sur le Bien exige des revanches dont le soldat, providentiellement institué, s'appellera Napoléon II.

Cette déformation de son histoire, Napoléon l'avait pressentie, mais non pas si rapide qu'elle s'est accomplie en quinze années, non pas si intimement confondue avec la poésie de la Révolution. Son œuvre en est transmuée, sa figure transfigurée : le peuple a rejeté l'oripeau impérial et il a glorifié les temps où son âme communiait avec celle de son chef. Par là, il a noyé d'ombre presque toute la période de 1807 à 1813, n'y gardant que quelques points lumineux, comme le divorce de Joséphine et la naissance du Roi de Rome. La formule de l'Empire dynastique a disparu, et c'est parce qu'elle a disparu que la dynastie est possible.

Tout ce chemin que les peuples ont parcouru, le duc de Reichstadt n'a pu le faire. L'éducation qu'il a reçue, les livres qu'il a lus, les hommes qu'il a fréquentés ne lui en ont rien appris. Il est un émigré et le milieu où il vit est adéquat aux opinions qu'il a prises. Quel que soit l'effort de sa piété filiale, il est séparé par un abîme de la conception nouvelle que les Latins ont prise de son père. Pour lui, c'est un grand général, le plus grand homme de guerre des temps modernes, et il l'admire en soldat qu'il veut être; c'est le restaurateur de la religion, « base indispensable à tout édifice social », car il est très pieux, très croyant, très « catholique »; c'est l'organisateur d'un ordre social semblable à l'ordre social autrichien, le seul qu'il ait pu voir et étudier; c'est le fondateur d'un empire qui est une sorte de monarchie, moins légitime que la bourbonienne, bien plus que ne sera l'orléaniste. Il a demandé à son grand-père à marcher sur Paris pour rétablir Charles X sur son trône, et il se refuse à fréquenter chez l'ambassadeur de Louis-Philippe usurpateur. Il combattrait avec joie tout ce qui est la Révolution, en France comme en Italie, — et la Révolution, c'est son père.

De ce dissentiment il ne saurait être responsable, mais Napoléon même. Le fils de l'archiduchesse est demeuré fidèle aux idées dynastiques qui ont conduit l'Empereur au second mariage; il est demeuré imbu des doctrines que son père a embrassées dès qu'il a voulu faire corps avec les autres souverains; ce sont elles qu'il a trouvées à Vienne et dont il a été nourri; Napoléon a voulu se rendre légitime; il a produit un légitime; le duc de Reichstadt est un prince, il sent et pense en prince, et, là encore, son atavisme se trouve d'accord avec son éducation.

Même lorsqu'il croit imiter son père par quelque côté, c'est en prince qu'il l'imite. Il sait que son père a été un grand général, et, pour lui ressembler, il nourrit un goût pour le militaire qui prime tous ses autres goûts : de ce goût, nulle trace chez Napoléon ; Napoléon a eu la passion

LE DUC DE REICHSTADT EN 1823
Portrait dessiné par Peter Krafft
K. K. Hofbibliothek (Vienne)

de la guerre, l'instinct, puis la pratique des grandes opérations ; il a mis ses soins à former d'admirables soldats, parce que de tels instruments étaient nécessaires à ses desseins ; il a su inspirer à ces soldats un dévouement qui s'attestait par le sacrifice continuel de leur vie ; il s'est occupé de leur bien-être, et même, par instants, de la beauté de leur tenue, parce qu'il tenait que des soldats bien nourris, bien habillés, resplendissants sous les armes, sont les meilleurs combattants ; mais, pas plus à Brienne qu'à Auxonne et à Valence, pas plus à Paris, après Vendémiaire, qu'en Italie et en Égypte, à aucune des époques de sa vie d'officier, de général, de consul ou d'empereur, il ne s'est appliqué personnellement au matériel du métier, à la curiosité des tenues, aux raffinements des parades, jamais il n'a montré le moindre goût au *bouton de guêtre*. Il voit de haut, connaît le détail, parce que dans sa machine chaque rouage a sa valeur, mais il n'y porte rien de cette attention passionnée que la plupart des princes, nés princes, y consacrent, croyant vraisemblablement que c'est ainsi qu'ils se forment à la guerre.

Le duc de Reichstadt a la passion du militaire ; il l'a de naissance et sans rien savoir de son père ; « avant qu'il ait atteint sa septième année », il obtient de son grand-père la faveur de porter un uniforme : c'est celui de simple soldat ; et il s'exerce au maniement d'armes avec une telle passion et un tel succès que bientôt, en récompense, on lui coud sur les manches des galons de sergent. Il monte des gardes à la porte de l'appartement de l'empereur, il présente les armes aux officiers ; il prend tous ces jeux au sérieux. En 1823, il est cadet et en porte la tenue : boutons, agrafes, lanières, tout est en place ; même, au shako, sur le pompon, la brindille de chêne, symbole de victoire — la victoire remportée sur son père. En août 1828, sur les instances de Marie-Louise et malgré les représentations de Dietrichstein, qui y voit un danger pour la monarchie, il entre nominalement dans l'armée : l'empereur le nomme capitaine de son régiment de Chasseurs (Kaiser-Jæger). C'est « |le plus agréable événement de sa vie, un événement qui n'est pas moins inattendu que réjouissant, un événement qui fait de lui tout d'un coup le plus heureux des hommes ».

Il raconte cet événement à son sous-gouverneur, le capitaine de Foresti : « L'aiguillon de l'honneur et le désir de me montrer digne de cette distinction vont, dit-il, me changer ; tout ce qui me reste d'un enfant, je veux m'en débarrasser et devenir un homme dans le vrai sens du mot. » Il « est ivre de joie, il est « pénétré de reconnaissance pour tout le monde ; » « bientôt l'armée aura connaissance de sa nomination, bientôt le fait sera publié au régiment ». Il aspire à avoir son équipement complet ; déjà il a pris l'uniforme et il ne le quittera plus. Pourtant, il ne fait aucun service. « Il va de soi qu'il ne s'agit pas encore de son entrée en fonction ; ceci ne viendra que plus tard, comme récompense, lorsque son éducation sera terminée et que la maturité de son jugement se sera pleinement manifestée. »

A chaque promotion, ces promotions par qui l'on donne aux princes l'illusion qu'ils font du service, c'est un enthousiasme pareil, un délire de joie et de reconnaissance ; — des enfances ? — Mais il a dix-sept ans, en 1828 ; il sait quelle est sa patrie, quel est son père ; il sait à quels anniversaires il devra prendre les armes et se parer de la branche de chêne. A cet âge-là, des garçons, trente années après la conquête, s'arrachent de leur famille, des champs paternels, des horizons familiers, se vouent à l'exil et à la misère pour ne pas porter l'uniforme du vainqueur, et ils viennent, en suppliants, se réfugier à l'ombre de l'ancien drapeau, le drapeau des vaincus, qui est resté pour eux le drapeau de la patrie... mais ceux-là n'ont pas une mentalité princière.

Le duc de Reichstadt a su que son père montait à cheval, et c'est là, à ses yeux, la caractéristique du guerrier que fut son père. Certes, Napoléon montait à cheval, parfois même il gagnait à cheval ses batailles, mais il les gagnait tout aussi bien à pied. Il montait sur un cheval pour aller vite. Le cheval était pour lui un véhicule, rien de plus. Il y montait mal, s'y tenait par hasard, en tombait souvent, n'ayant jamais fait de l'équitation une étude. Chez le duc de Reichstadt, c'est une passion ; il y réussit, dit-on, à merveille, et bientôt il y est passé maître, bien qu'il n'ait débuté qu'à quatorze ans. Il se plaît aux chevaux fougueux, qu'il dompte, il se plaît aux exercices de

LE DUC DE REICHSTADT EN 1825

Miniature peinte par Johann Ender

Musée Condé

Cette miniature est désignée dans les inventaires des Collections du Musée Condé comme le portrait de l'*Archiduc* François-Charles. Elle a été gravée à Vienne par Beyer, avec le nom véritable.

haute école, où il excelle. Il est un cavalier ; n'est-ce pas d'un prince ?

Ses aptitudes physiques sont donc différentes de celles de son père, mais, surtout, les goûts sont contradictoires ; ils sont essentiellement ceux qu'on doit attendre d'un prince, que ce soit un prince de la Maison d'Autriche ou l'un des princes médiatisés qui s'empressent à revêtir l'uniforme de la monarchie autrichienne. Le duc de Reichstadt est tel qu'ils sont : le débordement de reconnaissance avec lequel il reçoit ses promotions, les lettres qu'il écrit alors à son grand-père, à ses chefs, à quiconque porte, sur l'uniforme, une marque supérieure de grade, prouvent un loyalisme ardent, presque intempérant, cette forme de loyalisme qui, dans une monarchie, convient à un jeune officier, qui sied à un prince et qui remplace le patriotisme. Par là, il est fougueusement Autrichien.

Mais quoi! qui l'a voulu et l'a fait ainsi? N'est-ce pas Napoléon même? Si le duc de Reichstadt est né prince, n'est-il pas tel que Napoléon le souhaitait et l'attendait du mariage autrichien? S'il a les aptitudes et les goûts d'un prince et d'un prince de vieille maison, s'il en a reçu la mentalité, s'il en a adopté et s'il en soutient les doctrines, n'est-ce pas que ces doctrines sont telles que les doctrines de Napoléon en 1810 et que la mentalité est sensiblement pareille? Napoléon s'est cru et s'est rendu légitime; il a un fils légitimiste, cela est dans l'ordre; mais ce fils, étant ainsi, peut-il aspirer à recouvrer l'héritage de son père? Peut-il penser à le revendiquer au nom du droit populaire? Peut-il, tel qu'il est né et tel qu'il a vécu, avoir suivi l'évolution d'idées — combien relative encore? — qui, de 1815 à 1821, s'est produite chez Napoléon? Si celui-ci, jusqu'au dernier jour, a compté sur l'empereur d'Autriche pour protéger son fils, s'il a compté que le sang impérial et le sang royal qu'il a donnés à son fils étaient pour celui-ci, devant l'Europe, la meilleure des recommandations, s'il a prétendu créer à son fils une légitimité, comment le duc de Reichstadt penserait-il et agirait-il autrement qu'un légitime? Certes, il aura pu concevoir l'ambition d'être empereur de France, mais au même titre et dans les mêmes conditions que son grand-père est empereur d'Autriche. Il aura pu souhaiter qu'on lui apportât une couronne, mais il n'aura jamais pensé à venir la prendre.

« Il ne pouvait paraître aux yeux du monde, a-t-il dit, que comme le fils de son grand-père. » Les légitimes ne courent point l'aventure ; d'ailleurs, en vertu de quel principe la courrait-il lui-même, puisqu'il croit au droit des Bourbons et qu'il ignore ce qu'est le droit d'un peuple à disposer de soi ? S'il est empereur de France, ce sera sur un rescrit de l'empereur d'Autriche et avec l'exprès consentement de M. de Metternich. Entre ses idées, celles que son père a exprimées parfois à Sainte-Hélène et celles que professent les Français de 1830, l'abîme est aussi largement creusé. Le duc de Reichstadt ne peut pas plus comprendre celles-ci que celles-là, et il demeure fidèle à la seule formule qui lui soit accessible, la seule que son atavisme, son éducation, son milieu lui permettent de saisir.

Quant aux effets qu'une telle ambition a pu produire sur son état physique, il faut distinguer. Bien avant qu'elle ait pu se manifester, dès 1828, son gouverneur s'est inquiété de sa rapide croissance ; il a constaté « qu'il grandissait à vue d'œil, tandis que sa poitrine, au lieu de gagner en largeur, semblait se rétrécir ». Le docteur Staudenheim, qui lui donne ses soins, « a déjà acquis la conviction que les parties les plus faibles dans la constitution du prince sont et seront toujours la trachée-artère et la poitrine ». Neipperg en est informé ; Dietrichstein en tient registre. Au début de 1829, la maladie est caractérisée et le patient la connaît. Il écrit le 10 janvier à un général : « Notre carneval ne sera pas si animée que les années précédentes, mais en tous cas pas plus brillant pour moi que pour vous, *on m'a défendu la danse pour prévenir chaque affection poitrinaire.* » Par contre, et c'est de quoi surprendre, on a autorisé les bains froids et la natation. Dans l'été, le duc assiste au camp de Traiskirchen ; il commande une compagnie, puis une division de Grenadiers dans le village de Mauer, près de Vienne. Cette expérience est fâcheuse, car, en mai 1830, le docteur Malfati, appelé à succéder comme médecin traitant à Frank et à Staudenheim, peut-être parce qu'il a donné ses soins au roi Louis et à la princesse Élisa et qu'on le croit mieux instruit ainsi du tempérament des Bonaparte, constate qu'il mange très peu et sans appétit, que son estomac semble trop faible pour supporter la nourriture qu'au-

LE DUC DE REICHSTADT EN 1830
Miniature peinte par Däffinger
Musée Condé

rait exigée sa croissance singulièrement rapide et même effrayante ; qu'il a de temps en temps de légers maux de gorge, qu'il est sujet à une toux habituelle et à une journalière excrétion de mucosités, enfin qu'il est affecté d'herpès d'une nature symptomatique. Deux mois plus tard, le 7 juillet, le duc est nommé major du régiment de Salis; il va entrer dans le service actif, et Malfati s'y oppose. Le 15, il présente un rapport concluant à l'ajournement, et il indique, avec les précautions à prendre, un régime d'une sévérité exceptionnelle. En rejetant sur l'atavisme paternel « une dyscrasie de tout le système cutané, le commencement d'un principe dartreux », qui ne peut céder qu'à des bains prolongés, il constate « un état général de faiblesse qui doit inquiéter, particulièrement l'état de la poitrine »; « Son Altesse, dit-il, est facilement atteinte d'affection catarrhale et sujette à une toux d'irritation qui a principalement son siège dans la trachée-artère et dans les bronches ». Il interdit donc « les grands efforts, et principalement ceux de l'organe de la voix » ; il ordonne qu'on évite les échauffements et les refroidissements, surtout dans les temps orageux, et il conclut : « La vigilance pour sauver le prince de ces causes nuisibles ne saura jamais être trop grande si l'on considère son tempérament vif et fougueux, si difficile à modérer. »

Le 15 juillet 1830, c'est-à-dire alors qu'il ne peut être question ni d'empire, ni d'ambition, le cas est donc nettement déterminé, le diagnostic est précis; le rapport médical ne laisse qu'un espoir des plus médiocres; ce n'est qu'à force de soins, dans un climat approprié, avec une surveillance médicale assidue et la stricte observation de prescriptions très sévères qu'on peut songer, non à faire vivre le fils de Napoléon, mais à prolonger ses jours. Le faire entrer au service, le livrer à lui-même et à l'ardeur de ses goûts pour l'équitation et les manœuvres, c'est le tuer. M. de Metternich ne peut prétexter l'ignorance : il a le rapport entre les mains, et c'est lui qui, plus tard, l'a fait publier.

Mais la Révolution de Juillet arrive, M. de Metternich a besoin de poser ce pion sur son échiquier politique. En agitant devant Louis-Philippe le spectre de Napoléon II, il le mènera où il voudra, il comprimera la révolution en Italie, il donnera au roi citoyen de mortelles terreurs; et c'est pourquoi, dès lors, il met en avant le duc de Reichstadt. En octobre il lui désigne une Maison princière composée du général comte Hartmann, du capitaine baron de Moll et du capitaine Joseph Standeiski; il le montre dans les salons des ambassades, — et c'est chez les Anglais qu'il lui fait faire ses débuts ! — il l'abouche avec Marmont; il le nomme, en novembre, lieutenant-colonel au régiment de Nassau-infanterie; et, au printemps de 1831, malgré l'expresse opposition renouvelée par Malfati, il lui ouvre le service actif. On a eu soin de régler soigneusement par une instruction spéciale, en date du 9 juin, les attributions du chef de la Maison militaire du duc de Reichstadt; on a donné au général Hartmann tout pouvoir et toute autorité; il continue Dietrichstein et peut, à toute occasion, imposer son veto. Et le général Hartmann n'intervient pas. Il assiste impassible « aux excès d'un zèle sans mesure, d'un emportement hors de limite pour les nouveaux exercices ». Le médecin proteste contre « des privations et des fatigues absolument au-dessus des forces du prince »; le mentor officiel ne répond pas, et, devant ces intempérances de la volonté qu'interrompent à chaque instant les défaillances de la nature, il ne va pas dire à l'empereur que le jeune homme qui lui a été confié est hors d'état de mener cette vie, qu'il achève de compromettre une santé déjà si fragile, qu'il doit immédiatement être contraint au repos. A quoi bon des rapports? Les faits ne sont-ils pas publics? M. de Metternich peut-il prétendre qu'il les ignore? Il applaudit lorsque le général major prince Wasa, dans le régiment duquel le prince est entré, atteste son zèle, son goût pour les armes, ses progrès, sa volonté infatigable, et, le 18 mai 1832, il le fait nommer colonel en second du régiment prince Gustave Wasa, n° 60.

Quel est le but qu'il poursuit ainsi? Il ne peut former aucun doute sur la double incapacité physique et morale du duc de Reichstadt. Il sait qu'il est condamné, et il sait aussi que, « placé comme il est sous la sauvegarde de l'empereur », il ne fera rien sans l'assentiment de son grand-père. Nul danger donc, ni pour le présent, ni pour l'avenir. Par contre, il n'a garde de rien laisser transpirer de l'état précaire de la santé du

LES TROIS PETITS-ENFANTS DE L'EMPEREUR FRANÇOIS
LE DUC DE REICHSTADT EN 1831
AYANT SUR SES GENOUX L'ARCHIDUC FRANÇOIS-JOSEPH (ACTUELLEMENT EMPEREUR D'AUTRICHE)
PRÈS DE LUI LA PRINCESSE CAROLINE DE SALERNE (PLUS TARD DUCHESSE D'AUMALE)
Cette aquarelle, par Johann Ender, était placée dans le cabinet de l'empereur François
Bibliothèque de la Famille impériale (Vienne)

prince. A la violence des exercices qu'il prend, à ces courses à cheval, à ces manœuvres, à ces exercices, on doit le juger infatigable. Le bruit s'en répand et s'en accrédite : c'est ce qu'il faut. Metternich en est bien plus fort pour menacer les ambassadeurs de Louis-Philippe, pour menacer le roi lui-même; car, dans sa correspondance avec Apponyi, ambassadeur à Paris, le nom du duc de Reichstadt revient à chaque page. « L'idée n'est-elle encore jamais venue, écrit-il le 18 janvier 1831, de nous savoir gré de notre conduite correcte à l'égard de Napoléon II ? Nous mériterions bien quelque éloge à ce sujet... Pardon de cette rapsodie, mais elle pourrait cependant acquérir quelque valeur si, en effet, Louis-Philippe voulait jouer le rôle de conquérant ou de président de la propagande révolutionnaire. Attaqués dans nos derniers retranchements et forcés de nous battre pour notre existence, nous ne sommes pas assez anges pour ne pas faire feu de toutes nos batteries. » Ne peut-on penser que ce paragraphe résume toute l'intrigue ? Qu'elle soit cruelle et répugnante, Metternich n'en a souci ; il la veut utile : si les menaces ne suffisent pas, il fournira la preuve que les Bonaparte s'agitent, il livrera les lettres que le roi Joseph a écrites à l'empereur d'Autriche et à Marie-Louise. Que lui importe ? Il ignore les scrupules, et si, dans les calculs de sa politique, il a fait entrer, à un moment, ce sacrilège du Mariage, reculera-t-il devant la mort prématurée d'un enfant ?

Qu'il ait fait ainsi son thème, cela n'est guère douteux : mais aura-t-il pensé que le nom de Napoléon II peut ne pas suffire à ses desseins, qu'il aura besoin à un moment de sa parole ou de ses écrits ? Il lui faudrait alors ce jeune homme conscient des destinées qui peuvent lui échoir et vibrant d'une ambition qui s'éveille. En ce malheureux être que ronge la tuberculose et qu'épuise la fièvre, qui, dans un surmenage continuel, cherche l'illusion de la santé, dont le cerveau surexcité, dès que son corps n'est plus dans la violence du mouvement, grossit les faits, exagère les scrupules et tend à l'idée fixe, aurait-il jeté par surcroît ce rêve d'un trône que, depuis son enfance, on a écarté de lui comme un crime, et que maintenant on lui présenterait comme un appât ?

En vérité, à quoi bon? M. de Metternich ne recule point devant un crime, mais opportun, et l'opportunité ne paraît point. Sans doute, M. de Prokesch, qui seul aurait reçu du jeune prince de telles confidences, est un affidé de Metternich; sans doute, ce n'est pas sans un dessein que Metternich a mis Prokesch sur la route du duc de Reichstadt. L'a-t-il fait pour l'aiguiller du côté de la Grèce à laquelle on cherchait un souverain, et le détourner ainsi de l'Italie, où l'agitation napoléonienne paraissait alors le plus redoutable pour l'Autriche? A-t-il voulu placer près de lui un confident à titre d'office qui rapportât ses projets, qui l'amenât à se rendre pour l'Autriche un nouveau prince Eugène? En tout cas, la France n'était pas en question, puisque c'est le 23 juin 1830 que Dietrichstein a invité Prokesch à venir voir son pupille. — Il ne semble pas; pourtant on connaissait, dès lors, à Vienne, les projets d'alliance entre la France et la Russie et le plan arrêté du remaniement de l'Europe : il se pourrait que ce fût contre les Bourbons eux-mêmes que Metternich eût pensé à relever cet atout? — Plus tard, le rôle assigné à Prokesch s'expliquerait mieux : Metternich l'eût soufflé; il eût réglé ses entrées et ses sorties; s'il eût trouvé que le duc de Reichstadt s'excitait trop, il eût expédié Prokesch en Italie ou en Orient; s'il eût estimé qu'un coup de fouet eût été nécessaire, il l'eût rappelé. Ainsi pourrait-on, avec quelque imagination, retrouver un plan digne du chancelier.

Mais le récit de Prokesch est suspect. Dans les lettres que le duc lui a adressées et que Prokesch a publiées, on ne trouve pas d'allusion à de telles angoisses, seulement une ambition vague diluée dans une philosophie sentimentale assez niaise, exprimée par une phraséologie obscure, très allemande. Si l'on rejette Prokesch, reste, il est vrai, que François II a parlé de l'Empire à son petit-fils et qu'il lui a ainsi ouvert la voie. L'eût-il fait sans l'avis du chancelier et le chancelier l'eût-il permis sans un but? Il y a là une part d'inconnu. On ne tient pas assez de compte parfois des bonnes intentions subites, des légèretés de parole et de leurs conséquences. François II a pu dire ces choses comme une gentillesse à laquelle il ne mettait pas d'importance, et la graine, ainsi jetée au hasard, a pu lever brusquement dans l'esprit du jeune homme.

LE DUC DE REICHSTADT EN 1831
Miniature par Däffinger, envoyée par le Prince à son oncle, le roi Joseph
Appartenant à M. le comte Primoli

Qu'on n'aille pas en conclure que, même alors, le fils de Napoléon se fût détourné de la Maison d'Autriche, qu'il eût éprouvé des velléités démocratiques, qu'il eût cessé d'être *un légitime*. Si, vers ces moments, comme le veut une tradition familiale si formellement établie qu'on n'en saurait contester l'authenticité, il a envoyé son portrait à son oncle, le roi Joseph ; si, comme certains indices peu sûrs sembleraient l'indiquer, il a tenté de faire parler à quelques-uns de ses parents paternels, c'est là, sans doute, une contradiction avec l'aventure Camerata ; mais, même ces faits admis, la vision du monde extérieur en aurait-elle été changée pour le duc de Reichstadt, et celui-ci aurait-il emporté au caveau des Capucins une âme française, une âme telle que l'eussent pu souhaiter les Français de 1830 au chef qu'ils attendaient ? Vaine illusion : l'Empereur a fait souche de princes sinon d'empereurs. Ce n'est point au fils de « l'aventurier corse » qu'on a ouvert l'entrée de la sépulture impériale, c'est à un prince tel que tous les autres. L'hérédité a détruit son corps, elle a englué son esprit ; l'éducation a achevé ce qu'avait préparé l'atavisme ; mais c'est parce que Napoléon avait séparé ses voies de celles de la Révolution que, en son fils, son rêve dynastique a avorté.

Le 12 juillet 1832, au moment où, après une agonie qui a duré plus de trois mois, le fils de Napoléon achève de mourir à Schœnbrünn, d'Arenenberg, en Suisse, une lettre lui est adressée que Metternich intercepte : c'est un Bonaparte, son cousin, qui s'offre à lui donner ses soins, à adoucir ses souffrances, à le consoler, à veiller près de lui, à lui parler de son père. Ce Bonaparte, dès le 21 juin, Metternich le signalait comme « engagé dans les trames des sectes » ; l'ambassadeur d'Autriche le dénonçait à Louis-Philippe comme le successeur du Roi de Rome, l'homme qui, « le jour du décès du duc, se regarderait comme appelé à la tête de la République française ».

Louis-Napoléon Bonaparte n'est point un *légitime,* « il n'a point été placé, comme le duc de Reichstadt, sous la sauvegarde des principes de l'empereur d'Autriche » ; il n'a aux veines que du sang français, du sang de bourgeois, à peine de noble, nulle goutte de sang bleu ; s'il est prince, c'est par la grâce de Napoléon et par le consentement du peuple ;

il est un exilé et un proscrit, mais il n'est point un émigré, car il a constamment gardé le contact avec la France, et son âme s'est développée librement aux enseignements des fils de la Révolution ; il n'a pas d'argent, car les Bourbons ont confisqué ses biens et Louis-Philippe n'en a rien rendu ; il n'a point de partisans sonores, car quiconque reçut de l'Empereur une fortune, un titre ou des fonctions, s'est rallié au nouveau roi ; les Cours d'Europe ne se sont occupées de lui que pour le persécuter ; il ignore le protocole ; il n'a pas de rang dans les hiérarchies ; il est seul ; mais il a recueilli les leçons de Sainte-Hélène, il s'est nourri de la tradition napoléonienne ; il aime la France, la Révolution, le peuple et la gloire, il a la foi, la volonté et l'audace. M. de Metternich a raison : il faut prendre garde à lui : il osera.

Ainsi, par une décisive et lamentable expérience, l'œuvre à laquelle Napoléon s'est si fort attaché qu'il y a, depuis 1807, subordonné sa politique entière, a prouvé sa vanité : Napoléon, qui n'a eu sa raison d'être que par la Révolution et pour elle, a voulu se rendre un empereur comme les autres empereurs, un souverain tel que les souverains de droit divin ; il a voulu fonder une dynastie qui ressemblât aux autres dynasties, qui prît les mêmes origines et se recommandât des mêmes quartiers ; il a voulu se donner un héritier qui, à son sang plébéien, joignît le sang le plus illustre qui fût en Europe, qui participât à la fois de son génie et de l'illustration de sa mère : il y est parvenu, mais dans l'Empire tel qu'il l'a fait, l'ancien régime presque rétabli par lui, s'est retourné contre lui et l'a renversé ; dans la dynastie telle qu'il l'a conçue, les légitimes dont il est devenu le parent et l'allié n'ont eu d'autre objet que de détruire l'illégitime qu'il est ; dans l'héritier qu'il s'est donné, auquel il n'a transmis ni son tempérament, ni ses aptitudes, il a fait un Autrichien morbide et tuberculeux, à l'âme de *légitime*. Il est des courants que nulle force humaine ne remonte ; il est des alliages que nulle flamme ne consolide ; les éléments disparates n'en sauraient se mêler et se confondre ; ils luttent constamment pour leur libération ; ils s'annulent et se détruisent l'un l'autre. Le jour où, méconnaissant son point de départ

LE DUC DE REICHSTADT SUR SON LIT DE MORT
Portrait dessiné par Johann Ender
Collection Albertina de S. A. I. et R. l'archiduc Frédéric (Vienne)

LE PRINCE DE PARME EN 1814
Buste exécuté à Vienne en août 1814 par A. Renaud, de Dijon (plâtre)
Bibliothèque de la Famille impériale (Vienne)
Une épreuve en marbre de ce buste, envoyée par Marie-Louise à l'Empereur à l'île d'Elbe,
fut emportée par lui à Sainte-Hélène, où elle était placée, à Longwood,
sur la cheminée de sa chambre à coucher.

et sa mission, Napoléon s'est cru *légitime,* le jour où il a renié la Révolution, la légitimité l'a dévoré, lui, son empire, sa dynastie et son héritier.

Par contre, ce qui s'est réalisé, ç'a été le projet qu'il avait nourri d'abord et auquel il s'était attaché de 1802 à 1807, ç'a été la formule inspirée par les grandes traditions romaines ; l'élection d'un successeur, la désignation d'un héritier parmi les agnats, la *recommandation* donnée devant le peuple à un de ceux qui portent son nom. A défaut de l'Empereur qui le désigne, la démocratie, qui a besoin d'un chef pour ne pas périr, saura chercher dans l'exil et la proscription, cet héritier de la tradition napoléonienne, pour qu'il lui rapporte l'ordre, la prospérité, la paix des consciences et l'honneur des armes.

TABLE DES MATIÈRES

ET DES

ILLUSTRATIONS

I. — LE PROBLÈME DE L'HÉRÉDITÉ (1807-1811).   Pages

I. L'Héritier adoptif. — Besoin qu'a l'homme de se survivre — Ce besoin décuplé chez un fondateur d'empire. — Ce qu'est la dynastie par rapport à la famille. — La survie dynastique. — Napoléon, ne croyant pas avoir d'enfant, prétend établir sa dynastie par l'adoption d'un descendant. — Napoléon-Charles. — Raisons diverses pour la tendresse de Napoléon pour le fils de Louis et d'Hortense. — Comme l'enfant y répond. — La nature et l'esprit de l'enfant. — L'éducation qu'il reçoit. — Institut des Princes de la Famille impériale établi par le Statut de Famille du 30 mars 1806. — Séjour de l'enfant à Mayence. — L'enfant tombe malade à la Haye. — Sa mort, le 5 mai 1807. — Sentiments de Napoléon. — L'hérédité adoptive ayant avorté, l'hérédité naturelle se présente juste à point.   1

II. L'Héritier naturel. — La naissance de Léon. — Napoléon acquiert la certitude qu'il peut être père. — Le système de l'adoption est condamné. — Napoléon divorcera. — Ménagements, transitions qu'il y porte. — Problèmes divers à résoudre. — Épousera-t-il ensuite une grande-duchesse de Russie? — Avantages que présente en apparence le Mariage russe. — Hostilités que rencontre l'Empereur. — Dégoûts qu'il reçoit. — Le Mariage russe tel qu'il lui apparaît. — L'Autriche s'offre à lui. — Illustration d'une telle alliance. — Son caractère. — Le type autrichien signe de noblesse. — Ce qu'il est au vrai. — L'archiduchesse Marie-Louise, ayant presque uniquement du sang de Habsbourg et de Bourbon, est doublement une dégénérée, et ses descendants seront tuberculeux ou fous. — Le rêve dynastique. — Le Sénatus-consulte du 30 janvier 1810. — L'annexion de Rome et des États romains. — Le titre de Roi de Rome. — Le Sénatus-consulte du 17 février. — Eugène dépouillé de l'Italie. — Redoublement des constructions navales   12

III. La Grossesse de Marie-Louise. — Napoléon amoureux de l'Autriche. — Malgré sa hâte d'avoir un fils, voyages. — Première grossesse. — Y a-t-il une fausse couche? — Fêtes. — Premiers symptômes de la grossesse. — L'erreur de Dubois. — Les résultats de la grossesse sur la politique générale de Napoléon. — Napoléon prisonnier de sa dynastie. — Résultats pour la politique intérieure. — La Société maternelle. — Le décret sur les Enfants trouvés. — Les Maisons d'orphelines de la Légion d'honneur. — Le Grand Baptême à Fontainebleau. — L'annonce officielle de la grossesse. — L'opinion du public. — La masse de la nation n'est point touchée 27

IV. La Maison des Enfants de France. — Consultations du grand maître des Cérémonies sur la formation de la Maison. — La gouvernante des Enfants de France. — Rang et serment. — Nomination de Madame la comtesse de Montesquiou. — Madame de Montesquiou, son passé, son caractère. — Pourquoi elle est choisie. — Madame de Montesquiou forme la Maison. — Budget de cette Maison. — Règlement. — Honneurs et fonctions de la gouvernante. — Les sous-gouvernantes. — Madame de Boubers et Madame de Mesgrigny. — L'écuyer, M. de Canisy. — Le secrétaire de la gouvernante. — Les médecins. — Les femmes-rouges. — Les femmes-noires. — Les berceuses. — Les femmes-blanches. — La domesticité. — La nourrice. — La maison de retenue. — Conclusions à tirer de cette formation de la Maison. 42

V. Fille ou Garçon? — Continuation de la grossesse. — L'appartement du Roi de Rome aux Tuileries. — Son ameublement. — Les berceaux. — Le trousseau de couches de l'Impératrice. — La layette de l'enfant. — La nourrice élue, Madame Auchard. — Cérémonial pour la naissance de l'enfant. — Premiers doutes de l'Empereur. — Cérémonial pour la naissance d'un Prince et pour celle d'une Princesse. — Précautions prises à double fin. — Le sort est jeté. — Lettre à Cambacérès. — Réponse de l'Archichancelier. 66

II. — LE ROI DE ROME (20 mars 1811 — octobre 1812).

I. La Naissance du Roi de Rome. — Les Tuileries, la nuit du 19 au 20 mars. — L'accouchement. — La nouvelle de la naissance. — L'ondoiement du Roi de Rome. — Présents de l'Empereur à l'occasion de la naissance du Roi de Rome. — Les indigents. — Effet produit dans le peuple. — Réjouissances officielles. — Poésies encouragées. — Cérémonies. — Les félicitations des grands corps de l'État. — Les présentations au Roi de Rome. — Les relevailles. — Le Roi de Rome et le peuple 81

II. Le Baptême du Roi de Rome. — Le Baptême doit marquer, par son éclat, l'établissement définitif de la dynastie. — La question des parrains et des marraines. — Programme des cérémonies et des réjouissances. — La question du Corps législatif. — Les lettres closes. — Tentative pour faire politesse aux Parisiens. — Le banquet de l'Hôtel de Ville. — Bal annoncé aux Tuileries. — Fête annoncée à Saint-Cloud. — Les cérémonies religieuses. —

TABLE DES MATIÈRES

Lettres aux Évêques. — Choix des officiants. — Prétentions et demandes du cardinal Maury. — La Chapelle impériale chargée de toute la cérémonie. — Modifications au cortège. — Derniers incidents. — Les détails. — *A-propos* dans les théâtres. — Arrivée à Paris du Roi de Rome et de Leurs Majestés. — La Journée du 9 juin. — Splendeurs du cortège. — Accueil fait à l'Empereur. — La cérémonie à Notre-Dame. — Le banquet impérial à l'Hôtel de Ville. — Le banquet impérial aux Tuileries. — La fête de Saint-Cloud. — Le grand cordon de Saint-Étienne. — La réponse à l'adresse du Corps législatif. — Les présents du Baptême. — Les fêtes du Baptême. — La dépense. — La promotion dans la Légion. — Conclusions à tirer des fêtes du Baptême sur la psychologie de Napoléon en 1811. 95

    III. L'Enfant de France. — Premier séjour à Saint-Cloud. — La gouvernante et la mère. — La gouvernante et la dame d'honneur. — Marie-Louise et son fils. — Napoléon et son fils. — La vie ne doit pas être interrompue. — Vaccination du Roi de Rome. — Voyage de l'Empereur à Rambouillet et à Cherbourg. — Marie-Louise et les portraits de son fils. — L'Empereur et l'Impératrice en Hollande et sur les bords du Rhin. — La dentition du Roi de Rome. — Gratitude et présents de l'Empereur. — Le retour du Roi de Rome à Paris. — Ses jouets. — Sa petite calèche. — Comment se le représenter ? — Les portraits officiels. — Le Premier de l'An. — Le Roi de Rome à l'Élysée. — Nécessité de lui construire un palais. — Le Palais du Roi de Rome. — Le Gigantesque. — Départ pour l'expédition de Russie. — L'Empire vidé de soldats. — L'anniversaire de la naissance du Roi de Rome. — Le Roi de Rome à Meudon. — L'Institut des Princes de la Famille impériale. — La bibliothèque. — La collection *ad usum Regis*. — L'Atlas des Départements. — Le service d'assiettes de Sèvres. — Les meubles en velours peint. — Idées sur l'éducation. — Le gouverneur de Meudon. — Le personnel de Meudon. — Lettre de l'Empereur. — Le Roi de Rome est sevré. — Son portrait par Mademoiselle Thibault. — Son portrait par Gérard. — Marie-Louise et son fils pendant la guerre de 1812. 105

III. — NAPOLÉON II (octobre 1812 — avril 1814).

    L'attentat Malet. — Ce qu'y voit Marie-Louise. — Ce qu'y voit Napoléon. — Retour de Napoléon à Paris. — Ses premières paroles au Sénat. — Projet de couronner le Roi de Rome. — Réconciliation avec le Pape. — Le Concordat de 1813. — Le Pape renie sa signature. — La conspiration des aristocrates. — Efforts de l'Empereur sur les Parisiens. — Les premières culottes du Roi de Rome. — Séjour à l'Élysée. — Efforts de Napoléon sur l'empereur d'Autriche. — Étapes de la désillusion. — Une seule issue : qu'il disparaisse. — La dynastie assurée par sa mort. — Voyage de Marie-Louise à Mayence. — Lutte ouverte entre la dame d'honneur et la gouvernante. — Marie-Louise et l'amour maternel. — Madame de Montesquiou et son pupille. — Le petit Froment. — Le Roi de Rome seul à Saint-Cloud. — Vers qu'il adresse à son père le 15 août. —

Leipsick. — Retour de l'Empereur. — Un parti pense à la Régence. — Éducation de l'enfant. — Ses uniformes. — Sa présentation à la Garde nationale. — Le Roi de Rome et les caricaturistes anglais. — Départ de l'Empereur pour la campagne de 1814. — Le Conseil de Régence. — La gravure : *Je prie Dieu pour mon père et pour la France !* — Ses diverses légendes. — Nouvelles escarmouches entre la gouvernante et la dame d'honneur. — Ce qu'en dit l'Empereur. — La crise. — Les ordres de l'Empereur. — L'empereur d'Autriche et son petit-fils. — L'enfant, sa nervosité, ses colères. — La nuit du 20 au 21 mars. — Le départ pour Rambouillet. — Le voyage de Blois. — Dispositions de l'Empereur. — L'abdication. — Ce que désire Napoléon. — Ce qu'obtiennent ses envoyés. — Il pense constamment à Marie-Louise. — Générosités à la Maison. — Marie-Louise à Blois et à Orléans. — Les deux partis en présence. — Efforts et ruses de la faction. — Le Roi de Rome à Orléans. — Dernières espérances de l'Empereur. — Au départ de Marie-Louise pour Rambouillet, il veut se tuer 155

IV. — LE DUC DE REICHSTADT (avril 1814 — 22 juillet 1832).

I. De Rambouillet au Burg de Vienne. — Le pacte des deux Empereurs. — La fortune du Prince de Parme. — Départ de Rambouillet. — Le voyage. — Le Prince de Parme en 1814. — Arrivée à Vienne. — Installation à Schœnbrünn. — Les *permissions* données à Marie-Louise. — Marie-Louise et Neipperg. — Les ambitions de Marie-Louise. — L'Autriche et le Prince de Parme. — Lettre de Madame de Montesquiou. — Les Français à la suite de Marie-Louise. — Le Prince de Parme à Schœnbrünn. — Le colonel de Montesquiou. — Renvoi de Madame de Montesquiou. — L'enfant apprend à dissimuler. — Le gouverneur nommé par l'empereur François. — Renvoi de Madame Soufflot. — Renvoi de Madame Marchand 201

II. L'Héritage de Napoléon. — La confiance de l'Empereur. — Ses lettres à Marie-Louise. — Sa tendresse pour son fils. — Comme il la montre. — Inquiétudes. — Marie-Louise cesse d'écrire. — Démarches de Napoléon près de l'Angleterre et du grand-duc de Toscane. — Sa douleur d'être séparé de son fils. — Napoléon est contraint, par la violation de tous les articles du Traité de Fontainebleau, à sortir de l'île d'Elbe. — Napoléon et la Révolution. — Malentendu entre l'Empereur et la nation. — Napoléon joue toutes ses cartes sur le retour de Marie-Louise et du Roi de Rome. — Marie-Louise ne revient pas. — La Régence. — L'intrigue de Metternich. — Propositions faites à l'Empereur. — La mission Stassart. — Marie-Louise ne veut pas revenir. — Écroulement de toutes les mesures prises par Napoléon. — Waterloo. — La seconde abdication. — Le leurre de la Régence a achevé le désastre national. — Départ pour Sainte-Hélène. — Les reliques à Sainte-Hélène. — Sentiments qu'exprime Napoléon au sujet de son fils. — Ses ambitions. — Comme il en parle. — Les deux grosses affaires. — L'affaire des cheveux. — L'affaire du buste. — Pourquoi Napoléon s'attache tant à celle-ci. — Le martyre assure la dynastie. — Les testaments de l'Empereur. — La mort 220

TABLE DES ILLUSTRATIONS

III. Le Gouffre. — Qu'a été le fils de Napoléon? — Physiquement, il est un Autrichien. — Il l'est de physionomie et de constitution. — A aucun degré il ne rappelle physiquement son père. — Qu'est-il au moral? — Les gouverneurs autrichiens ont à ce point déformé la nature qu'il est difficile de reconnaître quelle elle fut. — Système d'éducation meurtrier qu'ils ont adopté. — Ils ont prétendu abolir chez l'enfant la mentalité française et le sens de son origine. — Ils y ont été aidés par la mère. — Motifs ou excuses de celle-ci. — La Maison du fils de Napoléon. — Le titre qu'on lui impose. — Ce que vaut ce titre. — A dix-sept ans, quel résultat les éducateurs ont atteint? — Il faut écarter les témoignages suspects. — L'écriture matérielle. — Lettres à M. de Neipperg. — Ce que le fils de Napoléon pense de son père. — Le duc de Raguse. — Opinion que le duc de Reichstadt a pu et dû se faire de Napoléon. — Cette opinion d'un *Légitime,* en contradiction avec la Légende en marche et l'opinion des Latins. — Qui est responsable de cette contradiction? — Napoléon a voulu pour fils un prince et un *Légitime*; il l'a. — Le duc de Reichstadt a tous les goûts d'un prince. — Il en a la mentalité. — Il est tel parce que Napoléon l'a voulu tel. — Effets que l'ambition d'être Empereur de France aurait pu produire sur son physique. — La maladie de poitrine est déclarée et affirmée dès 1828. — En 1830, le patient est condamné. — M. de Metternich, après la révolution de Juillet, le met en vue et, malgré les médecins, le fait entrer dans l'armée. — Son but, ses lettres. — A-t-il excité lui-même les ambitions du duc de Reichstadt? — Mort de Napoléon II. — Napoléon III. — Légitimité ou révolution. — Hérédité ou *Recommandation*. 252

ILLUSTRATIONS

LE ROI DE ROME EN 1815. Miniature peinte par J.-B. Isabey, donnée par Marie-Louise à Madame Soufflot *(appartenant à Madame la baronne Christian de Launay, née Lefèvre-Pontalis)* . . . . (Frontispice) en regard du titre

I. — La Seine. Dessin par P.-P. Prud'hon pour les bas-reliefs du berceau offert au Roi de Rome par la Ville de Paris *(appartenant à Madame Jahan, née Marcille)* 1

L'Empereur Napoléon sur la terrasse de Saint-Cloud, entouré des enfants de sa famille. Tableau peint par Ducis *(Musée de Versailles)*, en regard de la page 12

Bal donné par la Ville de Paris a l'occasion du Mariage de Marie-Louise. Gouache par Moreau le jeune *(appartenant à M. Porée)*, en regard de la page. 28

L'Impératrice Marie-Louise président le Conseil de la Société Maternelle. Dessin lavé de Monnet *(Bibliothèque Nationale. — Collection Hennin),* en regard de la page 34

Louise-Françoise Le Tellier de Montmirail, comtesse de Montesquiou, Gouvernante des Enfants de France. Portrait peint par Madame Vigée-Le Brun *(appartenant à Madame la comtesse de Reinach-Cessac)*, en regard de la page. 46

Madame Marchand, berceuse du Roi de Rome. Miniature *(appartenant à Madame Corralès).* — Madame Auchard, nourrice du Roi de Rome. Dessin *(appartenant à M. Frédéric Masson).* — Madame Soufflot, première-femme du Roi de Rome, sous-gouvernante du Prince de Parme. Miniature *(appartenant à Madame Amédée Lefèvre-Pontalis),* en regard de la page . .   60

Vue du Palais du Roi de Rome sur la Montagne de Chaillot, prise du côté de la grande route. Aquarelle par Fontaine *(appartenant à M. Alfred Foulon),* en regard de la page   68

Berceau offert par la Ville de Paris au Roi de Rome. Dessiné par P.-P. Prud'hon, exécuté par Roland, Thomire et Odiot *(appartenant à S. M. l'empereur d'Autriche),* en regard de la page.   70

Le Roi de Rome. Médaillon en cire par Corriguer, ayant appartenu au cardinal Fesch et à M. Sainsbury, fondateur du « Napoleon's Museum » *(appartenant à M. Frédéric Masson).*   79

II. — Le Tibre. Dessin par P.-P. Prud'hon pour les bas-reliefs du berceau offert au Roi de Rome par la Ville de Paris *(appartenant à Madame Jahan, née Marcille).*   81

Naissance du Roi de Rome. — L'Empereur présente son fils a l'Impératrice. Aquarelle par J.-B. Isabey *(appartenant au prince Alfred de Montenuovo),* en regard de la page.   84

Fac-similé de l'Acte de Naissance du Roi de Rome, en regard de la page   86

L'Empereur présente le Roi de Rome aux dignitaires de l'Empire. Tableau peint par Rouget *(Musée de Versailles),* en regard de la page   88

Le Roi de Rome a l'âge de douze jours. Aquarelle peinte par J.-B. Isabey, datée du 2 avril 1811, envoyée par Marie-Louise à l'empereur d'Autriche *(appartenant à la Famille impériale d'Autriche),* en regard de la page.   92

Le Roi de Rome en 1811. Dessin par P.-P. Prud'hon *(appartenant à Madame Jahan, née Marcille),* en regard de la page   98

Le Baptême du Roi de Rome a Notre-Dame de Paris. Dessin par Goubaud *(Musée de Versailles),* en regard de la page   106

Le Baptême du Roi de Rome. Dessin anonyme attribué à Desrais *(appartenant à M. Manzi),* en regard de la page   110

FEU D'ARTIFICE TIRÉ SUR LE CHATEAU SAINT-ANGE A ROME A L'OCCASION DU BAPTÊME DU ROI DE ROME. Gouache anonyme *(appartenant à M. Frédéric Masson)* (fac-similé), en regard de la page.   118

Médailles frappées en l'honneur du Roi de Rome *(appartenant à M. Frédéric Masson),* en regard de la page   120

Marie-Louise regardant le Roi de Rome endormi. Tableau peint par Franque *(appartenant à M. Frédéric Masson),* en regard de la page.   124

Voiture donnée par la reine Caroline de Naples a son neveu le Roi de Rome. Exécutée par Tremblay, carrossier, rue de Duras, gravée et ciselée par Baltzer *(appartenant à S. M. l'empereur d'Autriche),* en regard de la page . . .   132

Le Roi de Rome en 1811. Dessin par P.-P. Prud'hon *(appartenant à Madame Denain),* en regard de la page   134

TABLE DES ILLUSTRATIONS

Pages

Sa Majesté le Roi de Rome en 1811. Gravure par Achille Lefèvre d'après un portrait peint par P.-P. Prud'hon en 1811 *(exposé au Salon de 1812 et emporté par Marie-Louise à Parme)*, en regard de la page 136

Vue du Palais du Roi de Rome, sur la montagne de Chaillot, prise du côté des jardins. Aquarelle de Fontaine *(appartenant à M. Alfred Foulon)*, en regard de la page 138

Tenture en velours peint représentant le Campo-Vaccino en 1811. Exécutée pour le Salon du Roi de Rome, au palais du Sénat conservateur, par MM. Delaneuville & Cie *(Palais du Luxembourg)*, en regard de la page . . . 146

Mobilier en velours peint représentant les vues de Rome et de ses environs. Exécuté pour le Salon du Roi de Rome, au palais du Sénat conservateur, par MM. Delaneuville & Cie *(Palais du Luxembourg)*, en regard de la page. . 148

Le Roi de Rome en 1812. Portrait peint par Gérard, répétition du portrait envoyé à l'Empereur, en Russie, par Marie-Louise et perdu pendant la Retraite *(appartenant à Madame la comtesse de Reinach-Cessac)*, en regard de la page 150

Un coin du Chrémeau ayant servi pour le Baptême du Roi de Rome *(appartenant à Madame Amédée Lefèvre-Pontalis)* 153

III. — Le Roi de Rome en 1811. Statue par Bosio *(Musée de Versailles)* 155

Le déjeuner de l'Empereur. Tableau peint par Menjaud *(Musée de Versailles)*, en regard de la page 162

Marie-Louise et le Roi de Rome en 1812. Portrait peint par Gérard *(Musée de Versailles)*, en regard de la page. 170

L'Empereur présente son fils aux officiers de la Garde nationale de Paris. Calque par J.-B. Delestre sur un croquis de Gros *(ancienne Collection Delestre)*, en regard de la page 178

« Dieu veille sur mon père et sur la France ! » — « Je prie Dieu pour mon père et pour la France ! » Gravures exécutées en février 1814, sur l'ordre de l'Empereur, d'après des miniatures de J.-B. Isabey *(appartenant à M. Frédéric Masson)*. — Trompette du Roi de Rome *(appartenant à M. Édouard Detaille)*, en regard de la page 182

Reliques du Roi de Rome *(appartenant à Madame Amédée Lefèvre-Pontalis)* : Petit couteau de chasse enrichi de perles fines, Cordon de commandement. En regard de la page. 198

Le Roi de Rome en 1812. Buste exécuté à Meudon en juin 1812 par Treu, de Bâle *(appartenant à M. Frédéric Masson)* 199

IV. — Le Roi de Rome en 1812. Gravure par H.-G. Chatillon et Devilliers jeune, d'après la miniature d'Aimée Thibault, envoyée à l'Empereur par Madame de Montesquiou et emportée par l'Empereur à Sainte-Hélène 201

François Ier, Empereur d'Autriche. Miniature peinte par Däffinger *(Musée Condé)*, en regard de la page 202

Marie-Louise et le Prince de Parme en 1815. Miniature peinte par J.-B. Isabey *(Musée Wallace, Londres)*, en regard de la page 210

RELIQUES DU ROI DE ROME DONNÉES PAR LUI A FANNY SOUFFLOT EN
OCTOBRE 1815 *(appartenant à Madame Amédée Lefèvre-Pontalis)* : Croix de la Légion
d'honneur; Hochet en corail, donné au Roi de Rome par sa tante la reine Caroline;
Fusil, fabriqué par Boutet; Chaîne de montre; Médaille frappée à l'occasion de la Naissance, face et revers; Giberne. En regard de la page 218

MADAME MARCHAND, BERCEUSE DU ROI DE ROME. Portrait anonyme *(appartenant à Madame Corralès)*, en regard de la page 220

LE PRINCE FRANÇOIS-JOSEPH-CHARLES. Aquarelle peinte par Agricola *(Bibliothèque
de la Famille impériale d'Autriche)*, en regard de la page 252

LE DUC DE REICHSTADT EN 1823. Portrait peint par Sir Thomas Lawrence *(appartenant à M. le duc de Bassano)*, en regard de la page 254

LE DUC DE REICHSTADT EN 1823. Portrait peint par Sir Thomas Lawrence *(appartenant à Madame la marquise de la Valette, née Flahaut)*, en regard de la page. . . 256

MARIE-LOUISE, DUCHESSE DE PARME, EN 1825. Aquarelle peinte par Joseph
Kriehuber *(Musée de Vienne)*, en regard de la page. 260

LE PRINCE DE METTERNICH. Portrait peint par Sir Thomas Lawrence *(appartenant
au prince de Metternich-Winneburg)*, en regard de la page 264

LE DUC DE REICHSTADT EN 1823. Portrait dessiné par Peter Krafft *(K. K. Hofbibliothek, Vienne)*, en regard de la page 274

LE DUC DE REICHSTADT EN 1825. Miniature peinte par Johann Ender *(Musée
Condé)*, en regard de la page. 276

LE DUC DE REICHSTADT EN 1830. Miniature peinte par Düffinger *(Musée Condé)*,
en regard de la page 278

LES TROIS PETITS-ENFANTS DE L'EMPEREUR FRANÇOIS : Le Duc de Reichstadt en
1831, ayant sur ses genoux l'archiduc François-Joseph (actuellement empereur d'Autriche);
près de lui, la princesse Caroline de Salerne (plus tard duchesse d'Aumale) *(Bibliothèque de la Famille impériale, Vienne)*, en regard de la page 280

LE DUC DE REICHSTADT EN 1831. Miniature par Düffinger, envoyée par le Prince
à son oncle le roi Joseph *(appartenant à M. le comte Primoli)*, en regard de la page. . 282

LE DUC DE REICHSTADT SUR SON LIT DE MORT. Portrait dessiné par Johann
Ender *(Collection Albertina de S. A. I. et R. l'archiduc Frédéric, Vienne)*, en regard de
la page 284

LE PRINCE DE PARME EN 1814. Buste exécuté à Vienne en août 1814 par Renaud,
de Dijon (plâtre) *(Bibliothèque de la Famille impériale, Vienne)*. Une épreuve en marbre
de ce buste, envoyée par Marie-Louise à l'Empereur à l'île d'Elbe, fut emportée par lui à
Sainte-Hélène, où elle était placée, à Longwood, sur la cheminée de la chambre à coucher. 285

L'ÉDITION ORIGINALE

DE

NAPOLÉON ET SON FILS

A été imprimée

ET LES PLANCHES EN ONT ÉTÉ GRAVÉES ET TIRÉES

Par MANZI, JOYANT & Cie

ÉDITEURS-IMPRIMEURS

A Asnières-sur-Seine

EN L'ANNÉE 1903

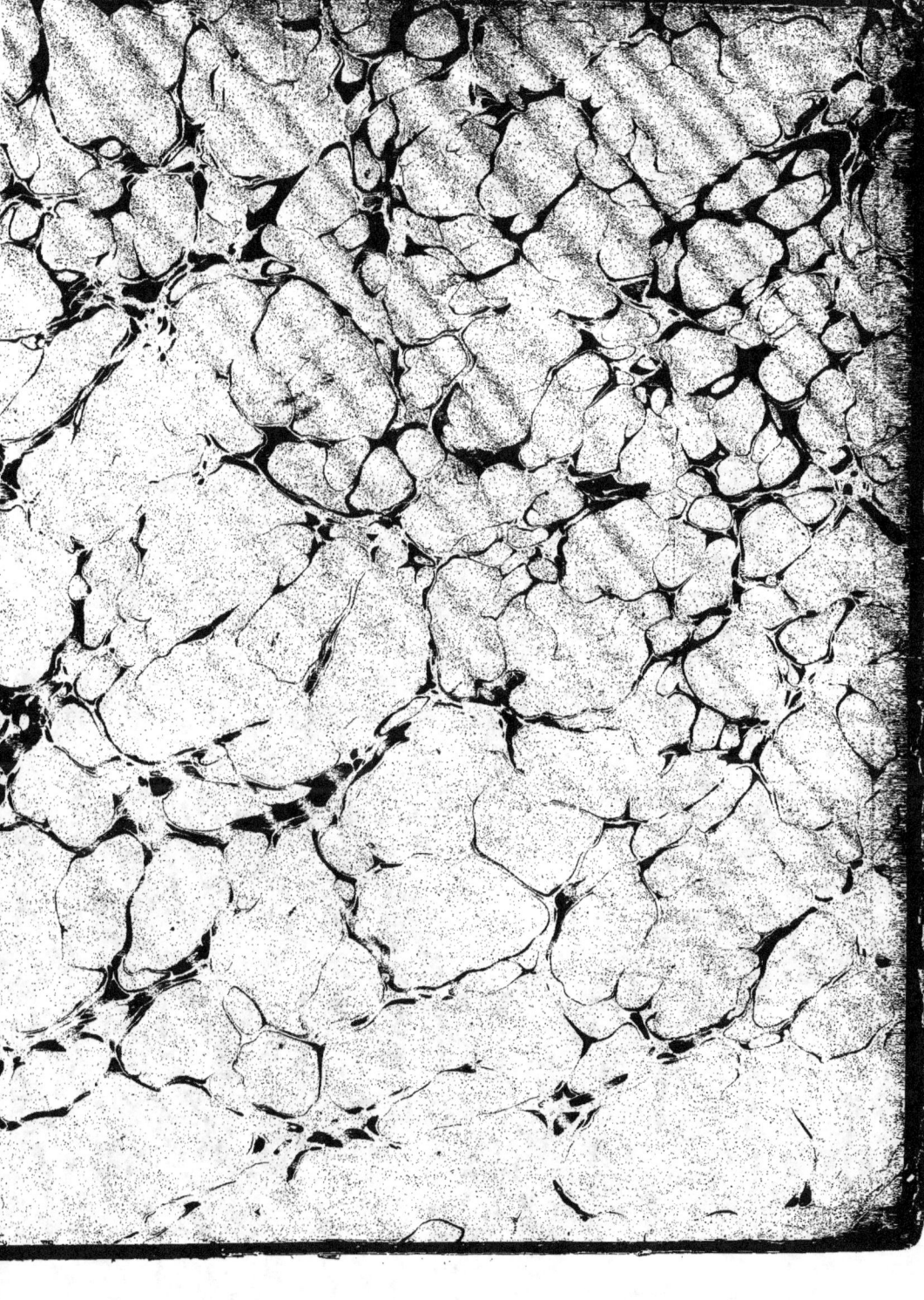

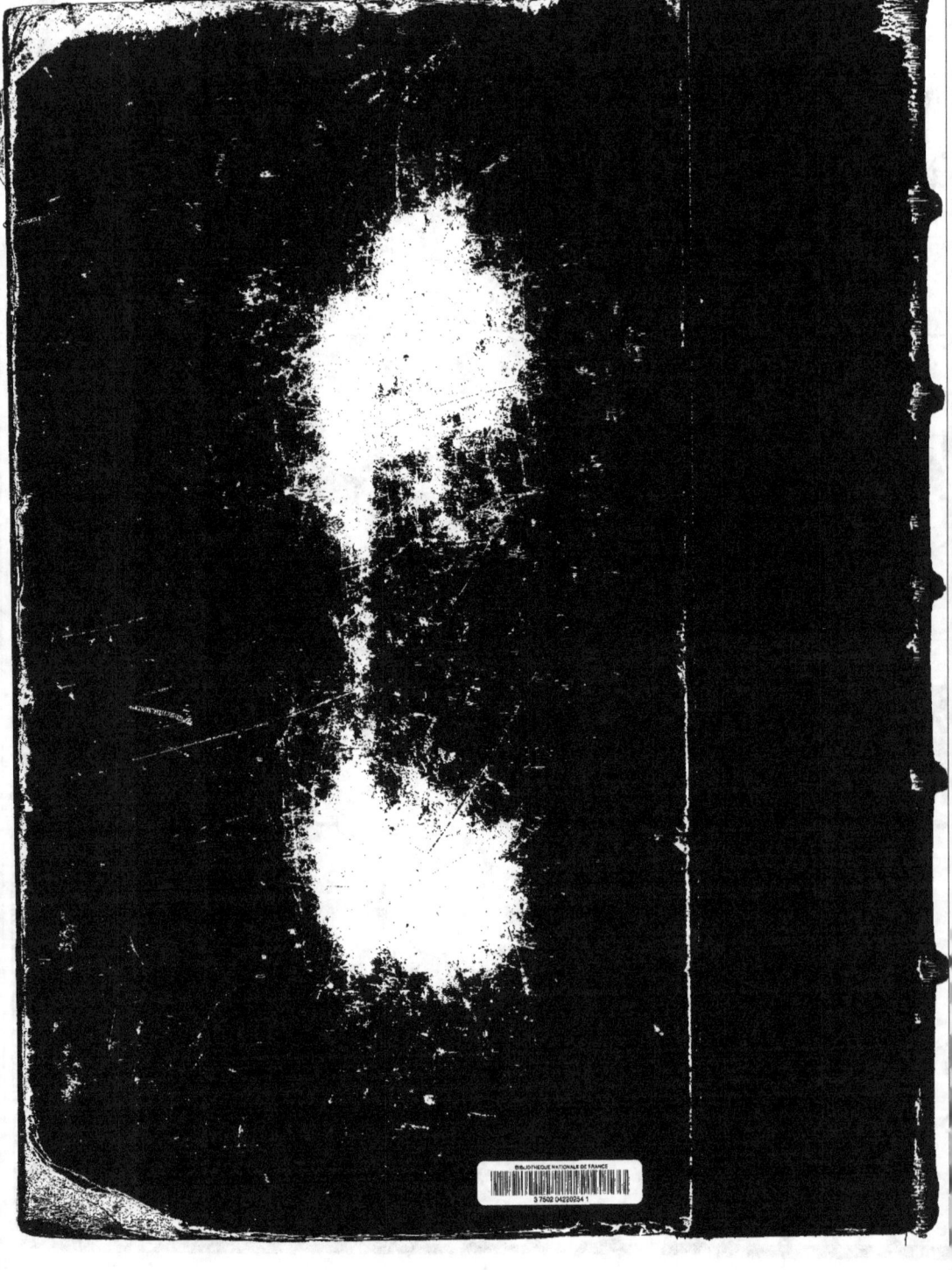

www.ingramcontent.com/pod-product-compliance
Lightning Source LLC
Chambersburg PA
CBHW051136230426
43670CB00007B/833